Jorge Amado
na Hora da Guerra

Jorge Amado na Hora da Guerra

Benedito Veiga

Copyright © 2012 Benedito Veiga

Grafia atualizada segundo o Acordo Ortográfico da Língua Portuguesa de 1990, que entrou em vigor no Brasil em 2009.

Publishers: Joana Monteleone / Haroldo Ceravolo Sereza / Roberto Cosso
Edição: Joana Monteleone
Editor Assistente: Vitor Rodrigo Donofrio Arruda
Projeto gráfico e diagramação: Juliana Pellegrini
Revisão: Agnaldo Alves
Assistente de produção: Gabriela Cavallari
Capa: Juliana Pellegrini

Imagem da capa: Lasar Segall, *Guerra* (1942). Cortesia do MASP.

CIP-BRASIL. CATALOGAÇÃO-NA-FONTE
SINDICATO NACIONAL DOS EDITORES DE LIVROS, RJ

V528j

VEIGA, Benedito
JORGE AMADO NA HORA DA GUERRA
Benedito Veiga
São Paulo: Alameda, 2012.
396p.

Inclui bibliografia
ISBN 978-85-7939-143-9

1. Amado, Jorge, 1912-2001 - Crítica e interpretação. 2. Ficção brasileira - História e crítica. I. Título.

12-3444.   CDD: 869.93
            CDU: 821.134.3(81)-3

035789

Alameda Casa Editorial
Rua Conselheiro Ramalho, 694 - Bela Vista
CEP: 01325-000 - São Paulo - SP
Tel.: (11) 3012 2400
www.alamedaeditorial.com.br

"[...] nunca tantos deveram a tão poucos."
De Winston Churchill, segundo Jorge Amado

"Pois, não foi esse senhor quem classificou
e ordenou aquelas quatro liberdades
primordiais do ser humano
para o mundo do futuro:
a liberdade de pensamento,
a de crença, a de não ter fome
e a de não ter medo da polícia política?"
Sobre Franklin Delano Roosevelt,
segundo Jorge Amado

"Glória eterna aos heróis que tombaram
na luta pela liberdade
e independência da Pátria!
Morte ao invasor alemão!"
De Josef Stalin, segundo Jorge Amado

"Leoa de ruiva coma
De presa enorme no chão,
Saciando o ódio profundo...
Com as garras nas mãos do mundo,
Com os dentes no coração..."
De Castro Alves, segundo Jorge Amado

Para Antonio Dimas

Sumário

Introdução 13
As Crônicas de Jorge Amado na *Hora da Guerra* 13

1 Da "Unidade Nacional" 21
Das Preliminares 21
Do Escritor em Sua Terra 23
Do Escritor e o "Tenentismo" 30

2 Do Torpedeamento de Navios Brasileiros 35
Das Preliminares 35
Do Continente Americano 38
e a Segunda Grande Guerra

3 Do Apelo Local 51
Das Preliminares 51
Das Datas de Importância Local 51
Dos Vultos Históricos Locais 57
Dos Acontecimentos da Vivência Local 65

4 Da Participação Ativa Brasileira na Segunda Guerra 67
Das Preliminares 67
Do Corpo Expedicionário 71
Da Segunda Frente 78

5 Das Posições Assumidas pelo Nazifascismo 83
Das Preliminares 83
Do Arianismo 87

Do *Muniquismo* 91
Do Quinta-Colunismo 95
Do Quislinguismo 97

6 De Alguns Perseguidos ou Atingidos pelo Nazifascismo 99
Das Preliminares 99
Dos Perseguidos ou Atingidos 102

7 Das Propostas Iniciais e do Desmoronamento das Pretensões Nazifascistas 115
Das Preliminares 115
A Derrocada Interna do Fascismo 120
A Derrocada Interna do Nazismo 124

8 Da Guerra no Continente Asiático 129
Das Preliminares 129
Uma História da Segunda Grande Guerra 132

9 Da Europa Durante e dos Preparativos do Pós-Guerra 143
Das Preliminares 143
Da Europa Durante a Guerra 145
Da Europa nos Preparativos do Pós-Guerra 147

10 Do Término da Guerra em Alguns Países Envolvidos 157
Das Preliminares 157
Dos Aliados, a Carta do Atlântico e as Nações Unidas 158
Da Rendição Incondicional ou da Paz de Compromisso? 166

11 Da América Latina e a Guerra 173
Das Preliminares 173
Da Abrangência da *Hora da Guerra* 178
Das Diversas Posições Políticas 180

12 Da Arte na Guerra 189
Das Preliminares 189
Dos Comentários das Crônicas 190
Conclusão 205
A Atuação do Intelectual e Militante Jorge Amado na Segunda Guerra Mundial 205
Referências Bibliográficas 221
Anexos 225
A Resumo das Crônicas da *Hora da Guerra,* 225
B Ordem Alfabético-Cronológica das Crônicas da *Hora da Guerra,* 263
C Reunião por Grupos Temáticos das Crônicas da *Hora da Guerra,* 277
D Índice Onomástico de Personalidades, Autores Literários 295
e suas Obras Citadas, nas Crônicas da *Hora da Guerra*

As crônicas de Jorge Amado na Hora da Guerra: Introdução

O presente trabalho resulta da leitura cuidadosa das colunas da *Hora da Guerra*, mostradas em *O Imparcial*, de Salvador, Bahia, escritas por Jorge Amado, sob a Tutoria do Professor Doutor Antonio Dimas, da Universidade de São Paulo (USP), entre agosto de 2009 e julho de 2010, como produto final do Pós-Doutorado em Literatura Brasileira.

Esta pesquisa traz duas preliminares fundamentais: primeiramente, foi feita a leitura integral dos quatrocentos e sessenta e cinco textos da coluna escrita pelo autor, após, foram selecionados aproximadamente cento e oitenta, utilizados na construção dos 12 capítulos deste livro, na Introdução e nas Conclusões; sem o atendimento a esse empenho, nenhum ensaio poderia ser feito. Em seguida, acrescento a essas crônicas do "calor da hora", como bem designou Walnice Galvão, detalhes e esclarecimentos só mostrados após o desaparecimento da União Soviética, em fins da década de 1980. Aliás, imagino que Amado passou a desconfiar do que professava quando, nos inícios dos anos 1950, começou a desestalinização, e o intelectual consciente proibiu, em 1953, novas edições de *O Mundo da Paz*, sob a alegação de que o livro se achava desatualizado e era sectário.

As crônicas saíram no jornal citado entre 23 de dezembro de 1942 ("O Dever da Unidade*") e 15 de outubro de 1944 ("Boatos Verdes*").

O Imparcial era um periódico de propriedade do coronel Franklin Lins de Albuquerque, político e mandatário do sertão do São Francisco, pai de Wilson Lins; este último escritor e grande amigo de Amado. O jornal circulava de terça-feira a domingo, sendo a coluna *Hora da Guerra* publicada diariamente, quase sempre na 3ª página do único caderno que continha, em sua maioria, oito páginas. Em todas as crônicas encontradas, logo abaixo do nome do autor vinha a inscrição: "Especial para

O IMPARCIAL". Enquanto saiu a *Hora da Guerra*, o diário era dirigido por Wilson Lins, que também fazia parte da redação, enquanto o irmão, Teódulo Lins, cuidava do caixa. Jorge Amado e Wilson Lins compunham as matérias políticas.

Fazendo um breve relato da circulação da *Hora da Guerra*, registrei sua 1ª coluna, a do dia 23 de dezembro, com o subtítulo de "O Dever da Unidade*", com a seguinte plataforma: "Esse problema de Unidade é o nosso problema central e, por isso, quero iniciar essas minhas crônicas para o IMPARCIAL tratando dele". (AMADO. *Hora da Guerra*: 23 dez. 1942). Seu aparecimento está marcado com a presença ou ausência de Amado, em Salvador. Eis a sequência da *Hora da Guerra*, com os dados interessados:

Crônicas Publicadas		
Mês	Ano	Colunas
Dezembro	1942	7
Total		7
Janeiro	1943	26
Fevereiro	1943	22
Março	1943	24
Abril	1943	26
Maio	1943	24
Junho	1943	25
Julho	1943	27
Agosto	1943	25
Setembro	1943	25
Outubro	1943	27
Novembro	1943	23
Dezembro	1943	26
Total		300
Janeiro	1944	23
Fevereiro	1944	23
Março	1944	25
Abril	1944	13
Maio	1944	Sem colunas
Junho	1944	14
Julho	1944	20
Agosto	1944	19
Setembro	1944	17
Outubro	1944	4
Total		158
Total Geral		465

Dentro desse levantamento da *Hora da Guerra*, destaquei que, nos dias 26 e 27 de fevereiro de 1943, a crônica é repetida, sob a desculpa editorial de que o texto "**Hitler Contra Zumbi dos Palmares*"** havia saído com problemas gráficos: ("Reproduzida por ter saído, ontem, empastelada") (AMADO, *Hora da Guerra*: 27 fev. 1943). Por outro lado, em 20 de fevereiro de 1943, a crônica "União Nacional, sem Restrições*" é da autoria de Rivadávia de Souza, sob a alegação de Amado de que "Em 1937 passei eu em Porto Alegre e coube-me substituir um dia Rivadávia na coluna diária que ele escrevia para o `Jornal da Noite´. Hoje ele me substitui nessa `*Hora da Guerra*´, pagando aquela velha dívida de jornalismo" (AMADO, *Hora da Guerra*: 20 fev. 1943); e, em 22 de maio de 1943, a coluna de Amado traz uma crônica assinada por João Nazareth (História do Menino Espanhol Miguelito), "Uma Crônica de João Nazareth*":

> Hoje eu apenas apresento João Nogueira. Andou por muitas terras, na sua vida onde há heroísmos, fé e ardente humanidade. Andou também pelas terras de Espanha, "a terra de Carmen e de Garcia Lorca", como diz ele, quando ali os nazifascistas experimentaram as suas armas. Foi da Espanha que ele nos trouxe a história de Miguelito, o menino vivia sob os bombardeios. E dela extrai uma lição para as mulheres brasileiras. (AMADO, *Hora da Guerra*: 22 maio 1943).

Nesse momento, Amado reveza de atividades, como constatei a partir de abril de 1944, o envolvimento jornalístico em *O Imparcial* (sem nenhuma crônica publicada de 18 de abril a 10 de junho de 1944) com fatos de sua vida intelectual, a exemplo: o término e divulgação das narrativas *Terras do sem fim*, em 1943, e *São Jorge dos Ilhéus*, em 1944, e preparo de *Bahia de Todos os Santos: guia de ruas e mistérios*, mas que só será lançado em 1945; no registro de suas crônicas de viagens de cunho político, como às cidades do Recôncavo baiano, Cachoeira e Maragogipe, bem como ainda viagens a Minas Gerais, na Primeira Exposição de Pintura Moderna de Belo Horizonte ("**Fascistas em Ação*"**), em junho de 1944, ao Rio de Janeiro e a São Paulo, com seu comparecimento e participação, por exemplo, no I Congresso Nacional de Escritores, realizado na capital paulista, diminuindo sua atividade até deixar de aparecer, em outubro de 1944. Tais levantamentos mostram a inquietude e a voracidade mental de Jorge Amado, ao menos enquanto era jovem.

Desse modo, Amado apresenta quatrocentas e sessenta e duas crônicas de sua autoria (uma sua, repetida, e duas de outros cronistas) na *Hora da Guerra*, ocupando-se da participação do Brasil na Segunda Guerra Mundial, inclusive por determinação partidária, com sua presença ativa, defendendo propostas básicas: o envio de um Corpo Expedicionário a fim de o país se incluir numa Segunda Frente; da caracterização do

Nazifascismo, suas posições assumidas, as pessoas por ele perseguidas ou atingidas, suas propostas iniciais, e o início da sua derrocada, sobretudo na Europa, tratando, inclusive, da formação da liderança aliada tripartite de combate ao movimento nipo-nazifascista; da Guerra no continente asiático e do envolvimento da América Latina no conflito, repercussões e posições assumidas pelos governos locais. Por fim, o escritor dedica vários textos para o papel da cultura, às artes e à literatura, aparecendo ao longo da circulação da coluna.

No aspecto metodológico, considerei primeiramente a reflexão a partir do trabalho do autor, mas acrescentei leituras com periódicos, sobressaindo-se os jornais e revistas nacionais centrados na Segunda Guerra. Também efetivei outras leituras de livros estrangeiros e nacionais (ver referências) que se ocuparam do conflito ou de outros assuntos com convergência para o problema armado: temas importantes, personagens envolvidos, eventos marcantes que ajudavam à reconstituição do contexto de época.

Toda a provocação para essa tarefa iniciou-se no Rio Grande do Sul, no XXV Seminário Brasileiro de Crítica Literária, da Pontifícia Universidade Católica, de 2 a 4 de dezembro de 2008, e no qual compareci ao Curso de Criação Literária e Criação Institucional, ministrado pelo Professor Doutor Antonio Dimas. Como ele já havia participado como Membro Efetivo da minha Comissão Examinadora de Doutoramento na Universidade Federal da Bahia, após o curso marquei uma entrevista, quando disse do meu interesse em fazer o Pós-Doutorado sob a sua tutela. Como meu foco de pesquisa sempre foi Jorge Amado, falou-me meu futuro Professor-Tutor da possibilidade de pesquisar a *Hora da Guerra*, partindo do livro homônimo de Jorge Amado, com publicação recente pela Companhia das Letras, recomendando, inclusive, que fosse apresentado um Projeto de Pós-Doutorado ao Departamento de Letras Clássicas e Vernáculas das USP.

Dessa forma, retornei a Salvador e tomei as providências administrativas que possibilitassem o intento de meus planos, enquanto construía o referido projeto.

A leitura da *Hora da Guerra*, lançada pela editora paulista, com seleção de Myriam Fraga e Ilana Seltzer, em 2008, mostrou que, apesar da sua grande utilidade, não seria um trabalho exaustivo, caso insistisse nessa iniciativa, como minha escolha. Foram divulgados cento e três textos, correspondendo a menos de ¼ do total, conforme posteriormente constatei. Fugiam ao meu alcance os critérios utilizados na seleção das crônicas. No entanto, tomei o cuidado de preservar o trabalho já realizado pelas colegas: toda vez que fossem nomeadas cada uma das crônicas já divulgadas seriam sempre indicadas com os títulos em negrito; o emprego após o título do sinal de asterisco indicaria aquelas que estão presentes neste ensaio.

Tomei, em seguida, um caminho diverso em busca das fontes primárias e onde poderia encontrá-las. Primeiro, fui à Fundação Casa de Jorge Amado, no Pelourinho, em Salvador, que guarda, em geral, arquivos pesquisados por estudiosos amadianos, materiais provenientes desses dados, como livros, artigos, ensaios, etc., ou documentos pessoais do autor. Saí à procura de arquivos que preservassem os originais do periódico *O Imparcial*, de Salvador, Bahia, a partir de 1942, quando Amado retorna a sua terra, logo depois de ter voltado ao país do exílio na Argentina e no Uruguai.

Na verdade, todo trabalho de coleta de documentos (fontes primárias) aconteceu na Bahia, pois cópias de *O Imparcial* em Salvador eram mais acessíveis nas Bibliotecas e Arquivos estaduais.

Comecei a providenciar a pesquisa pelo Setor de Obras Raras, da Seção de Periódicos da Biblioteca Central do Estado da Bahia, nos Barris, onde constatei a existência quase completa da *Hora da Guerra*, nos originais. Pude ver que havia sido publicada parte de sua totalidade. Munido de uma máquina fotográfica, entrei no trabalho de ler e copiar o que encontrava a respeito de Amado, além de sua coluna. No balanço geral, observei que alguns meses estavam bem estragados e de outros faltavam exemplares.

Em seguida, dirigi-me à Biblioteca Rui Barbosa do Instituto Histórico e Geográfico da Bahia, que não tem *O Imparcial* dos anos de 1942, 1943 e 1944. Procurei, dando prosseguimento, o Arquivo Público do Estado da Bahia, no bairro das Quintas dos Lázaros, onde, por fim, aconteceu a complementação da *Hora da Guerra*. Depois, procurei a continuação da coluna, seguindo de 16 de outubro de 1944, até dezembro do mesmo ano, sem encontrar nenhum indício.

Em janeiro do ano de 1945, além da realização do encontro em São Paulo, Jorge Amado, conforme registro em *Jorge Amado 80 anos de vida e obra*, de Rosane Rubim e Maried Carneiro, é preso por pouco tempo, considerando uma manifestação de que participara, contra a ditadura de Vargas. A partir dessa época, Amado passou então a residir fora da Bahia até 1965, quando volta a morar em Salvador. Portanto, tomei como a última coluna da *Hora da Guerra* a do dia 15 de outubro de 1944, "Boatos verdes*".

Com o material em mãos, transferi-me para São Paulo, em agosto de 2009, e iniciei a elaboração intelectual e gráfica de *Jorge Amado na Hora da Guerra*. Parto do princípio de que é um trabalho, antes de tudo, de leitura textual, o que, em quantidade razoável, exploro durante todo o seu desenvolver.

Com o cuidado de facilitar o reconhecimento imediato da fonte citada, após a transcrição de cada trecho das crônicas amadianas foi colocada, entre parênteses, a seguinte ordem de enunciados: sobrenome do escritor, designação da coluna, dia, mês e ano. Exemplo: (AMADO. *Hora da Guerra*: 23 dez. 1942).

Executei o resumo de todas as quatrocentas e sessenta e cinco crônicas diferenciadas, mediante leitura atenta, o que resultou nos Anexos A, B, C e D, colocados no final do estudo. Comecei pelo Anexo A, com os resumos de todas as crônicas da *Hora da Guerra*; depois, no Anexo B, elaborarei o índice alfabético-cronológico das publicações; esclareço que na arrumação dessa ordem retirei apenas os artigos (o, a, os, as, um, uma, uns, umas), colocando-os, após virgulação, em seguida às últimas palavras. Agrupei ainda as crônicas por grupos de apoio textual, no Anexo C. No Anexo D, aparece o índice onomástico de personalidades, autores literários e obras citadas, estas indicadas entre parênteses e em itálico, abaixo dos títulos das colunas da *Hora da Guerra*.

Nas citações, evitei qualquer repetição das crônicas usadas nos capítulos, excluída esta preocupação, quando necessária, nos casos da "Introdução" e das "Conclusões".

Procurei, nas transcrições dos textos de *Hora da Guerra*, seguir o que está efetivamente escrito em *O Imparcial*, fazendo as atualizações, conforme aparecem nas citações e nos títulos das crônicas. No entanto, conforme observo, nem sempre a grafia está adequada no periódico, muitas vezes, por defeitos gráficos ou de revisões. É, recordando a *Escritura*, e repetindo aquilo, muitas vezes, dito por Amado, ao longo da sua vida, "o sal da terra".

Concomitantemente, lia e selecionava livros que me dessem uma dimensão dos fatos a serem narrados, alguns dos quais constam das referências, ao fim de cada capítulo.

Em andamento, elaborei uma proposta de sumário que reunisse, na medida do possível, todos os temas abordados pelas crônicas, o que deu lugar ao seguinte: Capítulo 1 – Da "Unidade Nacional": nesta parte trato da "Unidade Nacional", que era uma ideia do governo Vargas, visando unificar quase todas as lideranças nacionais no combate ao Nazifascismo, havendo a ameaça do entreguismo, identificado por Amado como o integralismo; nas palavras do cronista, as lembranças do "tenentismo" são forças de união. Capítulo 2 – Do Torpedeamento de Navios Brasileiros: é um acontecimento marcante que impulsiona o país a romper relações com o "Eixo", responsável pelo afundamento das embarcações. Capítulo 3 – Do Apelo Local: o escritor, buscando envolver toda a população brasileira e baiana na Guerra, exorta as datas nacionais, como 7 de Setembro e 2 de Julho, e vultos significativos da terra, como Castro Alves, Rui Barbosa, etc., e acontecimentos da vivência local. Capítulo 4 – Da Participação Ativa Brasileira na Segunda Guerra: é um dos pontos que Amado mais se compromete com as propostas do Partido Comunista, pregando a presença do Brasil, às vezes, para servir a interesses da União Soviética, como o envio de um Corpo Expedicionário e da abertura de uma Segunda Frente do lado oeste europeu. Capítulo 5 – Das Posições Assumidas pelo Nazifascismo: são tratadas as marcas características dos regimes, sobretudo do alemão, sem retirar a coparticipação italiana, como o arianismo, o *muniquismo*, este marcadamente partidário, etc. Capítulo 6 – De Alguns Perseguidos ou Atingidos pelo Nazifascismo: tratando-se de pessoas ou grupos sociais que sofreram abusos, como mortes, prisões, desterro, torturas, como os ciganos, os judeus, os doentes, os homossexuais, etc. Capítulo 7 – No Das Propostas Iniciais e do Desmoronamento das Pretensões Nazifascistas: tento mostrar como aconteceu a derrocada do regime, primeiro na Itália, depois na Alemanha, com desfechos em momentos bastante diferenciados, principalmente pela quantidade de suicídios, do lado germânico. Capítulo 8 – Da Guerra no Continente Asiático: reúno as ideias ou textos que evidenciam ser a Guerra não apenas da Europa, mas envolvendo também batalhas em três continentes – Europa, Ásia, África –, destacando, no caso, a Ásia, como o Japão, a China e a própria União Soviética. Capítulo 9 – Da Europa Durante e dos Preparativos do Pós-Guerra: narro o drama calamitoso pelo qual passou a Europa, e não apenas esse continente, mas em todos os lugares onde as campanhas belicosas se arrastaram, dando o devido enfoque aos instantes em que, na Europa, se sentia estar próximo do fim das batalhas, como os assassinatos urbanos contra os invasores e traidores nas cidades e o surgimento de grupos de guerrilheiros. Capítulo 10 – Do Término da Guerra em Alguns Países Envolvidos: preocupo-me em mostrar a situação dos envolvidos que perderam a Guerra, quando avançam os Aliados, e com a divulgação da "Carta do Atlântico", quais as possibilidades de criação das Nações Unidas; discuto ainda o estabelecimento do pacto da "rendição incondicional". Capítulo 11 – Da América Latina e a Guerra: mostro algumas tentativas de fazer o Nazifascismo continuar a existir após a Guerra sem Hitler e Mussolini, e as posições assumidas pelos diversos governos dessa parte do universo. Enfim, no Capítulo 12 – Da Arte na Guerra: levanto os encaminhamentos indicados para a cultura, a arte e a literatura nos instantes da Guerra, com o abandono dos caminhos da "arte pela arte" e a assunção das tarefas do engajamento cultural, indicando intelectuais, ou mortos como García Lorca, António Machado, etc., ou expulsos de seus países de origem, como Freud, Thomas Mann, Remarque, Ludwig e tantos outros, ou presos em campos de concentração, como Romain Rolland e vários. Chega-se a um tempo em que a arte se aproxima da guerra, como meio de afirmação existencial, e o poeta e o guerreiro se misturam – Castro Alves e Stalin, como indica Amado – na diversidade estontante em que as coisas se apresentam.

Sei que esta é apenas uma das muitas possibilidades ou probabilidades de compreensão das crônicas de Jorge Amado. Repito meu convite para que todos que se interessem por *Jorge Amado na "Hora da Guerra"* façam também uma reflexão dos seus textos.

1 Da "Unidade Nacional"

Das preliminares

Jorge Amado apresenta-se, nas crônicas da *Hora da Guerra*, como um homem ligado, predominantemente, a uma proposta de cidadão brasileiro, sem esquecer seus liames com o Partido Comunista.

Assume, em variadas oportunidades, um compromisso visível com uma causa bem maior que as do homem comum, porém com vínculos e opções, marcando seu trajeto histórico, como se verifica em "O Dever da Unidade*", seu texto inicial: "Esse problema de Unidade Nacional. Esse problema de Unidade é o nosso problema central e, por isso, quero iniciar essas minhas crônicas para o IMPARCIAL, tratando dele". (AMADO. *Hora da Guerra*: 23 dez. 1942).

Mas o autor não se dá por satisfeito com isso. Descreve e colabora na dura marcha da construção de uma frente interna de guerra, de consciência bem alerta:

> A entrada do Brasil na guerra – já antes do rompimento com o "Eixo" e a covarde agressão aos nossos navios – trouxe a necessidade imediata da união de todos os brasileiros patriotas, de todos aqueles quer desejam que o Brasil continue a existir como nação independente, para podermos auxiliar eficientemente, a vitória das Nações Unidas, nossas aliadas. Chegou um momento em que a conservação de quaisquer diferenças, sejam elas de ordem política ou de ordem pessoal, que impeçam a colaboração de todos os brasileiros em torno do ideal comum de ganhar a guerra, é um ato de quinta-colunismo. Dificultar a União Nacional, seja se colocando numa posição de intransigência perante outras forças políticas, seja conservando

ressentimentos passados, seja impondo condições, é dificultar a sagrada união que deve existir nesse momento, entre todos os brasileiros interessados na existência da Pátria livre, é, por consequência, servir, em última instância a Hitler e aos seus agentes. Esse não é o momento de levantar problemas de ordem partidária e de ordem ideológica, problemas que dividem. Esse é o momento de pôr de parte tudo que desune, de estender lealmente e mão ao adversário de ontem, para que, juntos, possamos marchar todos para a vitória contra o inimigo implacável. E só esse inimigo tem a ganhar com qualquer atitude de oposição ou de resistência à Unidade Nacional. (AMADO. *Hora da Guerra*: 23 dez. 1942).

O trecho traz pontos fundamentais de um caminho a ser, necessariamente, seguido por todos os cidadãos, considerando: em primeiro lugar, o rompimento do Brasil de relações diplomáticas e comerciais com o "Eixo" (Alemanha e Itália, no momento); em seguida, a agressão à soberania da pátria, com o afundamento de navios comerciais brasileiros, por embarcações alemãs e italianas, em nossa costa marítima; depois, os vínculos de aliança do país com as Nações Unidas para combater o inimigo comum; por último, a existência de traidores nacionais, os quintas-colunistas, possivelmente identificados, segundo o cronista, com o integralismo.

Qual o rumo a seguir senão o da Unidade Nacional, para poder combater os adversários, de dentro e de fora? E não apenas a "união", mas também o esquecimento ou pseudo, pelos juntos de momento, de divergências e rusgas anteriores – o que é bastante complicado e segue inúmeras rotas de sinceridade e de acatamento.

Inúmeros pontos de convívio social passados estão ainda muito lembrados: o tenentismo e o integralismo são dois deles. A República fazia 53 anos, incompletos, de vigência; a Revolução de 30 iria completar 12 anos...

Amado faz absoluta sua vontade de falar, de começo, em Unidade Nacional, numa pregação que se estenderia mais intensa pelos primeiros meses de sua coluna de crônicas.

Um fato histórico nacional faz causar esse rebuliço entre todos, inclusive intelectuais contrários a Getúlio Vargas, residentes no país ou não: a declaração do estado de beligerância com a Alemanha e a Itália, como escreve Vagner Camilo Alves, em *O Brasil e a Segunda Guerra Mundial*: "São de conhecimento geral os motivos que levaram o governo brasileiro a reconhecer um estado de beligerância com a Alemanha e a Itália, em 22 de agosto de 1942" (ALVES, 2002, p.155).

Vargas passa a ser considerado numa situação singularíssima de ditador, seguidor da vontade popular, como escreve o cronista: "o presidente Vargas, cercado do apoio do povo, ficou merecedor da mais absoluta confiança de todo o país".

Prossegue Amado:

> Unidade Nacional que deve se processar, como se está processando, em torno ao governo, em torno à figura centralizadora do presidente Getúlio Vargas. Ao declarar a guerra ao "Eixo", o presidente Vargas, cercado do apoio do povo, ficou merecedor da mais absoluta confiança de todo o país. Qualquer tentativa de criar obstáculos à União Nacional em torno do presidente Vargas é, igualmente, servir à quinta-coluna. O dever de todos os brasileiros que amam sua Pátria é fortalecer com seu apoio à política de guerra e de unidade do presidente da República. É preciso repetir uma e mil vezes que nós não estamos num momento propício à luta partidária, à discussão política. Esse é o instante que o patriota só pode provar o seu patriotismo, pondo de parte qualquer diferença política ou pessoal que o separe dos demais brasileiros e concorrendo assim para a formação de uma frente nacional que possa esmagar a quinta-coluna traidora e que possa levar aos campos de batalha, onde se decide da nossa Independência, o reforço dos nossos soldados e das nossas armas. (AMADO. *Hora da Guerra*: 23 dez. 1942).

Jorge Amado, de posição contrária à de Getúlio Vargas, estava exilado no Uruguai e na Argentina. Ao saber da declaração de guerra ao "Eixo", não reluta e, de imediato, retorna ao Brasil. Seguindo orientação da polícia política nacional, volta à sua terra natal, a Bahia.

Do escritor em sua terra

O escritor assume seu patriotismo e sua disposição – esta também sob orientação partidária comunista – de servir à pátria e aliar-se ao governo, sem amostras ideológicas.

Por razões de amizade pessoal – amigo de Wilson Lins, filho do proprietário de *O Imparcial*, o coronel do sertão do São Francisco, Franklin Lins de Albuquerque, um periódico de oposição ao interventor Landulfo Alves – começa a assinar uma coluna, "uma pequena trincheira", como registra em **"Aniversário da Hora da Guerra*"**:

> Um escritor brasileiro que se encontrava no estrangeiro, voltou ao seu país mal lhe chegou a notícia da declaração de guerra. Voltou para ocupar um posto de luta, acreditava que nenhum brasileiro poderia deixar de vir cumprir com o seu dever perante a Pátria. As etapas da sua viagem de volta, movimentadas e independentes da sua vontade, terminaram por colocá-lo na Bahia, sua terra natal, motivo central de toda sua obra de escritor.

> Um matutino democrático abriu-lhe suas colunas para uma crônica diária. (AMADO. *Hora da Guerra*: 23 dez 1943).

Continuam, porém, abertas as portas para prosseguir, sem renúncias à sua vocação de escritor:

> Sou por vocação um romancista e agora mesmo venho de terminar de escrever mais um romance. Não creio, porém, que nenhum escritor possa, no momento presente, manter-se nos limites da sua obra de criação, seja o romancista, o poeta, o cientista. Tem a obrigação de empregar sua capacidade de escritor no esclarecimento dos problemas referentes à guerra, dos problemas imediatos, esses que surgem todos os dias. (AMADO. *Hora da Guerra*: 23 dez. 1943).

Como efetivamente acontece: em 1943, publica *Terras do sem fim* e, em 1944, *São Jorge dos Ilhéus*.

Outro dado histórico, este de repercussão mundial: em 22 de junho de 1941, como anota John Lukacs, em *Junho de 1941: Hitler e Stalin*, o chefe do Estado Alemão, sem respeito a convenções ou pactos de não agressão assinados, invade, de surpresa covarde, a União das Repúblicas Socialistas Soviéticas, abrindo uma beligerância de repercussões universais e, pessoalmente, trágicas (LUKACS, 2007).

São acontecimentos basilares e de importância, sobretudo para um jovem autor –Amado conta exatos 30 anos, é casado, conforme dados de *Jorge Amado 80 anos de vida e obra*, em primeiras núpcias, com Matilde Garcia Rosa, e pai de uma filha, Eulália Dalila Amado (Lila), nascida em 1935 (RUBIM; CARNEIRO, 1992).

Contudo, nessa situação de um povo em conflito de guerra, falando-se em termos de Nação, só importa um radicalismo integrador, como ajunta Jorge Amado:

> Hoje, em nossa Pátria, só existem dois campos: o do Brasil e do anti-Brasil. No campo do Brasil, em torno ao presidente da República, estão todos aqueles que desejam a vitória da liberdade contra a barbárie, que desejam a conservação da nossa Independência conquistada nas lutas heróicas da Bahia, que desejam um Brasil livre e poderoso. No campo do anti-Brasil estão os que traíram a Pátria, os que a querem vender ao nazismo, os que protegeram os torpedeadores dos nossos navios e mataram nossos irmãos, os que se recusam a formar da União Nacional, colocando suas diferenças e interesses políticos e pessoais acima dos interesses da Pátria ameaçada na sua própria existência de um país livre. (AMADO. *Hora da Guerra*: 23 dez. 1942).

Na visão amadiana, pouco importam, aparentemente, os coloridos anteriores. Seja qual for a camisa usada, o importante é que deixe transparecer as cores verde e amarela do Brasil, salvo para os integralistas, na medida em que uma das ideias centrais deles é, sobretudo, a luta contra o comunismo.

Mas, acordando com Marcos Chor Maio e Roney Cytrynowicz, em "Ação Integralista Brasileira: um movimento fascista no Brasil (1932-1938)":

> A Ação Integralista Brasileira foi o primeiro partido político brasileiro com implantação nacional e chegou a reunir – segundo diferentes estimativas – entre 500 mil e 800 mil aderentes, para uma população do país de 41,5 milhões de habitantes em 1935, o que a distinguia dos partidos oligárquicos da República Velha, que possuíam expressão regional e não tinham maior inserção popular ou junto às classes médias urbanas. (MAIO; CYTRYNOWICZ, 2007, p. 42).

Evidente que, com todos os erros e equívocos cometidos – sem dúvida imperdoáveis –, a Ação Integralista Brasileira é para ser condenada, como o é por Amado, e implacavelmente, enquanto funciona a coluna *Hora da Guerra*, de dezembro de 1942 a outubro de 1944.

Jorge Amado, cumprindo à risca seus encargos de funcionário do PC, usa também a coluna de *O Imparcial*, para, de algum modo, fazer sua prestação de serviços: prega a guerra ativa, com a presença de fato do País no conflito, com o envio de seu Corpo de Expedicionários; busca, a todo instante, contaminar a todos pela urgência e necessidade da Segunda Frente; procura, incessantemente, esclarecer o povo sobre as causas de sua participação na guerra; envolve-se, com ardor, com estudantes, comerciários, fotógrafos e bandeirantes; procura estender o raio de divulgação do conflito, envolvendo inclusive o interior do Estado: Cachoeira, Maragogipe, São Félix; mostra a firmeza e determinação dos militares envolvidos no Comando das Armas Brasileiras; elogia e aplaude as decisões e palavras do Presidente da República. As duas primeiras empreitadas serão objeto de capítulos específicos das demais, no entanto, daremos, na sequência, um rápido balanço.

No que toca ao esclarecimento popular, Amado elege a crônica "Pela Independência da Pátria*" como oportuna para tocar no assunto:

> A festa de hoje, a maior dos brasileiros, transcorre com o país em guerra contra as forças mais bárbaras e brutais que já surgiram no mundo. Vale a pena neste dia refletirmos durante alguns instantes sobre os motivos da nossa declaração de guerra aos países nazifascistas, sobre o porquê da nossa

participação no conflito. O dia 7 de setembro é o mais próprio de todos para refletirmos sobre este assunto, já que nele se festeja a Independência do Brasil. (AMADO. *Hora da Guerra*: 7 set. 1943).

As preocupações dos brasileiros são agora outras. É um conflito "contra as forças mais bárbaras e brutais que já surgiram no mundo", um conflito pela preservação, como explana Amado, da Independência política que conquistamos. Portanto, a oportunidade é propícia para nos conscientizarmos da nossa participação na guerra.

As crônicas amadianas de *O Imparcial* marcam, com nitidez denunciadora, a época nacional em que vivemos a Segunda Grande Guerra, com o integralismo retratado como o grande vilão da história pátria:

> Estamos em guerra exatamente para defender essa Independência que o nazifascismo, com o apoio da quinta-coluna integralista, ameaça. O único desejo e o designo primordial de Hitler e seus asseclas, em relação ao Brasil, é este: roubar-nos a nossa Independência, convertendo-nos numa colônia ou em diversas colônias governadas por "gauleiters". (AMADO. *Hora da Guerra*: 7 set. 1943).

O quadro de expansão do imperialismo germânico é traçado, com destaque, mostrando os planos de reversão, como descrevem as crônicas, do Brasil em colônia ou colônias, governada ou governadas por auxiliares de Hitler, os "gauleiters". Toda maquinação é apoiada pela "quinta-coluna integralista", com visíveis exemplos na Europa: na França e na Grécia.

Não se trata de brincadeira: a guerra tem de ser vencida, e as estruturas, que ensejam o nipo-nazifascismo exterminadas por completo, a não ser que se queira ganhar a guerra e perder a paz, deixar que continuem com influência as forças contrárias ao bem da humanidade.

Jorge Amado não poupa relacionar nomes com vínculos integralistas, como Plínio Salgado e Gustavo Barroso, que passaram pelo crivo desmoralizante amadiano.

De qualquer forma, é um instante de reflexão e de preparo do povo para a consciência de guerra:

> É necessário que eliminemos as forças que tentaram vender nossa Independência política ao imperialismo germânico-fascista se queremos que amanhã o Brasil marche para um futuro de verdadeira liberdade. E só unidos o poderemos fazer. Vale a pena refletir nesses temas no dia de festas de hoje, dia da nossa Independência! (AMADO. *Hora da Guerra*: 7 set. 1943).

Curiosa é a crítica amadiana, em certos trechos de sua crônica, ao nazismo, comparando-o, com asco e desprezo, ao medievalismo, este visto por ele como um longo período de uniformidade negativa:

> O que sucedeu aos países europeus agredidos e assaltados pelo nazifascismo ou a este entregues pela quinta-coluna? Sucedeu exatamente isso: perderam sua Independência política, transformaram-se em feudos na nova Idade Média nazista. Essa verdade não pode ser discutida. (AMADO. *Hora da Guerra*: 7 set. 1943).

Esquece-se, sem dúvida, Jorge Amado – ou nem imagina – que um dos pontos mais questionadores da sua obra é precisamente o "carnavalismo" ou a "carnavalização", cuja origem está na Idade Média, quiçá nas obras de um Rabelais.

Outro envolvimento amadiano é com o meio estudantil, com os comerciários, com os bombeiros, com os fotógrafos, com as classes profissionais, em geral e com as bandeirantes.

Começa com "Canção da Unidade*", com um chamado a todos para a consciência da guerra:

> Vinde estudante, cujo civismo tem sido tantas vezes comprovado. Vinde, legionária que tanto lutas na frente interna. E vós também jovens dos colégios e aprendei esse exemplo de um povo unido no dia do sacrifício da guerra pela Independência da Pátria. Vinde tu também, moça séria e romântica, que esperas o bonde ao lado do teu namorado. Esquece por um momento o teu idílio e parte para o meio do povo, gritando unidade, porque sem ela amanhã serás apenas carne para o açougue dos instintos hitleristas e teu namorado, hoje tão risonho, será apenas um escravo de Hitler. Vamos partir todos, velhos e moços, vamos gritar unidade nas ruas e na praça, unidade, unidade, unidade! (AMADO. *Hora da Guerra*: 20 abr. 1943).

A consciência das desvirtuações sociais é passada, com a perda de qualquer sobra de lirismo para o cotidiano da vida humana. A mulher, por exemplo, "será apenas carne para o açougue dos instintos hitleristas". E, para enfrentar tal horripilante perspectiva, existe um único caminho: "unidade, unidade, unidade!"

Em "Elogio dos Estudantes*", de 2 de abril de 1943, Amado dá a palavra e créditos aos jovens estudantes baianos, nas suas propostas de engajamento na luta de toda a humanidade travada contra o nazifascismo, num desrespeito incompatível aos valores culturais e legais vigentes e costumeiros. Há uma tradição da juventude baiana de protestos contra abusos do poder, contra a tentativa de retirada histórica dos processos libertários, como já aconteceu nos momentos da Abolição da Escravatura, com os versos e atitudes de Castro Alves; isto sem esquecermos a importância e labuta das tarefas árduas cumpridas pelos negros escravos, muito bem expressas na crônica "Foi Lutando Que Se Conquistou a Abolição*", do dia 13 maio de 1943.

O texto em estudo introduz o clima vivido, nos momentos da Segunda Guerra Mundial, como demonstra a citação seguinte:

> A cidade da Bahia, a nossa bem amada cidade, dona da poesia e do mistério do mundo, viverá, hoje, horas de grande civismo, no comício de protesto contra os crimes do nazifascismo. Não é este comício a primeira realização dos estudantes baianos e não será a última, com certeza. Esta mocidade estudantil da Bahia tem uma larga e gloriosa tradição. Tem um líder que foi das mais esplêndidas figuras de moços de todo o mundo: Castro Alves. Foi a mocidade estudantil quem tomou a frente do povo nos dias memoráveis dos torpedeamentos do ano passado. Quando o povo levantou num grito de vingança e de guerra, os estudantes estavam na frente do povo. Muitos desses estudantes que chefiavam as multidões na rua no ano passado já envergam a farda verde-oliva do nosso Exército, cumprindo o que pregavam. Nenhum deles recusou ante o chamado da Pátria. Mas tão poucos permaneceram vagos os seus lugares nas organizações estudantis e patrióticas: outros jovens tomaram os seus lugares e neles esperam o chamado do Exército. Daí esclarecem o povo, são vanguarda da Unidade Nacional em torno ao governo, são moços a enfrentar a guerra ativa. (AMADO. *Hora da Guerra*: 2 abr. 1943).

Como uma constância, quando evoca compromissos da juventude, a figura literária sempre repetida de Castro Alves é lembrada por Amado, como símbolo de vigor comprometido com a liberdade futura, de liderança audaz e continuada: "Esta mocidade estudantil da Bahia tem uma larga e gloriosa tradição. Tem um líder que foi das mais esplendidas figuras de moços de todo o mundo: Castro Alves". (AMADO. *Hora da Guerra*: 2 abr. 1943).

No comício de protesto contra a tirania que, em seguida, acontece, com certeza não é a única participação dos estudantes, inclusive com envolvimentos assegurados no Corpo Expedicionário, atendendo a convocação do Exército Brasileiro. Mas, na frente interna, outras tarefas aguardam os mais novos, como participação em campanhas de esclarecimento popular; discussão da real situação do povo nesta guerra; envolvimento ativo, apoiando a Segunda Frente, como necessária e urgente.

Para o cronista, essa bravura estudantil está sempre um passo à frente, com o incentivo e aplauso às propostas populares, nesse momento decisivo, a começar pela declaração de guerra do Brasil ao "Eixo"; ao apoio incondicional ao Presidente da República, Getúlio Vargas; ao prestígio lúcido de formar na Unidade Nacional. O convite dos jovens a intelectuais democratas, de levar suas palavras de incentivo no ato público que logo é realizado, é uma prova de aprovação e carinho pelas suas opções adotadas.

Outra ligação de Jorge Amado é com os servidores na sua generalidade, como aparece em "Os Comerciários*", no dia da comemoração do aniversário de criação da Legião dos Comerciários, nascida na Bahia, completando um ano, quando o Brasil passa por extrema afronta à sua dignidade e à sua independência política, quando os submarinos do "Eixo" provocam, covardemente, o assassinato de grande número de brasileiros indefesos.

Como informa Amado, os comerciários têm estado sempre presentes, ao lado dos estudantes e intelectuais, nos atos públicos em defesa da pátria, da guerra ativa e da Unidade Nacional. Em sua grande maioria,

> Anônimos e modestos, de sonhos limitados por uma realidade ambiente que lhes corta as asas, em geral nascidos de família pobre e carregando a obrigação de sustentar mães, irmãs, filhos e parentes, num equilíbrio de orçamento que os coloca na categoria, de matemáticos milagrosos, levam, no entanto, no coração que não se dobra, o amor da Pátria e da liberdade, o ódio ao nazifascismo. (AMADO. *Hora da Guerra*: 27 ago. 1943).

Conscientes do seu dever de cidadãos, comprometidos também contra o perigo nazifascista. Entre as ocupações vinculadas a esse grupo, está a dos "bombeiros voluntários agora à disposição da Defesa Passiva". São pessoas prontas para o serviço, sempre com o ânimo erguido e à disposição para as emergências da pátria.

Em "Alicerces da Unidade*", descreve que o ideal da Unidade dos Aliados é seguro. Cita como exemplos atos e palavras: da dissolução do Komintern até o discurso de Winston Churchill ante o Congresso norte-americano. No entanto, vale lembrar, essa unidade entre as nações que assinam a Carta do Atlântico e o pacto de guerra é a cúpula de um edifício cujos alicerces se encontram nas unidades nacionais dos países que decidem combater o nipo-nazifascismo. Tem de ser uma rota construída de baixo para cima.

Uma prova disso é dada na Bahia, há pouco tempo. Reúnem-se os fotógrafos, lançam as bases da sua associação de classe, fazem a unidade em torno do interesse comum ameaçado. Suas reclamações não tinham a força do coletivo. Assim procedem e conseguem barrar as pretensões quanto ao comércio do material fotográfico: "o alemão da Fotografia Ideal conseguia açambarcar, com o auxílio de amigos seus, todo o material, fazendo não só subir os preços como impossibilitando os demais de trabalhar" (AMADO. *Hora da Guerra*, 26 maio 1943).

É dessa maneira que se constrói a Unidade Nacional.

Mas Amado não se detém nas ligações com as classes profissionais. Sua busca de compromisso com a guerra ativa é bem maior e marcado pelo viés partidário. Em "**As Bandeirantes e o Esforço de Guerra***", dá uma amostra.

O escritor mostra-se sobretudo interessado com o papel da mulher na guerra, no preparo e sustentação da frente interna, com o desenvolvimento às solicitações do feminino provocadas com a guerra. Vê nas bandeirantes um papel de modificação no sistema tradicional de educação, muito embora declare não conhecer, de perto, suas tarefas:

> Têm realizado muito pelo mundo afora, não sei tudo que elas têm tentado e tudo que têm feito é certo e justo. Não sei. Sei, porém, que elas representam uma força educacional, são jovens entusiastas e sãs, de espírito claro, voltado para uma série de coisas práticas. Pareceram-me boa gente para este momento de guerra, gente capaz de compreendê-lo e de ser útil à Pátria, de dar uma poderosa contribuição ao esforço de guerra que o Brasil realiza para salvaguardar a sua Independência e para concorrer para a libertação dos povos que Hitler escravizou. (AMADO. *Hora da Guerra*: 24 mar. 1943).

De qualquer sorte, indica alguns trabalhos que podem ser executados pelas bandeirantes, ao lado das organizações estudantis nas campanhas cívicas: na companhia da Legião Brasileira de Assistência, na visita às famílias dos convocados para o Corpo de Expedicionários, no apoio à assistência aos parentes dos vitimados com os bombardeios, na colocação dos "Bônus de guerra", no auxílio das que realizam os "Bancos de Sangue", etc.

Do escritor e o "tenentismo"

Jorge Amado procura a toda hora fazer uma ligação entre o "tenentismo" e o momento atual do conflito armado contra o nipo-nazifascismo, o que, de algum modo, respingaria na Revolução de 30 e na aliança com Getúlio Vargas. Várias são as crônicas da *Hora da Guerra* em que isto sucede, desde relatos romanceados das aspirações e revoltas "tenentistas" até criações de personagens do movimento, como "Rimance do 5 de Julho*", de 6 de julho de 1943; "O Monumento*", de 18 de março de 1944 e "Siqueira Campos*", de 5 de julho de 1944.

Em "Rimance do 5 de Julho*", os acontecimentos "tenentistas" de 1922 – o do Forte de Copacabana – e de 1924 – o de São Paulo e do Rio Grande do Sul – são retratados, sob o crivo jorgeamadiano, como movimentos precursores da história nacional:

"Um feito do Brasil do Exército brasileiro, um feito do povo também, amiga. 5 de julho quer dizer desejo de justiça, de liberdade, quer dizer esperança" (AMADO. *Hora da Guerra*: 6 jul. 1943).

Jorge Amado, usando o argumento, talvez como uma carícia intelectual a Getúlio Vargas, modifica os ideais basilares do "tenentismo" e o coloca como um movimento democrático já cheio de aspirações antifascistas:

> Em 30 eles novamente arrancaram. Naquele 5 de julho de 22, na praia de Copacabana, começou a ser escrita a História moderna do Brasil. Dali nasceu a Grande Marcha, a Revolução de 30, e nasceu também o espírito antifascista. É bem verdade que os tenentes se dividiam em correntes e em grupos. Porém, no coração de cada um, era a mesma flama inapagável de amor ao Brasil, de desejo de uma Pátria melhor. (AMADO. *Hora da Guerra*: 6 jul. 1943).

Pergunta-se: antes mesmo da consolidação do fascismo e nazismo no poder, os "tenentes" já têm consciência do que vem depois?

De acordo com os dados históricos levantados, Alexander J. de Grand, em *Itália fascista e Alemanha nazista*, observa que os acontecimentos europeus estão muito próximos ou ainda inexistentes para que o "tenentismo" brasileiro guardasse precauções. Assinala o autor em seu ensaio:

> Em 29 de outubro de 1922, aos 39 anos, Benito Mussolini tornou-se o mais jovem primeiro-ministro da breve história da Itália unificada. Pouco mais de dez anos depois, em 30 de janeiro de 1933, aos 44 anos, Hitler também assumiu o mesmo cargo. Como chegaram ao poder por meio de coalizões com a classe política conservadora, a situação política básica de ambos os líderes era semelhante. (DE GRAND, 2005, p.55).

Fazendo junções dos períodos históricos e das aspirações individuais, Amado não esquece de tratar Vargas como um "ex-tenente" ao lado de outros, posteriormente e das mais diversas tendências partidárias:

> E quando as forças bárbaras do nazifascismo ensanguentaram o mundo e mataram os brasileiros, de todas as partes chegou até Getúlio Vargas, tenente de 30, a voz dos tenentes brasileiros. Novamente o "tenentismo" era um bloco. Chegou pela voz do general Estilac Leal, nos ares com Eduardo Gomes, na administração com Cordeiro de Farias, mas chegou também, amiga, do exílio e das prisões. Onde quer que estivessem, os "tenentes" passaram sobre as divergências impossíveis e criminosas nesse momento e se

> reuniram em torno ao Presidente da República. A Pátria os chamava, jamais faltaram eles ao chamado da Pátria. (AMADO. *Hora da Guerra*: 6 jul. 1943).

Do chamado da Pátria nenhum foge, todos – ou quase, Prestes permanece prisioneiro – estão em torno de Vargas, de qualquer modo, sob seu comando, nesse instante de combate ao "Eixo".

A construção de um personagem é um longo processo de crença e veneração de atitudes. Nessa crônica que trata da história do "tenentismo", surge o nome de Siqueira Campos, encoberto pelo romantismo de Amado, no retratar da historicidade:

> E em 22 eles se levantaram. Os fortes do Leme e de Copacabana se levantaram também. Mas eram um punhado de jovens, os tenentes. E foram vencidos pelas forças governistas tão superiores em numero. Em Copacabana ficaram, no forte, 17 homens. À sua frente, jovem deus da batalha, Siqueira Campos, símbolo imortal do tenentismo. (AMADO. *Hora da Guerra*: 6 jul. 1943).

O romancista, que faz estrear, em 1941, *o ABC de Castro Alves*, procura fundir duas figuras humanas que, de certa forma, se completam enquanto mitos amadianos, o poeta e o "tenente":

> O outro, Siqueira Campos, morreu quando mais uma vez tentava entrar no Brasil, na alvorada de 30, para chefiar soldados na revolução popular da Aliança Liberal. Porém, antes, em 24, partira com a Coluna e foi o seu Ariel, figura de jovem igual à sua só a de Castro Alves em toda a História do Brasil. (AMADO. *Hora da Guerra*: 6 jul. 1943).

Culminando sua criação da personalidade do "tenente" com a mistura do real com o surreal, na curta existência humana, diz Amado:

> Se estivesses nesta tarde feriada, iríamos a um parque e, para escândalo dos transeuntes, gritaríamos um viva a cada nome, a cada um dos heróis dos dois 5 de julho. E, quando disséssemos Siqueira Campos, a estrela Vésper responderia dos céus, pois é ele iluminando os destinos da Pátria. (AMADO. *Hora da Guerra*: 6 jul. 1943).

Na crônica "Siqueira Campos*", ao lado das comemorações das duas revoltas "tenentistas" de 5 de Julho – cerca de vinte anos –, Jorge Amado prega a anistia geral de todos os presos políticos para a realização completa da frente interna tão necessária à Unidade Nacional.

No seu entender, os aprisionamentos e condenações dos "tenentes" ocorrem, sobretudo pela presença do comando integralista, que leva ao debate antifascista, expondo os chamados democratas aos riscos políticos.

Toda explicação amadiana segue essa trilha. Siqueira Campos é um precursor da Unidade Nacional, movido por ideias anti-integralistas de amor à pátria:

> Desde então o nome de Siqueira Campos tornou-se um símbolo. De juventude entusiasta, de puro idealismo, de amor à Pátria, de abnegação, de coragem sem limites. Não foi apenas no instante glorioso, no qual dezoito homens enfrentaram, na praia, os milhares armados que ameaçavam o Forte. Foi depois também, durante a Grande Marcha. Siqueira Campos travou centenas de combates. Era, por assim dizer, a alma da Coluna, ardente de entusiasmo, de nobreza sem par, alegre e simples, capaz e destemido. Quando, no fim da epopeia, a Coluna rumou para a Bolívia, onde se internaria, coube a Siqueira Campos e ao seu destacamento – oitenta homens que não temiam a morte – realizar uma operação de diversão que atrairia sobre si as forças governistas, possibilitando a retirada da Coluna. Siqueira marchou nove mil quilômetros, numa marcha de cometa, por entre as tropas governistas, atravessando cidades, vilas, e povoados, municiando-se com munição tomada ao inimigo, montando cavalos que iam buscar nas súbitas aparições noturnas nos acampamentos legalistas. Era como um fantasma, surgindo de repente, em inesperados golpes de audácia, mudando nomes de estações ferroviárias, escrevendo deliciosas cartas ao seu comandante. Poucas vezes um militar revelou-se tão capaz, seja na aplicação do aprendido na Escola, seja na iniciativa, criando, para as novas condições da guerra no sertão do Brasil, novas táticas. (AMADO. *Hora da Guerra*: 5 jul. 1944).

É uma construção de personagem feita com dados históricos e míticos, como é costumeiro dos cantos populares.

O nome de Luiz Carlos Prestes – nunca expressamente citado em nenhuma das mais de quatrocentas e sessenta colunas – é sempre uma lembrança continuada, mesmo na suposta imaginação insinuada de Siqueira:

> Só uma palavra na boca de todos eles: unidade! Se Siqueira Campos fosse vivo essa também seria sua palavra. E para que ela se concretizasse, ele falaria também em anistia, porque assim a família brasileira estaria totalmente pacificada e todos os "tenentes", os de 22, os de 24 e os de 30, novamente reunidos, sob a bandeira da Pátria, iriam honrar mais uma vez o nome de Siqueira Campos nos novos combates pelo Brasil, nas frentes de batalha da

> Europa, onde o monstro nazifascista estrebucha na agonia da morte. E ficaria também assegurada a firmeza da frente interna, porque então a unidade nacional seria uma realidade. (AMADO. *Hora da Guerra*: 5 jul. 1944).

Amado repete: "todos os 'tenentes', os de 22, os de 24 e os de 30, novamente reunidos, sob a bandeira da Pátria". O Presidente Vargas é forçosamente incluído no grupo, foi um deles.

Jorge Amado, seguindo a estratégia de um período, já lançara, em 1942, de Buenos Aires, seu grito de liberdade para Prestes – em *A vida de Luís Carlos Prestes*, pela Editora Claridad –, preso no Brasil, nas piores condições de cadeia:

> Quando amanhã ele partir novamente no seio do povo, amiga, as noites serão doces noites de amor, nas areias do cais os ais serão suspiros de amantes. Nas noites de hoje, de tristeza e de dor, gritemos pela sua liberdade. Levanta a tua voz, amiga, clama comigo, com toda a gente do cais, com todos os povos livres do mundo, clama até que teu grito seja ouvido: – Liberdade para Luiz Carlos Prestes! (AMADO, 1982, p.350-351).

Prestes só é solto após o término da guerra.

Todavia, a saga épica pela memória de Siqueira Campos não se esgota. Na crônica "O Monumento*" é anunciada a construção deste marco, lembrando os jovens tenentes dos dois 5 de julho: "Um monumento vai ser levantado aos heróis que tombaram em defesa dos princípios `tenentistas´. Nele serão gravados nomes que o povo jamais esqueceu: Siqueira Campos, Joaquim Távora, Djalma Dutra, Aníbal Benévolo" (AMADO. *Hora da Guerra*: 18 mar. 1944).

O autor está, talvez, relembrando as palavras de Domingos Meirelles, em *As noites das grandes fogueiras: uma história da Coluna Prestes*, uma narrativa de um ideal democrático:

> Não existem também entre eles desigualdades, apesar da hierarquia imposta pela disciplina militar. Os chefes levam a mesma vida que os soldados, sem privilégios: se for preciso, dormem também no chão ao lado da tropa; comem no mesmo rancho. Durante toda a marcha, o melhor é sempre destinado aos feridos e, depois, aos demais combatentes. A oficialidade não tem regalias. (MEIRELES, 2008, p.545).

É a crença num projeto idealista de Jorge Amado. Numa economia tão rarefeita como a da guerra, não se pode deslocar do orçamento nacional, tão comprometido, uma quantia para tal fim específico. Mas fica a marca dos sentimentos do jovem cronista.

2 Do torpedeamento de navios brasileiros

Das preliminares

Quando Jorge Amado inicia sua coluna em *O Imparcial*, em 23 de dezembro de 1942, já eram decorridos quase seis meses da onda máxima de torpedeamentos de navios mercantes brasileiros, que faz surgir grande indignação nacional e levar o país a mudar sua posição de neutralidade na Segunda Guerra Mundial.

Em menos de 48 horas, são torpedeados por submarinos alemães cinco navios da frota mercante, nos dias 15 a 17 de agosto de 1942 – como registra Roberto Sander (2007), em *O Brasil na mira de Hitler*: o *Baependi*, com 270 mortos, o *Araraquara*, com 131 mortos, o *Aníbal Benévolo*, com 150 mortos, o *Itagiba*, com 36 mortos e o *Arará*, com 20 mortos, perfazendo o total de 607 assassinados friamente.

A repercussão nacional e internacional é enorme, muitos comparando a uma outra *Pearl Harbor*, ocorrido em 7 de dezembro de 1941, ataque covarde e traiçoeiro do Japão aos Estados Unidos, do mesmo modo sem haver declaração de guerra firmada.

Tudo isso como revide à Conferência de Chanceleres do Rio de Janeiro, que acontece de 14 a 22 de janeiro de 1942, e leva os países americanos, salvo Argentina e Chile, a romperem relações diplomáticas e comerciais com o "Eixo" (Alemanha, Itália e Japão).

Diz o Presidente Vargas, na abertura do citado encontro:

> [...] desde 7 de dezembro – data que constituirá um marco novo na vida das nossas comunidades, pois trouxe a guerra ao Continente Americano – assumimos uma posição decidida, coerente com a nossa tradicional política externa e fiel aos compromissos solenes, relembrados e reafirmados mais de uma vez nos últimos tempos. [A posição brasileira objetiva] defender,

> palmo a palmo, o próprio território contra quaisquer incursões e não permitir possam as suas terras e águas servir de ponto de apoio para o assalto a Nações irmãs. Não mediremos sacrifícios para a defesa coletiva, faremos o que as circunstâncias reclamarem e nenhuma medida deixará de ser tomada a fim de evitar que, portas adentro, inimigos ofensivos ou dissimulados se abriguem e venham a causar dano, ou pôr em perigo a segurança das Américas. (VARGAS, 1942, p.111-113).

A posição brasileira é, portanto, clara e evidente.

Oswaldo Aranha, Chanceler brasileiro e presidente do evento, vai mais adiante e se propõe a uma total e absoluta solidariedade com os Estados Unidos:

> [...] a América foi agredida por forma inesperada e brutal, justamente quando um dos maiores e melhores homens de todos os tempos, Franklin D. Roosevelt, fazia um supremo apelo à razão e à paz. Não deixaram os agressores, com o seu ato, alternativa para os povos continentais, nem mesmo para os seus admiradores ou adeptos. Esta é a razão pela qual nos reunimos aqui, não somente porque, as nossas terras as nossas fronteiras, as nossas costas estejam ameaçadas, ou possam ser igualmente atacadas [mas também] a nossa religião, a nossa moral, as nossas famílias, as nossas raças, as nossas instituições, as nossas liberdades, enfim, as nossas ideias, estão em risco iminente de perecer. (ARANHA, 1942, p. 113-115).

O Presidente da República, durante o tempo que lhe é possível, mantém-se oscilante entre um e outro lado, equilibrando os pró-fascistas e os não, mesmo porque, ao optar pela democracia, Vargas tem a certeza da sua pouca duração no cargo. Ele é proveniente do Estado Novo, uma forma eminentemente fascista de dirigir a Nação, com inúmeros prisioneiros da polícia política.

Duas posições diferenciadas: enquanto as palavras de Aranha representam uma sequência de um esforço continuado, de aliar mais fortemente o Brasil aos Estados Unidos, Vargas, no entanto, baseia-se num cálculo oportunista: a entrada dos norte-americanos no conflito significa o fornecimento de instalações de defesa, sobretudo para o Nordeste, como é comunicado no momento ao Chanceler Sumner Welles, que aprova o pedido, com o posterior aval de Roosevelt.

Na impossibilidade de qualquer cooperação econômica e militar proveniente da Alemanha, em março de 1942, é assinado com os EUA importante acordo sobre o equipamento das Forças Armadas brasileiras.

Ricardo Seitenfus, em *O Brasil vai à guerra*, ajunta a respeito do encontro:

Apesar da ausência de unanimidade, a Conferência do Rio de Janeiro é um sucesso. Várias resoluções são adotadas. As primeiras são de natureza econômica e objetivam:
- aumentar as relações comerciais interamericanas;
- desenvolver a produção de material estratégico;
- manter a segurança das vias de transporte no hemisfério;
- manter a organização econômica do hemisfério;
- romper as relações comerciais e financeiras com o Eixo;
- controlar as operações bancárias vinculadas ao Eixo;
- desenvolver os produtos de base;
- aumentar os investimentos mútuos. (SEITENFUS, 2003, p.275-276).

Acrescente-se que há a antiga intenção de Hitler de ocupar o Brasil, aliás, objeto de uma crônica de Jorge Amado, "O Que Hitler Me Disse*", onde é comentado o livro de idêntico nome de Hermann Rauschning:

> Aos brasileiros, em particular, interessa os capítulos sobre a América Latina e o seu destino, após a vitória sonhada por Hitler. O Brasil, mais uma vez, é citado nominalmente, "Edificaremos uma nova Alemanha no Brasil", afirma Hitler, após ouvir o relatório de um quinta-coluna recém-chegado da América do Sul. (AMADO. *Hora da Guerra*: 11 maio 1943).

E acrescenta:

> Pretende ele que o nazismo, estabelecido aqui, "transformaria um Estado governado por mestiços corruptos, domínio germânico". E fala com imenso carinho no método que usará para se apossar do Brasil: "Não temos a mínima intenção de proceder como Guilherme, o Conquistador – desembarcar tropas para nos apoderarmos do Brasil, de armas na mão. As nossas armas são invisíveis. Os nossos 'Conquistadores', meu caro, têm a desempenhar missão mais difícil que os de outrora. Por isso mesmo as suas armas são de mais delicado manejo". (AMADO. *Hora da Guerra*: 11 maio 1943).

Amado termina advertindo das palavras de Hitler, que dizem: "[...] as suas armas são de mais delicado manejo", e quer sugerir: armas da traição e da falsidade, como o covarde assassinato de mais de 600 brasileiros nos dá uma amostra.

De forma clara e concreta, para ele, o ataque aos navios mercantes é uma afronta à soberania nacional, um desrespeito às normas mínimas e comuns de aceitar à Independência do Brasil. Um ato similar à invasão da URSS., como já costumeiro com o nipo-nazifascismo: quando achar que é conveniente, ataca, invade ou aprisiona povos.

Do continente americano e a Segunda Grande Guerra

A primeira coluna de *Hora da Guerra* circula quando o imperialismo alemão já dá provas de fraqueza. No específico, "As Vítimas Pedem Vingança*" é um texto de recordação, rememorando, sobretudo, fatos passados em agosto de 1942, no grande clímax dos ataques de submarinos alemães a embarcações nacionais:

> Ainda trazes nos ouvidos o eco das palavras daqueles jovens pedindo vingança. Viemos pela rua, onde u´a multidão preparara a festa de Ano Bom, curvados ainda pela emoção das palavras ouvidas no comício de 31 de dezembro, com que a Bahia protestara contra os crimes cometidos pelo nazismo. Tu me perguntaste então, com tua voz de melodia, se tudo era verdade, se coisas tão monstruosas, covardias tão repugnantes, atentados tão indignos, tinham mesmo sido cometidos por homens. Em torno a nós a multidão em festa se movimentava. Era uma tarde doce, os homens alegres apertavam-se as mãos nos desejos de feliz ano. Mas nós vínhamos do comício, de ouvir as dolorosas verdades. Tu me perguntaste se os nazistas eram realmente seres humanos, de carne e osso e sensibilidade, como nós e como os homens e as mulheres que passavam nas ruas. (AMADO. *Hora da Guerra*: 3 jan. 1943).

Muitas vezes, torna-se difícil entender – ou acreditar! – o porquê de tanta crueldade. Um povo considerado com um bom nível de cultura, com uma carga tão devastadora de destruição, de ódio. Como a construção do texto amadiano direciona, é realmente impossível avaliar facilmente, como questiona a hipotética companheira do autor: perseguição a mulheres, a crianças, a velhos. Estes, dos grandes e monstruosos crimes dos nazifascistas.

A imprensa, após os afundamentos provocados pelos germanos, mostra os lances do acontecido e clama por uma atitude firme do Brasil. Como descreve Roberto Sander, em "A declaração de guerra":

> Àquela altura, a vontade de todos era estar numa trincheira, ainda mais depois de uma reportagem publicada por *O Cruzeiro* na sua edição de 29 de agosto [de 1942]. Com o título "A guerra chegou aos mares do Brasil", a revista, um fenômeno editorial que vendia mais de 700 mil exemplares semanais, mostrava fotos inéditas da tragédia com os navios brasileiros no litoral nordestino. Uma delas chocava particularmente. Era o corpo de uma menina morta ainda deitada na beira do mar.

"Alaíde, a brasileirinha de apenas 3 anos, tal como foi encontrada numa das praias do Sergipe. Imagem imorredoura da brutalidade nazista", deplorava, em tom dramático, a legenda de *O Cruzeiro*. (SANDER, 2007, p.211).

Oswaldo Aranha lembra que parte da Alemanha a iniciativa de hostilidades e cobra ao embaixador espanhol, encarregado dos negócios alemães no país, as satisfações justas e as devidas indenizações.

Tantos afundamentos em pouco tempo terminam por mudar várias posições ou do governo ou de governantes: a queda de Filinto Müller, a quebra da resistência do general Eurico Dutra, ministro da Guerra, tão contrários a uma ação mais dura contra a Alemanha.

A segunda crônica de Amado, "Os Caças-Submarinos Vingadores*", narra a entrega de 3 caças-submarinos pelos Estados Unidos ao Brasil, no cumprimento de compromissos assinados, em seguida aos ataques de agosto do ano anterior. É uma maneira de procurarmos proteger nossa marinha mercante dos ataques do "Eixo", inclusive na obediência à resolução da Conferência dos Chanceleres do Rio de Janeiro: "manter a segurança das vias de transporte no hemisfério".

O comandante da Marinha de Guerra declara aos jornalistas presentes ao ato de entrega dos caças:

> [...] essa entrega à Marinha de Guerra do Brasil tem grande significado para mim e para todos os meus compatriotas. Trata-se de uma prova concreta de que os Estados Unidos estão fazendo o possível para ajudar na batalha contra a frota submarina alemã. (AMADO. *Hora da Guerra*: 5 jan. 1943).

Em todo desenrolar do texto, sente-se uma situação de ansiosa expectativa, pois novas agressões são esperadas. Hitler não se conforma com a audácia de uma reunião de Chanceleres, principalmente com as resoluções finais tomadas. Não esqueçamos que a América é consequência da colonização europeia; as ideias de subserviência estão bem acordadas na mente do *Führer*. É a norma nazista.

É conveniente, no entanto, que o combate aos inimigos não permaneça apenas no mar: "Que a campanha contra a quinta-coluna continue. Que as estações de rádio continuem a ser procuradas e os traidores perseguidos" (AMADO. *Hora da Guerra*: 5 jan. 1943).

Segue "**Carta do Marinheiro à Yemanjá***", uma página de lirismo, quando Amado recorda os acontecimentos de agosto, queixando-se à dona das águas, conforme prega o Candomblé, dos fatos ocorridos em seus domínios: "Bem sabíamos, Rainha do Mar, que, em outros mares, navios tripulados por feras se emboscavam na noite para levarem a morte aos marinheiros tranquilos" (AMADO. *Hora da Guerra*: 3 fev. 1943).

Na crônica, publicada um dia após o dedicado ao culto do orixá, são repassados os fatos ocorridos nas costas marítimas brasileiras, com destaque para a surpresa com que os viajantes são surpreendidos, num clima tão diverso do costumeiro em outros lugares, em outros mares:

> Mas era em outros mares e nós não estávamos em guerra, não havíamos ofendido a ninguém, íamos pacificamente no nosso navio conduzindo mercadorias e passageiros de um porto para o outro. E as feras chegaram, nos seus navios assassinos, e do meu barco, Yemanjá, resta apenas a lembrança dos que morreram, e fora [sic] muitos! (AMADO. *Hora da Guerra*: 3 fev. 1943).

Dos restos do ataque avassalador, o cronista mostra sua recordação – "Na mão traiçoeira dos assassinos, na noite de submarinos e de torpedos, os teus filhos morrem, Yemanjá" –, associando à memória relembrada de outros cantos do universo – "Os teus filhos, marítimos de todo o mundo, morrem na traição dos submarinos, Inaê" (AMADO. *Hora da Guerra*: 3 fev. 1943).

O pedinte queixoso retira dos fatos ocorridos o seu pedido ao Orixá da sua jovem e humana angústia: "Que morram todos, um por um, os que não se envergonham de vestir, no bojo dos navios, a camisa cáqui ou negra, ou de que cor seja, da traição e da covardia. Que morram todos um por um" (AMADO. *Hora da Guerra*: 3 fev. 1943).

Depois, vem "**Vingança Contra os Assassinos!***", de 21 de março de 1943. A crônica está vinculada ao afundamento do *Afonso Pena*, em 2 de março de 1943, tripulação de 242 pessoas e a morte de 125; em números, foi a quarta tragédia acontecida, ficando apenas abaixo do *Baependi*, do *Aníbal Benévolo* e do *Araraquara*.

Esse torpedeamento é realizado pelo submarino italiano *Barbarigo*, o mesmo que, em maio de 1942, ataca o *Comandante Lira*, com a morte de duas pessoas.

Os relatos dos sobreviventes indicam instantes de incríveis sofrimentos para vários náufragos:

> Depois do torpedeamento, com a confusão reinante a bordo, foi impossível parar as máquinas. A proa do navio começou a afundar e as baleeiras acabaram deslizando ao longo do costado do barco até chegar às hélices ainda em movimento. Muitos dos que tentavam se salvar morreram retalhados. O desaparecimento de 125 homens causou um grande mal-estar no país. Na mesma área [águas do litoral da Bahia] em que fora abatido o *Afonso Pena*, outros quatro navios aliados foram torpedeados nos primeiros dias de março (dois norte-americanos, um holandês e um sueco), o que comprova que os submarinos do Eixo, mesmo sem a antiga eficácia, ainda atuavam no Atlântico Sul. (SANDER, 2007, p.238).

Imaginemos a situação de revolta e irritação nacional provocada. As manifestações da *Hora da Guerra* se inscrevem entre as numerosas da imprensa local e internacional. Como resultado das conversações de Casablanca, uma sucessão implacável de afundamentos de *U-boats* é iniciada, terminando por indicar o *U-507* como o responsável pelos crimes do *Baependi, Araraquara, Aníbal Benévolo, Itagiba* e *Arará*. Na manhã de 13 de janeiro de 1943, ele foi posto a pique por um avião *Catalina* da Marinha dos Estados Unidos:

> Provavelmente, o excesso de confiança depois da bem-sucedida missão no litoral nordestino fez com que o comandante Harro Schacht, que retornava da Alemanha depois de ser condecorado com a Cruz de Ferro – honraria concedida pelo Reich por atos de bravura dos seus soldados –, não tomasse os cuidados necessários. Toda a tripulação de 57 homens morreu, inclusive o próprio Schacht (sua casa em Hamburgo, da mesma forma que o submarino que comandava, acabaria destruída por um bombardeio, obrigando sua viúva a mudar-se). (SANDER, 2007, p.236-237).

No entanto, ao longo de 1943 mais 10 caças-submarinos são incorporados à Marinha brasileira, atendendo ao combinado entre Vargas e Roosevelt:

> Sem contar que 32 navios da nossa frota mercantil (28 deles do Lloyd Brasileiro) já estavam armados de canhões e metralhadoras. A FAB passava a contar com mais oitenta unidades, entre os bimotores Hudson e Catalina e caças tipo P-40. Apesar disso, e da declaração da 4a. Esquadra norte-americana de que as águas do Atlântico Sul estavam limpas de submarinos inimigos, no decorrer do ano, mais sete navios mercantes brasileiros foram afundados. (SANDER, 2007, p.238).

A crônica inicia-se com o autor alertando para o fato ocorrido, indicando mais uma situação de clamor e revolta implantada no país pelo nazifascismo:

> Os nazifascistas assassinaram mais 123 brasileiros nos primeiros dias de março. Desde o mar de cadáveres sobe um clamor de vingança. Este mar do Atlântico Sul era de águas tranquilas pelas quais cruzavam os transatlânticos nas noites normas e os grandes cargueiros negros. Mas os assassinos vieram e agora este mar é um mar de guerra, onde boiam os cadáveres dos nossos irmãos. Homens e mulheres, crianças inocentes, saciaram a sede de sangue e de ódio dos monstros nazifascistas. (AMADO. *Hora da Guerra*: 21 mar. 1943).

Amado, partindo da autoria do crime cometido por um submarino italiano, refuta a diferença, segundo ele, pela quinta-coluna entre nazismo e fascismo, o primeiro mais cruel, o segundo mais ameno, mais brando: Para o cronista, inexistem diferenças no momento da guerra.

Por outro lado, sentimos pelos indícios textuais que a guerra ativa – ferrenhamente pregada pela esquerda envolvida na Unidade Nacional – à implantação do Corpo Expedicionário Brasileiro só é decidida em agosto de 1943 – ainda não é uma realidade efetiva, havia ainda indícios e muita pressão:

> Não somos nem covardes, nem traidores! Uma atitude de acovardamento só compete àqueles que trocaram sua cidadania brasileira pelas fileiras indignas do integralismo quinta-colunista. Nós somos brasileiros e à morte dos nossos irmãos respondemos com um grito: ÁFRICA! (AMADO. *Hora da Guerra*: 21 mar. 1943).

As propostas de Amado são as de ligar as Forças Brasileiras aos aliados anglo-americanos que lutam contra Rommel na África. De lá para a Europa, até a Alemanha, até Berlim:

> Seria preciso que fôssemos um país de covardes integralistas, vendidos a Hitler e a Mussolini, para que silenciássemos ante o atentado último. Não, não responderemos com um medroso silêncio. Com coragem, dignidade e ódio gritaremos: ÁFRICA! E lá, na Europa, e na Alemanha e em Berlim, vingaremos os nossos irmãos mor[tos] [...].(AMADO. *Hora da Guerra*: 21 mar. 1943).

E assim estamos todos com o Corpo Expedicionário em luta, possivelmente envolvidos na Segunda Frente, e vingados!

No texto que segue, "**Absolvição!***, Jorge Amado conta a história de José Evaristo, um nordestino que, segundo seu relato, cheio de ódio com o afundamento do navio *Afonso Pena*, mata um italiano. Ele chega a pedir: "Juízes, absolvição para aquele que matou por amor à Pátria!".

No meu ponto de observação, Jorge Amado nesta crônica comete alguns equívocos. A pouca idade do cronista o faz esquecer que é formado em direito e que sua atitude retira do Estado qualquer poder de interventor na aplicação de penalidades. É a implantação do mais completo caos quando as avaliações jurídicas sejam realizadas pelo próprio suposto ofendido. Mesmo como golpe de reportagem, não tem o menor cabimento.

Além disso, Amado, no desenvolver de seus argumentos jornalísticos, muda de postura em relação à Unidade Nacional, tecendo críticas às classes dos patrões contra a dos operários, o que claramente transparece a sua filiação partidária pelo partido defensor da luta de classes:

> Talvez que este mesmo submarino que violou as nossas águas, matou nossos irmãos e matou nossos aliados, tenha sido construído com dinheiro ganho pelos italianos fascistas no Brasil, por estes condes que exploram nosso trabalho, nossas matérias-primas, nossos patrícios operários, que jogam com o crédito dos nossos bancos, que tiram da nosso [sic] terra e da nossa gente as fortunas com que presenteiam Mussolini e compram Plínio Salgado. Quem sabe amigos, se não foi com dinheiro brasileiro, com dinheiro arrancado do nosso suor e da nossa Pátria, que foi construído o barco assassino? Possivelmente foi! (AMADO. *Hora da Guerra*: 23 mar. 1943).

Demonstrando priorizar os proletários nas lutas entre facções, escreve ainda: "Talvez tenha saído das fábricas de São Paulo o ouro que financiou as couraças e os torpedos que mataram os nossos irmãos. Vingança, pede o povo" (AMADO. *Hora da Guerra*: 23 mar. 1943).

Em "Vozes Vêm do Mar*", Amado lembra os assassinatos ocorridos em plenas águas marítimas brasileiras de civis, pessoas com outras ocupações que não as da farda militar.

O escritor denuncia os integralistas mascarados – em conventos, em delegacias, em prefeituras – e traz o depoimento de intelectuais e pessoas de ampla aceitação pública. Gilberto Freyre, "que é um escritor que todo o Brasil respeita, já há mais de um ano, em sensacional denúncia, esclareceu que os nazistas enviavam espiões ao Brasil transformados em missionários católicos"; e o general Rondon, "que é uma das mais autênticas glórias do Brasil, narrava, há muito pouco tempo, pela imprensa, o trabalho dos fascistas italianos que se vestiram de salesianos e partiram para a Amazônia"(AMADO. *Hora da Guerra*: 27 jun. 1943). Claro, como esclarece, sem contar com a aprovação dos dirigentes católicos.

A crônica é montada a partir da forte evocação das lembranças dos crimes marítimos: "O luto cobre ainda moços e velhos, viúvas de negro véu e de chorosos olhos. Luto pelos que morreram no mar, pais e mães, irmãos e irmãs, filhos e filhas, noivos e noivas, esposos e esposas" (AMADO. *Hora da Guerra*: 27 jun. 1943).

Em "Navios e Marinheiros*", Amado faz um hino de louvor aos marinheiros mercantes, cujo dia era nas vésperas comemorado, heróis anônimos, sobretudo nessa guerra para o bem da humanidade, e responsáveis pelo não cessar das labutas, pela preparação e sustento das forças das batalhas.

Levam uma vida de risco constante, originários de todos os recantos do planeta, por vezes, sorridentes e, na aparência, calmos, tranquilos. Cada viagem é um risco de vida, mormente naquele momento, com os ataques covardes dos submarinos do "Eixo", cada porto pode ser o último porto.

São seres humanos que devem ser olhados com admiração e carinho: "Nos sete mares, em redor de todos os continentes, lutando contra os japoneses, no Pacífico, lutando contra os alemães no Atlântico, lutando contra os italianos, no Mediterrâneo. E vencendo!" (AMADO. *Hora da Guerra*: 1º jul. 1943).

Em "O Sangue Pede Vingança!*", também sequencia uma série de assassinatos em embarcações brasileiras: o *Tutoia*, com 7 mortos; o *Pelotasloide*, com 5 mortos; o *Shangri-lá*, com 10 mortos – barco pesqueiro, com todos os tripulantes falecidos; e o *Bagé*, com 28 mortos. Mesmo com um número menor de mortos, a ronda do crime prossegue.

O *Bagé* é um dos grandes navios mistos do Lloyd Brasileiro, viaja de Recife para Salvador, com 107 tripulantes e 27 passageiros a bordo. Carregava em seus porões borracha, castanhas, couro, fibras e algodão. Consta do relato apresentado por Roberto Sander, em *O Brasil na mira de Hitler*:

> Por fumegar demasiadamente, recebeu ordem de deixar o comboio e prosseguir viagem junto à costa. Foi como uma sentença de morte para o *Bagé*.
>
> Por volta das 21 h, recebeu o primeiro torpedo do *U-185*, do Capitão-Tenente nazista August Maus. Como se não bastasse, em seguida, foi atingido no seu passadiço por uma granada incendiária. A surpresa do ataque fez com que poucas baleeiras pudessem ser arriadas, e o que se viu foram homens atirando-se em desespero ao mar para tentar alcançar os destroços que flutuavam ao redor da embarcação. O *Bagé* afundou em apenas quatro minutos. Morreram vinte tripulantes, entre eles o comandante Arthur Monteiro Guimarães, além de oito passageiros. (SANDER, 2007, p.239).

Pouco adianta se saber da probabilidade de um ataque. Com o bombardeio, o pânico se estabelece. Instala-se o salve-se quem puder. Muitas mortes se verificam pelo clima de nervosismo implantado.

Quanto ao barco pesqueiro *Shangri-lá*, soube-se depois que a embarcação foi atacada pelo *U-199*, atingida por tiros de canhão ao largo de Cabo Frio, com o desaparecimento dos seus dez ocupantes:

> Só em 1999, quando os arquivos militares norte-americanos foram abertos, é que se teve a certeza de que fora o submarino alemão o responsável pelo ataque. Com o desarquivamento do inquérito, em 31 de julho de 2001, o Tribunal Marítimo finalmente reconheceu os pescadores do *Shangri-lá*

como heróis de guerra. Em junho de 2004, tiveram os nomes incluídos no Monumento Nacional dos Mortos da Segunda Guerra Mundial. (SANDER, 2007, p.238).

A crônica preocupa-se com fatos acontecidos, provocados por aqueles que agridem o mar, que o usam como lugar de suas empreitadas mortíferas:

> Não, amiga, não é o mar que é nosso inimigo! O mar é doce amigo de todos os que trabalham, amigo dos marinheiros e dos pescadores. Inimigos são os nazis que tocaiam com os submarinos assassinos, nas noites do rio Real, os nossos barcos pacíficos para a realização de mais um crime, para mais uma vez tingir de sangue essas águas atlânticas que são águas territoriais do Brasil. Inimigos são os traidores integralistas que alimentam esses piratas nazistas, que lhes fornecem notícias, que lhes dão as rotas pelas quais cruzam os nossos cargueiros e transatlânticos. Esses são os nossos inimigos, inimigos também do mar, esses são os que devem pagar e pagar caro as vítimas brasileiras da sua perfídia e traição. Aí estão, amiga, nazis e integralistas, assassinando brasileiros, destruindo navios nossos, levando o luto e a dor aos lares antes tranquilos. Não esqueceremos, amiga, e nos vingaremos custe o que custar! (AMADO. *Hora da Guerra*: 10 ago, 1943).

Mais uma vez, Amado faz a associação de nazifascismo com integralismo, apontado como a grande causa da traição nacional, como responsável pela entrega das rotas dos navios afundados aos germanos e aos italianos.

Há referência expressa ao último torpedeamento de navios, antes da saída deste texto – o do *Bagé*, de 31 de julho de 1943 –, provocando mais mortes de brasileiros:

> O sangue pede vingança! Vingança contra esses olhos integralistas que levam pelas antenas dos rádios da traição o sinal dos nossos navios, do "Bagé", agora torpedeado, de tantos outros antes, aos ouvidos do inimigo da independência do Brasil. (AMADO. Hora da Guerra: 10 ago. 1943).

O brado de Jorge Amado é uma constante em todas as suas crônicas: "O sangue pede vingança!*".

A próxima *Hora da Guerra* ligada ao mesmo tema é "**Aniversário***". Descreve o texto:

> Comemoramos hoje um triste aniversário. Foi a 13 de agosto de 1942 que os nazis torpedearam o "Cairu", no início dos seus crimes contra o Brasil, tentando amedrontar-nos para assim impedir que tomássemos o único caminho digno e justo que nos restava: o da solidariedade continental e da solidariedade com os povos livres na luta contra a barbárie. Sucederam-se os

torpedeamentos dos nossos pacíficos navios e o povo veio à rua, clamando pela guerra, resposta que a nossa honra exigia. E a guerra foi declarada, o Brasil formou desde então ao lado das democracias empenhadas na luta de vida e morte contra o nazifascismo. (AMADO. *Hora da Guerra*: 12 ago. 1943).

Inicialmente, a crônica comete um erro de datas. Segundo o levantamento de "Navios brasileiros torpedeados durante a guerra", publicado na página 97, de *O Brasil na mira de Hitler*, de Roberto Sander, o *Cairu* é torpedeado em 8 de março de 1942; o afundamento que se aproxima da data referida é o *Baependi*, brutalmente atacado em 15 de agosto de 1942, no momento culminante da onda de agressões marítimas.

Entretanto, é conveniente fazer uma retomada de dados, revendo outra fonte de informações, o ensaio *O Brasil vai à guerra*, de Ricardo Seitenfus. Na sua versão, o *Cairu* é destruído ao largo de Nova Iorque por dois submarinos alemães, entre os quais o *U-94*, em 10 de março de 1942.

De acordo com o ensaísta, uma nova onda de ataques do "Eixo" contra navios brasileiros começa em 15 de agosto de 1942, que atinge o navio *Baependi*, utilizado na navegação de cabotagem:

> O ataque contra o *Baependi* marca uma nova etapa na escalada da marinha de guerra do Eixo contra os transportes marítimos brasileiros. Se até o momento os alvos foram exclusivamente os navios mercantes, a partir de 15 de agosto, o Eixo não hesita em atacar navios de passageiros. [...]
>
> Que reação provocam no Brasil esses verdadeiros massacres de civis inocentes, perpetrados sem declaração de guerra? A indignação é geral. Tanto o governo quanto a opinião pública consideram indispensável uma reação, já que, além das vítimas humanas e materiais, está em jogo a honra nacional. Contudo, as possíveis represálias brasileiras são limitadas. Resta um só caminho: a declaração de guerra. Tal decisão parece impor-se, mas provoca uma crise governamental. (SEITENFUS, 2003, p.296).

De qualquer sorte, a data indicada é mais provável que seja em agosto e o navio indicado é o *Baependi*, e não o *Cairu*. O resto da notícia encaixa-se com coerência no contexto histórico.

A surpresa da arrancada submarina pega de choque a Marinha de Guerra norte-americana, no que tange a uma guerra antissubmarina eficaz, como esclarece Vagner Camilo Alves, em *O Brasil e a Segunda Guerra Mundial*:

> Gradativamente os norte-americanos foram ganhando experiência e emulando os britânicos, aprimorando suas técnicas de guerra antissubmarina. Um maior número de navios-escolta foram adaptados e construídos, e as aeronaves da força aérea do exército e da marinha de guerra norte-americana passaram a patrulhar o litoral do país. Mais importante, a partir de maio [de 1943], comboios mercantes, protegidos por escoltas navais de guerra, passaram a ser formados, e navios viajando isoladamente foram tornando-se cada vez mais raros na costa leste dos Estados Unidos. O resultado disto foi a queda no grau de destruição naval na costa leste norte-americana, região onde aconteceu quase 70% das perdas hemisféricas no primeiro trimestre do ano. (ALVES, 2002, p.165).

Das dúvidas e relutâncias de Vargas, esta preocupação básica interferia: o país era governado por uma ditadura, com todos os requisitos de um regime desta alçada, e ia entrar na guerra do lado das democracias. Isto era bastante preocupante e desconfortável. Mas Amado dá prosseguimento em sua crônica e anota:

> Eu estava então em terras estrangeiras e vivemos, os brasileiros antifascistas que se encontravam no Uruguai, horas de angústias ao saber que as vidas dos nossos irmãos estavam sendo sacrificadas pelos miseráveis hitleristas com a colaboração dos integralistas, nefanda quinta-coluna. Hoje nos encontramos todos no Brasil, lutando lado a lado com o povo contra os escravocratas, e, ao recordarmos aqueles dias lutuosos, devemos marcar o caminho que já temos andado, no sentido de uma intervenção ativa na guerra. Sem falar na contribuição da marinha e da aviação na luta antissubmarina, na vigilância das nossas costas, sem falar na nossa contribuição em matérias-primas para o abastecimento das Nações Unidas, basta o fato de estarmos preparando um Corpo Expedicionário para intervir nas batalhas da Segunda Frente, conforme pede o povo, para demonstrar que não estamos em guerra simbolicamente. Esse é o desejo da quinta-coluna. (AMADO. *Hora da Guerra*: 12 ago. 1943).

A facção política amadiana é sempre encoberta com o rótulo de antifascista, anti-integralista. Uma outra bandeira a todo instante levantada é a da guerra ativa, com o envio de um Corpo Expedicionário e a participação na Segunda Frente, esta atendendo a insistentes reclamações da URSS. aos aliados anglo-americanos que procuram a oportunidade e o local de ela acontecer.

Contudo, a participação ativa do Brasil na guerra não é um consenso de todos os momentos nem de todos os aliados, conforme as informações prestadas por Ricardo Seitenfus, em *O Brasil vai à guerra*:

> [...] os dirigentes britânicos se opunham à entrada do Brasil na guerra, pois a marinha de guerra britânica deveria cobrir um espaço maior para o controle do Atlântico Sul. Por outro lado, Londres não percebia nenhuma vantagem da eventual entrada do Brasil na guerra e se opunha a ela. (SEITENFUS, 2009, p.292).

Amado insiste que a continuação dos ataques às embarcações brasileiras é consequência de um trabalho integralista. Mostra-se consciente dos lances mais importantes de nossa luta, quando conclui:

> Há dias foi o "Bagé". Os assassinos nazis ainda infestam os nossos mares, apesar da severa vigilância da Marinha de Guerra e da FAB. Mas não abaterão o nosso ânimo combativo, não impedirão que cumpramos o nosso dever, que lutemos com todas as nossas forças pela vitória da democracia, da liberdade contra os monstros nazi-integralistas. (AMADO. *Hora da Guerra*: 12 ago. 1943).

A última crônica que aborda o tema de afundamento de navios é "Segundo Aniversário*". São comemorações dos momentos imediatamente posteriores ao da concentração máxima dos ataques às embarcações nacionais, em agosto de 1942:

> Há dois anos passados o povo, nas ruas agitadas pelas notícias dos torpedeamentos, clamou pela guerra contra o nazifascismo. O povo brasileiro revelou-se sempre antifascista e resistiu com poucos a todas as tentativas de fascistização que em torno dele foram tentadas. Veio às ruas, unido e decidido, e o governo ouviu a sua voz e cumpriu os seus desejos. A guerra foi declarada e imediatamente lançou-se o povo a uma nova campanha: a da guerra ativa. (AMADO. *Hora da Guerra*: 23 ago. 1944).

O clamor popular é verdadeiro. A declaração de guerra é precedida de um manifesto contundente dos estudantes que já se declaram em guerra contra o Eixo:

> Temos proclamado, a milhares de vozes, a nossa posição política em relação aos acontecimentos internacionais: somos definitivamente contra o eixo totalitário. [..] Em face a tão monstruosos atentados à nossa soberania, e como fiéis intérpretes da alma nacional, resolvemos de comum acordo e numa unidade indissolúvel proclamar a existência de um estado de guerra

entre os estudantes brasileiros e a Alemanha, a Itália e o Japão. Porque só a guerra nesse momento traduz o sentimento do povo brasileiro. (SANDER, 2007, p.205).

O prestígio da União Nacional dos Estudantes é grande. As manifestações se sucedem, com palavras que pedem uma resposta firme e corajosa aos ataques marítimos.

Jorge Amado sabe que o instante atual da guerra é perigoso. Ao lembrar o segundo aniversário das agressões, também chama a atenção:

> Este segundo aniversário acontece quando já os nazistas batem em retirada nas frentes de batalha. Mas quando lançam também a mais tremenda ofensiva política, no desejo de acalentar nas conferências de paz novos tipos de fascismo, germens de governos totalitários e de novas guerra. Conservam pontas de lança como Espanha e Portugal. Esse é o perigo atual. Contra ele os povos teem que estar atentos e decididos e lutar. A batalha da paz é tão rude e terrível quanto a da vitória. É necessário que o fascismo seja esmagado politicamente após esmagamento militar! (AMADO. *Hora da Guerra*: 23 ago. 1944).

A batalha da paz é importantíssima para o esmagamento final do nipo-nazifascismo.

3 Do apelo local

Das preliminares

Dotado do espírito de sempre partir do local para o universal, seguindo em suas obras este preceito do "realismo sociológico" que o Partido Comunista impõe aos produtos de criação dos seus seguidores e simpatizantes, Jorge Amado professa a crença de que, quanto mais baiano seja mais universal será a sua literatura e, dessa forma, espera estender tal modo de agir a todas as oportunidades que lhe surjam.

E assim atua na *Hora da Guerra*, tomando de empréstimo as cores e as crenças da terra para tingir as suas colunas. No Estado da Bahia e, em particular na "Cidade da Bahia", não existem datas mais significativas, mormente para os baianos, que a Lavagem do Bonfim e o 2 de Julho.

Das datas de importância local

A primeira, comemoração com dia móvel – na segunda quinta-feira do mês de janeiro –, serve de ponto de encontro das crendices e costumes de um hibridismo cultural que envolve todos, sobretudo marcado pelo catolicismo sincretizado no candomblé: aquela a religião oficial da maioria da população europeizada culturalmente, e esta a religião oficiosa, também de uma maioria dominante, porém colorida pela cultura e hábitos afro-baianos.

No texto "**Senhor do Bonfim, Padroeiro das Nações Unidas***", Amado tece um comentário opondo os gostos de Hitler e seus sequazes aos do povo baiano, fazendo aparecer suas pretensões ante qualquer mistura ideológica ou cultural:

> Pode-se dizer, repetindo a frase de uma "baiana", que Hitler e o nazifascismo são inimigos de Senhor do Bonfim. Sob o nazismo, a festa de ontem, popular e lírica, seria impossível. Sob o nazismo, apenas há lugar para o desfile das tropas de assalto, só há voz para vivas ao "fuhrer", tomando o lugar dos santos. Hitler odeia tudo que lembra povo e mais odiaria, com certeza, uma festa que nasce da mistura de sangue, como a lavagem do Bonfim. Nesta festa, Hitler só veria torpeza e degradação, não enxergaria nunca, com seus olhos incapazes de enxergar a poesia, o lirismo, o pitoresco, a ingenuidade, a beleza esplêndida da procissão e da lavagem. (AMADO. *Hora da Guerra*: 15 jan. 1943).

O escritor, num jogo habilidoso, "repetindo a frase de uma 'baiana'", opõe, diretamente, "Hitler e o nazifascismo", "inimigos de Senhor do Bonfim", de um lado, e as crenças populares do outro. Retira do *Führer* todo lirismo e deleite com o povo, pois "a festa de ontem, popular e lírica, seria impossível", principalmente o convívio harmônico com "uma festa que nasce da mistura de sangue, como a lavagem do Bonfim". A rejeição das forças hitleristas é total: "Só o luto encheria a cidade, o luto e a escravidão".

Há frases que são modelares para Jorge Amado representar sua cidade de adoção – a 'Cidade da Bahia': "Jamais a poesia andaria solta pelas ruas da Bahia, nos dias como hoje", construções de linguagem que se tornam costumeiras, como logo aparecem em *Bahia de Todos os Santos: guia de ruas e mistérios*, publicada em 1945, num grande prefácio lírico de seus cuidados com a gente e os costumes regionais. Aliás, é a primeira obra amadiana publicada ao lado de Zélia Gattai, sua companheira em vida por mais de cinquenta anos.

Mas a crônica inicia-se com o desmonte do ditador alemão ante as tradições implantadas pelo povo afrodescendente:

> Maravilha de poesia e lirismo transbordando, a lavagem da igreja do Bonfim sagrou o maior e mais amado dos santos da Bahia como padroeiro das Nações Unidas. Aos pés do santo todo milagroso, o povo baiano depositou suas esperanças de vitória breve. Uma grande vela com as cores da nossa bandeira, levada aos ombros por mulheres do povo, cortada pelo V da Vitória, está, desde hoje, depositada na igreja mais popular da cidade, para ser acendida no dia em que, da face da terra, desapareça o nazifascismo, no dia da Paz, quando as Nações Unidas tenham ganho a última batalha. (AMADO. *Hora da Guerra*: 15 jan. 1943).

Num fervente apelo às gentes da Bahia e ao seu envolvimento no conflito armado, "a lavagem da igreja do Bonfim sagrou o maior e mais amado dos santos da Bahia como padroeiro das Nações Unidas", o que já torna importantíssimo o acontecimento popular e mais, é colocada, aos pés do santo homenageado e queridíssimo do povo, uma vela para ser acesa, "quando as Nações Unidas tenham ganho a última batalha".

Amado demonstra os prenúncios do aparecimento de Pedro Arcanjo, no futuro 1969, e, quiçá, da sua entrevista esclarecedora de preferências à Alice Raillard, em *Conversando com Jorge Amado*, de 1991:

> Depois [de *Dona Flor e seus dois maridos*] passei três anos sem escrever, até *Tenda dos milagres*, em 69. Mas o romance amadurecia, eu pensava nele já há muito tempo. É na verdade uma reescrita de *Jubiabá* mas com outra conotação. Trata da questão da formação da nacionalidade brasileira, a miscigenação, a luta contra o preconceito, principalmente o racial, e contra a pseudociência e a pseudoerudição europeísta. Só que, entre *Jubiabá*, que escrevi em 34 e publiquei em 35, e *Tenda dos milagres*, que é de 69, trinta e cinco anos se passaram; minha visão das coisas é muito mais ampla, muito mais completa. De meus livros, é o meu preferido, cuja temática mexe muito comigo. Talvez Pedro Arcanjo seja, de todos os meus personagens, o mais completo. (RAILLARD, 1991, p.216).

Em um momento de desencontros tão marcantes, como o combate ao nazifascismo, vínculos de toda uma vida aparecem, acrescidos das carências e vicissitudes do ser humano, em processo de continuado e constante aprimoramento, de ver o mundo com mais clareza, livre de preconceitos mesquinhos.

Amado vale-se da Lavagem do Bonfim para descrever seu entusiasmo e deslumbramento com as coisas do povo, numa demonstração da descrição plástica de cores e alegria, que, muito em breve, eclode em sua produção:

> Foi das cenas mais lindas que já assisti. Primeiro, a saída da procissão da Conceição da Praia, procissão de maravilhosa ingenuidade, de uma pureza quase miraculosa, terna e alegre. As "baianas", nas suas grandes roupas de festa, nessas esplêndidas saias engomadas, com suas rendas, seus colares, seus balangandãs, nunca estiveram tão graciosas como hoje, com os cantaros, as bilhas, os moringues, os potes de água equilibrados sobre os turbantes. Maravilha de cores, sonho de um pintor de murais, as figuras das "baianas" levavam em si todo o decorativo das tintas, todo o pitoresco do mundo. Flores, de vário colorio e de variadas espécies, sobravam sobre os cântaros e as mulheres. E iam os baleiros levando seus galhos de pitangueiras, e iam os jumentos com as cargas dágua [sic], enfeitados de fitas multicores, e iam as carroças transformadas, de repente, em carros florais da

> primavera. Os caminhões transportavam as vassouras e a multidão seguia, ao som de alegres músicas que eram cantadas em louvor ao santo da cidade. (AMADO. *Hora da Guerra*: 15 jan. 1943).

Descreve Amado o trajeto tradicional do cortejo – das portas da Igreja da Conceição da Praia, próxima ao Elevador Lacerda, até o adro da Basílica do Bonfim –, ressaltando, nos acompanhantes, a "maravilhosa ingenuidade, de uma pureza quase miraculosa, terna e alegre", passando pelas roupas das "baianas", "nas suas grandes roupas de festa, nessas esplêndidas saias engomadas, com suas rendas, seus colares, seus balangandãs", chegando aos detalhes dos objetos apropriados para os festejos, "com os cântaros, as bilhas, os moringues, os potes de água equilibrados sobre os turbantes". E na riqueza de cores e de sons espalhados pela multidão.

Isso que permite ao observador, tomando parte nos festejos, lembrar que "gente religiosa e gente cética, todos se uniram hoje na igreja para, na igreja, no adro e na colina do Bonfim, dizerem do desejo de luta, para conduzirem a vela da Vitória, que será acesa no dia final do nazismo" (AMADO. *Hora da Guerra*: 15 jan. 1943).

Decorrido um ano, em 18 de janeiro de 1944, outro texto é lançado, "Festas do Bonfim*", quando Jorge Amado trata não mais da festa em si, mas das forças de rejeição, inclusive eclesiásticas, que procuram impedir sua realização.

Escreve o texto:

> Este santo do Bonfim é, sem dúvida, o mais poeta de todos os santos. Ele é doçura popular, milagres como histórias de negros imaginosos nas noites de feira, seu nome se transforma nas línguas de origem africana. "Fetichismo", disse alguém de colarinho duro e ar inquisitorial. Mas, amigos, nós não amamos a Inquisição e contra ela lutamos na sua forma moderna de fascismo e nazismos, de Hitlers e Francos. Este santo do Bonfim, na colina ou na Ribeira, está misturado com o povo. (AMADO. *Hora da Guerra*, 18 jan. 1944).

Amado gosta de sempre misturar o popular com o poético, numa demonstração de novos rumos seguidos pela poética modernista, na qual o repouso em "torres de cristal" pelo artista está esquecido, principalmente em tempos de guerra, numa peleja de toda a humanidade contra o nazifascismo, quando o menor respeito a qualquer ideal é afrontado, mesmo retirando-se de cena os alardes da disputa Alemanha – União Soviética. Sem falar nos choques de individualidades e permissividades, incluindo o próprio Stalin como próximo a Hitler.

Para Amado, o grande mérito do culto ao "santo do Bonfim" está precisamente na aceitação da "mistura com o povo", sem este jamais perder a sua alegria de viver, o que bem proximamente se transformaria, para os turistas, em "Bahia, terra da felicidade", sem nenhuma imposição inquisitorial de reprimendas.

O escritor nunca perde tempo: Franco é equiparado a Hitler, sem nenhuma aceitação de seus brados pela liderança cristã, marcadamente anticomunista.

Depois da Lavagem do Bonfim, de imediato, vem a Segunda-Feira Gorda da Ribeira, num bairro vizinho à colina, quando acontecia uma verdadeira abertura do Carnaval baiano, antecedendo, em mais de duas semanas, a Festa do Rio Vermelho, esta toda com o culto voltado para Iemanjá, na data fixa de 2 de fevereiro. Aliás, a festa do "santo da Cidade" está também incluída no ciclo de festividades populares que prenunciam o Carnaval.

Há todo um misto do profano-sagrado sendo preservado. Mas Amado quer mostrar isto, quando comprova em sua crônica:

> Não creio que nada agrade mais a Senhor do Bonfim que essas oferendas simples e plenas de poesia. Que importa a voz fascista dos inquisidores fracassados? Esses são os arautos de uma religião onde as chamas do inferno se sobrepõem ao encanto fascinador das festas populares. São homens do ódio e da servil obediência. Daí para o fascismo existe apenas a diferença de vocábulos. Não assim o santo da Bahia, Senhor do Bonfim. (AMADO. *Hora da Guerra*: 18 jan. 1944).

As restrições sofridas pela lavagem – antes, no interior do próprio templo – talvez sejam fruto desse comando inquisitorial, adstrita às escadarias da Igreja, com suas portas centrais, em certas ocasiões, fechadas, buscando estabelecer, às claras, as diferenças entre catolicismo e sincretismo religioso.

Assim, as conclusões tiradas por Amado: "Daí para o fascismo existe apenas a diferença de vocábulos. Não assim o santo da Bahia, Senhor do Bonfim".

Eis porque pode parecer estranho, mas o culto ao Senhor do Bonfim acolhe "o materialista também, o cético intelectualizado, o boêmio mais despreocupado do mundo. Com certeza os acolhe com o mesmo gesto paternal e carinhoso." (AMADO. *Hora da Guerra*, 18 jan. 1944).

É baseado nessas ocorrências que o cronista vê no culto ao Senhor do Bonfim uma forma de clamor ao lado das democracias:

> Ladrarão os fascistas e nós riremos deles. Na certeza de que Senhor do Bonfim se rirá também dos ladridos impotentes desses adoradores de Hitler e Franco, os que sonham transformar o catolicismo, de doce religião, em instrumento político das forças do obscurantismo, do terrorismo, do

falangismo, do integralismo, do nazifascismo. (AMADO. *Hora da Guerra*: 18 jan. 1944).

A outra comemoração, esta com data fixa, é o 2 de Julho, dia da Proclamação da Independência do Brasil na Bahia, no ano de 1823. A crônica, chamada "2 de Julho*", traz a data nomeada no título, de 1943.

É um dia divergente do nacional, mas marcado por lutas e derramamento de sangue baiano, em diversas batalhas, para o reconhecimento da liberdade política e preservação da unidade territorial contra as forças portuguesas que permanecem em terras brasileiras, após o "Grito do Ipiranga".

Como relembra Amado, precisamente há 120 anos acontece o fato histórico que marca a presença dos baianos na luta pela Independência da pátria. Os vultos históricos são recordados, como Maria Quitéria e Joana Angélica, e cidades heroicas do Recôncavo Baiano, como Cachoeira, são igualmente lembradas. Todos esses feitos são cantados pelo poeta Castro Alves, em *Ode ao Dois de Julho*, citado na crônica e personagem das mais caras ao romancista.

O que agora se propõe a todo o povo brasileiro é similar ao já anteriormente acontecido:

> Sonharam eles transformar a Pátria, que se libertou no 2 de Julho, em colônia mais escravizada ainda que aquela de há um século. Há cento e vinte anos quebramos as correntes que nos prendiam os pés e impediam nossa caminhada para um futuro de grandezas. No solo da Bahia correu um sangue generoso de heróis e heroínas na conquista da liberdade da Pátria. [...] Como os opressores de ontem, os escravocratas de hoje, os nazifascistas, conhecerão, nas frentes de batalha, o valor do soldado brasileiro. (AMADO. *Hora da Guerra*: 2 jul. 1943).

Os tiranos mudam de nome, porém a posição escravocrata continua a mesma: a modificação do Brasil para colônia ou colônias, sob o mando nazifascista. A nossa luta é a mesma de outrora, contra a subordinação, o descrédito, a humilhação.

Amado insiste em tornar o povo consciente para se envolver na guerra, uma guerra com participação ativa, com o envio de um Corpo Expedicionário. Todos na certeza de que estão tomando as melhores posições:

> Neste 2 de Julho olhamos para o futuro com imensa confiança. Nossos soldados vão partir para lutar em terras estrangeiras. Vão lutar pela mesma sagrada causa, pela qual deram suas vidas os heróis de 23. Sabemos que serão dignos deles, que o presente não desmerecerá o passado glorioso. (AMADO. *Hora da Guerra*: 2 jul. 1943).

A democracia apresenta-se como um permanente estar de olhos bem abertos, para que o futuro não desmereça o passado.

A outra crônica é "O Dia da Bahia*". Curiosamente, entre os heróis brasileiros da luta pela Independência se destaca uma mulher, Maria Quitéria, escolhida como patrono da Polícia Militar do Estado da Bahia:

> Maria Quitéria ia com os soldados, não apenas como enfermeira ou vivandeira. Era um soldado ela também, e dos mais destemidos, dos mais valentes, dos mais dispostos na hora em que o canhão rugia e as baionetas se aprontavam para o assalto. O batalhão dos 'Periquitos" deixou fama entre os que lutaram nas campanhas de 23. E entre os soldados de Silva Castro, Maria Quitéria também deixou fama. Ficou como um símbolo heroico da mulher baiana. Dando à Pátria, no momento de perigo, o máximo do seu esforço. Não era um misticismo exaltado que a levava ao heroísmo. Era o sentimento sobre todos nobres do bem da Pátria, era o seu amor ao Brasil, à liberdade. (AMADO. *Hora da Guerra*: 2 jul. 1944).

Outra coincidência é a de que o comandante da tropa onde serve Maria Quitéria está entregue a Silva Castro, avô de Castro Alves, poeta de enorme admiração de Jorge Amado. O cronista toma Maria Quitéria como um exemplo de dedicação à pátria, servindo de ascendência heroica da mulher baiana, de cuja força a frente interna da guerra tanto necessita.

O símbolo do 2 de Julho se projeta num futuro próximo: "Há 121 anos lutávamos pela liberdade. Pela liberdade lutaremos hoje. Homens e mulheres, toda a Bahia!" (AMADO. *Hora da Guerra*: 2 jul. 1944).

Dos vultos históricos locais

Mas a busca de envolvimento de todos os baianos não para no culto religioso, nem apenas nas lembranças do 2 de Julho. Jorge Amado vai buscar os vultos importantes da cultura local, com projeção ao menos nacional; destes, dois se destacam do conhecimento e memória de fatos da vida e obra: Rui Barbosa e Castro Alves.

O trabalho inicia-se com "Povo de Castro Alves, de Rui e de Seabra*". Nesta crônica, o título é de causar estranheza pela ligação entre os nomes, mas logo vemos que José Joaquim Seabra, governador da Bahia por dois períodos, 1912-1916 e 1920-1924, acabar de falecer no Rio de Janeiro e é sepultado em Salvador, com grande presença de público. A hora é de cerrar fileiras pela Unidade Nacional, e Amado quer dar o exemplo, sem transparecer diferenças ideológicas. Seabra faz oposição a Juracy Magalhães, enquanto este é interventor.

O texto comenta o comício do dia 28 de janeiro, na Praça da Sé, com mais de 30 mil presentes, inclusive militares, com cerca de 14 oradores, distribuídos pelas mais diversas tendências políticas: desde Edgard Matos, passando por Cora Pedreira, Barros Barreto, Álvaro Dórea, Rui Santos, até o estudante Mário Alves.

As palavras de Amado citam alguns eventos significativos ocorridos e reafirmam as propostas de uma grande maioria dos brasileiros:

> A significação desse comício de quinta-feira, onde autoridades e povo identificados clamaram as mesmas grandes palavras de heroísmo e de unidade, é enorme. Há um ano rompemos as relações com os criminosos nipo--nazifascistas. Hoje, não encontra em nenhum semblante senão a alegria pelo gesto viril do Governo. Eu ouvi, nos últimos momentos do comício, os comentários do povo. O velho que lastimava já não poder partir para os campos de luta, mas que se consolava porque tinha três filhos para o Exército brasileiro. O jovem fardado que recém fora incorporado e que era alvo dos aplausos do povo. A mulher que atravessou por entre a massa, dizendo que também ela queria pegar em armas. (AMADO. *Hora da Guerra*: 30 jan. 1943).

Das referências aos três vultos baianos, resta o ideal de vidas dedicadas à causa democrática: "Eis, amigos, que o povo de Castro Alves, o poeta, que é o povo de Rui, o tribuno, e é o povo de Seabra, o democrata, estava na rua. Trinta mil pessoas na Praça da Sé!" (AMADO. *Hora da Guerra*: 30 jan. 1943).

Sobre Rui Barbosa, Amado produz também duas crônicas, uma, "Rui, Bandeira antinazista*", e outra, "Retrato de Rui*".

Na primeira delas, inicialmente Jorge Amado mostra-se ciente da admiração de todos por Rui Barbosa, o que serve para fazer uma aliança contra o nipo-nazifascismo:

> Creio não haver um baiano que não seja admirador de Rui Barbosa e que não deseje honrar a sua memória. Ele foi um dos maiores homens nascidos nesta terra da Bahia, uma das grandes figuras do Brasil, e, ao comemorarmos o vigésimo aniversário da sua morte, podemos nos fazer uma pergunta: "qual a melhor maneira de honrar a sua memória? Qual a que mais lhe agradaria?" Não é difícil a resposta. Evidentemente a maneira mais ruibarboseana de honrar a memória de Rui é lutando contra o nazifascismo, inimigo da liberdade e da democracia, já que liberdade e democracia foram os mais ardentes sonhos do grande baiano. (AMADO. *Hora da Guerra*: 2 mar. 1943).

A partir de um ideal de vida do jurista, "liberdade e democracia foram os mais ardentes sonhos do grande baiano", procura-se um caminho que melhor sirva para honrar a sua memória e chega-se, logo, às conclusões: "lutando contra o nazifascismo, inimigo da liberdade e da democracia".

Amado estimula o orgulho popular em torno da figura de Rui Barbosa, mostrando sua posição democrática, como, por igual, são também a de Castro Alves e a de J.J. Seabra: "Uma coisa é indiscutível: se fosse vivo, Rui estaria nas trincheiras dos povos livres contra os agressores nipo-nazifascistas. Todas as razões nos levam a esta certeza" (AMADO. *Hora da Guerra*: 2 mar. 1943).

O importante é emular o leitor na situação de que a guerra é necessária para o bem de todos. É exatamente por isso, insiste Amado:

> Se hoje sua voz pudesse mais uma vez fazer ouvir, é fácil imaginar o que ele diria, em magistrais conceitos. Diria das grandes necessidades imediatas do Brasil em guerra. Seria general da Unidade Nacional e a pregaria com sua voz poderosa. Se, por algum motivo qualquer de ordem partidária, ele se encontraria em oposto campo a outros homens públicos, estenderia, sem dúvida, sua mão aos adversários de ontem e os convidaria a virem formar em torno ao governo, num bloco unitário de todos os patriotas, em defesa da Independência da Pátria ameaçada. (AMADO. *Hora da Guerra*: 2 mar. 1943).

E se lança na projeção da sua vida, como se ainda vivo o está, através da leitura de seu trabalho e de suas obras: "Seria general da Unidade Nacional e a pregaria com sua voz poderosa". Rui Barbosa faz apenas 20 anos de falecido, o autor traz fatos que somente os que são seus colegas de profissão teriam notícia: "voz poderosa". As posições assumidas por Amado e seus companheiros de Partido são semelhantes às mesmas assumidas por Rui:

> Se, por algum motivo qualquer de ordem partidária, ele se encontraria em oposto campo a outros homens públicos, estenderia, sem dúvida, sua mão aos adversários de ontem e os convidaria a virem formar em torno ao governo, num bloco unitário de todos os patriotas, em defesa da Independência da Pátria ameaçada. (AMADO. *Hora da Guerra*: 2 mar. 1943).

Sua interpretação da ideia de "defesa da Independência da Pátria ameaçada", de "pela guerra ativa, pelo envio dos nossos soldados para o campo de batalha", de "seu verbo queimaria em palavras terríveis à face dos traidores integralistas", soam iguais ao do jurista, em "um mestre que nunca envelheceu", em "Qualquer que conheça a sua vida e a sua obra pode facilmente imaginar qual seria o seu papel e qual sua pregação neste momento".

À procura de recursos que reforcem a aceitação das palavras do tribuno, Amado não reluta: "Amigo e companheiro de Castro Alves, ele aprendeu do poeta que seu verbo de fogo devia estar a serviço dos humildes e dos fracos contra os prepotentes a serviço da liberdade contra a escravidão". (AMADO. *Hora da Guerra*: 2 mar. 1943). A amizade e a parceria entre os dois ex-colegas da Faculdade de Direito do Recife são trazidas aos leitores.

Depois de tantas proximidades, a clareza de uma conclusão evidente:

> Cumpre-nos honrá-lo porque recebemos dele uma enorme herança de cultura. E só podemos honrá-lo, defendendo aquilo que ele amou e defendeu: a Pátria, a liberdade, a democracia, a cultura e o povo. E combatendo aquilo que ele combateu toda a vida: a opressão e o terror. Combatendo o nipo-nazifascismo, levantando bem alto a bandeira democrática da Pátria nos campos de batalha. Esta é a lição que nos ensinou Rui Barbosa. (AMADO. *Hora da Guerra*: 2 mar. 1943).

E dessa maneira temos o envolvimento dos acompanhantes da coluna nas propostas de uma guerra ativa consciente.

Na segunda crônica, "Retrato de Rui*", no dia do aniversário de morte do grande baiano, Jorge Amado começa questionando onde estão os grandes biógrafos brasileiros, como Otávio Mangabeira e Hermes Lima, que não se preocupam com o assunto? E acrescenta:

> Só vim ter perfeita medida da sua grandeza, tão deturpado através o desconhecimento da sua obra, quando estudei a vida do Castro Alves para escrever meu livro sobre o gênio baiano. Então pude perceber a que alturas Rui atingia. Mas constatei também que faltava o "livro" sobre ele, aquele que nos apresentasse o grande batalhador do liberalismo na sua justa medida. E, em nota no volume sobre Castro Alves, lembrei a necessidade desse livro ser escrito. (AMADO. *Hora da Guerra*: 2 mar. 1944).

Sempre tecendo um liame entre os dois baianos, Amado não deixa de registrar, como o faz, semelhante falta nacional, no livro ABC *de Castro Alves*:

> [Rui Barbosa] Eis aí alguém que está reclamando um biógrafo com a máxima urgência. Idolatrado por muitos que apenas conhecem a sua vida e sua obra por ouvir dizer, ridicularizado e desprezado por muitos que também só sabem dele por informações, um estudo bem feito da sua vida e da sua obra jurídica e política seria um livro cheio de interesse para todo o público brasileiro. E creio que valeria, em muitos pontos, por uma reabilitação de

Rui, por um delimitar de medidas que ainda assim seriam vastas. Onde estão um João Mangabeira ou um Hermes Lima que não fazem esse livro? (AMADO, 1980, p.186).

Eis a nota número 83 presente no livro amadiano que, talvez, tenha estimulado João Mangabeira a escrever, comentada pelo responsável da *Hora da Guerra*:

> Na dedicatória do exemplar que me enviou de "Rui o estadista da República", João Mangabeira recorda a minha pergunta no "ABC de Castro Alves". Se, realmente, o meu apelo influiu em algo para que João Mangabeira escrevesse esse seu impressionante volume sobre Rui Barbosa, então o meu livro sobre Castro Alves teve uma importância bem maior do que eu imaginara. Porque, finalmente, temos um retrato de corpo inteiro de Rui Barbosa, onde são fixadas para sempre suas verdadeiras medidas, onde salta, formidável e pujante de vida, esse homem para que o adjetivo "excelso" parece ter sido inventado. O livro de Luiz Viana Filho já era uma resposta ao meu pedido. (AMADO. *Hora da Guerra*: 2 mar. 1944).

Mangabeira, discípulo e seguidor de Rui Barbosa, mesmo sem ter essa proposta, resgata ainda o *ABC de Castro Alves*, livro com críticas desfavoráveis, mesmo sem as intenções de crítico literário declaradas pelo seu autor.

Jorge Amado, em certo sentido, procura envolver sua história de vida em consonância com a de Mangabeira, indicando a seus leitores um caminho a seguir:

> Certa vez eu vivi também um pouco de história. Foi em 1936 e eu me encontrava na sala de detidos da Polícia Central do Rio. Era pela meia-noite e um rumor de vozes novas acordou os presos. Com outros deputados e um senador entrou o deputado João Mangabeira. Preso porque defendem presos políticos, levantara sua voz pela liberdade. Hoje eu compreendo que aquele homem que entrou para o nosso cubículo, em certa noite de abril de 1936, era, antes de mais nada, o grande discípulo de Rui Barbosa. Haverá algo que honre mais a um homem, a um homem brasileiro? (AMADO. *Hora da Guerra*: 2 mar. 1944).

Rui Barbosa é referido em outras seis crônicas, sempre ligado a um exemplo democrático de vida pública.

Outro exemplo usado por Jorge Amado é o de Castro Alves, poeta da extrema admiração amadiana, autor inclusive de dois livros sobre sua vida e obra: uma biografia, *ABC de Castro Alves*, de 1941, e uma peça teatral, *O amor do soldado*, de 1945. Castro

Alves é ainda ponto de referência em 27 crônicas, todas tratando da busca de liberdade do ser humano.

Em "Castro Alves Redivivo*", inicia o texto, ligando-se a 14 de março, dia do nascimento do poeta, daquele que "nos ensinou, na mais maravilhosa das lições, que a liberdade é um bem essencial à vida humana, foi ele quem melhor nos ensinou a lutar contra todas as formas de escravidão" (AMADO. *Hora da Guerra*: 16 mar. 1943).

Se vivo fosse, completaria 95 anos. Jorge Amado prefere, no entanto, recordá-lo jovem, em pleno vigor da sua mocidade. Para ele, o autor da *Ode ao 2 de Julho* é uma bandeira rediviva, que se mostra na face da mocidade comprometida com a guerra de libertação dos povos, na disputa com o nipo-nazifascismo.

Amado traça de Castro Alves um perfil envolvente de juventude e amor, na ânsia dos estudantes por uma urgente e necessária participação nos conflitos diretos:

> Poeta social, político, revolucionário, libertário, Castro Alves é um símbolo não apenas da inteligência brasileira mas de todo o povo do Brasil. Entre as muitas mulheres que atravessaram sua vida de belo adolescente genial, a nenhuma ele amou tanto quanto àquela que foi sua noiva de toda a vida, a quem ele deu o melhor da sua poesia e da sua força: a liberdade. Estudante, ele é o patrono destes moços que hoje fazem das escolas centros de civismo, de agitação guerreira, de ódio ao nazifascismo e aos traidores quinta-colunistas. (AMADO. *Hora da Guerra*: 16 mar. 1943).

Jorge Amado, quando elege Castro Alves como "um símbolo não apenas da inteligência brasileira mas de todo o povo do Brasil", sabe que está enfrentando – numa atitude bem ao seu gosto – boa parte da crítica modernista, sobretudo a capitaneada por Mário de Andrade, que faz restrições ao vate baiano, principalmente ao acrescentar "gênio da mocidade".

Mas o romancista continua:

> Revive em cada convocado, ele que foi dos primeiros a se alistar, jovem estudante da Faculdade de Direito do Recife, quando o Brasil entrou em guerra contra o Paraguai. Foi dos primeiros a reclamar o direito de vestir a farda para melhor defender a Pátria. Em cada convocado nós vemos Castro Alves redivivo, novamente entre nós, decisão e dignidade, amor à Pátria e aos homens. (AMADO. *Hora da Guerra*: 16 mar. 1943).

Jorge Amado conhece aspectos pouco lembrados da vida de Castro Alves. Já é autor de uma biografia dele. Indiscutivelmente, aponta fatos que não são do conhecimento de todos, mesmo de leitores atentos e interessados no poeta.

Na sua concepção, ele "Revive nos 'meetings' da multidão pedindo guerra ativa e Unidade Nacional". Visualiza seu ídolo no que lhe parece mais oportuno: "Em todas as partes onde a guerra faz surgir a chama do patriotismo e do amor à liberdade, em todas as partes onde os brasileiros empunham as armas e pedem para partir, junto a todos eles está Castro Alves, o poeta".

Em *Hora da Guerra,* na crônica "**O Pintor Scliar***", Amado traz uma explicação para escrever o *ABC* do poeta:

> Na sala os jovens faziam um barulho maior que o do Cassino da Urca que era ao lado do prédio. Aquelas discussões e aquelas conversas, aquela angústia que transparecia, o desejo de encontrar um caminho, foi o que me levou a escrever o "ABC de Castro Alves". Eu era sempre espectador quase mudo das discussões dos jovens em torno a Scliar. Não me davam eles direito a me meter. Era homem de outra geração, mais velho, homem que chegava de um tempo de luta, de literatura misturada às coisas cotidianas. (AMADO. *Hora da Guerra,* 9 abr. 1944).

Mais uma vez, retoma Amado suas ideias sobre o poeta baiano, sem ligar para o que digam em volta: "o exemplo do maior artista do Brasil, também o maior lutador". Traz uma lição a ser dada e a ser seguida por jovens artistas modernistas.

Encerrando sua exposição sobre seu ídolo, Jorge Amado completa:

> A inteligência tem uma obrigação a cumprir: combater o nipo-nazifascismo, combater o integralismo traidor, colocar sua arte a serviço da humanidade, da Pátria e da liberdade. Do alto do seu monumento dominando sua cidade da Bahia, bem próximo ao local onde foi o teatro São João, no qual ele disse tão grandes versos, Castro Alves estende sua mão e nos indica o caminho. Redivivo entre nós, nosso guia, nosso gênio, tradição de luta pela liberdade! (AMADO. *Hora da Guerra*: 16 mar. 1943).

Realmente, um poeta redivivo.

À cata de outros escritores baianos, Amado encontra o padre Antônio Vieira, português de nascimento, mas com toda sua formação no Colégio dos Jesuítas da Bahia, de onde sai completo, pode-se dizer; o cronista publica "A Voz do Padre Vieira*", na Sexta-Feira da Paixão de 23 de abril de 1943.

Após uma estada na Europa, Vieira retorna à Bahia, quando acontece a chamada "invasão holandesa". Prega, na ocasião, na Igreja de Nossa Senhora da Ajuda, seu Sermão mais trabalhado e audacioso, propondo-se a converter o Deus justo no Deus misericordioso: *Pelo bom sucesso das armas de Portugal contra as da Holanda*, pregado a

10 ou 11 de maio, de 1640, como informa Eugênio Gomes, em "Data e Circunstâncias", ao Sermão em estudo (GOMES, 1957).

Nele, o famoso pregador usa de uma dialética ousada para encarar o ato divino de proteção à Cidade da Bahia, e a sua Igreja, pronunciado por um crente piedoso, mas estudado, que não teme enfrentar o criador. Amado, em toda sua crônica, repete as palavras do religioso, retirando o termo "holandeses" e substituindo por "nazifasci-integralistas":

> "Finjamos, pois (o que até fingido e imaginado faz horror) finjamos que vem a Bahia e o resto do Brasil à mão dos Holandeses; que e [sic] que há de suceder em tal caso?

> Entrarão por esta cidade com fúria de vencedores e de hereges; não perdoarão o estado, o sexo nem a idade; com os fios dos mesmos alfoljes [sic] medirão a todos; chorarão as mulheres, vendo que se não guarda decoro à sua modéstia; chorarão os velhos, vendo que se não guarda respeito às suas cãs; chorarão os nobres vendo que se não guarda [cortesia] e sua qualidade; chorarão os religiosos e veneráveis sacerdotes, vendo que até as coroas sagradas os não defendem. Chorarão finalmente todos, e entre todos mais lastimosamente os inocentes, porque nem a estes perdoará (como em outras ocasiões não perdoou) a desumanidade herética". (VIEIRA *apud* AMADO. *Hora da Guerra*, 23 abr. 1943).

O faz de conta inicial é necessário pelos perigos que corre a cidade. Há um embate entre dois credos, o Catolicismo e o Protestantismo, à época, motivo de horror. Diante da atitude de indiferença divina ante a pretensa invasão, o perigo é generalizado, os templos violados, atingindo até imagens de Maria, Mãe de Deus.

E encerra Amado sua exposição/síntese do sermão:

> "Enfim, Senhor, despojados assim os templos, derrubados os altares, acabar-se-á no Brasil a Cristandade Católica; acabar-se-á o culto divino, nascerá erva nas igrejas como nos campos; não haverá quem entre nelas. Passará um dia de Natal e não haverá memória do vosso nascimento: passará a Quaresma e a Semana Santa e não se celebrarão os mistérios da vossa Paixão". (VIEIRA *apud* AMADO. *Hora da Guerra*: 23 abr. 1943).

Uma proposta arguta a de Jorge Amado, tomando de empréstimo as palavras de Vieira, para, por fim, advertir: "Assim iria acontecer se aos católicos não se convencissem que o seu inimigo hoje é Hitler. Se eles não tomassem das armas e não partissem para os campos de batalha!" (AMADO. *Hora da Guerra*: 23 abr. 1943).

Mais uma vez, a Unidade Nacional e a Guerra ativa!

Dos acontecimentos da vivência local

No entanto, o cronista não encerra aí seu apelo local. Há crônicas reservadas a manifestações ou peculiaridades regionais, que são também usadas pelo escritor atento.

Uma delas, "Restaurante na Madrugada*", tudo feito à base do improviso, pessoas que se encontram casualmente, algumas vindas de trabalhos noturnos. Todas saboreando e discutindo o andamento da guerra:

> Não sei de nada mais alegre, cigana, que o restaurante de Maria José, que não é sequer restaurante, que é um tabuleiro e duas latas de querosene, cheias de mingau. Ali comemos, na madrugada, jornalistas, boêmios, trabalhadores, chofers e desempregados. É barata a comida. Mais gostosa não acredito que exista. (AMADO. *Hora da Guerra*: 23 jun. 1943).

Outra, "Atabaques da Vitória*", quando o lado da cultura afro-baiana é utilizado na crônica, mostrando os rituais do candomblé, com seus adeptos aguardando o grande dia da Vitória contra a opressão:

> Só assim, amiga, poderei amanhã tomar de ti na praça e dançar ao som dos atabaques da Vitória nesse candomblé de Oxóssi que baterremos saudando o poeta Castro Alves, quando os exércitos das Nações Unidas desfilarem nas ruas de Berlim. Assim o disse Oxóssi na noite do domingo! (AMADO. *Hora da Guerra*: 7 jul. 1943).

E, ainda, "São João*". O texto é construído usando quatro pontos das festas juninas: o jogo de sorte, as fogueiras, os balões e o licor de jenipapo, sem os quais são impossíveis tais festejos. Apesar dessas atividades, a preocupação com os destinos da guerra está presente:

> Ergamos os cálices de jenipapo. E em honra dos heróis que estão lutando. Dos generais e dos soldados. Dos aviadores e dos marinheiros. Em honra também dos sabotadores que trabalham na Europa ocupada. Em honra dos patriotas dos movimentos subterrâneos nas cidades vendidas. Em honra a todos que lutam pela democracia, pela liberdade, pela dignidade humana. (AMADO. *Hora da Guerra*, 27 jun. 1944).

Essas três manifestações culturais, dentro do espírito de miscigenação cultural e religiosa, o que não seria possível de acontecer com a aplicação dos critérios arianistas, portanto dentro dos princípios nazifascistas de governo.

4 Da participação ativa brasileira na Segunda Guerra

Das preliminares

Não se pode desenvolver semelhante assunto sem precisar com clareza a posição do Brasil na América e no mundo, nem conhecer os pontos de vista de Jorge Amado, como brasileiro e como membro do Partido Comunista. O que interessa, principalmente, é traçar um quadro da Segunda Guerra Mundial a partir do relato das crônicas da *Hora da Guerra*, com todas as idiossincrasias usadas pelo escritor para montar seus textos. As interferências de dados históricos são mínimas, com o intuito de assinalar, tão só, grandes desvios.

No primeiro aspecto assinalado, o ponto de vista nacional, dois itens se destacam: de saída, os que desejam a continuidade da política dúbia dos envolvimentos com a Alemanha, buscando o país tirar o maior proveito do momento, sobretudo enquanto o "Eixo" pode manter seus interesses na África:

a) Antes da destruição do sonho do Império Italiano, até a retomada da Abissínia, por volta de janeiro de 1943, como, por exemplo, aparece em "Adeus Império...*", de 24 janeiro de 1943: veludo caindo sobre as portas grossas,

> sala imensa, aquela sala vazia de móveis, as cortinas pesadas de palco de teatro, a cabeça sobre as mãos, o olhar perdido, Mussolini, o palhaço, há de ter murmurado com sua voz de ator de segunda, para seus últimos fiéis: "Adeus, império..." No Palácio Venesia, desde onde ele pensara em governar não só a península italiana, mas também uma vasta parte da África, e também (oh! como acalentou esses sonhos doirados!) uma parte da Sul América, colônia da qual a cidade de São Paulo seria a capital, e uma parte

> da Ásia, e a França, e quanta coisa mais, no Palácio Venesia, esse tenor fracassado que pensou em se transformar num grande ator dramático, há de ter tremido a voz, arreado os olhos, pedido um lenço à condessa Ciano, enxugado umas lágrimas (as chamadas lágrimas de crocodilo...), para depois, num [sonido] em si bemol, deixar escapar as palavras últimas: "Adeus, Império..." (AMADO. *Hora da Guerra*: 24 jan. 1943).

Amado descreve, com prazer, o ócio de uma vida desiludida, no Palácio Venesia, quando Mussolini, consolado, quem sabe, por sua filha depravada...: "o palhaço, há de ter murmurado com sua voz de ator de segunda, para seus últimos fiéis", lamenta a perda dos domínios desejados, de Adis-Abeba.

b) Com a saída de Rommel e a das pretensões alemães no continente africano, em fins de maio de 1943, como aparece em "As Bandeiras da Liberdade Tremulam em Bizerta e Tunis*":

> Sobre as cidades da África já não se erguem as bandeiras símbolos do crime e da desgraça, dos países nazifascistas. O Império italiano já não existe a não ser nos tão divertidos discursos do melancólico palhaço Mussolini. O sonho de um Império alemão na África virou pesadelo na fuga dos soldados de Rommel. As bandeiras do "Eixo" já não tremulam em mastros africanos. Agora são as bandeiras da liberdade, bandeiras inglesas, americanas e francesas, que se balançam às brisas da África, nessa aurora, cujos raios se estendem na direção da Europa. (AMADO. Hora da Guerra: 8 maio 1943).

Logo depois desses fatos históricos, o Nordeste brasileiro perde seu prestígio como ponto para pouso, de abastecimento e de apoio de aviões, e a guerra no Ocidente passa a ser um acontecimento predominantemente europeu, como, com efeito, constata o cronista, em seus dois registros: em "Adeus, Império...*"; e em "As Bandeiras da Liberdade Tremulam em Bizerta e Tunis*": "Não podemos faltar ao compromisso marcado pelos povos oprimidos da Europa com os exércitos dos povos livres, libertadores do mundo!" (AMADO. *Hora da Guerra*: 8 maio 1943).

No segundo aspecto, conforme o registrado em "'Não Queremos Chegar com as Mãos Vazias'*", os que buscavam atender aos interesses estadunidenses, mesmo que sejam, no momento, meras palavras de promessas, capitaneados pelo embaixador Oswaldo Aranha,

> Se juntam à voz tão autorizada do ministro Osvaldo Aranha. Se juntam às vozes daqueles jornalistas que, no dia da Imprensa, telegrafaram aos seus colegas norte-americanos declarando que os "brasileiros não queriam

chegar ao dia da vitória contra o nazifascismo com as mãos vazias". Todas as camadas do povo brasileiro pedem uma guerra ativa contra os inimigos da nossa Independência. O povo – o povo que não erra – já compreendeu que devemos lutar pela nossa sobrevivência onde quer que esteja o campo de batalha. Por isso, aqueles que representam o povo falam tão insistentemente na necessidade do envio de soldados brasileiros para os campos de batalha da África que serão amanhã os campos de batalha da Segunda Frente na Europa. (AMADO. *Hora da Guerra*: 24 dez. 1942).

O embaixador Aranha faz o papel de estimulador constante da colaboração interamericana, incentivando, inclusive o Presidente Getúlio Vargas a tomar uma posição mais decidida ao lado dos EUA, mesmo sabendo que a concretização do prometido – e desejado, ardentemente por Vargas – ainda se deve esperar.

Amado, no entanto, faz questão de colocar o Primeiro Mandatário do Brasil de pleno acordo com a declaração de guerra e em companhia da nação americana, cumprindo uma irrestrita vontade popular, como "Na Frente, a Bandeira do Brasil*":

> A bandeira do Brasil, que tantas vezes se levantou sobre as batalhas, vitoriosa, nos campos da América, não deve e não pode ficar numa cômoda retaguarda quando suas aliadas se encontrarem na hora decisiva. Tremeriam nos túmulos os heróis do passado, vergonha sobre suas campas. Chorariam os nossos filhos humilhados, vergonha sobre seus berços.
>
> Não. O povo e o exército não desejam a tranquilidade das cidades conquistadas a guarnecer. Desejam a frente de combate. Desejam a vanguarda dos exércitos invasores. Na frente das bandeiras aliadas queremos levar a bandeira do Brasil, tradição de bravura, de honra e de liberdade. Na frente dos exércitos. (AMADO. *Hora da Guerra*: 29 dez. 1942).

Toda a tradição de um passado nacional de glória é recordada nesse momento de beligerância extrema e de salvação da Independência nacional. As desigualdades, ideológicas, políticas e sociais inexistem, ou se tenta acreditar num faz de conta, além das mesquinharias dos hábitos humanos. A posição de retaguarda, de defesa passiva – "não deve e não pode ficar numa cômoda retaguarda quando suas aliadas se encontrarem na hora decisiva" –, de tomar conta do já conquistado – "O povo e o exército não desejam a tranquilidade das cidades conquistadas a guarnecer", não é aspiração do povo, a vontade da pátria é se colocar "Na frente dos exércitos".

Vargas está, no meio desse pinga-fogo, querendo firmar-se numa situação de cobrança de promessas, ditas de boca, muito mais num jogo de aparências entre a Alemanha e os Estados Unidos da América, cheio de imprecisões.

Amado encobre essa precariedade de Vargas, no que diz respeito aos caminhos marcados.

Nesse segundo aspecto, Jorge Amado é fundamentalmente um seguidor do comunismo, um servidor inscrito como membro do seu corpo burocrático. Como ele próprio confessa em *O mundo da paz*, escrito entre 1949 e 1950:

> O amor pela União Soviética é como que o resumo grandioso de tudo que o homem pode amar sobre a face da terra, o resumo de todos os grandes sentimentos, dos mais nobres e mais puros. Se alguém ama sua mulher e seus filhos, seu pai e sua mãe, e possui em seu coração o amor à família, o desejo de ver suas crianças crescerem felizes, então tem de amar a URSS, onde a vida das crianças decorre como num paraíso, onde não há velhice desabrigada e infeliz, onde as relações de família se despiram de qualquer resquício de mesquinhez, onde o amor dos parentes pôde ganhar sua integral beleza. Tem de amar a URSS que libertou os pais das cotidianas preocupações sobre o futuro dos filhos, sobre como cobrir os gastos de sua educação, da sua alimentação, que tornou mais fortes e profundos os laços que formam a família.
>
> E que dizer do patriotismo? Não sei como se possa conceber nos dias de hoje um verdadeiro patriota que não ame ao mesmo tempo, com entranhado amor, a União Soviética. (AMADO, 1951, p.16-17).

Como seguir as leituras e compreensões da *Hora da Guerra*, sem ter essas ideias em mente? Como priorizar Amado, antes como cidadão brasileiro e, depois, como membro do Partido Comunista? Como deixar de perceber a construção irada – às vezes, colocada no ponto mais exacerbado – com que ele faz de Adolf Hitler o grande personagem da *Hora da Guerra*, citado ou comentado em mais de duzentas e setenta crônicas, enquanto Josef Stalin aparece modestamente em pouco mais de cinquenta?

A audácia servil de Jorge Amado, expressa em *O mundo da paz* sobre o seu patriotismo, torna turva qualquer tentativa de crédito na Unidade Nacional, na participação ativa do Brasil na Guerra, no envio de um Corpo de Expedicionário, tudo objeto de suas pregações mais violentas, como examinaremos a seguir.

E insiste Amado, ao falar de seus sentimentos de fidelidade patriótica:

> Sei bem que existem homens que condenam esse amor à União Soviética como se ele representasse uma traição à pátria. Eu mesmo me vi assim acusado na imprensa brasileira e creio que esse foi um dos pretextos usados para

> expulsar da Câmara de Deputados a mim e aos demais camaradas que representavam, no parlamento, os trabalhadores do Brasil. Dizem que nós substituímos o amor à pátria pelo amor à União Soviética, que miramos como nossa verdadeira pátria. Arrotam uma soberba indignação, parecem ofendidos nos seus mais elevados sentimentos patrióticos. (AMADO, 1951, p.17).

É realmente complicado explicar, com clara aceitação, esses sentimentos patrióticos, tão arraigadamente dessa forma escritos.

Em maio de 1952, após exílio voluntário de pouco mais de quatro anos, na Europa, retorna ao Brasil. Em 1953, morre Stalin. No mesmo ano, como consta de *Jorge Amado 80 anos de vida e obra*, de Rosane Rubim e Maried Carneiro, em 1953 é "Lançada a 5ª edição de *O mundo da paz*. O escritor proíbe novas edições por considerar que o livro apresenta uma visão desatualizada e sectária sobre os países do Bloco Socialista" (RUBIM; CARNEIRO, 1992, p.49). Em 1956, por razões de ocupações literárias, decide sair do Partido Comunista.

Em seguida a tais comentários, importantes e, de algum modo, esclarecedores, volta-se às colunas da *Hora da Guerra*.

Do Corpo Expedicionário

A participação ativa do Brasil na Segunda Guerra Mundial é trabalhada dentro de dois pontos: envio de um Corpo Expedicionário e criação da Segunda Frente.

Os acirramentos para a presença ativa do país no conflito europeu começam com a invasão desprevenida da URSS pela Alemanha, em junho de 1941, e, em dezembro do mesmo ano, com o ataque, também sem aviso, do Japão aos Estados Unidos da América.

A crônica "Corpo Expedicionário*", em certo sentido, historia e dá uma dimensão do problema:

> Leio, em telegrama, que a Liga de Defesa Nacional, benemérita instituição que nasceu na guerra passada, do patriotismo de Bilac, vai patrocinar, no Rio de Janeiro, uma "Semana do Corpo Expedicionário". Eis aí uma iniciativa das mais louváveis e que devia ser realizada em cada Estado brasileiro. O Corpo Expedicionário é o nosso máximo problema de guerra, no momento, e a ele devemos dedicar o melhor da nossa atenção. (AMADO. *Hora da Guerra*: 10 nov. 1943).

Amado quer lembrar o papel desempenhado por Olavo Bilac, ainda na Primeira Guerra Mundial, quando desenvolve atividades de esclarecimento sobre as funções do

Exército. Lembra também o cronista do destaque que deve ser reservado às convocações militares, mormente neste Corpo de Expedicionários.

A participação na guerra ativa, e não de observação cuidadosa, já é uma vitória do povo brasileiro contra os ideais integralistas, que não veem nenhum interesse em lutar, expondo-se desnecessariamente, pois a guerra já está ganha sem a participação de nossos soldados:

> A imprensa, através os escritores e jornalistas antifascistas, desempenhou um grande papel no esclarecimento popular em torno ao problema, destruindo uma a uma as provocações dos agentes de Hitler. Também os estudantes, mocidade entusiasta, lutaram bravamente pela ida de um Corpo Expedicionário que vingasse, em terras da Europa, o sangue brasileiro derramado nas águas do Atlântico. Sem falar na firme e decidida atitude assumida, desde o primeiro momento, por muitos oficiais do Exército, que reclamaram como uma honra o direito de partir à frente dos soldados. A batalha foi finalmente ganha e hoje a ida do Corpo Expedicionários já não se discute. (AMADO. *Hora da Guerra*: 10 nov. 1943).

As atividades da imprensa em favor da presença ativa do Brasil nas batalhas são muito válidas, com o envio de tropas à Europa, o que implica uma subjugação das vontades quinta-colunistas.

Percebe-se, depois dos comentários de *O mundo da paz*, que a participação ativa é fundamental, e na Europa, para a amostra de serviços desempenhados em terras brasileiras, muito embora seja uma vontade dos oficiais do Exército nacional, na opinião do cronista, "que reclamaram como uma honra o direito de partir à frente dos soldados".

A preparação da frente interna no país é básica para a garantia do afastamento produtivo de seus soldados, como por igual a consciência de que o "Corpo Expedicionário é, sob todo o aspecto que seja encarado, um exército democrático e libertador" (AMADO. *Hora da Guerra*: 10 nov. 1943). E sua crônica, "O Corpo Expedicionário" é, por qualquer aspecto que seja encarada, a mais saliente tarefa amadiana e o extermínio das forças da antidemocracia, implantadas pelo nazifascismo.

Essas ideias de forças da maldade contra forças do bem têm origem na primeira reunião de cúpula entre Franklin Roosevelt e Winston Churchill, em Placentia Bay, Terra Nova, de 9 a 12 de agosto de 1941, como relata Jonathan Fenby em *Os três grandes*:

> A partir do momento em que se encontraram no *Augusta*, o presidente e o primeiro-ministro tiveram em mente o mundo que, segundo esperavam, surgiria após a vitória. Em face da situação militar naquela ocasião, uma posição bastante audaciosa. O exército alemão progredia celeremente sobre a Rússia. Hitler não enfrentava qualquer desafio na Europa Ocidental. O

Afrika Korps ameaçava a Inglaterra no Oriente Médio. Submarinos afundavam à vontade navios mercantes no Atlântico. O Japão ameaçava se expandir pelo sudoeste asiático, onde poderia se apossar dos campos de petróleo das Índias Orientais.

Mesmo diante deste panorama desanimador, os dois líderes se aliaram em princípios que deixassem claro que a questão da guerra extrapolava o campo de batalha. Por mais hipocrisia que envolvesse, uma carta de princípios seria um passo fundamental para fazer da luta contra as potências do Eixo uma "guerra do bem", opondo as forças da luz à das trevas. (FENBY, 2009, p.61).

Daí para que se espalhasse é um pulo. A guerra dos aliados contra os países do "Eixo" se torna, rapidamente, uma luta do "bem contra o mal", tudo devidamente agigantado pelas crueldades praticadas pelas forças alemãs e conluiadas na União Soviética.

Mas a convocação dos expedicionários, no Brasil, não acontece num clima de aceitação e tranquilidade, como, de alguma maneira, relata a crônica "A Insubmissão e Suas Raízes*":

> Soam os e clarins da convocação, chamando os filhos do Brasil às armas, porque um inimigo cruel e impiedoso ameaça a nossa independência e deseja transformar a Pátria livre num campo de escravos, como já transformou muitos países da Europa, como já escravizou vários outros povos. Na história brasileira, cheia de páginas gloriosas, não é a primeira vez que os clarins convocam os patriotas. Não é a primeira vez que partimos para a guerra, não é a primeira vez que o povo engrossa as fileiras do Exército e da Marinha numa hora excepcional. E, honra das gerações passadas, nunca a mancha da covardia caiu sobre brasileiros, o número de voluntários nas campanhas que formam nossa história militar sempre sobrepujou a de convocados. Os brasileiros sempre partiram para as frentes de batalha com um sadio entusiasmo, com um ardente amor à nossa bandeira e à liberdade. (AMADO. *Hora da Guerra*: 18 maio 1943).

Não interessa a Amado clamar pelo passado das gerações atuais da pátria. As convocações, como traz o texto, antes atendidas de pronto, já não correspondem nos dias atuais, muito embora os objetivos permaneçam importantes: independência contra a escravidão.

A quem atribuir tal desinteresse, tal aparente desapego às causas maiores e gerais, em proveito das causas menores e individualizadas? Observa-se que a necessidade de engrossar fileiras do Exército ou da Marinha para uma situação de guerra iminente passa também por questionamentos outros que não priorizam as lutas nacionais.

Nem todos estão vinculados a partidos políticos e muito dificilmente interessados em questões de povos distantes. O cronista sabe desses percalços, mas acrescenta que, "no Brasil de hoje, a nefanda obra da quinta-coluna é ainda mais profunda do que julgamos". E transcreve a comunicação do general Dermeval Peixoto:

> "Nestas condições fará (o Comando da Região) publicar na imprensa os nomes daqueles que ficaram considerados insubmissos, portanto, DESERTORES DO SAGRADO DEVER MILITAR EM TEMPO DE GUERRA, CRIME GRAVE que ficará estigmatizado, COMO INFAMANTE QUE É DA HONRA E DA DIGNIDADE, dos que nele incorrerem". (AMADO. *Hora da Guerra*: 18 maio 1943).

A chamada em-caixa alta é do Comando da VI Região para destacar o crime infamante que é a insubmissão militar, desafiando os infratores às leis vigentes no país em tempos de guerra e de paz.

E prossegue Amado na constatação e denúncia de traidores da pátria que se voltam precisamente contra o serviço militar:

> A veemente nota do Comando da Região veio pôr um ferro em brasa sobre uma chaga que esta guerra revelou. Temos muito falado na quinta-coluna, as polícias têm combatido a sua ação, muitos chefes estão presos. Porém, ante os fatos que passam, e entre os quais a insubmissão de convocados é das mais graves, não se pode calar que a quinta-coluna ainda age e que a sua ação se dirige direta e primordialmente contra as forças armadas do país. O seu alvo predileto, hoje, é exatamente a convocação. Temos um mal e temos a raiz desse mal. A raiz da insubmissão à convocação é a quinta-coluna nazi-integralista, aliada aos munichistas. Nós chegamos a um momento em que, ou esclarecemos totalmente o povo sobre a guerra e os motivos que nos levaram a ela, os grandes motivos verdadeiros que o povo sabe compreender e sentir, ou deixamos livre o campo para a ação daninha, que tem obtido tantos resultados, dos nazi-integralistas. (AMADO. *Hora da Guerra*: 18 maio 1943).

De uma coisa pode-se ler: a crônica identifica a quinta-coluna nacional com o integralismo, mas toda a preocupação amadiana permanece centrada no *muniquismo*, cuja compreensão devida constitui uma das referências do próximo capítulo, porém, pode-se adiantar, atinge, antes, a União Soviética.

O investimento numa campanha de esclarecimento popular é urgente, dando clareza às razões da guerra e, em especial, de o Brasil envolver-se nela.

Para completar as iniciativas, o cronista sugere:

> Há duas maneiras de combater a quinta-coluna: uma compete às autoridades e, em especial, às polícias a órgãos especializados. É a repressão e o castigo das suas atitudes de espionagem, sabotagem, conspiração. A outra

> maneira compete tanto ao governo, pelos seus órgãos de publicidade, quanto ao Povo, quando a cada um brasileiro digno. E esta é a de combater a boataria, a intrigalhada, a pregação diária e incessante da quinta-coluna. Combater desmascarando suas palavras que são o eco da rádio de Berlim. Esclarecendo o povo sobre a guerra e sua significação. E preciso criar um ambiente onde o suspeito não seja aquele que toma posição ativa, esclarece o povo escreve nos jornais e discute nas ruas pregando a guerra, a Unidade Nacional, o combate aos traidores. Onde o suspeito e combatido seja o que fala do governo, acusa Deus e o mundo de comunistas, diz que estamos na guerra obrigados pelos Estados Unidos, que vai de casa em casa (como estão indo) apavorar as famílias com tétrica descrição de desastre e hecatombes militares, criando, em torno à convocação, um clima de terror, fantasiando o ambiente dos quartéis e fazendo deles uma descrição que fora mais adequada aos campos de concentração do Hitler. (AMADO. *Hora da Guerra*: 18 maio 1943).

Dos dois modos de combate aos traidores da pátria, um deles é da atribuição exclusiva do Estado, na política de combate, desmascaramento e mesmo punição dos julgados envolvidos num complô, diga-se, internacional, como a culminância do afundamento de navios mercantes e pesqueiros, com prejuízos e, sobretudo, morte de inocentes. Mas a outra maneira é da atribuição de todos, dando frente em "combater a boataria, a intrigalhada, a pregação diária e incessante da quinta-coluna", sem querer usar a oportunidade para desculpar partido nenhum, pois se estaria contra o princípio básico de aceitação da Unidade Nacional: independente de qualquer vínculo partidário e de ligações ideológicas remotas.

Como muito bem encerra a crônica, no estímulo

> À nota do general Dermeval Peixoto devemos todos responder, unindo-nos em torno ao Presidente da República contra os inimigos externos e internos, apoiando a ação das autoridades no combate à quinta-coluna, e combatendo nós também, pela educação do povo para a guerra, a sua propaganda que tenta fazer dos brasileiros de hoje, que têm tão glorioso passado a zelar, homens covardes e indignos, e que tenta fazer dos brasileiros de amanhã escravos dos nazifascistas, de Hitler e de Mussolini. (AMADO. *Hora da Guerra*: 18 maio 1943).

Em "torno ao Presidente da República", muito bem; despidos, no entanto, de coloridos faccionais, que mais afastam do que aproximam.

O Imparcial nos mostra, em 25 de maio de 1943, o texto "A Bandeira do 18 R.I.*", quando os jovens baianos convocados para o Corpo Expedicionário, solenemente se incorporam ao Exército brasileiro.

Há, entretanto, uma longa estrada a ser percorrida de preparação e treino das tropas nacionais a serem embarcadas para a Europa. Nesse dia preliminar, de pompas e circunstâncias, os fatos ocorrem na evocação de eventos pretéritos e de desejosas realizações posteriores:

> Temos uma Pátria independente foi o sangue baiano que selou a existência da liberdade em terras do Brasil. A nossos filhos devemos entregar uma Pátria tão livre, tão digna, tão altiva quanto aquela que nos legaram os heróis do passado. Sobre o Brasil se despenha a sombra da escravidão. Outras Pátrias caíram, vencidas pelas armas estrangeiras e pela mais infame traição, pelos quinta-colunistas, e esse exemplo está diante de nós. Nesses países as populações perecem, as crianças são assassinadas, as mulheres são desonradas. Jamais um Brasil assim! Aos nossos filhos legaremos uma Pátria independente e um povo livre. Assim o prometeram hoje os garbosos soldados do 18 R. I. às suas mães, noivas e irmãs, às suas esposas e filhas, e os soldados baianos cumprem a sua palavra, mesmo que isso lhes custe a vida! (AMADO. *Hora da Guerra*: 25 maio 1943).

Tudo culmina com a chamada da "Pátria independente", reavivando feitos locais e promessas de passar aos pósteros "uma Pátria tão livre, tão digna, tão altiva quanto aquela que nos legaram os heróis do passado". Em linhas gerais, são lembradas práticas efetuadas pelo conquistador e destruidor alemão e de cobrar, aos que vão partir engajados, votos de promessas "às suas mães, noivas e irmãs, ás suas esposas e filhas, e os soldados baianos cumprem a sua palavra, mesmo que isso lhes custe a vida!"

O preço dos convocados é o de aceitação plena do heroísmo!

Na sequência do evento, em festa cívica no Campo Grande, registra a presença de mulheres baianas da LBA, ligadas à frente interna de guerra, que entregam, a cada soldado do novo regimento, "o pavilhão que devem honrar nos campos de batalha", com a destemida aceitação:

> "Ficai confiantes que o 18 R. I. saberá honrar as nossas tradições. Podeis ficar certos de que jamais a aviltante nódoa da covardia manchará o nosso Pavilhão, por que saberemos ser destemerosos na vitória, mas também saberemos morrer com a honra, como souberam tantos vultos do passado, que constituem hoje o orgulho do Brasil". (AMADO. *Hora da Guerra*: 25 maio 1943).

Os dois militares que comandam o governo do Estado, o interventor, general Renato Pinto Aleixo, e o comandante da VI Região Militar, general Dermeval Peixoto, assistem ao ato, como registra a crônica, "como fiadores dos soldados baianos":

> Ali estavam, para mais uma vez assistirem aos baianos em armas, prontos para partir para o campo de batalha. Os capacetes de aço, os fuzis, os olhares decididos. A juventude baiana nunca recuou. Hoje os inimigos são os mais terríveis, traiçoeiros e cruéis. Os nazifascistas não podem ser comparados a nada que os antecedeu, pois nada tão degradante o mundo produziu. Mas os moços baianos, os soldados da Bahia, têm muito a que se comparar pois é fértil a nossa terra em homens que se cobriram de glórias, que lutaram para nos dar um Brasil livre. (AMADO. *Hora da Guerra*: 25 maio 1943).

É o tempo da Unidade Nacional!

Contudo, seguindo o registro histórico de Ricardo Bonalume Neto, *1944 A Batalha de Monte Cassino*,

> O historiador norte-americano Frank McCann lembra que Vargas oferecera bases militares aos Estados Unidos em troca de armamento. Não houve resposta, provavelmente porque, em 1940, os Estados Unidos ainda tinham um Exército pequeno e sua produção de armas era irrisória. Ironicamente, quando a guerra começou, os norte-americanos passaram a insistir em adquirir bases no Nordeste – e tinham até mesmo um plano para a sua tomada à força, se necessário.
>
> A retribuição envolvia enviar tropas para combater na Europa. Mas foi só em 2 de julho de 1944 que 5.081 brasileiros embarcaram no navio-transporte de tropas norte-americano General W. A. Mann. Chegaram a Nápoles em 16 de julho de 1944. (BONALUME NETO, 2009, p.142).

De qualquer sorte, um contingente embarca. Depois, seguem mais dois regimentos. Há o receio de desguarnecer o país, em face da ameaça potencial da Argentina, neutra, mas simpatizante do "Eixo". Nem todos acreditam que o Brasil vá enviar homens para a Europa. Corria o boato – disso resulta o distintivo da FEB, uma cobra fumando cachimbo – que é mais fácil uma cobra fumar do que o País mandar soldados para a guerra.

Da Segunda Frente

Sobre o envio de uma Segunda Frente para a guerra, a história inicia, na madrugada de 22 de junho de 1941, como narra Simon Sebag Montefiore, em *Stálin: a corte do czar vermelho*, após dias de insistência de seus assessores mais imediatos, que não cansam de advertir ao líder soviético, que considera tal gesto de Hitler, insensato e descabido:

> Stálin não desmoronou; Mikoian achou que ele estava "amortecido". Júkov notou que estava "pálido" e "perplexo" à mesa coberta de baeta verde, "com um cachimbo na mão". Vóronov achou-o "deprimido e nervoso", mas de qualquer modo estava no comando de seu gabinete. Lá fora, as frentes estavam em anarquia. Mas ali, Tchaadáiev, o assistente de Sovnarkom, lembrou que Stálin "falava devagar, escolhendo as palavras com cuidado, sua voz falhando ocasionalmente. Quando terminou, todos ficaram em silêncio por algum tempo, assim como ele". Mas, por incrível que pareça, ainda persistiu na ideia de que a guerra poderia ser "uma provocação dos oficiais alemães", convencido de que Hitler poderia ter um Tukhatchevski no alto--comando da Wehrmacht. "Hitler simplesmente não sabe disso." Stálin não ordenaria a resistência enquanto não tivesse notícias de Berlim. (MONTEFIORE, 2006, p.409-410).

Parecem inacreditáveis os receios e as ameaças contados por Sebag a respeito da incredulidade de Stálin na traição de Hitler, atribuída pelo autor do livro mais como "inabilidade de um líder" ("O gênio inábil"), como são exemplos: a 13 de junho, no diálogo do líder com o marechal Gueorgi Júkov, melhor general de Stálin: " 'Então, isso [número de divisões na área fronteiriça com a Alemanha] não é suficiente? Os alemães não têm tantas...'" Mas os alemães estão em passo de guerra, respondeu Júkov. "'Você não pode acreditar em tudo que está nos relatórios da espionagem'", disse Stálin" (MONTEFIORE, 2006, p.397). No dia 18 de junho, mais uma vez com o mesmo interlocutor, "Stálin ergueu-se de repente e gritou com Júkov: 'Você veio para nos assustar com a guerra, ou quer uma guerra porque não recebeu condecorações suficientes ou seu posto não é alto o bastante?'" (MONTEFIORE, 2006, p.397-398). Também em 18 de junho, discutindo com Semion Timochenko, marechal, vencedor da campanha da Finlândia,

> Stálin saiu subitamente da sala, deixando um silêncio torturante, mas então abriu a porta, enfiou seu rosto marcado pela varíola e proferiu em voz alta: "Se você vai provocar os alemães na fronteira movimentando tropas lá sem nossa permissão, então cabeças vão rolar, anote minhas palavras" – e bateu a porta. (MONTEFIORE, 2006, p. 398).

Seja como for, a partir de então, a União Soviética não pode mais ficar sozinha na Guerra e começa a disputa para se firmar a aliança Inglaterra-Estados Unidos da América do Norte-União das Repúblicas Socialistas Soviéticas, e o envio da Segunda Frente de combate, visando dispersar uma linha única de beligerância dos países do "Eixo" (Alemanha-Itália-Japão), sobretudo na Frente Leste, o que conta com o tempo para o armamento dos países aliados, a ambição desmedida e o erro de estratégia do império nipo-nazifascista, além das atuações oportunas e convenientes dos partidários comunistas de todo o mundo.

Jorge Amado está atento para esses fatos, e sua *Hora da Guerra* é um registro importantíssimo.

Em "Discursos, Mensagens, Entrevistas*", o escritor colhe depoimentos de personalidades que reclamam a brevidade e urgência de uma Segunda Frente, no setor Leste da Guerra, indo de auxílio à União Soviética, vendo nesses depoimentos uma linha única de unidade, a que valoriza "o reconhecimento do heroísmo russo". As comemorações do 25º aniversário do Exército russo dão lugar a muitas mensagens e discursos, sobressaindo-se

> [...] a do rei Jorge VI dirigida ao presidente Kalinin, enviando à cidade de Stalingrado uma espada de ouro. Esta mensagem do rei da Inglaterra ao presidente dos Sovietes marca, como nenhum outro documento, a aliança dos dois países. Todo o trabalho nazifascista de divisão entre os aliados fracassou lastimavelmente. O gesto do rei Jorge VI é a última pá de terra lançada sobre as renovadas [...] nazistas de romper a aliança guerreira das Nações Unidas. (AMADO. *Hora da Guerra*: 25 fev. 1943).

São os argumentos dúbios das alianças firmadas nas guerras. Amado não tem porque fazer sobressair o gesto de um rei, destaque em mais de um texto, quando ele se mostra tão declaradamente contrário às monarquias nos países europeus, como vemos em várias colunas suas.

Ainda de referência à Segunda Frente, Stalin queixa-se da sua falta; o sr. Dalton, Presidente do Board of Trade, fala da promessa anglo-americana de desembarcarem em mais de um ponto do continente europeu. O mais sério pedido vem do Lord Beaverbroooks, em discurso na Câmara dos Lordes:

> Urge, segundo as palavras do ilustre lorde inglês, a abertura da Segunda Frente, que impossibilita aos nazistas mais uma tentativa de ofensiva no verão próximo. Suas palavras são concretas e graves. Mostra os caminhos da Europa aos exércitos aliados com sua firmeza a que o povo inglês vem se

> acostumando desde os dias iniciais desta guerra. (AMADO. *Hora da Guerra*: 25 fev. 1943).

Todos sabem da importância da Segunda Frente. Não é um jogo político simples que a impede de acontecer. Após três dias do encerramento da reunião de cúpula em Placentia Bay, os embaixadores americano e inglês em Moscou entregam uma mensagem de seus chefes para Stalin, como assegura Jonathan Fenby, em *Os três grandes*:

> Assegurando que reconheciam o quanto era importante "a resistência corajosa e firme da União Soviética" para a derrota da Alemanha. O "máximo possível de suprimentos" seria fornecido – um comboio com sete navios estava prestes a partir da Islândia para Archangel. Para provar a importância que emprestava a este fornecimento, Roosevelt encarregou [Harry] Hopkins [espécie de assistente pessoal do Presidente dos EUA] da presteza da ajuda à União Soviética. Mas também havia uma nota de precaução. Era importante decidir onde seriam empregados os recursos, dizia a mensagem. Cada canhão na frente oriental era um a menos para as tropas americanas e inglesas. (FENBY, 2009, p.70).

A abertura de uma Segunda Frente é preocupação de todos os interessados em derrotar o "Eixo", independentemente das ânsias dos partidários do comunismo, em todos os lugares.

Em "Urgência da Segunda Frente*", anuncia o lançamento da terceira ofensiva alemã contra o povo soviético:

> Afinal a Alemanha lançou a sua tão anunciada terceira ofensiva contra a URSS. Devia ser uma ofensiva de primavera e só saiu no verão. Também se limita ela a determinado setor da imensa frente leste, já não tentaram os nazistas um ataque em diversos setores. A ofensiva parece visar Moscou, como alvo. Tem encontrado uma resistência ainda maior, de parte dos soviéticos, que as duas anteriores. A primeira, que conseguiu um rápido avanço em toda a frente de batalha, aproveitando o fator surpresa, falhou às portas de Moscou e Leningrado. A segunda, que já não teve a mesma extensão da primeira, resultou na derrota em Stalingrado e na ofensiva russa de inverno. Como terminará essa terceira ofensiva? Até o momento em que escrevo os russos revidam, com notável violência e com assombrosos resultados, a tentativa hitlerista. O pequeníssimo terreno conquistado pelos nazistas lhes tem custado o que absolutamente não vale, em tanques, aviões e homens. O desgaste da colossal máquina bélica alemã é enorme. Os mais

autorizados comentaristas londrinos preveem o fracasso desta ofensiva das forças do Reich. (AMADO. *Hora da Guerra*: 9 jul. 1943).

Um ligeiro balanço das ofensivas germânicas é feito, indicando as resistências às portas das cidades, símbolos da decisão dos soviéticos: Moscou, Leningrado, Stalingrado, até chegar ao ponto de quase aniquilamento das forças nazistas: "O desgaste da colossal máquina bélica alemã é enorme. Os mais autorizados comentaristas londrinos preveem o fracasso desta ofensiva das forças do Reich".

Por que, pergunta Amado, uma terceira frente na Rússia, justo agora que se espalha na imprensa a chegada de uma Segunda Frente das Nações Unidas? Seria, como já é costumeiro dos hábitos eixistas, uma forma de atemorizar outras iniciativas dos povos aliados?

O escritor, em suas palavras finais, colocadas juntas ao artigo, por sua vontade, talvez, de elogiar a dimensão de consciência do Exército brasileiro, termina por fazer respingar o afastamento nacional das decisões centrais do comando unido de guerra:

> Quero terminar esta nota com algumas grandes palavras de General Manuel Rabelo, na sua entrevista a "Seiva". Disse ele, do alto da sua autoridade: "Eu estou plenamente confiante de que a Rússia, pelo seu próprio esforço e capacidade, liquidará a Alemanha. Mas não é justo, não é humano, nem moral, que o peso da guerra venha recair somente sobre a Rússia. Portanto, de acordo com a moral e com a razão, a Segunda Frente deve ser aberta o mais cedo possível". (AMADO. *Hora da Guerra*: 9 jul. 1943).

Uma declaração de vontade de uma autoridade local, sem grandes vínculos com decisões do Comando Maior!

Em "**Necessária e Urgente***", Amado constata que os aliados já estão em território europeu. Mas as notícias dadas em jornais são, quase sempre, prejudiciais porque informam indevidamente. De nada serve o repórter que informa o que está planejado para acontecer.

A crônica avisa:

> Terminada como está a campanha da Sicília, Messina em mãos aliadas, resta-nos esperar, no mais breve prazo, a Segunda Frente. Não acreditamos que seja outro o motivo das conversações do presidente Roosevelt e do primeiro-ministro Churchill. Essa abertura da Segunda Frente tem sido o maior motivo dos jornais nos últimos tempos e sobram razões para isso. Ela é necessária e, mais que necessária, é urgente. Só há u´a maneira de ganhar rapidamente a guerra, de decidir o conflito antes que a fome abata o ânimo dos povos oprimidos que querem se

libertar: é colocar Hitler e seus exércitos entre duas frentes de batalha. (AMADO. *Hora da Guerra*: 18 ago. 1943).

Atendendo a ditames do Partido Comunista, para Jorge Amado a Segunda Frente é "necessária e, mais do que necessária, é urgente", como se na verdade nem exista uma Segunda Frente, porém, é evidente que ela já funciona, nos moldes maiores de uma guerra intercontinental, como destaca Fenby, em *Os três grandes*:

> Churchill pôde alegar que a presença inglesa no Norte da África e no Oriente Médio aferrava consideráveis forças nazis, mas não foi o bastante para quebrar o gelo do Kremlin. Stalin queria um ataque aos Bálcãs ou à França, além de 300 mil toneladas de alumínio dentro de poucas semanas e o fornecimento de, no mínimo, 400 aviões e 500 tanques por mês. "Sem essas duas formas de ajuda", advertiu, "a União Soviética será derrotada ou ficará tão enfraquecida que, por longo tempo, estará incapaz de apoiar seus aliados com as operações que conduz presentemente". (FENBY, 2009, p.72).

Ninguém está tão preparado como a Alemanha para a guerra por ela inicia e cujas pretensões são campanhas rápidas e violentas, o que é chamado *blitzkrieg*, ou guerra--relâmpago. Todos, à exceção da agressora, têm de ser preparados com rapidez para vencer a surpresa.

Tais expectativas germânicas de beligerância são derrubadas na campanha da União Soviética: "O inverno se anuncia para os alemães como os prenúncios de uma tragédia sem precedentes. Desastre militar que deixará longe o de Napoleão em 1812". (AMADO. *Hora da Guerra*: 18 ago. 1943).

A Segunda Frente Leste é uma via de urgência para uma situação constrangedora.

5 Das posições assumidas pelo nazifascismo

Das preliminares

Antes de mais nada, é conveniente iniciar este estudo pelas reflexões teóricas de Alexander J. De Grand, em *Itália fascista e Alemanha nazista*, onde adverte, na sua "Introdução":

> Quando comecei a trabalhar na primeira edição deste livro [1995], tinham apenas começado, após um hiato superior a uma década, os esforços para encontrar um esquema no qual pudessem se encaixar os vários movimentos e regimes Fascistas. Durante os anos 1980, os acadêmicos tinham quase desistido de encontrar um mínimo Fascista e passavam a tratar Itália e Alemanha como dois regimes bem distintos. Nos anos 1980 e começo dos 1990, a maioria dos trabalhos sobre a Itália Fascista e a Alemanha Nazista não era comparativa. Desde a publicação da primeira edição deste livro, três novas direções surgiram. Em primeiro lugar, estudos comparativos sobre a Itália Fascista e a Alemanha Nazista se tornaram muito mais comuns, mesmo que suas conexões tenham se estabelecido no campo ideológico, mais do que em métodos de governo, que é o assunto deste estudo. Em segundo lugar, o debate sobre Fascismo genérico e Fascismo mínimo ganhou novo alento, com a publicação dos trabalhos de Roger Griffin, Stanley Payne, Roger Eatwell e Robert Paxton. Por último, o conceito de totalitarismo, que caíra em desuso com o declínio da Guerra Fria, foi reavaliado como instrumento para analisar a experiência fascista. Uma das objeções ao uso anterior do termo era que ele parecia deixar de fora a Itália, enquanto ligava a Alemanha hitlerista à União Soviética estalinista. Embora esta abordagem agradasse, de certo modo, os defensores da Guerra Fria, favoráveis a juntar

> em um só todo a URSS e o desprezível Estado nazista, conceitualmente não se justificava excluir o regime italiano, que dera nome ao Fascismo. A nova versão da teoria totalitária é menos propensa a deixar de fora a Itália, mesmo que o projeto totalitário italiano tenha ficado, em grande parte, no papel. (DE GRAND, 2005, p.23-24).

Como já é de esperar, os encaminhamentos das tarefas sobre o Fascismo/Nazismo, passam por inúmeros recalques ou contratempos intelectuais e históricos, o que não impede, apesar dos pesares, a procura de delineamentos mais nítidos para se ter uma proposta mais certeira.

Sabe-se que ambos os movimentos são parte de um estilo genérico de governo fascista, que se desenvolvem a partir da mesma crise social, cultural e política, depois da Primeira Guerra Mundial, na Europa. Tanto o Fascismo quanto o Nazismo encaram-se, com consciência, como uma alternativa ao estilo bolchevista de organizar a sociedade: o primeiro, com base numa nação orgânica; o segundo, com base na biologia racial; uma diferença mais de grau do que em princípios fundamentais. Ambos os regimes priorizam o político sobre o econômico.

São movimentos de renascimento burguês, no entanto, reforçam as hierarquias de gênero sexual e classe social, conforme se vê. A noção de que são regimes revolucionários fica comprometida, desde o começo, mas é um poderoso instrumento da propaganda forjada em torno de cada um deles.

No entendimento de alguns estudiosos e observadores, o nazifascismo é um movimento que prioriza duas escolhas como suas inimigas: no aspecto político, torna-se um regime anticomunista e, no aspecto cultural, antissemita, muito embora, neste último, haja certa diferença entre a Itália e a Alemanha.

Como mostra Robert O. Paxton, em *A anatomia do Fascismo*, desde suas origens,

> Dessa forma, Hitler, em julho de 1932, construiu o nazismo como o primeiro partido de base ampla de toda a história alemã, e o maior que existira naquele país. Suas Brigadas de Assalto inspiravam medo e admiração, por sua disposição a espancar socialistas, comunistas, pacifistas e estrangeiros. Ação direta e eleitoralismo como táticas complementares, e não contraditórias. A violência – violência seletiva contra os inimigos "antinacionais", vistos por muitos alemães como não pertencentes ao rebanho – ajudou a conquistar os votos que permitiram a Hitler fingir que estava trabalhando pelo poder por meios legais. (PAXTON, 2007, p.119).

A partir desses dados de visibilidade, acrescidos da invasão covarde da União Soviética em 1941, fica bem mais viável entender o ódio recíproco dos comunistas ao governo de Hitler e vice-versa.

Jorge Amado, em "Com Infinito Ódio!*", traz para as folhas de *O Imparcial*, a partir do próprio título da crônica, a presença constante e continuada de seus sentimentos pelo governo fascista, tratando de fatos cuja dimensão atinge, de um só golpe, países contrários à União Soviética:

> Que o teu doce olhar se entristeça ante essa visão tão dramática! Por que assim o ódio será teu sentimento mais forte. Vê, amiga, são mães com os filhos ao colo, criancinha nos primeiros anos de vida, e essa é uma hora de alegria para mães e filhos porque os verdugos lhe deixaram ver o sol. (AMADO. *Hora da Guerra*: 7 maio 1943).

Um dos temas mais odiosos do conflito é mostrado – a destruição da fase infantil na vida das crianças, principalmente as de berço – justamente na Espanha, país cujo chefe de Estado, Francisco Franco, quer se apresentar como o líder dos governos católicos, um dos responsáveis de, em seguida ao fim das batalhas, ter dado abrigo ao maior número possível de refugiados políticos e que, durante o apogeu de Hitler, mostrou uma neutralidade apenas aparente.

A cena mostrada é de um dia em que foi permitido um rápido banho de sol, num pátio de uma prisão de mulheres, todas mães recentes. Na sequência, o cronista fornece a causa do aprisionamento, como punição imposta por razões políticas:

> Essas são prisioneiras, mulheres antifascistas que não desejaram ver sua pátria escravizada, como o está, aos senhores hitleristas. São esposas daqueles que lutaram de armas na mão pela Independência da sua pátria e do seu povo. Mesmo grávidas, os miseráveis não as pouparam; mesmo grávidas foram elas internadas nessas infectas prisões para pagar um crime que não existe, para pagar o seu amor à pátria, o amor dos seus maridos à liberdade. (AMADO, *Hora da Guerra*: 7 maio 1943).

Em suas palavras, o escritor insiste em criar um impacto visual em sua suposta interlocutora – "uma amiga". A implacável insistência no observar da foto mostrada quer criar o sugerido no título que encabeça o texto, "Com Infinito Ódio": "Fita a fotografia mais uma vez. Assim é a vida das mães que amam sua pátria, nos lugares onde o nazifascismo estabelece governos de títeres".

Não se podem precisar com presteza os argumentos apresentados por Amado:

> As portas das prisões não se fecham somente sobre os lutadores antifascistas. Fecham-se sobre todos sobre mulheres grávidas e crianças inocentes também. Porque amar, ser boa esposa e mãe, são crimes para o nazismo, porque ser fiel aos esposos é um monstruoso delito para os degenerados quinta--colunas. Essas são as mães espanholas, as que foram as heroínas de Madrid, da Catalunha, dos Pirineus. (AMADO. *Hora da Guerra*: 7 maio 1943).

Até que ponto essas mulheres são "heroínas de Madrid, da Catalunha, dos Pirineus" somente a inventiva amadiana pode testemunhar. No entanto, o texto prossegue na busca de mais crueldade contra a infância, sob o regime fascista:

> Suas crianças nunca conheceram a alegria da liberdade dos jardins, das creches, das brincadeiras infantis. Sua vida se inicia e decorre no escuro das prisões, sob o olhar e os coices dos animais fascistas. São inocentes testemunhas das brutalidades cotidianas com que as mães são tratadas por homens que perderam sua condição humana ao envergarem uma camisa fascista, negra, parda, verde ou azul. Ante elas, as bestas fascistas requintam as crueldades para com as mães sacrificadas. Assim é o fascismo, amiga, assim é o integralismo seja o do Brasil, o da França, ou o da Espanha. (AMADO. *Hora da Guerra*: 7 maio 1943).

São relacionadas perseguições a que estão submetidas as famílias, dentro do esquema hitlerista/franquista: a destruição do lar, as crianças afastadas de lugares apropriados, as mães tratadas com afronta e humilhação.

Em "Soluços Vêm da Europa*", Jorge Amado retoma, com certo lirismo das viagens da lua sobre a face da terra, o tema das invasões da Alemanha, destacando, em setembro de 1939, a ocupação da Polônia, a confirmação das prepotências prussianas e o deslavamento da mortandade judaica:

> Depois caiu sua luz de prata sobre os guetos de Varsórvia. E viu moças e rapazes, velhos e velhas, crianças ainda de braço, sendo assassinados. Era o mais repugnante espetáculo que jamais a lua vira. Milhares de judeus, milhares e milhares, mortos um a um, para alegria de feras novas, antes desconhecidas até pela lua que viu todos os espetáculos humanos desde que o mundo é mundo. Assim era Varsórvia quando ela de lá partiu. (AMADO. *Hora da Guerra*: 4 jun. 1943).

Em rápidos lances, o autor lamenta a conquista polonesa e a reavivamento dos assassinatos cruéis. Será que a besta humana não para suas conquistas? Nunca, em qualquer continente, se viu algo tão desumano.

Quanto a outras posições culturais assumidas ou indicadas como características do nazifascismo, tem-se a considerar: o arianismo, o *muniquismo*, o quinta-colunismo e o *quislinguismo*. Claro que cada uma delas revestida com a roupagem dos preconceitos do Partido Comunista, nos moldes amadianos.

Do arianismo

O arianismo é uma marca universal do nazifascismo, assumido por seus partidários, como um motivo de orgulho, e, por seus detratores, como uma pecha inconfundível dos limites mentais e intelectuais do movimento.

Em "**Hitler Contra Zumbi dos Palmares***", de 27 de fevereiro de 1943, Jorge Amado sintetiza o assunto, usando um momento histórico de orgulho nacional, a Revolta de Zumbi dos Palmares, em suas linhas centrais: numa série de artigos do professor Artur Ramos, que dedica sua vida acadêmica ao estudo do negro brasileiro, está indicada qual é a situação dos negros e mulatos, sob a "Nova Ordem" nazista e, em especial, um ensaio de Hans Habe, publicado em *The Nation*, sob o título de "The Nazi Plan for Negroes".

E para a maioria dos nacionais – negros ou miscigenados – está reservada parte desse plano de avaliação do mundo:

> Através esse plano de colonização nazi dos negros e mestiços de todo o mundo, experimentado nos negros prisioneiros de guerra, podemos nos dar conta do destino que nos estava reservado. Digo nós, num caráter geral, porque os planos de Hitler são de referência a todos os negros, mulatos e mestiços, e ele sempre considerou o Brasil um "miserável país de mestiços" que devia se civilizado pelos "cultos arianos nazistas". À primeira vista esta afirmação hitlerista parece uma simples frase insultuosa. Porém nós bem sabemos, através os acontecimentos da Europa, que, em seguida aos insultos vêm os dramas provocados por aqueles que fizeram do assassinato e da escravidão sua norma de vida. (AMADO. *Hora da Guerra*: 27 fev. 1943).

Sabe-se que os sonhos desvairados de um louco podem atingir, na prática, os seus maiores desvios morais, como vem acontecendo com os judeus, com os outros povos derrotados ou afastados do poder, na luta desvairada do ditador, munido da ambição de ganhar espaços para o domínio e influência germânicos, como a França, cuja derrota das forças militares é atribuída pelo Führer a "uma suposta decadência das raças latinas à mescla de sangue, e afirma que a derrota no exército francês foi devido ao número de negros coloniais que formavam nos seus corpos", obscurecendo o papel desempenhado pela quinta-coluna – os Pierres Lavals e Phillipes Pétains –, que entrega covardemente a França (AMADO. *Hora da Guerra*: 27 fev. 1943).

No Congresso Nazista de Nuremberg, em 1935, essas leis que estabelecem a separação de sangues são aprovadas e instituem critérios para identificação de judeus, independente de crenças religiosas, retirando-lhes a maioria de seus direitos de cidadania do "Reich". Se a pessoa tem três ou quatro avós judeus, é considerado um do grupo, tenha ou não ligação com a comunidade judaica. Estão proibidas, inclusive, relações sexuais entre cidadãos alemães e membros da citada comunidade ou vice-versa.

Para os membros da sociedade brasileira é uma grande mudança: modifica-se o convívio com a mistura étnica, sem preocupação em dividir o mundo numa "raça superior", a branca ariana, para o mando e o poder, e "várias inferiores", para o trabalho de obedecer e servir, como acrescenta Amado:

> Fomos sempre exemplo democrática isenção de preconceito de raça. Foi necessário que medrasse aqui a semente do nazismo no capim verde do integralismo, para que os preconceitos raciais viessem à tona num país como o nosso de forte miscigenação. Honramo-nos de grandes heróis negros e ainda não faz muito a 7ª Região Militar comemorava um deles com brilhante solenidade: Henrique Dias. Zumbi dos Palmares, herói dos negros inimigos da escravidão, é símbolo de toda a dignidade de uma raça lutando pela sua liberdade. Inspirou grandes poetas e grandes tribunos. Cruz e Sousa elevou sua poesia à altura de uma escola: o simbolismo. José Patrocínio é um dos padroeiros do nosso jornalismo e entre os poetas românticos é impossível deixar de citar ao lado dos brancos Castro Alves, Álvares de Azevedo, Fagundes e Casimiro, o negro Luiz Gama. Isso só para lembrar alguns negros, quase sem nenhum sangue branco. Falar dos mulatos que honram nossa cultura e nossa história é escrever páginas e páginas de nomes entre os quais o de Machado de Assis, Lima Barreto, Tobias Barreto, são três grandes exemplos na literatura. O negro e o mulato têm contribuído de uma maneira decisiva para a formação de nacionalidade brasileira. Por isso nos interessa de u´a maneira direta a política de Hitler em relação aos negros e aos mestiços. Sabemos que o seu "plano para os negros" devia ser aplicado não só nas colônias africanas como nas colônias "sul-americanas" que ele esperava receber das mãos de Plínio Salgado e outros quislings... Este plano de colonização era ensinado aos nazis para ser executado na África e na América do Sul, não o esqueçamos! (AMADO. *Hora da Guerra*: 27 fev. 1943).

Se, em algumas épocas, acontece que a discriminação étnica parece predominar, nunca há vultos significativos que essa bandeira abertamente carregue: ou a história se encarrega de estabelecer dimensões ou suas ideias tornam-se, de imediato, superadas.

Segundo Jorge Amado, esses são os enunciados básicos das leis de Nuremberg:

> 1°) Os negros e mestiços constituem raças inferiores, cujo lugar deve ser determinado pela raça superior, a ariana.
> 2°) A livre escolha de ofícios e profissões pelos negros leva à assimilação social que, por sua vez, produz assimilação racial. As ocupações dos negros, mulatos, e mestiços serão, assim, inteiramente determinadas pelos alemães arianos.
> 3º) É inteiramente proibido o casamento de negros, mulatos e mestiços com brancos ou vice-versa. As relações sexuais entre membros das duas raças (arianos e não arianos) estão sujeitas à pena de morte.
> 4º) As pessoas que pertençam a qualquer outra raça que não a ariana não possuirão qualquer classe de direito eleitoral.
> 5º) Aos negros e mestiços é proibido o acesso aos trens de ferro, aos veículos públicos, restaurantes, cinemas, teatros, etc. Serão criados carros e estabelecimentos especiais para eles.
> 6º) Nenhum negro mulato ou mestiço poderá fazer parte do Partido Nacional Socialista (Partido Nazi), nem de suas organizações subsidiárias. Não poderão servir no exército, mas serão obrigados a servir em batalhões de trabalho. (AMADO. *Hora da Guerra*: 27 fev. 1943).

Tais enunciados são uma afronta à humanidade; inconcebível que um grupo social os queira como norma; que um povo soberano, depois de tão longa e tortuosa rota dos mortais, ainda pense que tais diretrizes possam ser aceitas. Como na pátria em que nasce um Goethe ainda têm coragem seus dirigentes de mostrar essas assertivas, como aprovadas e sem contestação? Normas indignas de serem chamadas de normas. Só mesmo a cabeça de um celerado pode pensar em tais aberrações.

Na crônica "Amor e Nazismo*", Amado faz um resumo do assunto nazismo e sentimentos humanos, que é, na verdade, um revide a tudo que é tomado como lei pelos "germânicos de Nuremberg": a proibição do relacionamento entre "arianos" e povos de outras etnias:

> Só há uma raça digna e poderosa, uma raça superior a todas as demais, que deve dominar o mundo e escravizar os povos, raça eleita que tem diretos que nenhuma outra possui: a raça germânica, eis o que ensina o nazismo. O resto do mundo é formado de judeus que devem ser mortos, de mestiços

> sul-americanos que devem ser escravizados, de eslavos bolcheviques serão arrasados, de sub-raças degeneradas como a francesa, a italiana, a grega, a dinamarquesa, de materialistas ianques odiados. Eis o que ensina o nazismo aos jovens da Alemanha. E, partindo da monstruosidade dessa primícia, levanta leis que destroem, no seu trágico e bestial conteúdo, as mais belas tendências da humanidade. Na sua avançada pela conquista do mundo o nazifascismo não se levantou apenas contra as pátrias e os povos. Levantou-se contra tudo que de belo e nobre existe sobre a face da terra. Inclusive contra o amor. (AMADO. *Hora da Guerra*: 21 set. 1943).

Da mesma forma que o direito divino dos reis, cujas famílias são escolhidas para mandar e todas as demais para obedecer servilmente, é interessantíssima a teoria: agora, em vez de famílias, temos povos ou povo escolhidos/escolhido!!! Estamos antes de 1789, com a Revolução Francesa... É uma premissa mental inconcebível para as pessoas normais. A que mundo chega? De doentes mentais? De pessoas anormais no comando do mundo?

E o sentimento amoroso, como pode ou deve ficar?

Chega a parecer insanidade de todo um povo. Será que o Tratado de Versalhes não educa os germânicos?

Amado vai adiante:

> Porque uma lei nasceu dessa teoria imbecil e absurda da superioridade de raças foi uma lei contra o amor, proibindo a união de seres de raça ariana com seres das demais raças, por maior que fosse o amor que os ligava. Nenhuma jovem ariana poderia dar seu coração a um moço de outra pátria, a um americano ou a um grego, a um holandês ou a um argentino. Teria que reservar seus carinhos para os homens da SS e da SA, e estes podem tomar delas como de uma propriedade, sem nenhum requisito legal, sequer o casamento. O essencial são os filhos, carne para canhão que Hitler necessita, loiros jovens para levar adiante a bandeira degenerada da suástica. Graves castigos pesam sobre aqueles e aquelas que rompam essas leis nascidas de cérebros onde só o ódio vive. (AMADO. *Hora da Guerra*: 21 set. 1943).

Como em todos os momentos, Hitler privilegia o político, reservando os carinhos das mulheres alemãs para os machos da SS ou SA, sem nenhum cuidado com a preservação das famílias geradas, que não sejam homens para os batalhões de guerra: "Graves castigos pesam sobre aqueles e aquelas que rompam essas leis nascidas de cérebros onde só o ódio vive."

Um casal, formado por uma jovem alemã e um prisioneiro francês, é flagrado desobedecendo tais leis: "Foram presos em Marselha, entregues pelo suíno que apelidaram os Lavals, pela baixeza moral que responde pelo nome de Felipe, o nojento. A moça alemã paga caro a coragem de amor: dois anos de campo de concentração". (AMADO. Hora da Guerra: 21 set. 1943).

Do muniquismo

Segue outra posição cultural que caracteriza o nazifascismo, chamada por Jorge Amado de *muniquismo*. Esta nomenclatura decorre do Pacto de Munique, quando Hitler e Mussolini se reúnem com os primeiros-ministros do Reino Unido, Neville Chamberlain, e da França, Édouard Daladier, como informa Gabriel Cardona, em *O prelúdio do conflito*:

> As exigências e pressões de Hitler fizeram que, na noite de 30 de setembro de 1938, os premiês aceitassem um plano, apresentado por Mussolini (e, na verdade, traçado secretamente por Göring) de desmembrar a Tchecoslováquia e incorporar os Sudetos à Alemanha. Essa medida foi apresentada como uma simples revisão do Tratado de Versalhes. (CARDONA, 2009, p.21).

A URSS condenou o acordo de Munique e suas consequências e queixou-se de que a Inglaterra e a França preferiram negociar com Hitler a sentar-se com Stalin. A partir desse fato, a diplomacia soviética iniciou sua aproximação com a Alemanha nazista.

A Checoslováquia , criada em 1918 pelo Tratado de Versalhes, abrigava várias minorias, entre elas a alemã, concentrada na região dos Sudetos. Não houve representantes do país na conferência de Munique:

> [...] o governo de Praga, liderado por Edward Benes, viu-se traído pelas democracias ocidentais. Ele manifestou sua repulsa a uma decisão "sobre nós, mas sem nós" e qualificou o acordo como uma "traição de Munique". As democráticas Inglaterra e França deixaram que outra democracia fosse agredida por um ditador. No entanto, Chamberlain e Daladier retornaram a seus países vangloriando-se como promotores de uma paz definitiva. (CARDONA, 2009, p. 21).

Para os leitores da *Hora da Guerra* de Amado, interessa saber desse acontecimento. A palavra *muniquismo* está sempre ligada a divisionismo e separatismo, indica discriminações contra a URSS e os nomes de Chamberlain e Daladier estão ligados a entreguismo aos nazistas.

Em "Retrato do *Muniquista**", Amado mostra uma pessoa dúbia, que muda de caráter conforme o jogo das situações de quem ele deseja agradar, em geral, ou Hitler ou Mussolini:

> É fácil, amigos, identificá-lo, arrancar-lhe a máscara, expô-lo na sua sórdida nudez ao povo. O *muniquista*, por mais bem fantasiado que esteja, deixa aparecer sob o manto democrático o sigma ou a cruz suástica, as fraldas da camisa verde ou a ponta do punhal germânico. Ele vos falará mal de tudo isso. Dirá horrores de Mussolini, de Hitler e mais ainda, de Plínio Salgado, porque ele já não tem esperanças nem em Plínio, nem em Hitler, nem em Mussolini. Dirá mal também do fascismo e do nazismo, coisas feias do integralismo. No entanto não o fará sem deixar de elogiar uma ou outra qualidade desses regimes. Ora vos dirá que as teorias nazis sobre a arte são justas. Ora afirmará que concorda apenas que os judeus são uns miseráveis. Ora dirá que só uma boa tinha o nazifascismo: o combate ao comunismo e acrescentará que esse é o inimigo maior. (AMADO. *Hora da Guerra*: 19 set. 1943).

É um mascarado que nunca quer se assumir sem disfarces, terminando por acusar, como o maior inimigo, o comunismo. Tudo indo a caminho como se fosse uma retirada de retoques e verbalizando: "o combate ao comunismo e acrescentará que esse é o inimigo maior".

A situação vai terminar por se acharem os fatos como próximos, na época do Pacto de Munique, quando todos cedem, com receio de evitar uma guerra, aos caprichos de Hitler:

> Quando os tempos eram favoráveis aos exércitos do "Eixo", ele, o muniquista com ou sem camisa, não usava máscara. Elogiava nazismo e fascismo, Mussolini e Hitler, os regimes de força e a reação terrorista, sem restrições. Hoje a coisa mudou e ele abandona nazismo e fascismo, Hitler e Mussolini, para salvar o terror, a opressão, o obscurantismo. Porém isso não sucedeu sem nuances, bruscamente. Ele fez um caminho que passou pelo ataque ao imperialismo anglo-americano, à guerra ativa, ao governo brasileiro, e, separadamente, à Inglaterra, à Rússia e aos Estados Unidos. Foram cedendo trincheiras até que formaram na frente internacional do *muniquismo* quando viram que a derrota militar do "Eixo" era inevitável. (AMADO. *Hora da Guerra*: 19 set. 1943).

A acusação de *muniquista* persegue todo aquele que não se engaje na inclusão da União Soviética como uma das democracias aliadas na disputa contra o nazifascismo, até visualizar a sua derrota – a dos germanos e dos italianos –, por acontecer: "Foram cedendo trincheiras até que formaram na frente internacional do *muniquismo* quando viram que a derrota militar do 'Eixo' era inevitável", acenando constantemente para as promessas feitas por Roosevelt e Churchill:

> Esta frente, poderosa e tão malfazeja quanto o nazifascismo, tem por fim ganhar a paz contra os povos, conservar no mundo de após guerra os homens sujeitos a governos de força, a regimes de prepotência, fazendo da Carta do Atlântico, como fizeram de tantos tratados de antes da guerra, um simples trapo inútil de papel. Roubando aos povos o que as Nações Unidas lhes garantem: a autodeterminação e as quatro liberdades fundamenteis. Hoje eles estão unidos em todo o mundo, nos países do "Eixo" em torno aos generais que sonham derrocar os ditadores fascistas para realizarem uma paz de compromisso, nas Nações Unidas com o propósito de ajudar essa paz ou, no último caso, intervir na Europa em revolta, transformando os exércitos libertadores em exércitos invasores e opressores. (AMADO. *Hora da Guerra*: 19 set. 1943).

É importantíssimo, aos argumentos de Amado, incluir a União Soviética entre os países componentes das Nações Unidas. A bandeira partidária é, muitas vezes, camuflada por essas cores:

> Procura lançar as Nações Unidas uma contra as outras, aderindo a uma delas e atacando as demais. O muniquista nunca apoia as Nações Unidas. Apoia a Inglaterra ou os Estados Unidos, ou de repente vira esquerdista e diz – que a Rússia está sendo traída. Em verdade ele está é com a opressão, contra os povos, ele não quer é a democracia, é a liberdade, é o governo onde seja o povo quem governe. Assim é o muniquista é por esse torpe ideal é que ele luta, amigos! (AMADO. *Hora da Guerra*: 19 set. 1943).

E assim é traçado um perfil do chamado *muniquista*, dentro da ideologia amadiana.

Em "Ronda do *Muniquismo**", Amado mostra uma peregrinação do movimento, em suas palavras, atrás de acertar o isolacionismo, jogando uns países contra os outros, como a repetir o Pacto de Munique de 1938:

> Os *muniquistas* explodiram finalmente através a voz cheia de egoísmo e de divisionismo de cinco senadores norte-americanos. Que pretendem? Pretendem retardar a guerra, impedir a abertura da Segunda Frente, discutir

> problemas acadêmicos, isolar os Estados Unidos da Inglaterra e da URSS., seus aliados na guerra e seus lógicos companheiros na paz. Que desejam com isso? Desejam conservar para um grupo humano, pequeno e ambicioso, o domínio do mundo, desejam evitar que governos democráticos se estabeleçam na Europa e na América. (AMADO. *Hora da Guerra*: 16 out. 1943).

Como de costume, o desejo de desunião nas Nações Unidas, conforme Amado, é para afastar sobretudo a União Soviética da Inglaterra e dos EUA, criar um divisor entre os três grandes líderes dos países aliados.

Mas existe, ainda, outro vislumbre do cronista:

> Esses cinco senadores que fizeram a ronda do *muniquismo* pelos campos de batalha e gritaram suas violências políticas antidemocráticas em Washington, são parte da mesma máquina terrorista que manda pregar nos púlpitos elogios ao general Franco, símbolo do governo que eles almejam para o mundo de após-guerra, que afastou Mussolini, na esperança de garantir um Badoglio fascista (golpe que vem de fracassar espetacularmente com a declaração conjunta dos Estados Unidos, URSS e Inglaterra sobre a política italiana), que espera solucionar o caso argentino com o simples rompimento com o "Eixo", conservando na nação vizinha o mesmo clima de pesadelo, que imagina levar a Conferência de Moscou ao fracasso e Roosevelt ao ostracismo político. É a máquina do *muniquismo*, da mais medieval reação, substituto da quinta-coluna, ou melhor: quinta-coluna para a esta hora de vitórias aliadas e de estudos dos problemas da paz. São os falsos democratas, os que pretendem manter povos e povos dominados a ruas de bancos e de companhias imperialistas. (AMADO. *Hora da Guerra*: 16 out. 1943).

Segundo Amado, Francisco Franco, governante espanhol, deve ser afastado como líder do grupo católico. Mero jogo de outros interesses, concretamente ele é o "símbolo do governo que eles almejam para o mundo de após-guerra, que afastou Mussolini, na esperança de garantir um Badoglio fascista".

O *muniquismo*, no pensamento jorgeamadiano, é sinônimo "da mais medieval reação, substituto da quinta-coluna, ou melhor: quinta-coluna para esta hora de vitórias aliadas e de estudos dos problemas da paz". E acrescenta os pretensos ganhos políticos dessa ronda "que imagina levar a Conferência de Moscou ao fracasso e Roosevelt ao ostracismo político".

É dura, para um membro do Partido Comunista, a lembrança da retirada da União Soviética de decisões, envolvendo os considerados países mais importantes da Europa na época, e Amado ataca: "[...] esses senadores aliados de Lady Astor e inspirados pelo finado Chamberlain injuriaram os povos com suas declarações isolacionistas [...]".

As marcas do *muniquismo* parecem indeléveis para Jorge Amado. E ele encerra sua crônica:

> Eden, Molotov e Cordell Hull vão discutir os problemas mais imediatos da guerra: a abertura indispensável e urgente da Segunda Frente, a maneira de ganhar a guerra mais rapidamente, e também os problemas de como impedir que o *muniquismo* projete sua sombra nefanda sobre a manhã magnífica da paz. Na conferência de Moscou devem os homens de Munique, os de todo os países, sofrer sua definitiva derrota. (AMADO. *Hora da Guerra*: 16 out. 1943).

Do quinta-colunismo

Outra posição cultural que o nazifascismo sempre apoiou é o quinta-colunismo. No Brasil, pelas observações amadianas, está ligado ao projeto integralista.

De uma rápida consulta ao texto de Hélgio Trindade, *Integralismo*, na parte ligada aos "Inimigos", constata-se o seguinte:

> O integralismo propõe-se a combater o liberalismo, o socialismo, o capitalismo internacional e as sociedades secretas vinculadas ao judaísmo e à maçonaria. A neutralidade do Estado liberal diante do desenvolvimento da sociedade criou condições favoráveis à ação do capitalismo internacional e ao desenvolvimento do socialismo. Nesta perspectiva, os integralistas consideram que o socialismo não seria a antítese do capitalismo, mas o resultado natural de sua evolução, porque ambos se apiam nas mesmas bases imperialistas. Uma parte significativa dos integralistas considera que todos os adversários do movimento formam um bloco sob a dominação judaica. Esta tendência antissemita, embora não seja dominante entre os teóricos integralistas por razões de princípio ou tática política, era, no entanto, muito difundida entre os militantes de base em função da simplicidade de seu esquema explicativo: desde as revoluções francesa e soviética, até o controle das finanças internacionais, tudo seria dirigido pela ação judaica. (TRINDADE, 1974, p.237).

Segundo o parecer do estudioso, para os integralistas, com a Segunda Guerra, pouca opção resta, a não ser um certo aceno para o Nazismo. Contrários por formação ao capitalismo e ao socialismo têm também desconfiança da ação judaica, pelo seu envolvimento no controle das finanças internacionais. Daí o surgimento do antissemitismo – e mesmo as denúncias – como indicado por policiais e por civis em atos de quinta-colunismo e desrespeito aos ideais pátrios.

Desse modo, justifica-se Jorge Amado ao colocar toda a culpa das traições nacionais – como o afundamento de navios brasileiros, inclusive – nas facções integralistas nacionais, com culpa flagrante ou não, sem uma voz de, pelo menos, cautela.

Amado, em "Autorretrato do Nazi-Integralismo*", transfere para um leitor não identificado, a divulgação de um poema sobre o nazi-integralismo, também de autor ignorado. Contudo, não deixa de enviar uma provocação a Plínio Salgado ["Plínio Tômbola"] e a Gustavo Barroso ("Dedicado ao esforçado quinta-colunista [...]").

É um poema descritivo, dirigido, em princípio, a leitores integralistas ("Oh! Irmãos em Judas, escutai meu canto [...]"). Os versos acabam acusando também os comunistas, bem aos moldes amadianos: "quem não topar a nossa ação, / santa ação integralista, / já sabeis: / é comunista, / é comunista!" (AMADO. *Hora da Guerra*: 28 fev. 1943).

Na crônica "**A Quinta-Coluna***", Jorge Amado insiste que a quinta-coluna nacional não está encerrada:

> Há quem fale da quinta-coluna como coisa do passado. Como se o monstro de mil cabeças a serviço do nazifascismo tivesse sido completamente esmagado com as medidas já tomadas. Esse é um trabalho da própria quinta-coluna. Criar certa mentalidade perigosamente otimista e facilmente capaz de olhar com benevolência os que ainda ontem gritavam o nome de Hitler num brado de guerra. (AMADO. *Hora da Guerra*: 16 dez. 1943).

Com ingenuidade, as pessoas de boa vontade caem nos ditos espalhados pela própria quinta-coluna, dizendo que a traição nacional está momentaneamente extinta. Já não tem mais por que trair, assevera. E a polícia política, com sua vigilância constante, continua encontrando focos de resistência em franca atuação, como o indiciado em Petrópolis.

É urgente e necessária a fiscalização de todo brasileiro comprometido com a Segurança Nacional, principalmente em um instante próximo da partida da Segunda Frente:

> A quinta-coluna está viva e bem viva, está agindo e não perdeu a esperança de levar o Brasil aos braços do "Eixo", de prejudicar ao máximo a nossa pátria, de dificultar o nosso esforço de guerra, de usar os integralistas como alavanca para *putchs* antinacionais, para golpes e conspiratas. (AMADO. *Hora da Guerra*, 16 dez. 1943).

Do quislinguismo

A quarta e última característica do nazifascismo pouco tem de Jorge Amado a acrescentar. Ela decorre do nome do militar e político norueguês Vidkun Quisling, que tenta formar um governo pró-nazista na Noruega, tendo por fim sido nomeado primeiro-ministro colaboracionista de fevereiro de 1942 até o final da ocupação de seu país, em 9 de maio de 1945.

Como escreve Gabriel Cardona, em *A ocupação da Dinamarca e da Noruega*:

> O promotor acusou-o do golpe de Estado de abril de 1940, da revogação da ordem de mobilização, de estimular os noruegueses a servir voluntariamente no Exército alemão, além de colaborar na deportação dos judeus e com a execução de patriotas noruegueses. Condenado à morte, foi executado em 24 de outubro de 1945. Em alguns idiomas, o termo "quisling" é utilizado como sinônimo de "traidor que colabora com os inimigos". (CARDONA, 2009, p.14).

Amado, apesar de usar o termo *quisling* em várias de suas crônicas de *Hora da Guerra*, não faz dele uma palavra de sua predileção, como acontece com *muniquista*, muito mais próxima de seus objetivos partidários.

Em "Assim Acabam os Plínios...*", é mostrado o destino que aguarda os traidores de pátria na Europa:

> Ganharam um arremedo de poder nas pátrias vendidas. Um arremedo apenas, porque o verdadeiro poder está nas mãos dos agentes da Gestapo e dos soldados do Reich, que dominam cidades e campos. Mas, em compensação, esses plínios da Europa escravizada perderam a tranquilidade. Eles sabem que a vingança dos povos traídos os espreita e que, em qualquer momento, o punhal vingador e a bala patriota podem liquidar a mesquinha existência do traidor. Os povos não perdoarão um único desses *quislings*. Os que escaparem das noites das cidades ocupadas, penderão das forcas no amanhã da Europa libertada. E esses serão os de vida mais longa... (AMADO. *Hora da Guerra*: 30 jun. 1943).

Parece-me, apenas, que a pessoa de Plínio Salgado está por demais forçada para aparecer no primeiro time dos traidores do Brasil. A situação na Europa também é outra: não existem no país grupos de guerrilheiros insubmissos e revoltados contra uma situação de traição, embora se considere o grande número de náufragos assassinados com o afundamento de navios mercantes e pesqueiros.

Como advertência aos candidatos a possíveis traidores da pátria, inclusive integralistas, tudo bem. Mas são situações concretas bem diferentes das do Brasil:

> Não é o primeiro *quisling* que morre nas mãos do povo vingador. Não será o último tampouco. Esse é o destino que espera a todos os plínios, grandes e pequenos, importantes e secundários. Os povos não esquecem os traidores. Morrerão em castigo, todos eles. Todos os que se venderam e venderam a Pátria. Laval e Pétain, Deat e Lady Astor, Quisling e Plínio Salgado. Hoje ou amanhã, porém fatalmente! (AMADO. *Hora da Guerra*: 30 jun. 1943).

Merece comentários a correspondência citada em "Trágico Humorismo*". Diz a notícia:

> "A rádio de Tóquio declarou que o imperador Hiroito enviou um telegrama de congratulações a Pétain pelo dia da Bastilha". É verdade: Hiroito felicita Pétain na data máxima da liberdade, quando os revolucionários franceses de 89 fizeram ruir o símbolo da opressão. Parece um absurdo e uma loucura. É apenasmente o cinismo nazifascista se desdobrando em humorismo. (AMADO. *Hora da Guerra*: 16 jul. 1943).

Amado reconhece essa atitude como uma forma diplomática de "cinismo nazifascista se desdobrando em humorismo".

Mas, paralelamente a esse caminho, talvez de desconhecimento da própria história francesa, Hiroito quer certamente recordar que a traição não tem local nem data para ser lembrada. E escreve a Pétain, cuja atitude faz de Quisling "uma flor de honestidade".

Pétain retira de Hiroito, conforme Amado, qualquer gesto de respeito pelas autoridades ocidentais:

> Nunca se viu tão repelente espetáculo como o oferecido por este entregador da sua grande Pátria, por este vendilhão do seu povo, responsável pela morte de milhares de homens, mulheres e crianças, ancião a quem coube escrever com sangue e lama a mais negra página da História da França. Ele não tem precursor nem terá sucessor. (AMADO. *Hora da Guerra*: 16 jul. 1943).

Este é um breve sumário das pretensões nazifascistas para a humanidade.

6 De alguns perseguidos ou atingidos pelo nazifascismo

Das preliminares

São inúmeros os seres humanos perseguidos ou atingidos pelo nazifascismo. É muito difícil se questionar o que é feito com intenção de prejudicar qualquer pessoa. Às vezes, quem escreve ou age nem imagina o quanto de intencional contém um discurso ou atos, mesmo computando toda uma série de recursos da análise e da *performance*.

Para se ter uma dimensão da crueldade usada pelo Império Nazista, são convenientes as palavras emocionadas, mas lúcidas, do escritor Thomas Mann, pronunciadas em agosto de 1941, pela British Broadcasting Corporation – BBC, transmitidas a convite, para buscar influenciar ou estimular seus concidadãos sobre a tragicidade e injustiça do conflito desencadeado:

> Ouvintes alemães!
>
> Há uma polêmica no mundo sobre se é realmente possível diferenciar o povo alemão das forças que hoje o dominam e sobre se a Alemanha é mesmo capaz de se integrar de forma honesta a uma ordem das nações nova e socialmente desenvolvida, baseada na paz e na justiça, ordem que deverá resultar dessa guerra. Se me perguntassem, eu responderia assim:
>
> Admito que isso se chama de nacional-socialismo tem raízes profundas na vida alemã. É a forma virulenta de degeneração de ideias que sempre trouxeram em si o germe da corrupção assassina, ideias de modo algum alheias à boa e velha Alemanha da cultura e da formação. Aí elas viviam

> nobremente, chamavam-se "romantismo" e deixaram o mundo fascinado. Pode-se muito bem dizer que elas decaíram, que estavam destinadas a decair, visto que foram desembocar num Hitler. Somadas à incrível adaptação da Alemanha à idade da técnica, elas formam hoje uma mistura explosiva que ameaça toda a civilização. Sim, a história do nacionalismo e do racismo alemão que resultou no nacional-socialismo é longa e terrível; ela vem de longe, é interessante no início e se torna cada vez mais vulgar e abominável. Mas confundir essa história com a própria história do espírito alemão e amalgamá-las numa só é pessimismo crasso e seria um erro perigoso para a paz. Sou, e assim responde aos estrangeiros, otimista e patriota o suficiente para acreditar que a Alemanha que eles amam, a Alemanha de Dürer e Bach e Goethe e Beethoven, terá um longo histórico. A outra vai perder o fôlego – logo, logo: não se deve confundir seu bufar atual com um fôlego poderoso. (MANN, 2009, p.48-49).

É um intelectual consciente falando para sua terra natal, depois de a ter deixado, em 1933, e se fixado nos Estados Unidos da América do Norte. Seu discurso inicia-se com provocação, questionando sobre o futuro da Alemanha, sobre um questionamento do mundo civilizado: está ela "mesmo capaz de se integrar de forma honesta a uma ordem das nações nova e socialmente desenvolvida, baseada na paz e na justiça"?

Como se segue observando, Mann não perde o fio do seu raciocínio, nem mesmo pode fazê-lo. Em breve comentário, traça um perfil, histórico e não esquecido, da sua "boa e velha Alemanha da cultura e da formação", sem encobrir certa vaidade que caracterizava o seu "nacionalismo".

E responde, a seu interrogatório – "otimista e patriota o suficiente" –, para apostar na permanência e duração da pátria germânica de "Dürer e Bach e Goethe e Beethoven", e não na de picadeiro passada por Hitler – "confundir seu bufar atual com um fôlego poderoso"!

Dos grupos ou etnias considerados pelos ditos de Hitler inferiores e, como tais, objetos de extermínio – sem querer esgotar o assunto –, avultam os judeus e os ciganos. Os primeiros, em número bem maior, facilmente identificados, como um dos responsáveis pela civilização ocidental, marcada pelos traços greco-romano-judaico-cristãos; os seguintes, pela vida livre a que se acostumam, considerados pelos ditos hitleristas, erroneamente, de braços desocupados e bocas vazias.

O conflito beligerante é muito cruel. Desmancha, a depender de seu desenrolar, alianças ou revela segredos muitas vezes inoportunos ou inconvenientes. A invasão da Polônia, por exemplo, serve de ensinamento e várias lições, por oportunidades, observadas sem o devido cuidado ou mesmo mostrando com clareza evidentes páginas confusas da história dos acontecimentos. Se o Terceiro Reich anexa, como ajunta Gabriel

Cardona, em seu estudo "Polônia invadida", uma ampla porção das regiões ocidentais, amplia a Prússia Oriental, apodera-se de Dantzig, etc., a "URSS anexou as repúblicas orientais às repúblicas soviéticas da Bielo-Rússia e Ucrânia, com um total de 13,5 milhões de pessoas e cerca de 200 mil quilômetros quadrados" (CARDONA, 2009, p.19).

Outro fato descoberto pelas tropas alemãs, como relata Juan Vásquez, em seu artigo "O massacre de Katyn e o Gueto de Varsóvia" (corpos de poloneses nas valas comuns nos bosques de Katyn) é revelado ao mundo pelo Reich: o assassinato pelo governo soviético de 22 mil poloneses, sendo 15 mil prisioneiros de guerra e o restante pertencente à elite intelectual, cultural e religiosa polonesa, no que se pode considerar uma tentativa de eliminar os pilares da sociedade polaca, que lutam com o mesmo afinco contra os alemães e os soviéticos, pois ambos invadiram sua pátria:

> Para o governo soviético, os militares e os ativistas foram considerados "contrarrevolucionários" e sucumbiram sob as balas da NKVD (polícia secreta soviética) em Katyn, na prisão de Harkove, e em vários dos outros campos de concentração. Essa foi uma ação do mais puro estilo da ditadura soviética, com aval dos membros do Politburo da União Soviética, entre os quais se encontravam o próprio Stalin, Molotov, Kalinin e Beria, que deram a ordem de execução. (VÁSQUEZ, 2009, p.128).

Essas atitudes da URSS, em comum acordo com a Alemanha, já são do conhecimento de boa parte dos envolvidos na Guerra. Os assassinatos, inclusive dos poloneses, já correm mundo afora, com a publicação pela imprensa germânica.

O que estarrece a todos não é a negativa de participação da URSS nesses eventos e, sim, a desfaçatez, no julgamento de Nuremberg, do procurador soviético, como lembra Juan Vásquez, em seu trabalho supracitado,

> [...] exibindo uma audácia sem comparação, chegou a acusar os alemães dos horríveis assassinatos cometidos em Katyn. O Supremo Tribunal não pôde aceitar esta acusação e, somente na década de 90, a Rússia de Boris Yeltsin colocaria à disposição do governo polonês de Lech Walesa a documentação que comprovava o similar ao de outros assassinatos cometidos ou estimulados pela polícia secreta soviética. (VÁSQUEZ, 2009, p.129).

Quiçá, isso comprova, em parte, a mudança de posição ligada ao Partido Comunista de Amado, na década de 1950, após a morte de Josef Stalin. A relação de alguns dos perseguidos ou atingidos pelo nazifascismo está no item a seguir.

Dos perseguidos ou atingidos

Dos judeus

Em "**Solidários Com a Vossa Dor?...*** ", Jorge Amado faz uma ligeira introdução aos sofrimentos sofridos pelos judeus, via nazismo, nesta Guerra. O cronista é defensor da miscigenação, como já ficcionalmente visualizara em *Jubiabá*, de 1935, e escreve:

> Não há brasileiro humano e patriota que não se sinta solidário com o "dia de luto" dos israelitas do Brasil. Hoje, todos os que têm sangue judio nas suas veias, dedicarão as horas a recordar e a honrar os que tombaram sob o gume do machado nazista ou que perecem na morte lenta dos campos de concentração. Estamos solidários com a vossa dor, israelitas, nós que jamais levantamos o problema cretino de raças, nós, os brasileiros que abrimos as portas do nosso país a todos aqueles que queiram nos trazer a cooperação do seu trabalho. (AMADO. *Hora da Guerra*: 4 fev. 1943).

Segundo o texto, é a comemoração do "dia do luto" dos israelitas do Brasil. A crônica de *Hora da Guerra* se inscreve nas manifestações de solidariedade "a honrar os que tombaram sob o gume do machado nazista ou que perecem na morte lenta dos campos de concentração".

São os horrores da perseguição ao povo judeu; perseguição agigantada com a invasão da Polônia, em 1939, e com o gueto de Varsóvia, em 1940, sob a alegação de que pode servir de abrigo para quem deseja viajar para a capital polonesa. Conforme consta do ensaio de Juan Vásquez, a respeito desse abrigo forçado de judeus:

> Para esse fim [abrigar viajantes], estabeleceu-se uma área com cerca de quatro quilômetros de comprimento e dois e meio de largura, que incluía o antigo gueto de origem medieval e diversas ruas do bairro industrial, com um dos seus extremos chegando ao rio Vístula. O gueto estava dividido em dois pela autoestrada Berlim-Posen. O perímetro foi inicialmente delimitado por arame farpado, deixando os jardins e diversos espaços verdes no exterior.
>
> [...] No gueto, aglomeravam-se, inicialmente, cerca de 400 mil pessoas. Apesar de ocupar 5% da área da cidade, abrigava quase 30% da população, o que dá uma ideia da superlotação que sofreu desde o princípio. [...] Pouco depois a cerca de arame farpado seria substituída por um muro de três metros de altura, ao longo dos 18 km do perímetro. (VÁSQUEZ, 2009, p.129-130).

É um verdadeiro campo de concentração. A conquista da Polônia serve não apenas de espaço de experimentação, mas igualmente de lugar de amostra das maldades nazistas.

No segundo parágrafo da crônica "**Solidários Com a Vossa Dor?...***", Amado refuta as tentativas dos integralistas de transplantar para o Brasil uma política segregacionista de raças, o que vem chocar toda uma tradição de misturas de credos e culturas de nosso povo:

> Um dia, também aqui, os servos, de Berlim, aqueles que, num triste carnaval se fantasiaram de verde, também aqui eles quiseram levantar o problema de antissemitismo. Mas não encontraram propício campo para sua triste e desumana teoria das raças superiores e inferiores. Nosso país vem de fusão de raças e não poderia jamais aceitar os postulados do "arianismo", com os quais Hitler pretende se assenhorar do mundo. (AMADO. *Hora da Guerra*: 4 fev. 1943).

Amado rememora a sequência criminosa de atos praticados por Hitler, olvidando, como já mostrado, a cumplicidade da União Soviética com a Alemanha, parceria só desfeita em junho de 1941 – e por imposição tática germânica, surpreendendo os bastos bigodes de Stalin! Portanto, é também um mero jogo retórico de linguagem amadiana: "quando Hitler iniciou, nos tempos de hoje, novas noites de São Bartolomeu. Hitler é a Idade Média revivida, e, sobre vós, que amais a ciência e o progresso, que sois portadores de tantos nomes de sábios" (AMADO. *Hora da Guerra*: 4 fev. 1943).

Vários intelectuais ligados às ciências e às artes, judeus, deixam a Alemanha ou países subjugados, como Einstein e Freud, Fuechtwanger, Zweig, Ludwig e Joseph Roth, "nomes que não eram mais vossos, não eram mais de uma só pátria, porque já de toda uma humanidade". Afora outros, de variados locais, que pagam com sofrimentos o ódio que o nazismo tem à cultura:

> Porém o vosso tributo não foi somente de escritores, sábios e políticos. Todos os vossos que se encontravam na Alemanha e nos países saqueados sofreram e sofrem as maiores injúrias, as maiores torturas, os roubos, os programas, os campos de concentração, os machados da decapitação. Hitler revive a Idade Média e com ele uma nova Inquisição, a do Bem contra o Mal, a da escravidão contra a liberdade, a da ferocidade contra o direito, a da arbitrariedade contra a Justiça, surgiu na Alemanha e nos países invadidos. (AMADO. *Hora da Guerra*: 4 fev. 1943).

Na época da publicação dessa crônica, já ocorreram os assassinatos de Katyn pelos soviéticos, e Amado condena tão veementemente fatos similares do *Führer* e seus comparsas, idênticos, na verdade, aos crimes praticados por Stalin e os membros do

Politburo. O cronista, certamente por razões de desconhecimentos históricos, posiciona-se, calado sobre os atos dos companheiros ideológicos, contra tais mazelas e crimes: "É a lei do fuzilamento em massa, da desonra das mulheres como esporte ariano, do assassinato de crianças e velhos como diversão predileta".

O livro de declaração de amor subserviente à União Soviética, *O mundo da paz*, Jorge Amado só o escreve na Europa, entre dezembro de 1949 e janeiro de 1950. Portanto, é de prever que a obediência às recomendações do Partido Comunista seja exemplar para o futuro autor de *Gabriela, cravo e canela* (1958) e de *A morte e a morte de Quincas Berro D'Água* (1961).

Malgrado todas as desavenças passadas com os nazistas, os judeus são soldados e oficiais em todos os exércitos, em todas as Frentes. Também no Brasil, "onde os brasileiros de sangue semita, formam ao lado dos brancos, dos negros e dos mulatos que vingarão não só os mortos dos torpedeamentos como todas as demais vítimas do germano-fascismo".

O "dia de luto" é um dia de confiança, quando os judeus não querem tão só lamentar perdas morais e materiais, chorando a "sorte dos que vivem a desgraçada vida dos campos de concentração". Querem, com certeza, "cooperar com todas as vossas forças para o completo aniquilamento do monstro nazista" (AMADO. *Hora da Guerra*: 4 fev. 1943).

Em "Brutalidade"*, o cronista descreve o clima geral do nazifascismo europeu, a ausência de sensibilidade para apreciar os homens e a vida, suas conquistas, sua poesia:

> O ódio á beleza a tudo que lembra arte, sentimento, a tudo que é romântico e lírico é característica dos nazifascistas. Eles são sombrios como a hiena e no seu desgraçado coração não cabe nenhuma capacidade de admirar e estimar a beleza, esteja ela nas criaturas ou nas coisas. A beleza é inimiga do nazismo. Nada de belo existe em qualquer dos movimentos fascistas do mundo, das camisas pardas às camisas verdes. Por isso mesmo os nazis e seus discípulos odeiam a literatura e a arte, as catedrais, os museus e as bibliotecas. (AMADO. *Hora da Guerra*: 1° out. 1943).

O nazifascismo se mostra como inimigo do bem-estar humano, das conquistas culturais e científicas que melhoram a curta estada dos mortais neste planeta. Odeiam a beleza, o culto ao passado, a conservação de bibliotecas e museus: "O nazismo é obscurantista, e só num clima de ignorância a mais completa pode ele se manter".

Não apenas o povo soviético, mas o de todo o mundo tem certeza: "Uma coisa apenas não perdurará: o nazismo em qualquer das suas bestiais modalidades. Porque a beleza é eterna e o nazifascismo é o passado do mundo" (AMADO. *Hora da Guerra*: 1° out. 1943).

Dos ciganos

No entanto, em "Os Livres Ciganos*", o cronista muda o foco para outros perseguidos pelo nazismo: os ciganos.

Robert O. Paxton, em *A anatomia do fascismo*, é claro nas comparações do nazismo com o fascismo: "Nenhum desses regimes era concebível sem o terror. A violência nazista era onipresente e tornou-se altamente visível após 1933. Os campos de concentração não eram segredo, e as execuções de dissidentes eram para ser conhecidas por todos" (PAXTON, 2007, p. 224). Tais informações servem para mostrar que o alemão comum não desconhece o que estava acontecendo.

Quantos aos domínios de Mussolini, a violência tinha outras nuances:

> O padrão de violência do fascismo italiano foi oposto do padrão nazista. Mussolini derramou mais sangue para chegar ao poder do que Hitler, mas sua ditadura, depois de então, foi relativamente branda. [...] Mas temos que evitar a crença comum de que a ditadura de Mussolini foi mais cômica do que trágica. Sua ordem de mandar matar na França, em 1937, os irmãos Roselli [...] e também o notório assassinato do deputado socialista Giacomo Matteotti, em junho de 1924, mancharam de sangue, e de forma indelével, o seu regime. A justiça fascista, embora menos malévola que a nazista em muitas ordens de magnitude, proclamou, de forma não menos ousada, a "subordinação dos interesses individuais aos (interesses) coletivos", e não devemos esquecer a espetacular crueldade das conquistas coloniais italianas. (PAXTON, 2007, p. 225).

De qualquer maneira, são duas formas ditatoriais no poder, e a "brandura" que a italiana parece demonstrar, não retira o cuidado com a crueldade, inclusive com os equívocos de uma avaliação, como a jorgeamadiana, da "comicidade" quase ridícula de Mussolini. E é bom recordar os estragos praticados, quando ocorrida a tentativa da Itália de fundar um Império colonial africano.

E os ciganos são considerados, principalmente, como uma minoria étnica, e não no grupo dos "associais marginalizados". Uma minoria étnica portadora de características multimilenares, como o desejo de serem independentes, com uma independência que transcende a vontade coletiva de criar uma pátria, como acontece num aprisionamento numa perda da liberdade: "Eles vão, bando vagabundo e estranho, de terra em terra, lendo a sorte dos outros, roubando nas noites, soltos e livres como os teus cabelos" (AMADO. *Hora da Guerra*: 18 jun. 1943).

Um detalhe apenas da descrição da interlocutora almejada por Amado, "soltos e livres como os teus cabelos", serve ao cronista para caracterizar todo o espírito de rebeldia de um povo: "Talvez um lenço de outra cabeça, prenda teus cabelos livres, e serás como u´a cigana". Uma série de hábitos comportamentais, tratados com um desdém carinhoso, indica uma leitura, sem surpresas: "Eles vão, bando vagabundo e estranho, de terra em terra, lendo a sorte dos outros, roubando nas noites"...

Sua sina é um desafio constante, sem nunca haver um local de pouso – "Sua terra é o mundo inteiro, seu destino é viajar" –, numa proposta de vida que é risco e mudança continuados, como já se propuseram outros viajantes e poetas, como García Lorca, assassinado pela guerra na Espanha, o andarilho e cantor dos ciganos de Andaluzia.

Hitler, num ódio mortal, agora se lançava contra os ciganos da Europa – contra a vagabundagem dos ciganos –, numa luta desigual contra toda a sorte de liberdade, mesmo que seja a de sem recursos. Para o nazifascismo, "os ciganos e os judeus são iguais, representam a mesma coisa, e devem ser igualmente destruídos".

Hitler e seus capangas, que só distribuem desgraça e fome pelo mundo afora, "É justo que odeiem e persigam os ciganos, que queiram terminar com a raça boêmia e livre, porque eles querem terminar com a liberdade e o sonho" (AMADO. *Hora da Guerra*: 18 jun. 1943).

Dos doentes

Entre os perseguidos pelo nazifascismo, Jorge Amado ainda considera os congenitamente insanos ou deficientes, incluídos entre os "associais" marginalizados. Em "Em Vez de um Madrigal*", de 29 de junho de 1943, o cronista inicia mostrando o caso do Hospício de Sapogov e pedindo suspensão das possibilidades de escrever um madrigal: "serão severas e tristes minhas palavras. Não te poderei falar de amor quando os nazis estão soltos, assassinando" (AMADO. *Hora da Guerra*: 29 jun. 1943).

Relata, a seguir, a desumanidade e covardia dos nazistas, no envenenamento de mil loucos na União Soviética:

> Não tenho madrigais, nem posso te dizer da minha saudade, porque o jornal me fala dos loucos do Hospício de Sapogov. Eram mil e os alemães os envenenaram a todos. Nunca as palavras, amiga, terão suficiente brutalidade, força de panfleto tamanha, para marcar a suprema covardia e a miseranda condição dos nazistas. Vinha te falar de loucuras de amor, dizer-te palavras de saudade e de poesia e nada disso é possível nos dias de hoje, quando as feras soltas no mundo matam, num só hospital, mil loucos inocentes. (AMADO. *Hora da Guerra*: 29 jun.1943).

É extremamente chocante esse assassinato traiçoeiro. Pessoas que não têm a menor noção do que está acontecendo. É muito dura esta forma de fazer higiene. É a guerra, mas não contra pessoas que a tudo ignoram.

É bom que se repita: "Eram mil doentes que os médicos e as enfermeiras cuidavam. Eram mil loucos, inocentes da guerra, trancados nos seus sonhos. Ficaram ali cadáveres, burlesca brincadeira nazi, alegres gargalhadas" (AMADO. *Hora da Guerra*: 29 jun. 1943).

Das crianças

Dos que foram atingidos pelo nazifascismo, nenhum grupo se compara ao das crianças. Amado, em várias crônicas, preocupa-se com elas. Em "Natal das Crianças Mártires*", de 25 de dezembro e 1942, começa o percurso:

> Hoje, na hora misteriosa da noite, quando os sonhos das crianças se fazem cheios de magia, quando, ao lado dos pequenos sapatos repouse a esperança das alegrias da manhã de Natal, quando a sombra do Pai carinhoso e da Mãe enternecida sejam o vulto comovente do papai Noel, que todos os Pais e todas as Mães, todos os avós felizes dos seus netos, se recordem, por um momento que seja, das crianças europeias, mártires do germano-fascismo.
>
> Na Europa dominada pela besta pagã, a festa cristã do Natal, a festa da paz familiar, do aconchego de todos os lares, os ricos e os pobres, será apenas uma lembrança nostálgica de dias melhores. Na Europa pisoteada pela bota assassina de Hitler não é possível a sombra boa de Papai Noel debruçada sobre o leito inocente das criancinhas. (AMADO. *Hora da Guerra*, 25 dez. 1942).

Um pedido textual de Amado à família brasileira: na noite de Natal, do aconchego familiar e das esperanças alegres das criancinhas: é bom lembrar dos lares surpreendidos e tumultuados da Europa, quando a tradição cultural de uma civilização é interrompida, "pisoteada pela bota assassina de Hitler não é possível a sombra boa de papai Noel debruçada sobre o leito inocente das criancinhas" – as crianças mártires, com todos os apelos (AMADO. *Hora da Guerra*, 25 dez. 1942).

O escritor relembra os ideais de um Natal passado, enquanto existia certo respeito à memória do Cristo, "em milhares de presepes alegres nessa noite encantada". Na Europa de então, as recordações do nascimento do Salvador se apagam nos assassinatos diários, "no muro em que os reféns são fuzilados, nas árvores em que os polacos são enforcados". O Natal é, para os hitleristas,

> [...] uma torpe invenção dos judeus e cristãos. Cristo, para ele, nada mais é que um inimigo milenar que é preciso destruir. Na Europa, neste Natal, as luzes dos presepes não iluminarão as cenas familiares de ceias álacres, de árvores cobertas de presentes. Na neve do inverno não se levantarão os bonecos de Natal. Os únicos bonecos neste Natal das crianças europeias, lembrai-vos, pais e mães brasileiras, são os enforcados pendendo das árvores trágicas, são os que morreram de fome ou de tiro nas ruas das cidades infelicitadas. (AMADO. *Hora da Guerra*: 25 dez. 1942).

Amado compara Hitler a Herodes, a assassino voraz de criancinhas, quando do nascimento de Jesus. Só que muito mais cruel, a nova promessa de redenção do mundo só existe em sua louca cabeça, o Terceiro Reich, com mil anos de duração:

> Hitler, igual ao rei da Judéia de então, numa terrível e ampliada repetição da tragédia bíblica, mandou que as criancinhas fossem assassinadas. Os telegramas, como versículos dramáticos de uma Bíblia espantosa, nos trazem, de todos os países da Europa ocupada, na fria nudez das estatísticas, os números das crianças mortas de fome e de tortura. Na Grécia, onde a juventude era o símbolo maior da beleza, os cadáveres pequeninos enchem as ruas onde corre um vento de morte. (AMADO. *Hora da Guerra*: 25 dez. 1942).

Só que num momento muito mais cruel: a retirada de perspectivas de futuro para as jovens crianças, a não ser seguindo as normas do regime nazista. E não apenas na Alemanha, mas em todos os postos onde os nazis resolvem assentar suas patas de feras conquistadoras.

Acrescente-se, em toda a Europa, a situação de fome generalizada. Não existem alimentos, pois todo o produzido na região é reservado, prioritariamente, às tropas germânicas de ocupação. Crianças, mulheres, velhos e doentes sem meios de sustentação – sem roupas, inclusive –, sem nenhum cuidado com a vida e a saúde dos habitantes, numa inversão total de valores:

> Na França, onde nada mais há para comer, neste Natal os pais chorarão os filhos mortos durante o ano. As crianças russas da parte invadida descobriram, nesses meses de dominação, o segredo de todas as torturas. E, igual às crianças chinesas desde os dias de antes, se estão transformando em guerrilheiros. No Oriente, onde os japoneses nazis são uma caricatura de gente, as felizes e puras crianças das ilhas conhecem o significado da suprema maldade. Neste Natal, sobre as crianças da Europa e da Ásia, onde quer que se encontre o nipo-nazifascismo, só as palavras trágicas da fome, da miséria e da desgraça ressoam. (AMADO. *Hora da Guerra*: 25 dez. 1942).

O texto solicita aos leitores brasileiros que criem um laço de solidariedade, de encarar esta luta insana, onde as crianças são os primeiros da lista de atingidos pelo nipo-nazifascismo:

> Neste Natal devemos decidir que ele será o último com criança mártires no mundo, que será o ultimo enxovalhado pela presença do nazismo na terra. Junto ao berço dos nossos filhos, pais e mães do Brasil, devemos na noite de hoje, jurar que daremos todas as nossas forças para que o próximo Natal seja uma festa em todo mundo, para que Cristo possa nascer nos presepes da Europa, para que não existam mais crianças morrendo de fome e morrendo de torturas. (AMADO. *Hora da Guerra*: 25 dez. 1942).

Na crônica "Estes Que Matam Crianças...*", Amado começa com um hino de amor à vida, às coisas simples e costumeiras de todos os dias, ao misterioso que nos cerca, ao futuro; e também uma advertência contra aqueles como os nazistas, que retiram a esperança da vida humana, que desconfiam da existência, subvertem e truncam a beleza e o lirismo das crianças.

> Estes que matam crianças subverteram os valores humanos, truncaram o desenrolar da vida, paralisaram, de súbito, a beleza. Quem não ama a ventura da vida, quem não deseja viver ardente e intensamente uma vida nobre? Há o ideal, há a profissão, há o amor, existem os homens a quem estimar, as árvores, os pássaros e os rios, as montanhas azuis, o mar de mistério, marinheiros e pescadores. Existem as viagens, mundos novos que se revelam, homens de outras terras, mulheres que cantam canções desconhecidas, paisagens inéditas, descobertas para aquele que partiu. Existem as despedidas e as chegadas, os trens de ferro nas noites de estações, o apito como um lamento, os navios no cais, negros e misteriosos. Existem as lágrimas de saudade e os sorrisos confiantes. Bela é a vida, e quando se sabe vivê-la intensamente, com ardor e entusiasmo, no coração a compreensão, nos olhos a esperança, na mão amiga a solidariedade para com os outros homens, quando se vive para o futuro, se ama a vida. Há tanta coisa linda pelo mundo: a liberdade, as mulheres, as crianças e as flores. (AMADO. *Hora da Guerra*: 11 fev. 1943).

A vida do homem está cheia de surpresas e imprevistos: um jogo continuado de claro e escuro, uma surpreendente rejeição e aceitação que formam a maravilha de habitar esse universo de iguais e diferentes, sem qualquer ligação hierárquica.

Não se pode retirar essa variedade dos caminhos do humano. A criança é uma porta para o futuro. Não se pode, de nenhum modo, macular a existência infantil.

São esses passos que o nazifascismo quer obscurecer. Não existe maior mutilação do que a praticada com a juventude, com a infância. Eis a maior de todas as vítimas de Hitler e seus asseclas.

No entanto:

> Mas, amigos, ouvi-me!, chegaram os assassinos de crianças e subverteram os valores humanos. Nos telegramas existe a poesia e existe o drama. Homero e Shakespeare. Nas ruas de Kursk os germano-fascistas mataram quatrocentas criancinhas. Quando os exércitos libertadores se aproximavam, quando os guerrilheiros já entravam, na frente de todos, na cidade que os nazistas ocuparam durante um ano, eles degolaram quatrocentas inocentes criaturas. Imaginai, amigos, como subverteram a beleza da vida, como, de repente, ela se tornou sórdida e monstruosa, indigna e miserável. Quatrocentas pequenas cabeças, loiras e morenas, tímidas e afoitas, olhos tristes e olhos risonhos, quatrocentas cabeças rolaram sobre o solo, cortadas pela espada desonrada dos nazistas. (AMADO. *Hora da Guerra*: 11 fev. 1943).

Inacreditável! Isso não é uma guerra comum. Esse crime é inominável...

Apenas um encaminhamento mostra-se possível e desejável: "Amigos, eles, os monstros nazistas, querem subverter a vida, enlameá-la, torná-la indigna de ser vivida. Vamos defender a vida, amigos, morrer e matar pela pátria, pela Humanidade, pela beleza da vida" (AMADO. *Hora da Guerra*: 11 fev. 1943).

Das mulheres

Outros dos atingidos pelo nazismo são as mulheres, como aparece no texto "E o Arianismo?*".

Amado dá sua visão do tratamento das mulheres pelo nazifascismo, destacando a marcante diferença sexual estabelecida no regime e comprovada na norma nazista em vigor, como:

> O nazismo foi antes de tudo contra as mulheres. Degradou a mulher alemã, transformando-a em simples máquina de procriar. Quando Hitler subiu ao poder o problema dos desempregados era dos mais graves da Alemanha. O nazismo honra-se muito de havê-lo resolvido. Mas como o resolveu? Proibindo o trabalho feminino numa série de ofícios, mandando as mulheres para casa e colocando nos seus lugares os homens desempregados. É claro que isso levou à miséria a milhares e milhares de famílias, onde o salário da mulher era muitas vezes a principal base de vida. O nazismo tirou à mulher alemã a possibilidade de competir livremente com o homem nas

diversas profissões. Lançando mão de um preceito feudal de que a mulher nasceu exclusivamente para procriar e para os afazeres caseiros, o nazismo retirou a mulher da vida pública, das universidades, das profissões técnicas e liberais. (AMADO. *Hora da Guerra*: 5 mar. 1944).

Evidente que o texto amadiano comporta sua dimensão em relação a um sistema que se opõe diametralmente ao marxismo. Alexander De Grand, em *A Itália fascista e a Alemanha nazista*, depõe sobre o assunto:

> A posição fascista sempre fora a de que distinções de classe eram artificiais e superficiais, enquanto os papéis biologicamente determinados pelo gênero sexual eram imutáveis. Logo, os regimes fascista e nazista procuravam transcender as distinções de classe dentro da comunidade nacional ou racial, enquanto dividiam firmemente a sociedade ao longo de linhas do gênero sexual. (DE GRAND, 2005, p.117).

Portanto, é bom entender as palavras de Amado, dentro de uma referência a linhas partidárias. Claro que não se quer contestar a ocorrência da aplicação prática: "isso levou à miséria a milhares e milhares de famílias, onde o salário da mulher era muitas vezes a principal base de vida".

Mas é conveniente observar que a manutenção da aplicação de leis, como mostra De Grand, desempenhou um papel decisivo:

> A política sobre o gênero sexual foi em parte fruto da composição esmagadoramente masculina dos movimentos. Após 1920, o Fascismo italiano respondeu à pressão dos veteranos para eliminar a competição feminina do mercado de trabalho. De 1929 a 1933, os nazistas beneficiaram menos os veteranos do que os desempregados masculinos atingidos pela Grande Depressão. Quando tomaram o poder, bastou-lhes continuar a legislação existente, aprovada em maio de 1932, que permitia dispensar as servidoras públicas casadas e economicamente seguras, as chamadas *double dippers* [recebem salário mais aposentadoria]. Os nazistas limitaram o direito a recurso da sentença, aumentaram a idade mínima para conseguir a garantia de permanência no emprego público e reduziram a importância da indenização rescisória. (DE GRAND, 2005, p.117-118).

Muita coisa já se encontra no espírito tradicional e conservador, que os movimentos têm sobre as mulheres, como a premiação das mães de vários filhos, tudo condizente com certa valorização das famílias numerosas, e uma atitude de subserviência feminina.

Na segunda questão do descrédito das mulheres, é conveniente indiciar o momento da Guerra em que isso aumenta. Deve ser em meados de 1942, quando as tropas alemãs passam a experimentar revezes:

> E, quando os homens partiram para a guerra, o nazismo chegou ao máximo de humilhação às mulheres, apelando para que dessem filhos ao Estado, sem levar em conta o amor que deve ser o laço natural de qualquer ligação entre homem e mulher. Dar filhos ao Estado, filhos de soldados arianos que fossem amanhã carne para canhão, eis a tarefa que o Reich entregava às mulheres alemãs. (AMADO. *Hora da Guerra*: 5 mar. 1944).

É demais degradante se chegar a uma situação de desvalorização tão grande do ser humano. Até que ponto pode caminhar a inventiva amadiana?

Dos jornalistas clandestinos

Na crônica "Honra e Orgulho do Jornalismo*", de 11 de março de 1943, Amado comenta sobre jornalistas que não podem ou não querem fugir dos ditames nazifascistas, na Europa, sobretudo. Ficam e improvisam jornais clandestinos que informam às populações subjugadas das reais ocorrências da Guerra. Alguns são mortos, outros, porém, permanecem improvisando pasquins que muito ajudam os leitores, dando esperanças, trazendo incentivos necessários:

> Assim também nas capitais europeias, na França, na Bélgica, na Holanda, na Grécia, em todos os países onde a bota nazi esmaga as populações. Muitos jornalistas destes países tiveram tempo de emigrar e, desde Londres, desde New York, desde o Rio de Janeiro, põem suas penas a serviço da liberdade. Outros, porém, ficaram e sua tarefa é daquelas que honram a profissão de jornalista. Estão escondidos, suas redações e suas oficinas são móveis, nunca duram mais de 24 horas em cada lugar. Nas manhãs de dor, a esperança chega nos pequenos jornais clandestinos que circulam em toda a Europa, os únicos que trazem as notícias verdadeiras, que imprimem as mensagens mandadas pela BBC, que dizem das derrotas dos nazi-fascistas, que incitam as populações à vingança, à sabotagem dos invasores, à luta contra os escravocratas. (AMADO. *Hora da Guerra*: 11 mar. 1943).

Dos refugiados políticos

Além dos jornalistas, um grupo grande de pessoas está incluído entre aqueles que têm de sair dos países dominados pelo nazifascismo, sob pena de correrem o risco de vida ou de confinamento nos campos de concentração. São, como os nomeia a crônica, os "**Refugiados Políticos***".

Estes, como noticiam os jornalistas em vários jornais do mundo livre, procuram em geral a América, onde o clima de democracia dominante não os impede de procurar ocupações profissionais. Hitler está fazendo da Europa um continente impossível de habitar, não somente pelos judeus, mas por todos que se posicionem contra suas ideias.

São pessoas, muitas vezes, que tudo perdem e buscam a reconstrução de suas vidas:

> Drama dos mais comoventes desta guerra é o dos refugiados. Houve um detalhe de pura tragédia grega: aquele navio repleto de judeus que andou de porto em porto, sem conseguir desembarcar estes viventes sem Pátria e sem destino. Tão trágico que lembrava o livro de Bruno Traven, outro alemão exilado, o "Barco de los Muertos". Entre os escritores latino-americanos circulou um pedido dos seus confrades ianques para que auxiliassem os escritores europeus refugiados. Grandes homens da inteligência haviam perdido tudo na Europa e se encontravam necessitados. (AMADO. *Hora da Guerra*: 12 mar. 1943).

São centenas de famílias que perderam seus parentes ou seus bens. Avistam o Novo Continente como um lugar onde possam encontrar dignidade e decência.

Dos homossexuais

Jorge Amado não se preocupa com todas os casos de perseguidos ou atingidos pelo movimento nazifascista, embora os debatedores desse instante de desvio mental do homem retratem o problema da homossexualidade, mostrado por inúmeros estudiosos e historiadores. São exemplos textos como o de Robert O. Paxton, em *A anatomia do fascismo*:

> [...] A divulgação da violência nazista, contudo, não significa que o apoio ao regime ocorresse sob coação. Uma vez que essa violência era dirigida contra os judeus, os marxistas, e os "associais" marginalizados (homossexuais, ciganos, pacifistas, os congenitamente insanos ou deficientes, ou os criminosos contumazes, grupos esses dos quais muitos alemães queriam mesmo se ver livres), os alemães, com frequência, sentiam-se mais contentes do que ameaçados por ela. [...] (PAXTON, 2007, p.224).

Alexander De Grand, em *A Itália fascista e a Alemanha nazista*, também escreve: "Em 1936, o chefe de polícia e líder da SS, Heinrich Himmler, abriu uma repartição para combater o homossexualismo e o aborto" (DE GRAND, 2005, p.106); e ainda Ian Kershaw, em *Hitler: um perfil do poder*, registra: "Os judeus, uma minúscula minoria malquista, foram submetidos ao terror. Os ciganos, os homossexuais, os mendigos e outros `elementos antissociais´ também caíram sob o açoite da opressão nazista" (KERSHAW, 1993, p. 68).

Claro que, de dezembro de 1942 a outubro de 1944, enquanto sai a *Hora da Guerra*, Jorge Amado, inscrito como burocrata do Partido Comunista, aceita todas as imposições ditadas pela direção partidária, inclusive de não atribuir qualquer papel de valor ou destaque aos homossexuais. Portanto, nada a falar do assunto das perseguições, ou falar do tema apenas como risível, em "Os `Señoritos...´*", de 24 de agosto de 1943, ou como algo criminoso, em "Tempo do Herói*", de 12 janeiro de 1943, conforme será mostrado oportunamente.

7 Das propostas iniciais e do desmoronamento das pretensões nazifascistas

Das preliminares

Quando se fala em propostas iniciais do nazifascismo, as pretensões germânicas, pela sua imponência e grandeza implícitas, avassalam quaisquer outras por suas propagandas e publicidades planejadas e desmedidas.

Delimitando-se apenas as propostas iniciais de tais encaminhamentos ao período de circulação da *Hora da Guerra* – de dezembro de 1942 a outubro de 1944 –, sua duração não atinge dois anos. Estes, próximos dos acontecimentos finais da derrota nipo-nazifascista: como o afastamento de Mussolini, em 24 de julho de 1943 (CARDONA, 2009), da queda de Berlim, em 1º de maio de 1945 (CARDONA, 2009) e da rendição japonesa ante o poderio atômico dos Estados Unidos da América do Norte, com a assinatura, pelo general Yoshijiro Umezu, da ata de rendição do Império do Sol Nascente, em 2 de setembro de 1945, a bordo do *USS Missouri,* na baía de Tóquio (CARDONA, 2009).

Como amostra dessas consideradas superioridades aparentes, dois acontecimentos anteriores à coluna amadiana de tais regimes políticos, mas significativos e, até certo ponto, emblemáticos, servem para traçar um quadro, tanto em um como no outro regime: a realização dos Jogos Olímpicos, sediados em Berlim, e a tentativa de restabelecimento de um novo Império Italiano.

O primeiro acontecimento, os XI Jogos Olímpicos Contemporâneos da capital germânica, se dá de 1º a 16 de agosto de 1936 e tem seus ideais esportivos obscurecidos pela insistência alemã em demonstrar a dianteira do Terceiro Reich. O dirigível *Hindenburg* sobrevoa o Estádio Olímpico, recentemente inaugurado, momentos antes de Adolf Hitler surgir em cena, numa demonstração da grandeza e vaidade hitlerista.

Os avanços tecnológicos são inovadores e fantásticos para o momento: o primeiro grande evento transmitido pela TV; 25 telões instalados, por toda a cidade, permitem que a população acompanhe os jogos, gratuitamente; é desenvolvido um novo sistema de fotografar o instante da chegada dos atletas nas corridas; os jogos são transmitidos por rádio para 41 países; a informação é distribuída por um sistema de telex, etc.

Toda a tecnologia empregada, apesar do número de medalhas – sempre superiores – vencidas pela Alemanha, sobretudo na disputa com os EUA: ouro: 33 x 24; prata: 26 x 20; bronze: 30 x 12, num total de 89 x 56, não impede que o grande herói dos jogos, no entanto, seja o afro-americano, Jesse Owens, o único atleta a ganhar quatro medalhas de ouro: 100 metros rasos, 200 metros rasos, revezamento 4 x 100 metros e salto em distância: "Bateu dois recordes mundiais e um olímpico. É considerado um dos maiores atletas de todos os tempos" (DÍEZ, 2009, p.68-69).

Nunca o arianismo esperava uma derrota tão evidente e em sua própria casa.

O outro evento serve para demonstrar a empáfia do ditador italiano, mas também para evitar, como fazem questão de esclarecer os estudiosos mais atuais, que Benito Mussolini seja considerado um mero joguete de comicidade: o seu desfile triunfal em Tobruk, na Líbia, em 1937. O sonho fascista aspira à criação de um império: a conquista das terras africanas pela Itália, desafiando a conferência de Berlim, de 1885, que exclui o país da divisão colonial da África. Imediatamente, surge uma luta de guerrilha contra a invasão; o *Duce*

> [...] não titubeou em utilizar os métodos mais selvagens para submeter os poucos que resistiam. Foram empregados gases tóxicos e, para secar os poços, sacos de cimento. Tribos inteiras foram deportadas em massa para centenas de quilômetros de seus lugares de origem, inclusive para pequenas ilhas italianas perdidas no Mediterrâneo, e foram executados confiscos de terras, torturas e subornos. O objetivo era separar a população civil da guerrilha, privando-a de seu apoio. Calcula-se que, na campanha de submissão, as mortes entre os líbios foram mais de 100 mil. (LOSADA, 2009, p.8).

Com esse e muitos outros fatos, torna-se impossível encarar, apenas como risível, as participações de Mussolini na Segunda Grande Guerra.

Jorge Amado passa a escrever *Hora da Guerra* quando o conflito já está com outros delineamentos: com a união dos três grandes dirigentes – Churchill, Roosevelt e Stalin; com a União Soviética e os EUA já em revide a ataques covardes dos alemães e dos japoneses, respectivamente.

Jorge Amado na Hora da Guerra   117

A Guerra, por seus jogos de forças políticas e militares, enseja, às vezes, contradições que precisam ser enfrentadas sem subterfúgios. As crônicas da *Hora da Guerra* levantam algumas delas, mostradas sob o crivo jorgeamadiano:

A) A existência de uma frente subterrânea, que é um confronto antifascista, necessário, esperado, com consequências imprevisíveis para o próximo fim da guerra.

Em "As Forças Amedrontadoras*", Amado procura mostrar uma Europa, às vezes cuidadosa, às vezes amedrontada, em fazer cumprir as promessas de uma guerra de vitória incondicional sem nenhuma concessão, seguindo um exemplo já mostrado pela União Soviética, com julgamentos e execuções sumários em Kharkov:

> A Rússia deu um exemplo: é preciso castigar, de maneira exemplar, os criminosos, aqueles que se levantaram contra os povos e enlutaram a humanidade. As Nações Unidas tomaram o compromisso de julgar e castigar. Sério compromisso que os povos esperam que seja cumprido quanto antes. Quando os homens que se batem nas frentes, que sofrem nas retaguardas, olham o panorama mundial e ainda vêm um Badóglio, um Vitor Emmanuel, um Giraud, exercendo qualquer função de mando, cerram os punhos e esperam intranquilo [sic]. Não podem admitir que os criminosos de ontem sejam hoje tratados como novos companheiros de campanha. Daí a repercussão enorme dos julgamentos de Kharkov. A Rússia estava cumprindo o prometido a seu povo: castigando os criminosos. Não – como fariam ns [sic] nazi-fascistas assassinando friamente. Julgando, porém, com todas as garantias de defesa, com ampla liberdade aos réus para apresentarem provas, discutirem argumentos, recusarem testemunhas. E depois a inapelável sentença. E o castigo em plena praça pública, ante a população que nas vésperas sofrera nas mãos assassinas dos bárbaros agora julgados. É evidente que tudo isso dá ânimo e capacidade de luta ao povo russo. É nessas coisas que se deve buscar a explicação do chamado "milagre soviético", da sua vitória espetacular sobre as divisões antes invencíveis dos nazistas. É nesse cumprir das promessas que o governo faz ao povo. (AMADO. *Hora da Guerra*: 30 dez. 1943).

Talvez seja uma tentativa de os países do Ocidente do continente europeu procurarem uma forma a seguir diferenciada da União Soviética, não tornando um conflito de mera cobrança de afrontas, ação bem diferenciada daquela usada pelo Leste, que exige fazer-se modelo e vingado.

Em "A Frente Subterrânea*", o autor mostra outra situação, bastante preliminar das disputas, quando os conflitos ainda passam pela guerra clandestina e os enfrentamentos ainda não eram feitos em aberto, precisando das lutas noturnas, dos ataques à espreita, da atitude ativa da população para não se mostrar subjugada e conquistada, dos jornais e revistas clandestinos. É um atestado de que, do meio popular, surgem homens que lideram a luta contra os invasores:

> Em Paris, na Grécia, no trecho ocupado na Rússia, nos Bálcãs, na Espanha, na Noruega, os homens e as mulheres que dedicam suas existências à causa da liberdade não descansam um momento, não param, não temem por suas vidas. São heróis anônimos, amiga, gente cujos nomes nunca saberemos. Mas a eles devemos muito do desassossego em que vivem os opressores. Os oficiais nazis são mortos, as fábricas param subitamente em pleno trabalho, os trens saltam dos trilhos, os jornais ilegais são distribuídos de mão em mão e levam as notícias aliadas a todos os lares, as noites são perigosas para os nazis. (AMADO. *Hora da Guerra*: 1º ago. 1943).

Dessa forma, aparece a frente subterrânea que se estende por toda a Europa, que não descansa. Após a vitória, é que se vai saber o quanto se deve a essa frente anônima, em que muitos morreram lutando, diferentemente dos campos de batalha.

Em "A Europa de Pé*", o texto indica as repercussões das vitórias, não apenas dos soviéticos, na frente Leste, como ainda das forças aliadas, do lado oposto. Começam a transparecer mudanças nas atitudes dos povos dominados pelos nazifascistas. Mais que descritivo, o trecho denuncia:

> O avanço russo na sua ofensiva vitoriosa de verão e a queda da Sicília possibilitando a invasão do continente, a todo o momento esperado, puseram os povos europeus em movimento. Traídos, entregues e oprimidos, os povos da Europa não se deram por vencidos e continuaram a lutar. Agora essa luta cresce de intensidade. A queda de Mussolini mostrou que os ditadores não podiam se manter no poder se o sucesso militar os abandonava. As forças reacionárias que os haviam colocado, de chicote em punho, nos governos, imediatamente os abandonavam quando eles já não ofereciam vitórias, procurando amparar-se em outros líderes direitistas e igualmente retrógrados. Eis o que a Itália mostrou aos povos nos dias da queda de Mussolini. Mostrou mais, no entanto. Mostrou que o fascismo não é criação de um homem e que pode continuar mesmo que o chefe, seja duce ou fuehrer, desapareça. E o povo italiano veio às ruas exigir a liquidação do fascismo. E das ruas não saiu ainda. (AMADO. *Hora da Guerra*: 31 ago. 1943).

Malgrado as ameaças do suposto *muniquismo*, com suas lembranças de rejeições sempre trazidas, a crônica preocupa-se também com o momento de a "fortaleza europeia" ser invadida. A lenda da invencibilidade dos ditadores está ruindo: o medo das populações está dando adeus, como na Dinamarca onde a sociedade reagiu, além de atos de terrorismo e sabotagem. Sente-se uma mudança psicológica profunda, devida, sobretudo às vitórias que se alardeiam dos russos e dos aliados. Mussolini cai; o rei Boris é assassinado: "A Europa está de pé. Quando as forças libertadoras penetrarem no continente encontrarão os povos prontos para as batalhas finais. Passou o dia do medo, aproxima-se o dia da vingança." (AMADO. *Hora da Guerra*: 31 ago. 1943).

B) As contradições que os levantes antifascistas criam ante a situação de mando dominante, que ameaça ruir.

Em "Distâncias*", Amado aponta um exemplo: os alemães resolvem criar mais um governo nazista e invadir uma Itália que se mostra, no momento, divergente das ordens de Berlim, evidenciada desde a derrubada de Mussolini, em julho também desse mesmo ano. Em Roma, os germânicos guerreiam contra um povo que até pouco tempo era seu aliado. Uma conclusão: os hitleristas só permitem vigorar independência de pátrias, com um governo títere seguindo suas instruções. Outra conclusão, na verdade um corolário desdobrado da premissa anterior: só a Alemanha será, num futuro, livre e poderosa. Mais outra conclusão, esta com o crivo nitidamente jorgeamadiano:

> O povo italiano, ante a invasão hitlerista, passa a ser nosso aliado. Aliás, para ser justo, é preciso dizer que jamais o povo da Itália aprovou a aventura guerreira de Mussolini. Quem estava com Hitler, eram os fascistas, a casa real, os generais ciosos de medalhas, glórias e terras, todo os que queriam escravizar pelos anos além, um grande povo libertário! (AMADO. *Hora da Guerra*: 11 set. 1943).

Leitura divergente dos estudiosos mais contemporâneos, pois, se não acusam unicamente individualidades de culpas históricas, também não fazem de um só povo o único culpado da sobrevivência do nazifascismo.

Na crônica "Meridiano 30*", o escritor acrescenta para reflexão:

> Enquanto os anglo-americanos progridem na frente italiana ganhando a batalha de Salerno, conservando, numa vitória que faz célebre o Quinto Exército, a ponta de lança que irá morder depois o coração da península, os soviéticos investem em toda a frente leste, num suceder de vitórias que derrubam as últimas esperanças alemãs. Só uma estrondosa vitória político-militar poderia desviar os olhos do mundo e, em especial, do povo alemão, do desastre que abala o nazismo no "front" russo. E essa vitória político-militar que era a ressurreição de Mussolini, transformado em Duce, expulsando as forças libertadoras da Itália, foi impedida pela resistência do Quinto Exército americano e pelo avanço do legendário Oitavo Exército

inglês. "Não recuar", disse Alexander e essas palavras que já não valem nada quando pronunciadas por Adolf Hitler como ordens aos seus generais, valeram como um alento para o general Clark que sustentou admiravelmente Salerno. Agora as forças aliadas avançam em todas as frentes de batalha, numa conjugação de vitórias russas com vitórias anglo-americanas. (AMADO. *Hora da Guerra*: 18 set. 1943).

E qual o panorama militar? Na Frente Leste, a libertação de Novorossisky e de Novorod-Seversky; e acrescente-se Romny e Losovaya e, por fim, a derrota de Bryansky; os exércitos soviéticos querem atingir no outono o Meridiano 30, antes que a estação do ano dificulte as operações militares. No inverno, já os aliados não lutam apenas na Itália; outras frentes de batalha estão abertas.

Os hitleristas, enfraquecidos ante tais derrotas, tentam um auxílio a Mussolini. Chega a hora de os aliados unirem-se ao povo italiano, na opinião de Amado, retirando do ar o resto do ex-*Duce*, como Badoglio, a Casa Real italiana e os *muniquistas*, aplicando a Carta do Atlântico: "Porque só assim poderão [as Nações Unidas] intitular-se libertadores da Itália" (AMADO. *Hora da Guerra*: 18 set. 1943).

A derrocada interna do fascismo

Mais do que uma derrubada de personalidades, a Segunda Guerra Mundial foi de quebra de ideias, de funcionamento de regimes políticos e de governo de Estados.

Não adianta se falar na queda de Mussolini, ocorrida em fins de julho de 1943. Que ideias estavam na cabeça do dito *Duce*? Quem compartilha de seus pensamentos e vontades? Quais as vítimas dos seus mandos? Que impulsos de afronta à democracia e à igualdade de direitos e obrigações existem ou são permitidos?

Algumas crônicas da *Hora da Guerra* são selecionadas para mostrar ou deixar aparecer esses arbítrios, não de uma vontade individual e personalíssima, porém de toda uma aceitação rotineira ou administrativa de mandos de poder.

Em "A Itália Fascista*", o cronista dá uma visão do país peninsular sob a ótica do domínio fascista. Contudo, não se deixa entusiasmar nem perder a clareza de avaliações ante as tradições latinas e romanas, necessariamente presentes no plástico das cidades, no subjacente, nos encaminhamentos políticos.

Amado conta que, quando fica difícil fazer a propaganda aberta de Hitler e das "belezas e esplendores" da Alemanha nazista, dos campos de concentração e dos assassinatos de judeus, os quintas-colunas mais impenitentes desapertam para o lado de Mussolini e da Itália. Silenciam sobre a Alemanha e sobre os métodos de Hitler, mas explodem em elogios a Mussolini, à Itália, a Roma, sua latinidade, seu sentido artístico, suas ruínas e suas tradições:

> Uma série de coisas à primeira vista inocentes, mas que traziam um respeitável lastro de veneno quinta-colunista. [...] Farsa indecente, mentira deslavada que a quinta-coluna pretende impingir a todos aqueles que amam a Itália das artes, a pátria da música, do canto e da alegria. Bem sabem eles que Mussolini é um tirano tão odiável e tão responsável quanto Hitler, que foi ele o primeiro a lançar no mundo a experiência fascista, a escravizar um povo e uma Pátria. (AMADO. *Hora da Guerra*: 6 abr. 1943).

E Amado junta a experiência de Agripino Grieco, intelectual brasileiro, descendente de italianos, com verve panfletária e espírito satírico, que, após receber um convite, e aceitá-lo, para visitar a Itália, ao voltar, chama a atenção para que não se estabeleçam grandes diferenças entre o regime de Hitler e o de Mussolini:

> –...Que Florença, que Veneza, que coisa nenhuma! Só máquinas, gritos, gritos fascistas, alas fascistas, e a cara de Mussolini por todo o canto, até nos banheiros, até nas "casinhas". Quando voltei ao Brasil, ainda no Recife, disse a um jornalista: volto sem conhecer a Itália. A Itália que eu queria conhecer, com seus museus, seus artistas, seus monumentos. Vou juntar dinheiro para voltar lá depois do fascismo. (AMADO. *Hora da Guerra*: 6 abr. 1943).

Apesar da viagem e da esperança de divulgação proveitosa pelos pagantes, Grieco, como outros do grande grupo, desilude-se do fascismo: o que veem e dizem, são propagandas e mais propagandas, o culto da personalidade do chefe espalhado por toda parte.

Em "Vingança Fascista*", o texto preocupa-se com a conquista da Grécia pelas tropas nazifascistas e suas consequências desastrosas para o povo grego. O país heleno paga por sua resistência heróica ao ataque traiçoeiro e covarde dos italianos, numa repetição do que já acontecera à Abissínia, à França e à Albânia:

> [...] Grécia ofereceu inesquecível resistência aos exércitos de Mussolini e chegou mesmo a estar vencendo a guerra, enquanto a máquina bélica alemã não se movimentou para salvar o resto do prestígio que naquele tempo ainda possuía a força armada do Duce. Só então, quando as divisões mecanizadas alemãs, em número infinitamente superior às forças pouco adestradas, porém, de elevadíssima moral dos gregos, se jogaram contra a península helênica é que a Grécia foi dominada e a bandeira fascista manchou os mastros de Atenas. (AMADO. *Hora da Guerra*: 26 jun. 1943).

É, no momento, a derrota sempre da democracia!

A guerra, feita aos moldes dos soldados bárbaros da história antiga, leva ao saque imediato da terra conquistada, é o preço que instiga os adversários e não o de lutar por um ideal. Os nazifascistas germano-italianos encontram bom lugar para saciar os instintos: o roubo ao patrimônio da humanidade é dos mais revoltantes da Segunda Grande Guerra.

Logo em seguida, vem a fome em proporções que dizima a população. Toda a comida é pouca para os opressores: "O número de pessoas que aparecem mortas de fome pelas ruas, nas manhãs de Atenas, é alarmante. De há muito que já não há comida nem para os milionários" (AMADO. *Hora da Guerra*: 26 jun. 1943).

Os primeiros dos mártires, como de costume, são as crianças; a população infantil da Europa sofre em demasia nessas disputas, muito mais que a de adultos. É muito numeroso o cálculo de crianças mortas de fome. E a Grécia ocupa o primeiro posto nessas estatísticas. É justamente em cima do trato com as crianças que os nazifascistas demonstram uma absoluta falta de solidariedade.

Os ingleses solicitam à Itália um pedido para que seja permitida, segundo Amado, "a retirada de alguns milhares de crianças gregas, ameaçadas de morte pela fome, para lugares outros do mundo, onde a miséria não seja tão total, onde as crianças sejam objeto de respeito e carinho" (AMADO. *Hora da Guerra*: 26 jun. 1043).

Segunda a crônica, um navio inglês está pronto para ir buscar essas crianças, a sujeitar-se a todas as revistas que os fascistas italianos julguem necessárias. Sua demora em porto grego é apenas a absolutamente necessária para embarcar as inocentes vítimas. O governo da Itália fascista "negou o 'navicert' a esse barco inglês que ia de tão alta missão de humanidade, qual a de salvar crianças da morte certa pela falta de alimentos" (AMADO. *Hora da Guerra:* 26 jun. 1943).

Entre as alegações, consta a falta de humanização dos aliados quando do bombardeio de cidades italianas! Isto lavrado e assinado, após o bombardeio de Londres pelos nazistas, e as torpezas praticadas quando da invasão da Abissínia pelos fascistas!

Em "**Perspectivas***", chega o tempo em que caem as primeiras cidades europeias em mãos aliadas. Os nazifascistas falam de recuo para o "passo de Brennero", de onde seriam intransponíveis. Puro jogo de palavras: toda a Europa é território inimigo e as forças das Nações Unidas não se conformam com a invasão da Itália. Desaparece a importância atribuída a determinado campo de batalha, são várias as frentes: a dos Bálcãs, a da França, a da Itália, a da Noruega, etc.

A invasão da Itália é estratégica de vários ângulos, militares e políticos: derrubado o governo de Mussolini, o país entra num estágio pré-revolucionário; o povo, conforme

Amado, quer mudanças que derrubem Badoglio e Vittorio Emmanuel III. A Itália, a maior aliada de Hitler, deve render-se incondicionalmente: a repercussão será enorme.

Militarmente, os germanos devem desviar tropas para diversos campos de luta: "obrigando a Hitler a deslocar duas ou três dezenas de divisões da frente leste. Se isso for feito imediatamente a guerra terá aproximado grandemente de um fim rápido, de fim em poucos meses, talvez" (AMADO. *Hora da Guerra*: 5 set. 1943).

Em "O Povo e as Promessas*", de 13 de fevereiro de 1944, Amado, sagazmente, escreve das vontades do povo – "No fundo não há grande diferença entre um ditador por direito divino como Pedro da Iugoslávia e Jorge da Grécia e um ditador por direito de pancada um Chico Franco e um Totonho Salazar" –, esquecendo-se de aí incluir o lugar reservado a Stalin. Coisas de partidário jovem e militante... Depois, ele próprio corrige!

Para o cronista, o povo italiano, ansioso da sua libertação fascista, não está tomando uma parte ativa na luta contra os alemães, pelo menos, tão ativa como é de se esperar. A seu modo, entende-se que o povo italiano não lute com ardor, sob as ordens de Mussolini a favor de Hitler, é fácil de compreender. Mas por que não lutar entusiasticamente às ordens dos aliados, contra o nazifascismo? Aos povos estão prometidas várias coisas: democracia, liberdade, autodeterminação e as quatro liberdades fundamentais de Roosevelt. Afinal, o fascismo é derrubado do poder na Itália. Mas, espantosamente, o fascismo continua no poder. Quem é Vittorio Emmanuele III senão um rei fascista, que a estas horas já devia estar castigado? Quem é Badoglio, duque de Adis-Abeba, senão um criminoso de muitos crimes contra a democracia e a liberdade, que já devia estar fuzilado? Os fascistas de ontem se reúnem no Partido Azurra e gozam de ampla liberdade de ação. No entanto, os partidos democráticos sentem certa pressão contra suas atividades, encontram dificuldades para agir. Para ele, cronista, o panorama político faz com que o povo italiano se cubra de receios e desconfianças, não se empregue na guerra com o ardor e o entusiasmo que se podem esperar:

> O *muniquismo* deseja desmoralizar a guerra e ganhar a paz, liquidar as promessas feitas aos povos por um Roosevelt e um Churchill. Na Itália, desde a queda de Mussolini, se processa um jogo muniquista que cria, inclusive dificuldades de ordem militar aos generais anglo-americanos que comandam as forças de invasão. Não encontram eles aquela acolhida entusiástica por parte do povo italiano que começa a temer a eternização do rei fascista e dos ex-camisas negras, agora "azurras". (AMADO. *Hora da Guerra*: 13 fev. 1944).

A solução para Amado deve ser encontrada nos moldes soviéticos de terminar a guerra. Para evitar que o povo italiano se cubra de receios e desconfianças, permitir-lhe a escolha livre do seu governo: julguem Vittorio Emmanuel III, seus filhos e seus criados, condenem os fascistas que ainda estão no poder.

Em "**Os povos combaterão***", Jorge Amado fala da movimentação das tropas aliadas, incluindo as tropas soviéticas, de Leste a Oeste: na parte sob o comando bolchevique, há o começo de nova ofensiva, que se estende de Leningrado por toda a sua extensão; no setor anglo-americano, na França, começam as primeiras vitórias. Os nazifascistas têm agora de lutar em duas frentes. É o último ato da guerra que se inicia.

Esse início do fim é mostrado em cena amplíssima, onde todos os principais atores estão envolvidos: "Os exércitos aliados, os soldados nazistas, generais de nomes sonoros e gloriosos, barcos de guerra, milhares de aviões" (AMADO. *Hora da Guerra*: 13 jun. 1944). Desde o início, na Europa, a cooperação militar entre as Nações Unidas é completa: aviões norte-americanos partem de aeródromos soviéticos para os bombardeios mais violentos, empenhados na eliminação do nazismo e de seus sucedâneos, atesta a crônica.

O povo da Europa ajuda, como num ensaio geral, sabota, faz saltar trens, espera, na calada da noite, os invasores e opressores nazistas. Mas espera-se muito mais da participação popular: a revolta geral dos países oprimidos e calados.

Na Itália, já está selado o destino de Badoglio, além do de Vittorio Emmanuel III: "Os povos combaterão porque esta é a guerra dos povos contra a tirania fascista, é a guerra democrática e libertadora. Em todos os países da Europa ocupada, os povos se levantarão e decidirão a sorte da guerra" (AMADO. *Hora da Guerra*: 13 jun. 1944).

Eis o que comporta a derrubada inicial do fascismo na Itália.

A derrocada interna do nazismo

Muito antes da queda de Berlim, outros dados já indicam as convulsões do final de um regime de governo, numa análise não centrada na figura de Hitler, que, sem dúvida, também influencia com sua personalidade exclusivista e corrosiva de gostos e opiniões, mas no subjacente ao período de mando da Alemanha, entre 1933 a 1945, quando o Partido Nacional Socialista dos Trabalhadores Alemães – NSDAP está aliado ao poder.

Em "Primavera Sem Ofensiva*", Amado resume os começos da grande revirada da guerra, na oportunidade em que o mando das ações deixa de ser de Hitler. A chegada da primavera é sempre o momento de o líder germânico anunciar, em "discursos bombásticos", a ameaça de novas investidas e concretizadas invasões, como no caso da incrédula União Soviética de Stalin, em 1941, que está acostumada a compartilhar com Hitler as benesses de suas conquistas, como acontece com a Polônia, em setembro/outubro de 1939; e com a Finlândia, em novembro/dezembro de 1939.

Aliás, muito embora sejam importantes para o desenrolar e consequências da guerra, as relações Adolf Hitler *versus* Josef Stalin são penumbrosas e incrivelmente contraditórias, como faz questão de ressaltar John Lukacs, em *Junho de 1941: Hitler e Stalin*:

> Ao mesmo tempo, Stalin não queria uma guerra com a Alemanha, não desejava lutar com Hitler, apesar de todas as evidências de uma iminente invasão alemã. Tampouco acreditava que Hitler fosse atacá-lo, pois não só não podia, como não queria acreditar nessa possibilidade. Isso não tem precedente na história da Rússia, e ocorreu poucas vezes na história mundial. Mas foi isso que tornou os acontecimentos – não apenas antes, mas durante aquele fatídico 22 de junho de 1941, tão extraordinariamente dramáticos. (LUKACS, 2007, p. 9).

A Segunda Guerra Mundial é a segunda tentativa alemã – e a última de uma potência europeia – de dominar a maior parte da Europa. Invadir a Rússia leva à queda Napoleão e Hitler, e de ambos os seus regimes. Por esta razão, e somente por esta, tanto em 1815 quanto em 1945, os aliados têm que dividir os resultados com os russos. E terminam por aí as coincidências...

Diferentemente do Congresso de Viena, a divisão do continente europeu e a ocupação do Leste sob o mando de Stalin levam a uma guerra fria entre a União Soviética e o Ocidente, que se estende até 1989, tomando, como data-símbolo do final ostensivo das rivalidades, o momento da queda do muro de Berlim.

Voltando ao texto da crônica, de 1943, Hitler, na primavera anterior, após anunciar outra violência para os dias primaveris, tem que adiar sua efetivação para o verão: Moscou ainda está à vista, Leningrado cercada, grande extensão territorial da União Soviética em suas mãos. No continente africano, Rommel continua vitorioso. Mas algumas ameaças de insucesso aparecem: os bombardeios contra a Inglaterra permanecem parados. A América Latina, numa espécie de solidariedade continental, rompe relações diplomáticas com os países do "Eixo", à exceção da Argentina e do Chile.

Naqueles dias, o panorama é outro: caía a superioridade da aérea hitlerista; os aviões das Nações Unidas descarregam bombas sobre a Alemanha; Moscou já não está cercada, em Stalingrado, os soviéticos vencem a batalha etc. Segundo informam as notícias e os boatos:

> Hitler e Mussolini conferenciaram. Os jornais dizem que combinaram muitos planos, planos defensivos, é claro. Sobre a Europa se debruça a sombra

da Segunda Frente. Em meio à primavera, os dois bandoleiros não devem ter sentido o perfume das flores se renovando, a alegria do ar puro, o sorriso da natureza. Para eles o inverno continua, é o fim, as vozes da liberdade já ressoam sobre a Europa. Essa é uma primavera sem ofensiva dos ditadores. Mas é a primavera da grande ofensiva das Nações Unidas! (AMADO. *Hora da Guerra*: 13 abr. 1943).

Em "Abacaxi...*", Amado conta das punições aplicadas por Hitler, por exemplo, pela fracassada ofensiva alemã na União Soviética; o marechal von Klug é demitido. Há um clima de precaução por outras derrotas piores ou semelhantes a Stalingrado, acrescido de que o bom humor do Führer sempre é instável.

Em torno dos generais prussianos, há uma enorme propaganda prévia: é como se fossem invencíveis, com o poder de fogo testado em campanhas medíocres, como a da Polônia, com absoluta inferioridade numérica e material, como a da França, vendida e não vencida, como a da Grécia, tão fácil e desigual quanto a polonesa, como a da Noruega, onde a neutralidade cúmplice da Suécia é um auxílio oportuno...

No entanto, as situações começam a mudar: Göring não consegue destruir a Grã-Bretanha, com a sua propalada aviação; os soldados ingleses, com o auxílio do desembarque norte-americano, na África, conseguem reduzir as dimensões de Rommel.

De pouco adiantam as preocupadas e cansativas reuniões de Hitler:

> O cabo Adolf, transformado em comandante chefe levou o exército nazista ao suicídio. E toca a culpar marechais e generais. As demissões começaram desde o fracasso da primeira ofensiva às portas de Moscou e continua agora, quando já não restam esperanças aos alemães de conquistar mais território soviético. Emprego sem futuro... Qualquer general alemão há de ter consciência de que a guerra armada pelo nazifascismo está perdida. (AMADO. *Hora da Guerra*: 5 ago. 1943).

Em "**De Londres a Berlim***", Amado diz do bombardeio de Berlim pela Força Aérea anglo-americana e da devastação causada na cidade. Muito maior o estrago do que o feito em Londres pelos germanos, em 1940. Não há desculpas que consolem o povo berlinense!

O Dr. Goebbels, homem de muitas medalhas, promete vagas vinganças. Hitler nem fala, preocupado também com as perdas sofridas na Frente Leste, onde os soviéticos dizimam as tropas alemãs. O povo está fugindo de sua capital. Já nem acredita nas promessas da Luftwaffe:

> Cada qual quer é escapar e um diplomata teve que andar nove quilômetros a pé para poder tomar um trem. O que é que Hitler iria dizer a esse povo, após tanto desastre junto? Os ditadores só podem falar na hora das vitórias. Não existe entre eles e o povo aquela solidariedade, aquela estima mútua que os une ainda mais na hora da derrota e do perigo, povo e lideres democráticos. Como falavam, de maneira realista, mas confiante, nos piores momentos de Londres, os lideres britânicos ao seu povo que sorria sobriamente e trabalhava para impedir os efeitos terríveis da "blitz" aérea lançada contra a sua capital. Como falavam os líderes russos ao povo de Moscou, nos momentos em que o exército nazista cercava a cidade e emeaçava [sic] suas defesas. Jamais poderá Hitler falar ao povo nesses momentos, porque ele não representa o sentimento popular, ele é a antítese do povo. (AMADO. *Hora da Guerra*: 27 nov. 1943).

Jorge Amado compara – toda vez que uma brecha permite – Stalin aos líderes democratas ocidentais, nivelando suas formas díspares de governo, unindo todos no rótulo de democratas: a proximidade dos regimes de mando, buscando não atentar para a junção esdrúxula que a guerra de Hitler provoca, coisa em que este último nunca acredita possível de ocorrer, ele, Hitler, liderando o nazismo, uma bandeira levantada contra o bolchevismo...

Segundo a crônica, diversamente do ocorrido em Londres, o povo não toma parte na defesa da sua cidade contra os aviões aliados, só pensa em fugir. São recrutados prisioneiros de guerra e trabalhadores estrangeiros, o que não retira o risco de sabotagem. Há uma enorme dificuldade de comparação dos habitantes, pois, segundo Amado, "Numa era a resistência, a certeza da vitória final, o ideal que conduzia à luta. Na outra é o pavor, a certeza da derrota, nenhum ideal que dê forças para a batalha!" (AMADO. *Hora da Guerra*: 27 nov.1943).

Em "**A batalha de Berlim***", Amado faz um levantamento, bem próximo ao término de circulação da *Hora da Guerra* – a última coluna, em 15 de outubro de 1944 –, da grande importância dada, política e militarmente, à rendição, também incondicional, ao posto central do comando nazista.

Na verdade, é uma disputa que requer uma meticulosa preparação, uma vez que visa ao extermínio de qualquer possibilidade de retorno do hitlerismo:

> Começou a batalha da Alemanha. Os aliados venceram brilhantemente a da Fortaleza Europeia e agora trata-se do próprio Reich. Note-se o número dos países libertados nessa etapa da guerra que vem de terminar. Na frente leste a Romênia, a Bulgária, a Finlândia, meia Polônia. Os dois primeiros países,

> de aliados de Hitler passaram a seus inimigos. Democratizaram seus governos. A Finlândia ainda não tem o seu caso resolvido. De qualquer maneira é muito improvável que possa se manter neutra e muito menos provável é que o governo de Mannerhein consiga permanecer no poder com o seu feudalismo fascista. Na frente oeste além da Itália, já a França o Luxemburgo e a Bélgica encontram-se em mãos dos aliados. O exército francês colabora ativamente com as forças anglo-americanas, ao mesmo tempo em que o marechal Tito domina grande parte da Iugoslávia. Um verdadeiro descalabro do poderio nazista. (AMADO. *Hora da Guerra*: 13 set. 1944).

Evidente que Jorge Amado tenta ajudar a União Soviética no pós-guerra. Todos os países ditos libertados ou redemocratizados estão, em geral, sob o domínio ou em zona de influência stalinista, como Bulgária, Polônia, Romênia; outros, como a Iugoslávia ou a Finlândia, têm o futuro tecido em variados pronunciamentos amadianos, como se atesta nas leituras atentas das crônicas.

Há uma tentativa de redesenhar o mapa da Europa – e mesmo do mundo – pelas alusões não apenas europeias:

> [...] A queda de Franco será uma decorrência lógica da democratização da Europa. Quanto ao prof. Salazar, que é ele senão um apêndice da Falange? Não irá ser Portugal a exceção fascista na Europa democrática.

> A Argentina, Espanha da América, retira-se do Comitê de Defesa Política do Continente. Abandonou a máscara que não enganava ninguém. Teremos, sem dúvida, um revigoramento da unidade continental em face da atitude antiamericanista da Argentina e é muito possível que, com isso, naufrague o governo do Perón. Enquanto isso, La Paz reconhece Moscou, abandonando em definitivo a órbita de Buenos Aires. (AMADO. *Hora da Guerra*: 13 set. 1944).

Mas não é apenas a batalha de Berlim, porém a batalha do vir-a-ser pós-guerra do universo...

8 Da guerra no continente asiático

Das preliminares

A coluna *Hora da Guerra* é toda recheada de alusões à Segunda Guerra Mundial no continente asiático, com a clara inclusão da China e do Japão e da própria União Soviética. Na perspectiva jorgeamadiana, não se pode discorrer sobre tal assunto, deixando ausentes algumas palavras sobre o palco do começo e o do fim da beligerância, e, quiçá, sobre os mais apoteóticos espetáculos dos triunfos e dos aniquilamentos do ser humano.

Há todo um clima de despertar tardio que transparece, bem diferente dos tempos da Primeira Grande Guerra, quando, como relata Gabriel Cardona, em "O mundo durante a guerra: a ofensiva japonesa no Pacífico", o posteriormente chamado Grande Império do Japão (*Dai Nippon Teikoku*), por sua participação militar, apenas por lutar "contra as tropas coloniais do *Kaiser* no Extremo Oriente e na Oceania", empreitada considerada de baixo custo, é recompensado, com

> [...] as ilhas que se encontravam sob a soberania de Berlim e, em 1919, recebeu da Liga das Nações o controle de áreas na China e no Pacífico que estavam sob o domínio dos alemães, bem como da cidade de Tsingato (atual Qingdao). Dessa forma criou uma base para seu futuro império. (CARDONA, 2009, p.7-8).

Na mesa dos beneficiados com a vitória, sente o país do Sol Nascente sua exclusão. No entanto, a União Soviética e o Japão, de qualquer maneira, já têm um lugar reservado, como esclarece Eric Hobsbawm, em *Era dos Extremos*:

> "Paz" significava "antes de 1914": depois disso veio algo que não mais merecia esse nome. Era compreensível. Em 1914 não havia grande guerra fazia um século, quer dizer, uma guerra que envolvesse todas as grandes potências, ou mesmo a maioria delas, sendo que os grandes participantes do jogo internacional da época eram as seis "grandes potências" europeias (Grã-Bretanha, França, Rússia, Áustria-Hungria-Prússia – após 1871 ampliada para Alemanha – e, depois de unificada, a Itália), os EUA e o Japão. (HOBSBAWM, 2004, p.30).

Devem ser consideradas, porém, as imposições pelas grandes potências vitoriosas, no Tratado de Versalhes, dominado por cinco considerações:

> A mais imediata era o colapso de tantos regimes na Europa e o surgimento na Rússia de um regime bolchevique revolucionário alternativo, dedicado à subversão universal [...] Segundo, havia a necessidade de controlar a Alemanha, que afinal tinha derrotado sozinha toda a coalizão aliada. [...] Terceiro, o mapa da Europa tinha de ser redividido e retraçado, tanto para enfraquecer a Alemanha quanto para preencher os grandes vazios deixados na Europa e no Oriente Médio pela derrota e colapso simultâneos dos impérios russo, habsburgo e otomano. [...] O quarto conjunto de considerações eram as políticas internas dentro dos países vitoriosos – o que significava, na prática, Grã-Bretanha, França e EUA – e os atritos entre eles. [...] Por fim, as potências vitoriosas buscaram desesperadamente o tipo de acordo de paz que tornasse impossível outra guerra como a que acabara de devastar o mundo e cujos efeitos retardados estavam em toda parte. Fracassaram de forma espetacular. Vinte anos depois, o mundo estava de novo em guerra. (HOBSBAWM, 2004, p.39-40).

Numa rápida análise dessas propostas do tratado, cada uma delas se liga indistintamente com mais outras: a de separar a União Soviética, por razões predominantemente econômicas, só faz provocar a busca de parceiros, o que, de certa maneira, é instigado pelo Pacto de Munique, cujo afastamento errado da Rússia só enseja a busca de alianças com a própria Alemanha. A necessidade de controle dos germanos não espera o surgimento de um dos mais ferrenhos políticos, Adolf Hitler, travestido de combatente primeiro do marxismo-bolchevismo, o que deixa todos os seus opositores perplexos, mas esperançosos de uma vitória sobre os soviéticos. No caminho de redesenhar o mapa da Europa, Hitler não reluta em se aliar, aparentemente com Stalin, também de um país prejudicado – ambos ditatoriais e incrivelmente tiranos –, num jogo de concessões, de delimitação de fronteiras e de fixação de zonas de influências, que deixa o "novo czar" confuso e arrogantemente incrédulo, com a surpreendente invasão inesperada de seu território.

Todas as tentativas de manter a paz são ludibriadas por Hitler e serve para fixar o rótulo de entreguistas, como os considera Jorge Amado, a Neville Chamberlain e a Edouard Daladier.

A China ainda está acordando de uma aparência de atraso multimilenar. Aparência que, muito em breve, será trocada pela de colosso de grande potência emergente, dos fins do século XX e inícios do XXI.

Jorge Amado, em "Tempo do Herói*", mesmo preocupado com a mulher – educada e habitante da Ásia Central – e com sua força e coragem heroicas e exemplares numa guerra, falando da vida e da morte de Marina Raskov, major do Exército Soviético, deixa escapar tremendo erro de avaliação, sem nenhuma comprovação, dando mostra de um enorme preconceito masculino, quase nazista:

> É preciso não esquecer que os nazis, pela sua própria condição de homossexuais, têm um terrível desprezo pela mulher. Para eles, ela não é feita para o carinho do lar, para o amor do marido. Degenerados e pervertidos, dividindo seu leito com os companheiros, os nazis só encontram na mulher uma função: a de aumentar os seus exércitos. Os degenerados pretendem degradar à última humilhação todo o sexo feminino. Terrível vingança de pervertidos e corruptos. (AMADO. *Hora da Guerra*: 12 jan. 1943).

Por piores que tenham sido os hábitos existenciais dos nazifascistas, não se pode acusá-los com mentiras levianas, como o faz o cronista, nem transformar em crime hediondo um hábito existencial humano, mesmo que não recomendado pelas normas marxistas, bolchevistas, comunistas.

Em "O Livro de Strong*", o cronista traz um texto pautado no livro *A Rússia na guerra e na paz*, da jornalista norte-americana Anne Louise Strong, com tradução brasileira da Editora Calvino, acompanhada de um apêndice onde estão reunidos artigos, trechos de livros, etc., referentes à União Soviética. A sua autora é muito viajada, já se demorara alguns anos na Rússia, como demonstra em seu ensaio por não ser superficial o conhecimento do país visitado. É um retrato de corpo inteiro de uma nação que, para muitos, é uma incógnita:

> Depois veio a guerra e quando a máquina bélica alemã se jogou contra o povo soviético essas mesmas pessoas acreditavam que a Rússia seria conquistada em poucas semanas. Falharam as previsões com surpresa para muitos. A resistência russa possibilitou aos aliados o tempo necessário para que

> se armassem. E hoje a que vemos é o nazifascismo nas vésperas da derrota final. (AMADO. *Hora da Guerra*: 21 dez. 1943).

Não é a primeira publicação que trata do assunto. Vários livros estão acessíveis: o de Hewlett Johnson, Deão de Cantuária; o de Joseph Davies, Embaixador norte-americano; o de Maurice Hindus; o de Erskine Cladwel, nenhum, porém, no ponto de vista amadiano, tão completo quanto o de Strong:

> Demora-se a jornalista na análise da política exterior soviética nesses anos terríveis. Como soube a URSS. evitar a frente unida, desejada por Chamberlain e outros Deladiers, com Hitler. Como soube equilibrar-se entre os parceiros de jogo, conseguindo finalmente que a frente fosse das democracias contra o nazifascismo, frente na qual imediatamente formou com todo seu poderio. (AMADO. *Hora da Guerra*: 21 dez. 1943).

O livro de Strong advoga a cooperação íntima entre as Nações Unidas. E em relação a um conhecimento da URSS. e da sua política, afirma Amado, não conhecer, em português, livro tão esclarecedor como este que acabava de ser publicado.

Uma história da Segunda Grande Guerra

Em "História de 4 Anos*", Amado dá sua versão da origem e desenvolvimento da Segunda Guerra Mundial, com a inclusão dos diversos continentes, desde quando o Japão, impulsionado por seu militarismo expansionista, invade a China, dando origem ao segundo conflito sino-japonês, de 1937 a 1945. O país agressor tem a surpresa de encontrar o país agredido unido, malgrado as divergências entre Chu-Té e os nacionalistas de Chiang-Kai-Chek: uma união com o objetivo de expulsar os japoneses invasores.

Faça-se, no entanto, uma ressalva: trata-se de um código moral dos japoneses, diferente do nazifascismo, e baseado numa combinação de ideias patrióticas, religiosas e nacionalistas, que constituem o plano moral das Forças Armadas; a decisão final cabe ao imperador, considerado a encarnação do divino, o líder da nação, supremo comandante de suas armas. A partir dessas concepções:

> [...] apresentavam o Japão como o encarregado de unir o Oriente e o Ocidente, usando argumentos de base filosófica, histórica, nacionalista, cultural e religiosa, de raízes muito antigas e complexas para serem equiparadas ao fascismo – uma doutrina improvisada sobre a combinação de diferentes ideias que emergiram na Europa do século XX, muitas vezes contraditórias com base em questões meramente formais. (CARDONA, 2009, p.10).

O povo japonês nunca depende de um político como Hitler ou Mussolini; organiza-se como um Estado em situação de defesa, na qual todos os seus objetivos seguem sob a orientação dos mitos nacionais: "A figura central desse Estado era o *Tennô*, ou imperador. A realidade do poder político tornou-se muito complexa, apesar de gradualmente ter-se concentrado nos generais, por trás dos quais estava o soberano" (CARDONA, 2009, p.13).

Em 1946, no após-guerra de reorganização do Japão, o general Douglas MacArthur, diante do temor do movimento comunista, decide manter o imperador como um símbolo do Estado, com a condição de que ele renuncie a seu *status* de divino, tornando-se um monarca constitucional:

> Dessa maneira foi silenciada a corrente que o julgava como um criminoso de guerra, juntamente com vários príncipes de sua família, e foram rechaçados os pedidos de sua abdicação e de estabelecimento de uma regência. Embora alguns colaboradores próximos tivessem sido condenados à morte e executados, Hirohito continuou no trono, mas sem exercer um poder real. (CARDONA, 2009, p.31).

Jorge Amado, em sua crônica em estudo, afirma que "[...] costuma-se contar a guerra desde a invasão da Polônia", no segundo semestre de 1939, deixando-se de fora a guerra civil espanhola, de 1936 a 1939, em decorrência de problemas internos, sobretudo a incapacidade social e política da democracia madrilena de levar avante a modernização do país:

> Em geral, as forças de direita tentavam solucionar os problemas por meio de golpes de Estado e ditaduras. Já as esquerdas não viam outro caminho para resolver as profundas deficiências sociais senão a revolução. Uma parte da esquerda militava, inclusive, na mais extrema das ideologias políticas da época: o anarquismo. E, para complicar ainda mais o caos político, a Espanha tinha de lidar com questões levantadas por nacionalidades periféricas – a região da Catalunha, por exemplo, proclamava ao mundo sua autonomia em relação à Espanha. (CABALLERO JURADO, 2009, p.71).

Retira-se também dos inícios da conflagração a destruição da Checoslováquia, não se valorizando a intromissão da Alemanha, na tomada dos Sudetos, com autorização expressa da Liga das Nações Unidas, no Acordo de Munique:

> As forças reacionárias e obscurantistas alimentavam os desejos de Hitler e Mussolini, concediam-lhes empréstimos e nações. São três os degraus desta escada da desonra: as sanções, a não intervenção e Munique. As sanções

entregaram a Abissínia, levando Victor Emmanuel à mania de grandeza (que agora diminui). Fez desse reizinho ridículo um Imperador e fez do marechal fascista Badóglio duque de Addis-Abbeba. A não intervenção sacrificou o povo espanhol no banquete dos ditadores. Munique entregou a Tchecoslováquia, país que um pacto firmado entre a Inglaterra, França e a União Soviética, garantia na sua integridade. É preciso recordar – para que não se faça injustiças – que Litivinoff, então comissária do exterior da URSS, colocou-se inteiramente ao lado da nação esbulhada e traída. Os homens de Munique, alimentados pelo ouro da quinta-coluna nos chás de Lady Astor e das amantes de Deladier e Reynauld, esperavam que Hitler se lançasse contra a União Soviética e com isso se contentasse. Mas Hitler queria o mundo todo e, depois do que lhe deram, desejou a Polônia, a mesma Polônia de Beck que não consentira na passagem das tropas soviéticas para defender o Tchecoslováquia, a Polônia dos barões feudais que também namoravam o nazismo. Foi quando os povos concluíram que já eram demasiadas a vergonha e a deshonra e demasiado o perigo. Foi a primeira derrota de Munique e a guerra mundial começou. (AMADO. *Hora da Guerra*: 2 set. 1943).

Evidente que a história é contada dentro de uma perspectiva comunista: não é bom esquecer que a União Soviética é retirada dos entendimentos muniquenses, o que dará margem ao surgimento, por parte dos bolchevistas, dos termos *muniquista* ou *muniquismo*, como sinônimos de exclusão. A partir dessa premissa, toda a compreensão da Segunda Guerra Mundial é montada, na obediência a três fases – as sanções, a não intervenção e Munique –, conforme o já acima explicitado e, em obediência a tais critérios, sempre que Amado escreve pluralizando "os povos", por exemplo, usa o ponto de vista soviético: "Foi quando os povos concluíram que já eram demasiadas a vergonha e a desonra e demasiado o perigo. Foi a primeira derrota de Munique e a guerra mundial começou".

E continua Jorge Amado seu discurso pluralizador, discorrendo sobre as vitórias iniciais terríveis dos nazifascistas, que se desdobram nas democracias em lutas, interna contra os quinta-colunas, que ameaçam entregar suas pátrias, e externa contra os países unidos no bloco do "Eixo" (Alemanha e Itália, inicialmente), que desejam expandir suas áreas de controle e império.

É necessária uma campanha de Unidade, começando pela nacional, como no caso do Brasil, em torno do Presidente Vargas. Firmam-se os líderes do Ocidente – Churchill e Roosevelt – que se ligam a Stalin, comandante da Frente Leste. E, por esses tortuosos caminhos – de quebra de pactos e traições covardes por parte dos componentes do "Eixo" –, cria-se a liderança tripartite, anglo-russo-norte-americana, contra o bloco fascista.

Diversos são aqueles dias quando começam ou estão a caminho da grande reviravolta da Guerra. A coluna de Amado começa a circular quase no fim das batalhas, depois dos ataques a Pearl Harbour, no instante em que o Brasil resolve, como nação solidária do Continente Americano, entrar na contenda e ser aceito seu Corpo Expedicionário.

É certo que muita coisa importante ainda vai ocorrer. Mas, no Continente Europeu, os aliados já estão quase em ofensiva e, na Frente Leste, já quase se inicia a debandada dos germanos e subordinados.

Contudo – e "História de 4 Anos*" é dos inícios de setembro de 1943 –, já avança o processo de troca de controle, de "mudança de mãos da guerra", das de Hitler e assecas para, diga-se, as dos povos, que, segundo este texto amadiano, "sabem o que desejam e o que querem". E conclui Jorge Amado com a assertiva: "Sobre a noite da guerra se eleva já a madrugada da liberdade no mundo!" (AMADO. *Hora da Guerra*: 2 set. 1943).

Hora da Guerra deixa de circular quando ainda não aconteceram as batalhas decisivas dos enfrentamentos – em 15 de outubro de 1944, com a crônica "Boatos Verdes*", mostrando falas dos quinta-colunistas, ávidos por desmoralizar o Corpo de Expedicionários do Brasil. A Batalha de Berlim desenrola-se entre 26 de abril 2 de maio de 1945; a assinatura da rendição incondicional do Japão acontece em 2 de setembro de 1945. Nesses tempos, Jorge Amado nem mais reside na Cidade da Bahia... A não ser que se considere a Batalha de Stalingrado, efetivada entre novembro de 1942 e fevereiro de 1944, como a mais importante de toda a guerra, como fazem alguns historiadores e observadores comunistas ou engajados.

"Rússia e Japão*", de 11 de abril de 1944, é uma crônica feita a partir dum comentário do livro de Maurice Hindus, *A Rússia esmagará o Japão*. No jogo das possibilidades, se a União Soviética entra na guerra contra o Império do Sol Nascente, ao lado dos Estados Unidos da América do Norte e da Grã-Bretanha, o autor aposta de modo afirmativo e acrescenta: "será o elemento decisivo para a derrota do império nipônico" (AMADO. *Hora da Guerra*: 11 abr. 1944).

Amado questiona a peremptoriedade da certeza de Hindus, baseada numa sequência de argumentos mostrados, todavia tem como provável tal embate, num futuro de marcação de lideranças:

> Porém, pode-se afirmar perfeitamente de um conflito futuro entre as duas grandes potências asiáticas. É claro que, com a fragorosa derrota dos exércitos prussianos pelo exercito soviético, o Japão tudo tem feito ultimamente

para evitar qualquer atrito com a União Soviética. Veja-se, por exemplo, o último acordo entre os dois países. (AMADO. *Hora da Guerra*: 11 abr. 1944).

Para Jorge Amado, o escrito de Hindus não interessa apenas pelas conclusões a que chega, seja de ordem política ou militar. Principalmente é conveniente pelas informações que fornece sobre os últimos conflitos acontecidos entre a União Soviética e o Japão, que são mais que simples escaramuças, é um estudo de forças nos quais, segundo Amado, "os japoneses nunca conseguiram uma só vitória" (AMADO. *Hora da Guerra*: 11 abr. 1944).

Esquece o cronista todo um passado da história japonesa, como relata Gabriel Cardona, em "O mundo durante a guerra: a ofensiva japonesa no Pacífico":

> O Japão enfrentara a China em 1894 e a Rússia da guerra de 1904-1905, surpreendendo o mundo ao derrotar o império dos czares. Com essa vitória, os japoneses passaram a controlar a ilha de Sakalin e aumentaram sua influência sobre a região da Manchúria, impondo tratados desiguais à China, seguindo os passos das potências ocidentais. (CARDONA, 2009, p.7).

Nessa época, o Grande Império do Japão passa a assentar-se numa área que inclui Formosa, a península de Liaodong, as ilhas do Pacífico Sul e a Coreia. O sentimento patriótico cresce fortemente.

Prossegue Amado, ajuntando que não é de admirar que não se saiba desses acontecimentos, sabotados na Europa pela quinta-coluna, interessada em evitar, na opinião do cronista, "um acordo militar completo entre as democracias ocidentais e a União Soviética, acordo que teria impedido a guerra atual e que teria sido suficiente para liquidar Hitler". Como se Stalin se conforme com a exclusão à qual as potências ocidentais estão interessadas em reservar à União Soviética!

Faz-se necessário apresentar, mais outra vez seguindo Amado, a URSS. como um país de quase nenhum poderio militar, aliança absolutamente desinteressante para a Grã-Bretanha e a França:

> A lenda que Goebbels pusera em circulação sobre o armamento russo – tanques de papelão e aviões de madeira – era alimentada pela quinta-coluna internacional com o máximo carinho. E, por isso, o mundo pouco ou quase nada soube das diversas vitórias soviéticas contra os agressores japoneses que faziam experiências nas suas fronteiras. Bem mais hábil que Hitler, o imperialismo japonês não tentou invadir a URSS. à base tão somente do que a própria propaganda nazifascista espalhava sobre seu exército. Preferiu experimentar, em choques armados, e se deu mal. Isso talvez explique em

grande parte a Rússia. Sobre o assunto o novo livro de Maurice Hindus é completo. (AMADO. *Hora da Guerra*: 11 abr. 1944).

Maurice Hindus, norte-americano naturalizado e nascido na União Soviética, é um dos primeiros que preveem a vitória de seu país sobre a Alemanha:

> Seu novo livro, que Calvino editou, traz mais uma série de previsões. Desta vez sobre a guerra na Ásia. Só o tempo poderá dizer até onde o repórter tem razão. Mas de qualquer maneira este volume [sic] merece leitura porque traz uma série de informações das mais interessantes, antes desconhecidas para o público brasileiro. (AMADO. *Hora da Guerra*: 11 abr. 1944).

A importância das informações para os brasileiros, trazidas pela publicação, não significa, de modo algum, turvar as perspectivas dos prováveis futuros leitores quanto ao poderio das forças armadas de ambos os países do Oriente.

Várias são as crônicas usadas por Amado para detalhar essa dita fraqueza das forças armadas soviéticas. Em "Os 'Turistes[1] Regressam...*", o cronista se vale do texto para diferenciar os visitantes que ingressam em um país que não o seu de origem, com o objetivo de conhecê-lo, de aprender usos e costumes estranhos – os hoje chamados turistas – dos viajantes com outros propósitos, dominados pelo quinta-colunismo, a fim de colherem dados e informações considerados preciosos nesses momentos de luta fratricida.

A União Soviética, de acordo com a crônica, é visitada por esses conhecedores e passadores dos usos e costumes locais – "sem passaporte e sem gestos gentis" (AMADO. *Hora da Guerra*: 10 fev. 1944) –, considerados invasores dos exércitos nazifascistas. Como a invasão das estepes é tomada como mero passeio, com rápida conclusão, dentro da teoria do *blitzkrieg*, a "guerra-relâmpago". Para Berlim, a invasão soviética será

> [...] uma pequena viagem de turismo, alegre e divertida, muito rendosa também. Creio que, além do chefe geral, outros graduados nazistas afirmaram aos seus soldados e ao mundo que a campanha da Rússia duraria apenas umas poucas e brilhantes semanas. Uma pequena e agradável viagem de turismo... (AMADO. *Hora da Guerra*: 10 fev. 1944).

---

1 A controvérsia "touriste/turista" é registrada por Raúl Antelo em A ronda das Américas, mostrando que as crônicas por ele reunidas correspondem a uma viagem de Jorge Amado pela América Latina às vésperas do Estado Novo. E acrescenta: "Digamos, portanto, que A ronda das Américas assinala, de início, a transformação do viajante em turista. Jean Cassou aponta que em Stendhal a palavra touriste ainda é sinônimo de viajante. Depois da Primeira Grande Guerra, no entanto, o viajante deve ser, irreversivelmente, turista. Mesmo assim, em 1938, Jorge Amado ainda grafa touriste, muito embora houvesse precedentes brasileiros para a grafia atual. Lembremos, a título de exemplo, o relato de Mário de Andrade, *O turista aprendiz*, divulgado, dez anos antes, pelo Diário Nacional de São Paulo". (ANTELO, 2001, p. 8).

Seguindo o texto jorgeamadiano, os setores oficiais alemães anunciam para agosto a entrada vitoriosa de Hitler no Kremlin. E, mais uma vez demonstrando total desconhecimento da história sanguinolenta de Stalin no poder, afirma: "seria o sucessor de Nicolau II, reatando a tradição sanguinolenta dos czares" (AMADO. *Hora da Guerra*: 10 fev. 1944).

As últimas notícias da Frente Leste da Segunda Guerra, trazidas pelo serviço telegráfico, informam das mortandades e derrotas que já começam a ocorrer, numa viagem prometida pelo *Führer* que não é alegre nem rápida já dura quase três anos: "Muitos não voltam também. Não porque hajam resolvido de *motu proprio* ficar no país encantador da União Soviética. Não voltam porque pagaram com a vida a sua aventura turística" (AMADO. *Hora da Guerra*: 10 fev. 1944).

Em "Brinde de aniversário*", Amado conta a libertação de Krivoi-rog, vitória de um exército de uma pátria implantada há apenas 26 anos, contra uma força

> [...] de nobres, os donos da estratégia e da tática militares, os "invencíveis". O exército germânico. Os generais de monóculo fixo no olho, de impecável farda, o passo marcial, a suprema ciência. Quem os poderia vencer? À frente desses homens feitos de orgulho vinha Adolf Hitler, que seria o mais ridículo dos palhaços se não fosse o mais trágico dos assassinos. Parece um paradoxo esse ex-cabo à frente dos marciais barões da Prússia. Mas é que o cabo Adolf se propunha salvar, a ferro e fogo, os restos apodrecidos desse feudalismo prussiano que gerou um exército tão autossuficiente. (AMADO. *Hora da Guerra*: 24 fev. 1944).

E assim eles vão de país em país, escravizando, oprimindo, são os conquistadores, os que não podem jamais conhecer o dissabor de uma derrota.

Em "Há Três Anos...*", Amado assinala que se completam três anos da invasão da União Soviética pelas tropas do III Reich. Corre o boato de que o Exército Vermelho, por incrível que possa parecer, possui apenas tanques de papelão e aviões de madeira. Quanto à moral dos soldados soviéticos, não existe. A quinta-coluna discursa que os "russos eram uns escravos que ansiavam por uma possibilidade de encerrar a carreira política de Stalin com uns tiros" (AMADO. *Hora da Guerra:* 23 jun. 1944).

Tudo isso, Joseph Goebbels, como diz a coluna de Amado, faz espalhar pelo mundo, através de sua bem montada máquina de publicidade; ao que consta, convence-se de seu próprio invento, e faz Adolf Hitler e o Estado Maior germânico também acreditarem nessas invencionices: daí a empreitada temerária e suicida do nazismo na noite de 22 de junho de 1941. A partir dessa empreitada mítica, a mais brilhante série de vitórias de toda a história militar, com início em Stalingrado, ainda continua: "Esses três anos de guerra russo-germânica não liquidaram apenas o exército nazista. Liquidaram também lendas e fantasmas" (AMADO. *Hora da Guerra*: 23 jun. 1944).

Em "**A Surpreendente Geografia***", Amado conta sobre a discussão sobre a guerra, que se inicia em um bonde da cidade baixa, quando são transportados muitos passageiros, trabalhadores residentes em subúrbios, como o próprio escritor. Na oportunidade, todos os problemas urbanos de transporte são esquecidos, priorizando-se as disputas União Soviéticas versus Alemanha:

> E a conversa de guerra generalizou-se. Mas era alegre e sentia-se no bonde desconfortável e lento que uma satisfação e certo inescondível entusiasmo impedia que os passageiros assassinassem o condutor, o motorneiro e a multidão incalculável dos fiscais, que pareciam dispostos a nos fazer perder o horário do trem suburbano. A discussão generalizou-se, como disse, e creio poder afirmar, sem exagero, que quase todos os passageiros tomaram paste nela e os demais a ouviram com interesse. Mesmo o casal mulato de namorados, que ia num idílio apertado num banco dos fundos, suspendeu sua lírica entrevista para atender ao assunto de guerra que extralimitara do leitor do jornal e do seu amigo para a pequena multidão que sofria a falta de freios do bonde da cidade baixa. Posso afirmar também que foi uma discussão sumamente educativa, pois tratava da relatividade da geografia e das surpresas que ela nos apresentara nestes últimos anos. (AMADO. *Hora da Guerra*: 18 jul. 1944).

A crônica, muito embora dê prioridade à beligerância que domina qualquer conversa, denuncia os descasos com os transportes urbanos na Cidade da Bahia, deixando aparecer o perigo continuado que acompanha os trabalhadores da região, como bem exemplifica, "a pequena multidão que sofria a falta de freios do bonde da cidade baixa".

Discutem-se, inclusive, problemas de geografia humana, malgrado Amado insistir de apresentar o exagero sobre as Forças Armadas soviéticas:

> Faz três anos que Hitler declarou que das fronteiras polonesas a Moscou era um passeio divertido de algumas semanas para as tropas invictas do nazismo. Naquele tempo sabia-se, com certeza, que os canhões e os tanques soviéticos eram de papelão e que os aviões eram de madeira vagabunda. Sabia-se também que os soldados russos viviam mortos de fome e que a população, operários, camponeses, escritores, técnicos, sábios e artistas, odiava o governo e apenas esperava um sinal pra contra ele levantar-se. A geografia, física e política, amplamente divulgada, da União Soviética era essa. (AMADO. *Hora da Guerra*: 18 jul. 1944).

A mesma conversa de costume, procura ressaltar a grandiloquente superioridade ariana, numa tentativa canhestra de dominar os povos por comparações esdrúxulas: o exército prussiano, invencível; um país de homens perfeitos; impossível de ser dominado, uma raça superior, etc.

Após três anos de luta, já se sabe quanto engodo foi criado pelos fascistas para desmoralizar os povos adversários, mesmo sem dar crédito a mentiras tão infantis, como a forças armadas de brinquedo: "Os exércitos russos estão na Prússia nazista!" (AMADO. *Hora da Guerra*: 18 jul. 1944).

Em "No Covil da Fera*", Amado parte de um ensinamento de Stalin, recentemente pronunciado: "Acabar com a fera no seu próprio covil", ao anunciar o início da campanha em direção à Prússia. Nas estradas, hoje atravessadas pelo vencedor exército soviético, os letreiros marcam os quilômetros que separam os soldados libertadores da cidade de Berlim.

Eis como se encontra, naquele momento, a Frente Leste: a Prússia invadida, Varsóvia cercada, alcançadas as fronteiras da Checoslováquia, a Finlândia em via de abandonar a guerra: "O covil da fera foi atingido. E para sempre quebrado o orgulho prussiano que esperava conquistar a Rússia em poucas semanas de fácil batalha e que está sendo conquistada pelos soldados soviéticos" (AMADO. *Hora da Guerra*: 20 ago. 1944).

Em "China, Velha China"*, Amado começa sua crônica, alegando que está respondendo à consulta de um seu leitor, a respeito do desenvolvimento da política moderna na velha China. O consulente sabe a respeito da ação política de Sun-Yat-Sen; das lutas posteriores entre Chiang Kai-Chek e os esquerdistas; da célebre marcha do Exército Chinês do Norte; da luta entre o generalíssimo e a esquerda chefiada por Chu-Té.

Quando da invasão japonesa, os chineses estão divididos em luta interna – o que o Japão, sabendo das disputas fratricidas, toma como uma boa vantagem. Então, os chineses lutam entre si pela fixação de um regime de governo; agora, unidos, todos enfrentam o adversário externo, os japoneses.

Havia grupos que não reconhecem Kai-Chek como autoridade governamental; permanece a disputa pela herança política de Chu-Té. A mocidade, desejosa de reformas de base na vida diária, em sua maioria apoia, prestigia Chu-Té. A luta ganha proporções tão agudas que duas irmãs – a viúva de Sun-Yat-Sen e a esposa de Chiang-Kai-Chek – tornam-se inimigas, pois apoiam grupos contrários. O generalíssimo desencadeia uma das mais intensas e violentas repressões contra a esquerda, tentando derrotar militarmente as tropas de Chu-Té:

> Esse, porém, conseguiu salvar seu exército, realizando uma das grandes façanhas militares dos tempos modernos: a marcha de mais de cem mil soldados, com suas famílias e bens, através dos mil quilômetros. Dizem que de

muito serviu a essa tropa, para a feliz realização da marcha, as experiências da Grande Marcha da Coluna Invicta através o Brasil de 1924 a 1927. E a luta pela posse da China começou, terrível. (AMADO. *Hora da Guerra*: 4 dez. 1943).

Com a agressão japonesa, todos os líderes, de ambas as facções, desistem das suas lutas internas, para formar a grande frente nacional de resistência ao agressor. A evolução dessa política unitária se processa lealmente, de forma clara. Sete meses depois do acordo, Kai-Chek anistia os presos políticos, permite que os diversos partidos funcionem. Chu-Té é chamado para o Conselho que comanda a política de guerra. Amplia-se a unidade chinesa para posterior momento, para as tarefas de reconstrução: "Eis o que se passou na China. E foi isso que possibilitou a resistência e que engrandeceu a China durante a luta, a ponto de situá-la hoje entre as grandes potências que dirigem os destinos do mundo" (AMADO. *Hora da Guerra*: 4 dez. 1943).

Em "A China Unida*", Amado inicia seu texto recomendando a todos os seus leitores, sobretudo aos brasileiros naquele instante da batalha, o livro de Anne Louise Strong, *A China luta pela liberdade*, dos melhores já escritos sobre a guerra ao nazismo.

É uma amostra de como a China busca superar as dissensões internas, resistindo heroicamente à tentativa de conquista japonesa, deixando de aparentar enfraquecimento ante os problemas internos ou internacionais. E isso só é viável, esse reerguimento em plena guerra, por um esforço militar sério, porque os patriotas souberam ir adiante das divergências intestinas e mostrar-se unidos ante o inimigo externo e comum. A lição de unidade da China é inesquecível.

O governo de Kai-Chek desencadeia uma reação violenta em todo o território chinês. Banham-se em sangue as aspirações democráticas do país: "Uma ditadura substituía a república sonhada por Sun-Yat-Sen. Nas províncias levantavam-se resistências ao generalíssimo e verdadeiros exércitos combatiam seu poder ditatorial". Com o conhecimento da situação, o Japão invade a China:

> E então sucedeu o milagre patriótico. Os mais ardorosos adversários de Chiang-Kai-Cheik ofereceram-lhe apoio para combater o invasor. Uniram-se os chineses, o generalíssimo concedeu ao povo as liberdades essenciais, e começou a organização para a guerra. Foi possível, ante a democratização do regime de Chiang-Kai-Cheik, esclarecer o povo chinês sobre a significação da guerra pela independência nacional. E o Japão, que sonhava conquistar a China num tempo breve, abrindo caminho para a guerra contra as democracias, encontrou-se ante uma inesperada resistência que dura até hoje, comovendo o mundo. (AMADO. *Hora da Guerra*: 26 jul. 1944).

A unidade nacional chinesa é um exemplo a ser estudado. Também em nosso país propõe-se a formação de um bloco único, o que tem, de qualquer sorte, caminhado. Agora, o Corpo de Expedicionário já parte, o que torna imprescindível a união nacional interna.

Em "Sun-Yat-Sen*", de 1º de setembro de 1944, Amado indica que a guerra é, contraditoriamente, também um ponto de aproximação entre os povos. Esclarece os brasileiros sobre nomes até bem pouco nem sequer conhecidos, como Chiang Kai-Chek ou mesmo Sun-Yat-Sen, o pai da república chinesa.

Os nomes citados passam a ser familiares para muitos sul-americanos; compreende-se a importância que a revolução provoca na vida de uma comunidade multimilenarmente acomodada. Considera-se o risco de uma editora como a Calvino Filho, do Rio de Janeiro, investir na publicação de *Três princípios do povo*, numa tradução direta do chinês, de Chu-Té, um dos pensadores políticos mais significativos de nosso tempo.

A morte de Sun-Yat-Sen, ainda precoce para a obra que pretendia realizar, resulta em dificuldades, quando sua pregação ideológica ainda não está firmada. As divergências provocadas entre os que se proclamam seus herdeiros, facultam as tarefas dos japoneses e a conquista da Mandchúria. Com a tentativa de invasão do seu território, unem-se todas as tendências, e a China conquista um grande lugar entre as Nações Unidas, e o programa de Sun-Yat-Sen volta a ser cumprido: "Estamos diante de um dos homens que mais influenciaram sobre o nosso século." (AMADO. *Hora da Guerra*: 1º set. 1944).

9 Da Europa durante e dos preparativos do pós-guerra

Das preliminares

A tirania supre quaisquer necessidades de desculpas quando quer se implantar. No início, sob a alegação da mesma língua alemã falada e da cultura similar, o *Führer* não se demora a anexar a Áustria (Anschkluss, 1938), com a aprovação dos germanos e o aceite calado dos vencedores da Primeira Guerra Mundial:

> Na Alemanha, as apreensões motivadas pela grave crise política do início de fevereiro foram esquecidas rapidamente. E, no plebiscito realizado para consultar se o povo alemão estava de acordo com o *Anschluss* (a união) com a Áustria, a aprovação foi absoluta. A população alemã estava convencida de que a genialidade de Hitler não tinha limites, uma vez ele tinha realizado o que nem mesmo Otto von Bismark havia conseguido: integrar a Áustria ao Reich. Os militares alemães que haviam sido contrários aos planos de Hitler de invadir a Áustria foram ridicularizados. (CABALLERO JURADO, 2009, p.5).

Após esse ato de relativa surpresa, as potências vencedoras do conflito mundial aceitam a anexação como um fato inevitável. Hitler proclama-se herói. A primeira vez que as tropas alemãs saem de casa, não é para um *blitzkrieg* (guerra-relâmpago), mas para tomar parte num *blumenkrieg* (batalha de flores).

Há ainda os Sudetos, ligados à Checoslováquia, uma surpreendente criação dos tratados de paz do fim da Primeira Guerra: um país formado por checos e eslovacos, dois povos muito diferentes, e também por alemães, húngaros, poloneses e ucranianos:

> Os governos do Reino Unido e da França aceitaram a criação do protetorado alemão da Boêmia-Morávia como fato consumado, mas perceberam que não poderiam mais ceder às vontades de Hitler se quisessem manter o prestígio de suas nações. Hitler chegou a uma conclusão oposta: as democracias ocidentais tinham demonstrado carecer de qualquer espírito de combate. Era, portanto, o momento certo para apresentar novas reivindicações. (CABALLERO JURADO, 2009, p.119).

O Pacto de Munique de novembro de 1938 e a boa-fé dos seus pactuantes acabam em 1º de setembro de 1939, quando Hitler invade a Polônia.

Pouco antes, porém, Hitler quer um acordo com Stalin; em 20 de agosto de 1939, escreve uma mensagem pessoal ao líder soviético:

> Dois dias depois, seu ministro das Relações Exteriores se encontrava num avião a caminho de Moscou. Ribbentrop estava ansioso quanto à recepção que teria na capital do mundo soviético. Não precisava ter se preocupado. Foi uma recepção esplêndida. Stalin foi afável, cordial, alegre; brindaram um ao outro; depois, Stalin fez um brinde a Hitler e eles assinaram um pacto de não agressão. Mais importante: assinaram um protocolo secreto, dividindo entre os dois países a Polônia e o Nordeste da Europa [o Báltico]. Hitler instruíra Ribbentrop a expressar (embora não necessariamente por escrito) sua disposição de ampliar o acordo até o Sudeste da Europa [os Bálcãs], se necessário, excluindo-se os interesses alemães naquela região. (LUKACS, 2007, p.24).

A notícia desse acordo é dos maiores impactos na história moderna das relações entre Estados. Um choque para milhões de comunistas, que veem em Hitler o maior adversário da União Soviética e sabem que ele gosta de ser apresentado dessa maneira. É de se esperar que seja muito maior a reação dos anticomunistas. A nota surpreende primeiro, depois alegra a maioria dos alemães que vislumbram nela mais um testemunho da genialidade de Hitler como estadista. O poder, assim como suas evidências, vale mais que a ideologia. Mas os nazistas entendem melhor que os comunistas. Hitler e Stalin, provavelmente, compreendem de forma semelhante.

O *Führer* tem seus motivos para estar satisfeito com Stalin. No dia da queda de Paris, no entanto, a União Soviética é rápida, ocupa de imediato as três Repúblicas do Báltico, incorporadas ao domínio de Stalin. Mas isso é demais e é dessa forma que o líder russo mostra ter compreendido o que entende por "zona de influência". Hitler passa a reconsiderar Stalin como um adversário em potencial.

Da Europa durante a Guerra

A guerra é, incrivelmente, desumana e cruel. Pouco importa que seja urbana ou rural. O ser humano perde seu vigor de civilizado e nivela, em geral, tudo pelos níveis mais estranhos da barbárie. Quando se aplica a palavra vingança, ela tem, em muitos casos, o sentido de desrespeito aos mais elementares valores, de quebra de solidariedade. É um heroísmo que surge, muitas vezes, com mãos de sangue.

É muito complicado o próprio reconhecimento de qualidades, seja em qualquer ato, seja em qualquer ser humano. Cada posto abandonado, cada região atingida, cada cidade, perdida ou libertada, torna-se um símbolo de resistência e de grandeza. As Repúblicas do Báltico – Estônia, Letônia e Lituânia – são de outra maneira encaradas pela União Soviética, o mesmo acontece com a Polônia, com a Bessarábia, com a República da Carélia finlandesa... A troca de posições, inclusive militares ou políticas, transforma quem era bandido em vítima, vitorioso em derrotado.

Dos restos das cinzas dos campos de batalhas, erguem-se os mitos de quem se exigem certificados de heroísmos e de grandezas...

Em "A Livre Europa*", Amado dá uma visão de alguns países da Europa naquele momento da guerra, matizada pela visão comunista do assunto.

Da Iugoslávia, fala da popularidade do governo do autointitulado marechal Tito, da

> [...] capacidade militar e administrativa do ferreiro que hoje chefia o povo iugoslavo. Tito surgiu do meio do povo para os mais altos postos. Formado na luta antifascista, feito militar na guerra espanhola, feito administrador na organização do movimento subterrâneo iugoslavo. (AMADO. *Hora da Guerra*: 17 jun. 1944).

Josip Broz, nascido em Kumrovec (Croácia), em 1892, durante sua juventude, vive e trabalha em diversos países da Europa Central, o que lhe permite entrar em contato com o movimento sindicalista internacional. Após a invasão alemã de seu país, em 1941, organiza um movimento partidário de tendências marxistas. Devido ao relevo acidentado da região dos Bálcãs, seus homens podem enfrentar, ao mesmo tempo, as forças alemãs, as colaboracionistas e os guerrilheiros monárquicos, sob o comando do general Mikhailovic.

Segundo Carlos Caballero Jurado, em "Tito, líder do movimento dos países não alinhados":

> Após a guerra, chefiou um novo governo de unidade nacional e submeteu-se ao referendum das urnas. Tolerado pelos soviéticos como um mal menor

em comparação com as forças monárquicas, Tito livrou-se de seus rivais políticos por meio de uma sangrenta repressão, proclamando uma república socialista em que ele seria, ao mesmo tempo, presidente do governo e ministro das Relações Exteriores. (CABALLERO JURADO, 2009, p.34).

Apesar de tudo, abandona a ortodoxia pregada pela União Soviética, sendo expulso do Kominform, em 1948, o que lhe vale benefícios econômicos e manter seu país neutro nos tempos da Guerra Fria.

Toda essa política de Tito, segundo Amado, em contraposição à do rei Pedro, que

> [...] tomava sorvetes em Londres e experimentava fraques para seu casamento, que despertou toda uma guerrilha familiar única em que o monarca tomou parte, enquanto Mihailovitch vendia os guerrilheiros à fúria nazista e ostentava o título de ministro da Guerra, Tito combatia nas montanhas. O povo em torno pesava os homens e os acontecimentos. A nenhum democrata verdadeiro, a nenhum patriota, a nenhum antifascista decidido, pode admirar que o povo iugoslavo na sua totalidade apoie entusiasticamente o governo e o exército do grande marechal Josip Broz. Nunca houve dois caminhos na Iugoslávia. (AMADO. *Hora da Guerra*: 17 jun. 1944).

Só mesmo o decorrer da história pode mostrar a certeza dos caminhos na Iugoslávia de Tito. Talvez, acima das orientações de Chamberlain, ou mesmo da figura de Pedro, ex-rei, e do general Mikhailovic.

Da França, Amado diz das tropas aliadas que estão combatendo contra os nazistas e libertando cidades. Malgrado a quase certeza da derrota, a luta ainda se propõe acirrada, os germanos dispõem de grandes reservas de homens e armas.

Segundo o texto, a percentagem de vidas a serem perdidas ainda pode custar um preço alto às Nações Unidas:

> [...] dependerá em grande parte da política que seguirem os governos dos Estados Unidos e da Inglaterra em relação aos países europeus. Se continuarem a existir influências no sentido de dificultar a subida ao poder de governos realmente populares, nascidos da luta e do seio da massa no calor da guerra, então os aliados não poderão esperar um entusiástico acolhimento por parte dos civis europeus. É necessário compreender que os franceses, os gregos, os belgas, os tchecos, etc., não desejam sair da dominação nazista para governos militares estranhos que tentem impedir os surtos revolucionários desses países. (AMADO. *Hora da Guerra*: 17 jun. 1944).

A "Carta do Atlântico" passa a ser uma grande esperança, inclusive, segundo creem, para a expansão do regime comunista pelos países de pós-guerra.

Internamente, apesar de a nação francesa apoiar De Gaulle – já devidamente sacramentado pela União Soviética –, os dois outros grandes líderes, do ponto de observação amadiano, ainda guardam reservas em relação ao Comitê Nacional de Libertação Francesa: "De Gaulle como governo viria sanar uma série de dificuldades do caminho áspero dos aliados para o coração da Europa".

E ajunta uma conclusão provocativa: "Afinal, é justo que De Gaulle tenha um tratamento menos cordial que o fascista Franco, assassino do povo espanhol, e que é reconhecido como governo legal da Espanha?" (AMADO. *Hora da Guerra*: 17 jun. 1944).

Vem a seguir o caso grego: por que dispensar qualquer apoio à monarquia, se é uma forma de distribuição de poder de tempos remotos? Privilegia-se a entrega do governo do Estado, seguindo forças, aí sim, obscurantistas que apoiam um direito além da nossa vontade e perquirições. Qualquer outro argumento a seu favor, por mais útil que se considerasse, é visto como retrógrado e supérfluo.

O caso italiano está mostrando que a solução das questões políticas traz a das militares. Na Europa, o que seus povos desejam é ter liberdade e democracia, no sentido exato do termo. Chega o momento em que as palavras devem ser substituídas pelos fatos concretos.

Da Europa nos preparativos do pós-guerra

Toda a continuidade da Europa pós-guerra prende-se à [re]delimitação de fronteiras e à fixação de zonas de influência, primeiro funcionando em comum acordo entre a Alemanha e a União Soviética, e, depois de junho de 1941, seguindo um direcionamento estratégico mui sabiamente controlado por Josef Stalin e seus sequazes, seguindo princípios dito democráticos, de respeito à vontade dos povos e às normas das Nações Unidas.

Em "O Vice-Versa*", Amado narra sua conversa com um amigo, antissalazarista, comentando que, agora na guerra,

> [...] as coisas viraram ao contrário para a Alemanha. Há cinco anos, quando Hitler ordenou a invasão da Polônia, tudo era diferente. O português recordava [...]Agora é o vice-versa... Veja o senhor: são os povos democratas que estão a abrir as portas dos seus países aos exércitos aliados... (AMADO. *Hora da Guerra*: 2 set. 1944).

Há toda uma leitura dos acontecimentos da Segunda Grande Guerra, no sentido de valorizar os pronunciamentos de Stalin, como se sua atitude perante os fatos e a vida política fosse o que acontece de mais resoluto e constante. Nessa breve leitura do campo belicoso, sente-se que o líder soviético, enquanto pode, busca contar com o apoio e proteção de Hitler, até quando a ele tem acesso, não acreditando na invasão do seu império por parte de companheiro tão cordato com a expansão de seus domínios. Daí o protesto de revide: "Morte ao invasor alemão!" e a atitude de usar a guerra como vingança e morte, sem qualquer outro lance possível de diálogo e compreensão.

Duas forças estão em debate, crudelíssimas e duríssimas de serem aceitas por restos de alguma civilidade: a atitude grosseira e violentíssima dos exércitos germânicos, ou considerados do grupo *eixista*, para com toda a população civil dos países atingidos com invasões, como amostra do desprezo e indiferença por seres considerados pelo arianismo como inferiores e não dignos de nenhum respeito...; e o revide, como instrumento de vingança pelos soviéticos ou dos a eles unidos, reprisando o acontecido em suas terras de origem, e instigados pelo tacão de uma ditadura agredida.

Incrível este momento das lutas, quando se encaram os confrontos como impossíveis de não apontar outros caminhos, senão os da mera vingança como único meio para se chegar à paz. As violências têm de ser retribuídas com igual intensidade – ou maior – para se certificar de que ganhou a guerra!

O texto amadiano é de uma clareza tranquila:

> A revolta explode em toda a Europa e Paris foi conquistada pelos próprios franceses. Os tchecos estão de pé na Eslováquia, de onde se aproximam os exércitos soviéticos libertadores. Os romenos voltaram suas armas contra o agressor nazi, os poloneses lutam juntos com os russos na batalha da Polônia. Os gregos são guerrilheiros temíveis, tão valentes quanto os iugoslavos do marechal Tito. Patriotas italianos liquidam os neofascistas no norte da península onde os anglo-americanos ainda não chegaram. Podemos acrescentar para a alegria dos antifascistas que, apesar do silencio da imprensa, guerrilheiros espanhóis lutam contra Franco nas montanhas ibéricas. Em Portugal ainda não começou. Mas o meu amigo lusitano crê que a coisa não tardará. Eu também creio. Pois é a hora, como ele diz, do vice-versa... (AMADO. *Hora da Guerra*: 2 set. 1944).

Toda uma reclamação de inconformismo, segundo Amado, toma conta da Europa, alimentada, enquanto a força da linguagem permite, por interpretações que colocam as tentativas de apaziguamento como aliadas atentas para aniquilar os povos, numa concepção que não é justa com todos os homens, porque atendem aos interesses apenas ou principalmente dos comunistas:

> Chamberlain e Deladier haviam-na regado com suas lágrimas de crocodilo em Munique, onde entregaram a Tchecoslováquia ao "fuehrer" que ia salvar o mundo do bolchevismo (assim dizia o dr. Goebbels qua [sic] ainda hoje não aprendeu outra canção melhor). Já antes haviam sacrificado a Espanha e a Abissínia e estavam sacrificando a China. Então os povos disseram basta e a batalha começou. Passaram-se cinco anos. (AMADO. *Hora da Guerra*: 2 set. 1944).

Deve-se procurar uma avaliação mais evidenciada dos acontecimentos históricos. A presença militar do Leste europeu é importantíssima na vitória de Franco, como hoje releem, sem espíritos armados, os estudiosos da Guerra na Espanha:

> A ajuda militar soviética foi decisiva para evitar o colapso da Frente Popular. Se não fosse a URSS, ela certamente teria perdido a Guerra Civil antes do fim de 1936. A qualidade de armamento soviético surpreendeu: os tanques russos eram muito superiores aos enviados por alemães e italianos para reforçar o Exército de Franco. O mesmo ocorreu em relação aos aviões. Mas a Frente Popular não soube tirar proveito dessa superioridade material: o espírito de suas tropas era miliciano, e seus soldados nunca souberam organizar-se como força militar. O Exército nacionalista, por exemplo, chegou a contar com mais tanques de origem soviética do que alemã – todos capturados das forças da Frente Popular. (CABALLERO JURADO, 2009, p.81).

Interessante: não se faz a leitura histórica à base de preconceitos, de qualquer colorido que ele seja. Os acontecimentos dão-se para conhecimento, independentemente das marcas que se lhes querem impor. A democracia, por exemplo, pode querer-se vestida de roupas bastante diferenciadas, como também indica Jorge Amado:

> Sapato novo aperta e faz capengar. Assim as convicções democráticas desses ardorosos aderentes. De quando em vez capengam e lá vêm eles com as velhas balelas de perigo americanista, de perigo comunista, medrosos de tudo o que é popular. Mas, quando apanhados em flagrante, então tratam de gritar que são democratas, que estão contra Hitler, que sempre foram assim... É o vice-versa... (AMADO. *Hora da Guerra*: 2 set. 1944).

Ainda bem que Amado nunca abre mão de priorizar, biograficamente, sua dimensão de ficcionista...

Mas a guerra na Europa tem traçada uma ideia de demarcação de fronteiras, tanto para Hitler como para Stalin, no Nordeste (o Báltico) e no Sudeste (os Bálcãs) do continente europeu.

A região báltica, por sua proximidade da Alemanha e da extensão soviética do Império de Stalin, é, na verdade, o primeiro ponto de preocupação. Há ainda zonas, ali localizadas, ricas em matérias-primas, necessárias à indústria bélica alemã e aos planos urgentes do *Führer*. Enumera alguns países apenas para localizar a extensão inicial dos combates: Áustria, Checoslováquia, Polônia, Dinamarca, Noruega, Finlândia, enquanto dura a aliança/pacto secreto Alemanha/União Soviética.

De certa sorte, Amado tem uma crônica denominada "O Báltico*", em que a preocupação já está centrada nos fins da guerra. Há, no entanto, no texto, um projeto de que as tropas soviéticas ficarão aí detidas, o que merece a devida correção:

> Nos muros de Riga, o Exército Soviético está também nas vizinhanças do Reval e a impressão que se tem é de que chegou a hora final dos alemães invasores das repúblicas soviéticas do Báltico. Ficarão assim os exércitos russos mais ao sul, sem a ameaça que constituiriam para a sua segurança esses alemães no norte. Toda a campanha contra a Prússia e de libertação da Polônia se tornará muito mais fácil quando os nazistas forem eliminados da Letônia, da Estônia e da Lituânia. (AMADO. *Hora da Guerra*: 22 set. 1944).

Segundo informa John Lukacs, em *Junho de 1941: Hitler e Stalin*, ao falar da ocupação imediata da região pelas tropas soviéticas, ainda em tempos de aliança:

> Há outro possível indício de que, ao menos por algum tempo, Hitler não encarou seu pacto com Stalin como absolutamente temporário. O pacto deixou centenas de milhares de minorias germânicas dentro da esfera de influência soviética nos Bálticos e mais tarde na Bessarábia. Hitler ordenou sua imediata repatriação para o Reich alemão, a ser realizada plenamente e com rapidez. Isso significou, entre outras coisas, a extinção da presença alemã na Estônia e na Lituânia após quase 800 anos. (LUKACS, 2007, p.26).

Há, portanto, certa falta de informação jorgeamadiana – no caso, preferimos assim nomear – ante o desconhecimento histórico, o que, permanecendo, obrigaria, necessariamente, admitir-se a existência de uma guerra dentro da guerra: populações inteiras, de há muito fixadas, seriam obrigadas a mudar de residência e de arrumação de vidas por causa das demarcações de fronteiras dentro do comunismo. Abre-se um espaço para se abrigar "refugiados políticos" dentro de *O mundo da paz*, como publicado em 1945?

Seguindo a rota do texto, retorna a responsabilidade para o desmiolado propagandista dr. Goebbels e seus insensatos "'denodados' boateiros", a confundir publicidade com mentiras, espalhando vitórias inventadas e "armas secretas" nunca concretizadas.

Enquanto isso, no Báltico, a "Finlândia está fora da guerra e suas bases servirão tanto a russos quanto a ingleses para o ataque contra o Reich". Amado ergue a voz, com a ameaça do "exército justiceiro": o soviético.

A quem interessar possa:

> Também nos países bálticos se erguerão os túmulos nazistas. Também ali eles desencadearam o terror e a morte sobre as populações. Também ali destruíram a alegria, lançaram-se contra a cultura, contra as crianças, as mulheres, os sábios. Também ali eles, os bárbaros, cometeram crimes sem nome. Agora vão pagar. Chegou o momento do ajuste de contas com os nazis do Báltico. Avança o Exército Soviético. (AMADO. *Hora da Guerra*: 22 set. 1944).

O grande impasse são as tropas de guerra, quando já partem de seus países de origem, aconselhadas ao "ajuste de conta", à espera do revide, da necessária vingança...

Em "A Vez da Finlândia*", Amado, de saída, toma o partido de Stalin, pregando um fato que não condiz com as verdades do acontecido:

> Está chegando a vez da Finlândia. Os aviões soviéticos atacaram, violentamente, a capital finlandesa, causando grandes danos e espalhando a desmoralização, na já tão combalida frente interna. Numa Finlândia que reclama a paz em grandes brados, os ataques da aviação soviética vão ser de grande efeito. Apressarão a saída da Finlândia desta guerra que o seu povo não deseja, encurtando de muito a frente leste, possibilitando, por consequência, aos soviéticos maior capacidade de ação contra os nazistas alemães e os aliados que lhe restem. (AMADO. *Hora da Guerra*: 8 fev. 1944).

Afinal, que paz deseja a Finlândia? A do fim da guerra de 1939, quando boa parte do mundo ocidental – salvo a Alemanha, uma vez que Hitler tinha acabado de assinar o acordo secreto sobre a divisão do mundo, a partir da invasão da Polônia – resolve socorrê-la contra a União Soviética?

Chega-se ao ponto de constatar como o Partido Comunista é didático: informa a seus partidários sobre o que devem ou não escrever, tudo dentro de uma subserviência rígida aos mandos de Moscou. A leitura e compreensão dos textos das crônicas da *Hora da Guerra* nunca seguem a ingenuidade, elas afiançam, sempre, as linhas de aprovação partidária.

Em caráter de ultimato, a União Soviética, preocupada com o expansionismo nazista na Europa, faz uma oferta à Finlândia, por fim retirada, de que lhe sejam cedidos

> [...] cerca de 2,8 quilômetros quadrados da região do istmo de Carélia, a fronteira mais próxima de Leningrado. Em troca, ofereceram o dobro de território na Carélia oriental, mais ao norte. Além disso, a URSS pediu

> uma permissão temporária para estabelecer uma base naval em Hanko (península ao sul da Finlândia, na entrada do golfo do mesmo nome, onde o rio Neva desemboca), assim como o controle de algumas ilhas próximas a Leningrado e de outros territórios ao norte. Também ofereceu um acordo de mútua defesa e o fim das defesas fronteiriças entre os dois países. (LOSADA, 2009, p.10).

O Parlamento finlandês – com o apoio da opinião pública – rejeita a proposta. A URSS, senhora de seu poder de fogo, inegavelmente superior ao do pequeno país nórdico, prefere perder o prestígio internacional, mas praticamente obriga a Finlândia a aceitar a guerra e, depois, a assinar o "acordo de colaboração", efetivado em 12 de março de 1940, em Helsinque, e no dia seguinte em Moscou.

Em "Um Desfile e um Poema*", Amado escreve a respeito da situação acontecida na Finlândia, quando do avanço das forças soviéticas. O texto chega a ser grotesco, ante as comparações registradas como verdadeiras:

> Recordo um poema de Raul Gonzalez Tunoz, escrito quando da primeira guerra russo-finlandesa. Certo trecho dizia:
>
> "Salud a los soldados Vorochilov muertos
> [de pié en la nieve de la Finlandia,
> de la Finlandia de Mannheirein, el asesino de
> [30.000 obreros.
> (yo sé que detras de los hielos sus hijos te
> [esperan)
>
> Detrás dos gelos os filhos do povo, dos assassinados pela canalha fascista, esperam os soldados da liberdade! (AMADO. *Hora da Guerra*: 30 jun. 1944).

Em **"Fim de Carreira*"**, Amado fala de Carl Gustav Emil Mannerheim, considerado por muitos historiadores como herói da independência finlandesa. De acordo com as anotações de Rodrigo Díaz, em "Mannerheim, herói da independência finlandesa":

> Apesar de ser anticomunista declarado, tentou manter, na medida do possível, a Alemanha de Hitler à distância. Em 1942, teve um encontro cercado de discrição com Hitler em Helsinque. O Fuehrer pretendia solicitar mais apoio contra Stalin. Mannerheim, porém, manteve sua posição de não se aproximar da Alemanha. Em 1944, foi nomeado presidente das Finlândia, cargo ao qual abdicou em março de 1946. Morreu em Lausanne, na Suíça, em 1951, aos 83 anos. (DÍAZ, 2009, p.35).

Talvez essa firmeza em não querer apoiar o comunismo, com vigência na União Soviética, um país declaradamente inimigo da Finlândia, tenha feito surgir essa falsa concepção, registrada por Jorge Amado: "São carreiras que terminam. De políticos que cresceram à sombra do fascismo, alimentados pela traição à pátria, pelo ódio ao povo, governando sob ondas de terror, vivendo às custas da polícia política." (AMADO. *Hora da Guerra*: 6 set. 1944).

Após a guerra, Mannerheim continua no poder, renunciando ao cargo de Presidente em 1946, aos 76 anos de idade.

Em "**Revolta na Dinamarca***", Amado fala de todas as maldades, como as execuções em massa, os campos de concentração, a técnica de tortura, o requinte de barbarismo – tudo que o nazismo traz no seu cortejo para atemorizar as populações dos países invadidos – entregues, muitas vezes, pela quinta-coluna, o que não interfere para impedir que esses povos se levantem. Aliás, em nenhum momento é tranquila a vida dos opressores em qualquer dos países europeus. Apesar de todas as infâmias praticadas pelos fascistas, os povos permanecem em latente estado de revolta e nem um único dos países europeus é "conquistado" no sentido mais lato da palavra, já que os povos jamais se rendem. É desnecessário citar o exemplo da França, onde os patriotas fazem das cidades perigosos lugares para os nazistas e, em cujas montanhas, começam as lutas armadas pela libertação, apoiando De Gaulle. E a Iugoslávia, com o exército de Tito? E a Grécia, com seus guerrilheiros? E a Noruega onde estudantes, operários e padres têm atitude de exemplar nobreza? E a Checoslováquia, com sua inesquecível Lídice? E a Holanda das grandes sabotagens?

Também a Dinamarca jamais aceita resignada a ocupação alemã. As notícias, que agora atingem seu "clímax", não faltam de vez em quando nos jornais: atritos nos cafés, lutas nas ruas entre grupos de patriotas e oficiais alemães, desfiles populares onde os hinos das Nações Unidas eram cantados pela massa que arriscava, com este gesto, a vida:

> [...] A Dinamarca esteve sempre pronta para a luta, jamais se rendeu, jamais se dobrou, jamais aceitou a opressão nazifascista.

> E agora seu povo se levanta numa verdadeira revolta, em greves, manifestações, lutas. "Há alguma coisa de podre na Dinamarca". Porém desta vez a podridão veio de fora, das terras alemãs, com as camisas pardas e as saudações a Hitler. E o povo dinamarquês está limpando sua pátria dessa podridão. (AMADO. *Hora da Guerra*: 4 jul. 1944).

Em "**Os Estudantes Norugueses***", Amado fala de milhares de estudantes noruegueses que são levados para os campos de concentração da Alemanha, isto é, para as torturas, a humilhação, a morte, porque se manifestam contra o governo de Vidkun Quisling, a dominação nazista, porque dão, de público, provas de apoio às Nações Unidas, sabotando o poder germânico em sua pátria invadida. Na Suécia, num gesto de solidariedade, os estudantes se manifestam em defesa de seus colegas, contra tais perseguições:

> Só não deve admirar a ninguém que os alemães se envolvam na política norueguesa, a ponto de prender e assassinar seus estudantes. A Noruega é um dos mais tristes casos de ação da quinta-coluna, paga com o dinheiro de Berlim. Quisling imortalizou-se pela infâmia e seu nome transformou num símbolo de tudo que é degradante. (AMADO. *Hora da Guerra*: 7 dez. 1943).

Nenhum movimento de terror nazifascista, por mais violento e brutal que seja, consegue calar a voz de protesto da juventude. É o que provam os estudantes noruegueses sob a batuta do mando hitlerista; eles lutam, incansáveis e desesperadamente, pela liberdade, pela democracia, pela justiça.

Os moços alemães, nas mãos do nazismo, se transformam em meros bonecos, em títeres sem vontade, sem amor a qualquer ideal. Eles acreditam no aceno grotesco e ambicioso de Adolf Hitler – com o domínio do mundo pelos jovens do seu país, com a vitória do ridículo arianismo –, sucesso evidente apenas na cabeça dos pervertedores da juventude germana. O atleta afro-americano Jesse Owens, na Olimpíada de Berlim de 1936, é mais que um grito de alerta, é um atestado triunfal da igualdade de todos os povos.

A maioria dos jovens, no entanto, conserva-se fiel aos característicos anseios de liberdade que marcam todas as gerações de moços, esperando um breve dia poder constatar e cobrar:

> Os estudantes noruegueses correm perigo de vida. Nos campos de concentração o menos que lhes pode acontecer é a morte. As torturas físicas e morais são o cotidiano que os espera. Nada disso foi, entretanto, suficiente para lhes abater a força combativa. Honram eles os jovens de todo o mundo. Honram sua pátria e seu tempo. Amanhã, quando chegar a hora do castigo, os estudantes de todas as pátrias, não só os da Noruega e os da Suécia, pedirão aos criminosos, contas dessas vidas, desses estudantes noruegueses, exemplo de dignidade e patriotismo. (AMADO. *Hora da Guerra*: 7 dez. 1943).

Outra região ameaçada é o Sudeste da Europa, o chamado Bálcãs, englobando uma variedade enorme de línguas e falares, uma mistura étnica que reune alemães, húngaros, russos, eslovenos, bósnios, romenos, sérvios, macedônios, armênios, albaneses, montenegrinos, gregos e turcos. Destes, o grupo mais representativo é o dos eslavos, com predomínio dos sérvios, croatas e bósnios. Estão divididos entre as religiões católica, ortodoxa e mulçumana.

Caballero Jurado, em "Consequências da campanha dos Bálcãs", sintetiza, com clareza: "As vitórias alemãs na Iugoslávia, Grécia e Creta não teriam consequências estratégicas, já que Adolf Hitler não estava interessado em continuar a luta contra os britânicos e pensava somente em atacar a União Soviética o quanto antes" (CABALLERO JURADO, 2009, p.129).

Em "**Os Bálcãs***", Amado já se refere à separação entre vitória militar e vitória política, avivando sempre que vencer a guerra está ligado a também vencer a paz.

Mais uma vez ele insiste, agora abreviando caminho, que, pensar ao menos no futuro pós-guerra, não é um dado inviável...

É o caminho sugerido por Jorge Amado em "O Dia de Amanhã*", quando faz um pronunciamento importantíssimo e do interesse dos que acompanham as crônicas da *Hora da Guerra*, sobretudo na verossimilhança das representações criadas:

> De quando em vez os jornais nos trazem notícias de homens que discutem o que será o dia de amanhã. Sobre o assunto já se ouviram as mais diversas e as mais disparatadas opiniões. Ainda há poucos dias, um repórter, naturalmente sem melhor assunto, previa o restabelecimento dos tronos no mundo inteiro. É uma posição curiosa a destes cavalheiros que, em plena guerra, param todo o esforço para pensar em como será o mundo de amanhã. Além de tudo, se esquecem que a base sobre a qual se assentará a paz já está escrita nos termos da Carta do Atlântico. (AMADO. *Hora da Guerra*: 8 jan. 1943).

Alerta os brasileiros, preocupados com os destinos da guerra, para não perderem tempo com preocupações com o mundo de após conflito, gastando seus momentos com acontecimentos futuros, cuja sorte já está assentada: "a base sobre a qual se assentará a paz já está escrita nos termos da Carta do Atlântico." (AMADO. *Hora de Guerra*: 8 jan. 1943).

Curiosa a dialética sobre a qual se montam as reflexões de Amado: por que tanta segurança no que está traçado, se suas crônicas, em muitos casos, têm o objetivo de traçar planos do que virá a ser, no que se refere, por exemplo, quanto à delimitação das fronteiras soviéticas e suas zonas de influência?

Entre-se, porém, de olho bem aberto no jogo de choques das construções de linguagem jorgeamadianas. O texto que o cronista fornece é primoroso. (AMADO. *Hora de Guerra*: 8 jan. 1943).

É como se uma família tivesse sido surpreendida por bandidos, certa noite, em uma casa, e todos os seus membros se empenhassem numa luta para os expulsar". Todos estão perdidos na disputa de uma ilusão, com a segurança da casa interrompida, no momento em que se precisa de maior concentração. *Mutatis mutandis*, o mesmo caminho de abandonar a batalha para vencer a guerra. Mas será realmente um abandono quando os soldados do Partido Comunista estão sempre de prontidão a vigiar os caminhos – as fronteiras, as zonas de influência, etc. – da paz vindoura da União Soviética? Com a convicção de que a "Carta do Atlântico" e as quatro liberdades fundamentais, prometidas por Roosevelt, serão firmemente aplicadas?

De fato, o instante que se atravessa nas disputas de guerra é o de exigir toda a vigilância possível de esforços, sem nenhum desvio para as questões que serão posteriores. Contudo, alguém tem de estar de vistas abertas para as rotas que virão. Quantos textos da *Hora da Guerra* tratam de fronteiras a ser fixadas da União Soviética com a Polônia, com a Finlândia, com os países do Báltico, com os Bálcãs?

Retornando, em andamento de uma discussão do método a ser aplicado, à crônica "**Os Bálcãs***", olha para o futuro que virá, e não para o que apenas acontece:

> A provável invasão dos Bálcãs será imensamente facilitada se os aliados levarem em conta o grave problema político. Conduzir Badóglios, Girauds e pequenos reis impopulares só faz dificultar a marcha do carro da Vitória. Os povos estão de atalaia, não lutarão por outros interesses que não sejam seus legítimos interesses. (AMADO. *Hora da Guerra*: 5 jan. 1944).

Aliás, sugere rememoração da mitologia romana, com o representar de Jano Bifronte, fundamental em um momento de acontecimentos guerreiros!

10 Do término da Guerra em alguns países envolvidos

Das preliminares

Em "Primavera*", a crônica atesta que esta é uma guerra de dimensões universais. Os climas e paisagens comprometidos seguem uma escala variadíssima de mudanças, inclusive de horários e estações, no mínimo. É primavera nos trópicos, na Europa começa o outono, com outras dificuldades para os soldados aliados, como as dos brasileiros, que pelejam na Itália, batendo-se pela liberdade.

Para os jovens que ficam, é época também de contentamentos, para os que partem, estão no ar cobertos de perigos e de incertezas:

> No dia de hoje devemos pensar em nossos patrícios que se batem para que, o mundo de amanhã, o mundo em que viverão os nossos filhos, seja melhor e mais belo. Devemos pensar neles mas não apenas de u´a maneira passiva, não apenas com carinho, admiração e saudade. Devemos fazer alguma coisa por eles. Na terra distante os soldados brasileiros vão conhecer o frio da Europa, vão lutar em condições novas, vão sofrer um clima ao qual não estão habituados. Resta-nos ajudá-los o mais que nos for possível. Resta-nos trabalhar ativamente por eles, dar-lhes o nosso apoio de maneira concreta. (AMADO. *Hora da Guerra*: 21 set. 1944).

Os baianos, inclusive os estudantes, buscam ideias generosas para melhor comemorarem a chegada da primavera, uma campanha de apoio e ajuda aos expedicionários que se encontram fora do país, como componentes das forças das Nações Unidas, que bem compreendem o que eles representam para o Brasil e para a América. No comício programado para aquele sábado de primavera, pretendem dar uma demonstração desse apoio:

> Os estudantes souberam dar às festas de primavera neste ano o seu verdadeiro significado. Na Europa é o outono, quando chega o frio e as árvores começam a perder as folhas à passagem do vento anunciador da proximidade do inverno. Na trincheira os brasileiros lembrarão que é primavera na pátria distante. Que as nossas vozes de primavera cheguem até eles convertidas em objetos de uso, em chocolate, café, discos com sambas e marchas, livros de autores nossos, cigarros, tudo que seja justo e possível enviar. Assim estaremos dando à primavera de 1944 o seu verdadeiro sentido. (AMADO. *Hora da Guerra*: 21 set. 1944).

Como patriotas, os estudantes querem demonstrar toda consideração aos companheiros, que, de bom grado, aceitam o chamado da pátria.

Em todos os instantes da Segunda Guerra, sente-se uma constância no respeito a alguns focos centrais de chamado, que estão, a toda hora, a cobrar compromissos, ou mesmo envolvimentos, sem menores ou maiores responsabilidades: Aliados, Nações Unidas, Carta do Atlântico, são exemplos.

Dos aliados, a Carta do Atlântico e as Nações Unidas

Em "Aliados e Inimigos*", Amado reflete, malgrado a letra em contrário da crônica, que procurar por aliados, com destaque na Europa, tem sido uma constante, por vezes caindo em casos das mais esdrúxulas ou descabidas explicações. Stalin e Hitler foram aliados, entre 1939 e 1941, depois, ferrenhos adversários – o líder soviético reluta, denodadamente, em aceitar a traição do aliado da véspera...

Da hipótese em questão, outra aliança se segue, também das mais equivocadas ou contraditórias – a da União Soviética, centro do comunismo internacional, com os Estados Unidos da América do Norte, centro do capitalismo internacional – como expressa Eric Hobsbawm, em *Era dos Extremos*:

> A situação histórica era sem dúvida excepcional e teria vida relativamente curta. Durou, no máximo, de 1939 (quando os EUA reconheceram oficialmente a URSS) até 1947 (quando os dois campos ideológicos se defrontaram como inimigos na "Guerra Fria"), porém mais realisticamente de 1935 a 1945. Em outras palavras, foi determinada pela ascensão e queda da Alemanha de Hitler (1933-1945), contra a qual EUA e URSS fizeram causa comum, porque a viam como um perigo maior do que cada um ao outro. (HOBSBAWM, 2004, p.145).

Faz parte das políticas internacionais, a fixação ou permuta de alianças, como o faz o cronista da *Hora da Guerra* quando prioriza colocar a União Soviética reconhecível como aliado, ou seja, dando-lhe uma linguagem mais palatável com as normas em vigor.

Em "Aliados e Inimigos*", Jorge Amado coloca, na existência nacional cotidiana, a presença do quinta-coluna, com toda uma carga de falsidade e traição facilmente identificável:

> Anteontem tive ocasião de ver um quinta-coluna, em plena ação. Era pela madrugada e íamos – jornalistas que saímos da redação – atravessando o Largo do Teatro, em busca de um automóvel que nos levasse para casa. Éramos três que cruzávamos a praça deserta. Apenas no ponto de bonde um grupo de notívagos estava parado e ouvia um cavalheiro bem vestido, que falava convincentemente. A princípio a cena não chamou a atenção de nenhum dos jornalistas. Mas, ao aproximarmo-nos, já entrando para o automóvel, pudemos ouvir o que o integralista (não podia deixar de ser um integralista) [...] dizia aos seus ingênuos ouvintes. Gravei essas palavras, as únicas que ouvi, e as repito textualmente. Os jornalistas que estavam em minha companhia ouviram também perfeitamente. Dizia o quinta-coluna:
>
> – "Querem tirar os alemães de Santa Catarina e Paraná mas enchem o Norte de americanos, inimigos nossos..." (AMADO. Hora da Guerra: 29 ago. 1943).

Como se observa nas argumentações do cronista, ele fornece as costumeiras leituras contra o integralismo, sempre na persistência do engodo antidemocrático, na traição ao patriotismo, em algo que recorde as diferenças ideológicas socialismo *versus* capitalismo, em vários momentos da vida da Cidade:

> Tentam levar populares a sucessivos conflitos com os marinheiros aliados, e um inquérito bem feito mostrará quinta-colunas integralistas à frente de todos os incidentes com os ianques. Alguns desses quinta-coluna [sic], na sua ânsia de provocação e divisionismo, chegam aos mais baixos insultos e aos mais deselegantes gestos para provocar os marinheiros. Essas afirmações não são feitas no ar. Quem quer que ande pelas ruas da Bahia e que conheça a cor política dos seus homens poderá comprová-las facilmente. (AMADO. *Hora da Guerra*: 29 ago. 1943).

Afinal, a Segunda Frente mostra-se bem mais viável. O Corpo Expedicionário Brasileiro fora aceito; estão prontos para partir. Novas experiências são conhecidas com aliados, em terras do continente europeu. Portanto: "É obrigação de todos nós desmascarar e entregar às autoridades qualquer quinta-coluna que esteja nesse sórdido trabalho de inimizar os brasileiros com seus aliados norte-americanos." (AMADO. Hora da Guerra: 29 ago. 1943).

Em "Os Aliados Italianos*", Amado anuncia a descambada notícia, pelo governo Badoglio, da declaração feita pela Itália à Alemanha, proclamando estar seu país "ao lado da Inglaterra, dos Estados Unidos, da União Soviética e das Nações Unidas".

Sem concordar com as palavras do cronista, nem ver a declaração como uma forma de pôr na legalidade um já "estado de guerra entre o povo italiano e os nazistas", é bom deixar claro que o fascismo não deve ser encarado como o lado benévolo ou complacente ou latino das ferocidades do lado germânico. Historicamente, não fica adequado considerar Mussolini apenas como um palhaço, como um "governo títere do `gauleiter´ Mussolini".

Amado acrescenta a recusa da Inglaterra e da União Soviética em verem a Itália como um "novo aliado entre as Nações Unidas". Pode-se considerá-la como "cobeligerante". E conclui, claramente:

> Porque ninguém pode esquecer que a Itália, através o governo fascista de Mussolini com a colaboração ativa dos Badóglios e da Casa de Savoia, foi a principal cúmplice da Alemanha na ventura bestial que ensanguenta o mundo. E se o povo italiano não deve pagar pelos crimes cometidos pelo fascismo, aqueles que auxiliaram e prestigiaram Mussolini, Victor Emmanuel e Badóglio inclusive, terão amanhã que prestar contas. (AMADO. *Hora da Guerra*: 14 out. 1943).

A península italiana ainda está numa fase transitória, de mutações, após pouco mais de vinte anos de fascismo. Muitos caminhos ainda estão se insinuando. Há a promessa de fazer valer a "Carta do Atlântico", de haver manifestação da vontade popular: "Serão os povos que, amanhã, decidirão dos governos. E não acredito que eles permitam qualquer resquício de fascismo no mundo" (AMADO. *Hora da Guerra*: 14 out. 1943).

Devem ser procuradas as origens da "Carta do Atlântico", acontecida num dos nove intermitentes encontros entre Churchill e Roosevelt, verificados entre 1941 e 1945, provavelmente no de Placentia Bay (Terra Nova), entre 9 e 12 de agosto de 1941, como observa Norman Davies, em *Europa na Guerra*:

> A Carta do Atlântico, de agosto de 1941, assinada a bordo do USS *Augusta*, foi uma decepção para Churchill, já que era uma pobre alternativa ao seu desejo de atrair imediatamente os EUA para a guerra. E, de qualquer forma, algumas de suas cláusulas jamais foram observadas. Mas foi uma declaração pública de intenções que rendeu frutos em janeiro de 1942, quando foi

endossada pelos 26 signatários da Declaração Conjunta das Nações Unidas. (DAVIES, 2009, p.77).

No entanto, a citação dessa "Carta do Atlântico" é usada com frequência em *Hora da Guerra*, inclusive como testemunho da União Soviética em sua Aliança com o bloco, segundo Jorge Amado, das democracias do Ocidente.

Não é conveniente esquecer a complementação das afirmativas acima de Norman Davies: "Foi Churchill quem também decidiu formalizar a causa comum entre as potências ocidentais e a União Soviética, apesar de, como ele admitia abertamente, estar 'ceando com o diabo'" (DAVIES, 2009, p. 77).

Nas tentativas de diálogo com Stalin, o Primeiro-Ministro tem, constantemente, um pé atrás, posição bem diversa da assumida por Roosevelt, confiante e, em algumas oportunidades, querendo mesmo agradar ao ditador soviético.

Essas palavras se encaixam, quando se trata da compreensão mais próxima das crônicas da *Hora da Guerra*, que, em algumas ocasiões, simulam um ensaio de persistência da "ceia" de Churchill.

Em "*Knock-Out* Técnico*", Amado, ao elogiar as ações democráticas do Presidente Roosevelt, acaba por fornecer os argumentos denunciativos da impossibilidade de aplicação da "Carta do Atlântico", em todo o bloco soviético liderado por Stalin. São as famosas e muitas vezes citadas por Jorge Amado, quatro liberdades fundamentais, cuja especificação é em apenas poucas oportunidades enunciada. Consta do texto do escritor:

> Pois, não foi esse senhor quem classificou e ordenou aquelas quatro liberdades primordiais do ser humano para o mundo do futuro: a liberdade de pensamento, a de crença, a de não ter fome e a de não ter medo da polícia política? Não foi ele, juntamente com Churchill, que assinou a "Carta do Atlântico" numa tarde marítima que ficou histórica? (AMADO. *Hora da Guerra*: 31 out. 1943).

Interessante é o termo escolhido por Amado – "*Knock-out*" – para intitular sua crônica. Um *knock-out* que seria, desde logo, viabilizado em cada regime político envolvido. O impasse estava criado: "E a 'Carta do Atlântico' e as 'quatro liberdades fundamentais' são cravos que dão sérias dores de cabeça a esses cavalheiros que esperam vencer Hitler e continuar com um mundo hitlerista" (AMADO. *Hora da Guerra*: 31 out. 1943).

Muito mais ampla do que as possibilidades significativas no momento, as palavras, no instante em uso, como "hitlerista", "quislinguismo", "muniquista", etc., devem-se encaixar em sentidos mais duradouros para o ser humano, como parece entender Jorge Amado: "A `Carta do Atlântico´ e as `quatro liberdades´ são conquistas dos povos, são os motivos porque eles lutam tão heroicamente e são também a liquidação de todos os escravocratas, tragam eles a máscara que bem entenderem." (AMADO. *Hora da Guerra*: 31 out. 1943).

Pela participação no urdir de tais documentos, Roosevelt recebe violentas contestações, na própria sociedade norte-americana, ligadas a setores políticos. Ao que tudo indica, parece a Amado, o presidente é um homem que deseja um mundo realmente democrático, que não emprega argumentos para enganar os povos, para iludi-los. Encerra, mostrando dentro do seu linguajar de moda:

> As declarações de Roosevelt põem "knock-out" o "*muniquismo*". Os ávidos de explorar os povos são tratados de "cínicos" pelo grande presidente. Não sei de melhor expressão. Cínicos que desejam manter o mundo de amanhã na mesma desgraçada condição do mundo nazi-fascista de ontem. Mas que não conseguirão, porque existem homens como Roosevelt e por que existem os povos para apoiá-los. (AMADO. *Hora da Guerra*: 31 out. 1943).

Naqueles momentos das batalhas, nos meados de 1941, uma situação pouco vantajosa surgiria após a guerra. O exército alemão progrede velozmente sobre a União Soviética; Hitler não enfrenta qualquer desafio na Europa Ocidental; no Oriente Médio, as forças avançam sobre a Inglaterra; os submarinos afundam navios mercantes do Atlântico; o Japão se expande no Sudoeste Asiático. Segundo os escritos de Jonatham Fenby, em *Os três grandes*, durante os trabalhos no Encontro de Platentia Bay,

> Domingo à noite, Welles [Summer] e Cadogan [Alexander] completaram a minuta de uma declaração geral de princípios a ser examinada pelos líderes na manhã seguinte. Os americanos não queriam que lembrasse um tratado e causasse dificuldades com o Congresso. Tudo que desejavam era uma declaração de intenções, em termos que não pudessem ser questionados pelos isolacionistas. Não deveria haver qualquer indicação de compromisso de entrar na guerra. (FENBY, 2009, p.62).

É por esse jogo de cartas e de xadrez que se desenvolve toda reunião desses dois ou três senhores, que representam um mundo de mutações, sem data marcada para término.

A partir daí, toda uma guerra de rejeição, aceite ou engodo à Carta do Atlântico começa. Ela é um instrumento múltiplo, de muita citação e pouca amostra do que está sendo aplicado; é uma ameaça a alguns ou acusação hipotética a outros.

Em "Carta do Atlântico para a Europa*", Amado faz uma mostra do que é vencer a guerra, tendo a União Soviética como um aliado. Cinicamente, segundo o cronista, o bloco sob o comando de Stalin dá exemplos que devem ser seguidos pelos "países democratas":

> Os setores muniquistas interessados em esquecer as obrigações nascidas do documento assinado inicialmente por Churchill e Roosevelt, procuram enterrar a Carta do Atlântico no sonho de impedir o estabelecimento de uma verdadeira democracia na Europa e na América. Levaram porém estes fiéis do espírito e dos métodos fascistas dois golpes sérios nos últimos tempos. Um dado pela União Soviética – o reconhecimento do governo de Badoglio –, o outro dado por De Gaulle – a formação do novo governo francês. (AMADO. *Hora da Guerra*: 6 abr. 1944).

Como de costume, a União Soviética age e procura parceiros para aplaudir seus passos: ou de países que estão desestruturados ou saindo de situação de uma briga interna demorada, sem a devida credibilidade restaurada, como é o caso da França, após quatro anos de ocupação nazista.

Quanto à discussão da referência italiana – "não importa, em princípio, discutir se o governo de Badoglio é ou não é um bom governo. Isso é coisa que compete ao povo italiano exclusivamente. O que importa é notar que o governo Badoglio é italiano" – pode-se aplicar procedimento similar em relação à Polônia ou à Finlândia de Mannerheim, este considerado por seu povo como herói nacional?

A antiga mácula da exclusão de Munique não sai de cena. Como aceitá-la num pós-guerra, com encaminhamentos desse tipo?

> A URSS ao reconhecer Badoglio, liquidou o sonho dourado dos muniquistas: a ocupação militar da Itália por forças que impedissem a livre manifestação do povo italiano, que impedissem a ação dos partidos políticos, que impedissem a marcha democrática dos italianos. Quer dizer: há quem sonhe em transformar a invasão da Europa num movimento contra os povos. Em vez de forças libertadoras, forças policiais que mantivessem os povos incapacitados de agir, de fazer triunfar sua vontade. A Rússia, ao reconhecer Badoglio, governo italiano, impediu que os muniquistas tentassem esse golpe na península. Abriu para o povo italiano as páginas da "Carta do Atlântico". E fez com seu ato que esse povo, desconfiado e disposto a cruzar os braços na batalha entre aliados e alemães, se decidisse à luta. (AMADO. *Hora da Guerra*: 6 abr. 1944).

Sobre De Gaulle, é fácil de se fazer uma leitura de sua vida, sem encobrimentos nem totalitarismos. Quanto a Giraud e Vichy, o caso é similar ao de Badoglio e o fascismo italiano.

Em "Panorama Militar e Político*", Amado anuncia os avanços das forças soviéticas; estão próximos da Prússia. Dá-se início à batalha da Alemanha, que ameaça derrotar o mundo e impor a sua vontade. Falham os planos de Hitler que, de alguma maneira, ameaçam levar o pânico aos ingleses e não o conseguem; ameaçam as tropas anglo-americanas com suas "armas voadoras" e não as acovardam. As campanhas que, no início, lhes foram favoráveis, começam a mudar de rumo e ritmo.

O panorama político agita-se nesses instantes pré-agônicos do fascismo. Busca-se uma fórmula de paz que assegure, no pós-guerra, a continuidade dos métodos de Hitler e Mussolini, sem as suas presenças. A diplomacia dos países de alguma forma neutros se reacende, dando a guerra como empatada. Os líderes das facções "eixistas" são presenças prejudiciais. Eles seriam entregues por uma paz negociada.

Mas, como continuamente repetem os três grandes líderes, a paz, só incondicional, com a unidade dos aliados, cada vez mais se reescreve: "Não importa que a quinta-coluna se agite. A agonia do nazifascismo já começou" (AMADO. *Hora da Guerra*: 13 jul. 1944).

Na ascensão da Grande Coalizão, entre 1941 e 1944 – a fase central da guerra –, todos os principais combatentes estão alinhados num padrão que se mantém pelo resto do conflito. A luta acontece em quase toda na Frente Oriental, entre Alemanha e URSS. A política tem de se adaptar a essa assimetria, que coíbe as tentativas das potências ocidentais de exercer uma influência semelhante dentro da coalizão aliada.

Todas as campanhas periféricas nas quais os britânicos e/ou norte-americanos se envolvem – no deserto do Oeste, no Atlântico, em Marrocos/Argélia e, a partir de julho de 1943, na Itália –, são de natureza essencialmente defensiva, para assegurar posições aliadas preexistentes. A única grande operação ocidental, a Ofensiva de Bombardeio Estratégico, é a que leva guerra até o inimigo. Na Frente Oriental, no entanto, as forças armadas da URSS se mantêm comprometidas contra a principal máquina de guerra do "Eixo", durante todo esse período. E os soviéticos passam da defesa ao ataque, muito antes e em escala bem maior. Esse desequilíbrio entre Leste e Oeste não é notado no começo, mas tem sérias consequências, por longo tempo.

No percurso das chamadas Alianças, é bom que se esclareça esse peso maior de sacrifícios e empenho da União Soviética na Segunda Guerra Mundial.

Em "As Nações Unidas*", Amado descreve uma futura ligação entre os países, que deve nascer como inevitável desdobramento do conflito.

A Organização das Nações Unidas (ONU), criada como herdeira melhorada da falida Liga das Nações, espera algum tempo para adquirir formato.

Segundo o relato de Davies Norman, em *Europa em Guerra*, ao sintetizar o caminho da instituição:

> Sua história teve início em 1º de janeiro de 1942, com o lançamento da Declaração das Nações Unidas, que era pouco mais que um compromisso dos países aliados em respeitar a Carta do Atlântico e evitar uma paz isolada com o Eixo. Em agosto de 1944, realizou-se uma conferência em Dumbarton Oaks, perto de Washington, para a discussão de propostas relacionadas aos objetivos, órgãos e carta da organização. Os acordos finais não se materializaram antes de abril de 1945, quando cinquenta delegados das Nações Unidas encontraram-se em São Francisco. A cerimônia de inauguração da organização aconteceu em 24 de outubro de 1945, seguindo-se a ratificação da carta pelos cinco membros permanentes do Conselho de Segurança – China, EUA, França, Reino Unido e URSS. (DAVIES, 2009, p.213-214).

Vê-se, pois, que a tentativa de comemoração de aniversário é de um feito bem anterior, de um lançamento de um sonho ainda por se concretizar.

Sem dúvida, o desgaste a que a URSS está submetida é desproporcional a de qualquer outro país do bloco dos Aliados. São necessários muito preparo e muita força de liderança para levar tal empresa avante, para não ruir ante o ímpeto da destreza e da crueldade das tropas da ligação nazista e também, quando se torna viável, retribuir com idêntica vileza.

Amado preocupa-se em indicar, segundo ele, forças que procuram prejudicar a presença soviética:

> Uma das armas que mais têm usado os nazifascistas e suas quinta-coluna [sic] é a tentativa de divisionismo entre os países que se aglomeraram para ganhar a guerra, libertando os povos oprimidos e garantindo a subsistência da independência das pátrias. Os chefes hitleristas sabem perfeitamente que não poderão ganhar a guerra contra as Nações Unidas, que a sua única possibilidade de vitória reside numa divisão entre as forças da liberdade. Daí assistirmos constantemente a propaganda de Goebbels lançar os mais variados boatos e as mais torpes provocações com o fim de levar a discórdia ao seio dos aliados. As quinta-colunas se agitam constantemente nesse sentido, e nem mesmo os países ainda neutros têm escapado à boataria dos vendidos ao nazismo. (AMADO. *Hora da Guerra*: 15 jun. 1943).

De toda a boataria formada, começa a se firmar o nome das Nações Unidas como foco irradiador de esperança entre os povos. A União Soviética e todos os demais países têm consciência na unanimidade dos créditos depositados na instituição ainda por surgir.

Além das repercussões nas Américas das Nações Unidas, é, no entanto, na Europa, segundo Amado, onde as tentativas de separação dos povos mais brotam, num jogo que envolve, abertamente, imperialismo *versus* capitalismo,

> [...] onde os nazis lastimam que "os cavalheiros ingleses estejam unidos com os bárbaros soviéticos" ao mesmo tempo em que se entristecem, "porque os operários russos se estão deixando enganar pelo capitalismo anglo-americano". Isso, é natural, em irradiações diversas, para Londres e para Moscou. Levantam ora o espetro comunista, ora o espetro do imperialismo anglo-americano. Velho disco mais batido que "La Comparsita". (AMADO. *Hora da Guerra*: 15 jun. 1943).

As vitórias militares da Guerra concorrem para fortalecer as Nações Unidas: as vitórias na União Soviética e na África; os encontros de Roosevelt e Churchill, a dissolução da Terceira Internacional, os encaminhamentos da Segunda Frente.

A firme decisão dos aliados de levar o nazifascismo à rendição incondicional motiva ainda mais a existência da união de todos: "Com as Nações Unidas estamos dispostos a tudo para a vitória o mais rápido possível contra as forças bárbaras do nazifascismo!" (AMADO. *Hora da Guerra*: 15 jun. 1943).

Da rendição incondicional ou da paz de compromisso?

Em "'**Até a Rendição Incondicional**'"*, Jorge Amado narra ecos do encontro entre Roosevelt e Churchill, acontecido em Casablanca, de 14 a 23 de janeiro de 1943. As conversações eram previstas para os quatro líderes, porém Stalin e Chiang Kai-Chek não podem comparecer, sob alegação de envolvimentos com as batalhas, com germanos e japoneses, respectivamente. Mas ficam cientes de todas as decisões.

Nessa reunião de Casablanca, em dado momento, conforme relato de Jonathan Fenby, em *Os três grandes*, Roosevelt manda entrar De Gaulle e Giraud para firmarem um acordo sobre os destinos da França unida. Após uma fotografia para a imprensa, de um aperto de mãos entre ambos, Roosevelt divulga – sob a alegação de Churchill da impropriedade de situação para postura dos Aliados, tão importante –, a decidida "rendição incondicional":

> Na entrevista coletiva que sucedeu a esta pantomima, Roosevelt e Churchill disseram que tinham concordado em enviar a máxima ajuda à URSS, apoiar a China e unir a França, a fim de combater o Eixo. Em

seguida, Roosevelt acrescentou que unir os dois generais tinha sido tão difícil quanto seria conseguir reunir Grant e Lee, comandantes da União e da Confederação, na Guerra de Secessão. Usando a imaginação, disse que subitamente se lembrara de que Grant ficara conhecido como o "Old Unconditional Surrender" (suas iniciais eram U.S.) e usou rendição incondicional como a política aliada para com o inimigo. (FENBY, 2009, p.190).

Prossegue o escritor no texto que, "de acordo com Elliott Roosevelt, seu pai já mencionara a expressão em almoço com Churchill e Hopkins. O assessor do presidente disse que gostara das palavras" (FENBY, 2009, p.190).

Jorge Amado atenta que não deve ter escapado, ao povo, que a Alemanha e seus aliados preparam uma ofensiva de paz, que se anuncia como a maior desencadeada pelo germano-fascismo desde o início da guerra:

> [...] A derrota das forças hitleristas nas frentes de Stalingrado (220 mil alemães fora de combate... Que maravilha!) e de Leningrado, marcou o início do fim da guerra, marcou a primeira etapa decisiva da derrota de Hitler, Mussolini e Hiroito. (AMADO. *Hora da Guerra*: 28 jan. 1943).

De qualquer sorte, para os criminosos que tentam escravizar o mundo, uma reviravolta tinha acontecido com a batalha de Stalingrado (de novembro de 1942 a fevereiro de 1943), um fato histórico que marca o calendário alemão, acostumado com o registro continuado das vitórias germânicas na guerra, sempre marcando triunfos. Depois das derrotas na União Soviética, inicia-se nos domínios hitleristas uma onde de notícias mentirosas, de êxitos grandiosos.

Após os perigosos e desmoralizantes resultados de Stalingrado e de Leningrado, a máquina da propaganda nazista, sob o mando do dr. Goebbels, se refaz, em sua técnica de garantia da frente interna, agora a exigir maiores sacrifícios:

> Os hinos marciais foram substituídos pelas marchas fúnebres. Wagner cedeu seu lugar a Chopin nos programas musicais da rádio de Berlim. As notícias irradiadas foram alarmantes: o exército alemão, na frente leste, estava em inferioridade numérica e de armamentos. A derrota em Stalingrado era uma coisa sem precedentes. A situação da Alemanha era pior que em 1918. Tudo isto, por mais incrível que pareça, foi transmitido para o povo alemão pelas rádios alemãs. Por outro, nas irradiações para o estrangeiro, Hitler, com voz de choro, tentou levantar o mais desmoralizado dos seus desmoralizados truques: mais uma vez falou no perigo bolchevista sobre o mundo,

> preparando um pedido de paz à Inglaterra e aos Estados Unidos. (AMADO. *Hora da Guerra*: 28 jan. 1943).

As propostas de "paz de compromisso" começam a surgir e a intensificarem-se, mas é precisamente quando a ideia da "rendição incondicional" aparece e parte para ganhar fôlego.

Amado repete e discute que todos os povos já aprenderam, alguns pagando um alto preço, que o maior perigo – o verdadeiro e único, infinitamente caro, porque infinitamente discriminatório – é o nipo-nazifascismo, com sua visão excludente do ser humano.

Ao final da Conferência de Casablanca, Roosevelt e Churchill terminam por retirar a fantasia da história, antes que Hitler e seus asseclas possam desfrutar das esperanças e consolo de uma paz hipócrita:

> Roosevelt e Churchill, no comunicado que assinaram conjuntamente, não só falam dos planos para uma guerra vitoriosa "em todas as frentes" em 1943, como declaram sua decisão de que a guerra só terminará com a "incondicional rendição da Alemanha, da Itália e do Japão". Foram-se, para os assassinos, as últimas esperanças. Agora, após a conferência histórica do norte da África, resta-lhes apenas esperar o dia da vingança dos povos. Parece-nos já ouvir os sons dos hinos da vitória, sucedendo ao passo dos soldados que saltam do trampolim da África para libertar a Europa. (AMADO. *Hora da Guerra*: 28 jan. 1943).

E, dessa forma, vai-se montando o quadro da Segunda Guerra Mundial, com suas personagens e cenas, heróicas ou grotescas, a desempenhar papéis que registram as múltiplas e variadas passagens do homem sobre a Terra.

Em "Rendição Incondicional ou Paz de Compromisso?*", Amado retorna ao tema de término da guerra, assumido pelos grandes comandos militares e políticos. No ponto de vista amadiano, a quinta-coluna defende sua trincheira enquanto pode: em todos os países do mundo, não se entrega em definitivo, não cessa sua campanha para ainda ganhar algo nessa guerra:

> [...] Muitas trincheiras já têm sido abandonadas pela quinta-coluna em toda a parte, inclusive no Brasil. Muitas outras, porém, ainda existem onde ela assenta suas armas e dispara seus tiros, dirigidos no sentido de possibilitarem a continuação da existência do fascismo no mundo, após a guerra. Estamos assistindo, agora, em todas as partes, ao espetáculo da quinta-coluna manobrando desde uma nova trincheira: a de ganhar a paz, considerando a guerra como perdida para Hitler e seus sócios. [...] (AMADO. *Hora da Guerra*: 25 abr. 1943).

Talvez tenha sido a maior contribuição espontânea, na época, de Roosevelt o conceito de "rendição incondicional". Contudo, os historiadores, depois, a fixam como uma ideia política bastante ponderada. Não agrada a quem quer o fim rápido da guerra e deseja desfrutar do improviso e da flexibilidade das negociações. Não há dúvida, no entanto, de que é inspirada pela percepção, nos círculos de Washington, de que os EUA estão emergindo como superpotência:

> Enquanto todos os combatentes europeus encontravam-se bastante atingidos e cada vez mais exauridos, a América notava o veloz crescimento de sua força e preocupava-se com a possibilidade de a guerra acabar antes de sua força poder ser usada para colher um amplo conjunto de benefícios estratégicos. Assim, Roosevelt foi impiedoso. Pouco depois, ele concordou com a proposta de que a Alemanha fosse reduzida a uma economia primariamente agrícola. Em outras palavras, o continente europeu deixaria de ser um sério concorrente para empresas americanas. (DAVIES, 2009, p. 77-78).

O pensamento de Amado, sem dúvida, não pode estar aguçado para tais conclusões de obviedade não aparente. Munique e suas exclusões ainda mexem demasiado com a cabeça do fiel seguidor partidário:

> [...] Porém aqueles que fizeram Munique, quinta-coluna assentada nos países democráticos, se movem, atualmente em todo o mundo, no sentido de fazerem uma paz antes que os povos europeus, possibilitados pela Segunda Frente, tornem definitivamente impossível uma paz contra os seus interesses. (AMADO. *Hora da Guerra*: 25 abr. 1943).

Ao seguir com rigor um exame do pensamento do Roosevelt a respeito da rendição, tranquilamente, Amado marcha na corrente de irrestrito apoio. Certamente é uma marca do tempo, o que reforça as deficiências apresentadas nas práticas da recepção crítica, tornando saborosas tais conclusões de Jorge Amado:

> A ofensiva de paz que estamos assistindo é uma ofensiva favorável ao nazifascismo. Que querem eles? Uma paz com as fórmulas fascistas de opressão, não uma paz baseada na Carta do Atlântico mas uma paz antidemocrática. Em troca entregam os cadáveres de Hitler e Mussolini. Todos nós bem sabemos que Hitler e Mussolini representam forças, que não é deles pessoalmente que nascem forças e sistemas. Eles são decorrentes, não é deles que decorre. (AMADO. *Hora da Guerra*: 25 abr. 1943).

Não se consideram, tão só, delitos nem culpas pessoais ou individuais. Os regimes nascem ou têm existências independentes de grandes nomes ou de vultos significativos. Não adianta, pois, romper a fórmula rooseveltiana de "rendição incondicional", para conseguir uma paz de compromisso contra os povos do mundo, para manter uma situação que é a que provocou, exatamente, a guerra atual:

> "Rendição incondicional", decidiram Roosevelt e Churchill na Conferência de Casa Blanca, apoiou Vargas, na Conferência de Natal. Essa é também a palavra de Stalin e Chiang-Kai-Check. É essa palavra que os povos livres do mundo levantam contra a "paz de compromisso" dos fascistas mascarados. Os povos aprenderam dura lição e a aprenderam com seu sangue. Jamais a esquecerão! (AMADO. *Hora da Guerra*, 25 abr. 1943).

Em "**Aniversário de Stalingrado***", Amado relembra com orgulho uma vitória que, na concepção de muitos, muda o destino da guerra:

> Saudemos com entusiasmo esta ordem do dia do marechal Josef Stalin, o dos longos bigodes e do bondoso sorriso: 180 mil assassinos nazistas estão cercados na Ucrânia! Comemoram assim os soldados soviéticos o aniversário da grande vitória de Stalinigrado. Nos dias de janeiro e fevereiro do ano passado, todos nós sorriamos felizes ante as notícias da derrota hitlerista na cidade de Stalin. Aquela batalha mudou o curso da guerra e uma espada de ouro, doada pelo povo inglês, foi fundida em honra à cidade imortal. (AMADO. *Hora da Guerra*: 5 fev. 1944).

Após essa batalha memorável, os nazifascistas não mais tomam pulso nos conflitos, os reveses sucedem-se em todas as estações do ano, os soldados soviéticos libertam inúmeras cidades, cujos nomes são símbolos democráticos de liberdade e beleza: "Kiew [sic], a bela, Smolensk, a de toda a resistência, Karkhov, que foi tomada e retomada, Sebastopol, a mais heróica de todas".

Mas, se o fulgor das lutas enseja a grandeza dos heróis, os equívoco humanos, de admiração desmedida, de, parece, enorme ingenuidade, muitas vezes transformam admiração em engodo: "[...] marechal Josef Stalin, o dos longos bigodes, aquele que tem um sorriso de criança inocente na face serena de sábio e de condutor de homens. [...]" (AMADO. *Hora da Guerra*: 5 fev. 1944).

Stalingrado é uma batalha decisiva, mas não a única. A batalha de Moscou, por exemplo, representa o fim da *blitzkrieg*, a guerra-relâmpago. Essa derrota, no entanto, deixa claro que a Alemanha não pode vencer uma guerra de longa duração, por motivos como a falta de combustível para abastecer suas Forças Armadas. Argumenta Caballero Jurado, em "Stalingrado, a batalha decisiva?":

> No entanto, a derrota em Stalingrado não significava que a Alemanha estava condenada a, inevitavelmente, perder a guerra. No mesmo período da derrota, inclusive, outono de 1942 e inverno de 1943, a Wehrmacht demonstrou que suas qualidades como máquina militar não haviam desaparecido, pois o Exército Vermelho não conseguiu aniquilar, junto ao 6º Exército, o Grupo de Exércitos A, que tinha avançado profundamente sobre o Cáucaso. (CABALLERO JURADO, 2009, p.131).

Stalingrado mostra, despida de encantos, a força épica e desumana de uma guerra. Norman Davies, ao descrever parte do grande desastre que é a batalha de Stalingrado, em *Europa na Guerra*, em 2006, chama para o próximo texto de Jorge Amado, "**Aniversário de Stalingrado***", escrito em 1944, ainda nos fulgores das carnificinas. Relata o historiador inglês, os começos, para a maior parte do continente europeu, de uma "libertação" que é mais de cinquenta anos de opressão totalitária:

> Com frequência se diz que o destino de Stalingrado foi selado pela obstinada recusa de Hitler em recuar. Isto é apenas parcialmente verdadeiro, porque Stalin tinha a mesma obsessão. Ele se recusava terminantemente a ordenar uma retirada da cidade que tinha o seu nome. [...] Em vez disso, enormes reforços foram transportados através do rio [Volga] para impedir a capitulação e para apertar o cerco de Rokossovski. Stalin, assim como Hitler, compreendia muito bem a força de um símbolo. (DAVIES, 2009, p.125).

Amado, no entanto, tomado pela militância fervorosa e pela subserviência aos ditames do Partido Comunista, proclama embevecido, em *Hora da Guerra*:

> Cento e oitenta mil bárbaros, opressores, terroristas, escravocratas, obscurantistas, que serão a menos no mundo, purificando o ar com sua morte miserável e dando nova esperança aos homens de boa vontade! Cento e oitenta mil, dez divisões, diz a ordem do dia do marechal Josef Stalin, o dos longos bigodes, aquele que tem um sorriso de criança inocente na face serena de sábio e de condutor de homens. Cento e oitenta mil nazistas a menos! (AMADO. *Hora da Guerra*: 5 fev. 1944).

Para a observação hodierna de alguns, um escândalo de ponto de vista. É a aceitação explícita de que os fins justificam os meios. Todos os adversários em campo dos soviéticos – alemães, italianos, espanhóis, romenos, húngaros, etc. –, como também todos os soldados no exército stalinista estariam, numa beligerância, plenos de suas decisões individuais?...

Mas, assim, seria pensar a Guerra de outro modo!

11 Da América Latina e a Guerra

Das preliminares

O preconceito, que existe na Europa colonialista e pós-colonialista, está em um período áureo, respaldado, principalmente, nas ideias da superioridade ariana defendidas pelo nazismo germanófilo, que se imagina único portador da verdade e destinado à condução de toda a humanidade!

Tal preconceito, imbuído de incoerências e vaidades, torna impossível a existência de qualquer logicidade de pensamento, um absurdo mental que enseja a crença de uma catástrofe com futuro brevemente marcado. Esse preconceito deixa manchas, marcas e cicatrizes indeléveis, dificílimas de serem apagadas ou esquecidas, principalmente pelo número de mortos acontecido – e este é que foi o grande holocausto da humanidade: em quantidade mais de 30 milhões de pessoas, barbaramente assassinadas, cerca de 13 milhões na Europa e cerca de 20 milhões na União Soviética, além dos milhares de civis indefesos de Hiroshima e Nagasáqui.

Jorge Amado, em sua crônica "'**Hispanidade', Tradução Mal Feita...***", apresenta uma versão hispânica de tais ideias de domínio cultural preconcebidas. Inicia o texto:

> Os jornais trazem notícia de uma entrevista do Sr. Fernandes Cuesta, ex-embaixador da Espanha, difundida, pelo rádio de Madri. Nela o diplomata franquista tenta conciliar duas coisas irremediavelmente inconciliáveis: o conceito democrático de "pan-americanismo" e o conceito fascista de "hispanidade". (AMADO. *Hora da Guerra*: 16 jan. 1943).

Mostram-se, por trás, as marcas mesquinhas, sombrias e imperiais de Hitler, Mussolini e Franco. Segundo Amado, da tentativa deste último de querer se transformar em "caudillo" da América Latina, quando esta investida deixa de ser risível para tornar-se perigosa.

Para o cronista, retornam as lembranças dos atos heróicos da Guerra Civil Espanhola, com seus três anos de duração, prenúncio da carreira nazifascista de conquistas:

> Muito próximo a nós todavia está o sangue espanhol, sangue do povo, de mulheres, de crianças, de poetas, de sábios, sangue ardente e patriota, que os traidores fizeram derramar com as armas e os assassinos nazis. Muito próximo a nós todavia está a tragédia de Espanha. É o primeiro dia desta guerra que estamos. Espanha é a primeira vítima da quinta-coluna e da agressão germano-fascista. Muito próximo a nós. (AMADO. *Hora da Guerra*: 16 jan. 1943).

A comédia da "hispanidade" tem de ser considerada com cautela e atenção: ela é um sinal da tentativa de infiltração nazifascista nos países latino-americanos, e o falangismo é um dos nomes ou formas de tal tendência. Volta-se a diferença entre o "pan-americanismo", que admite refletir sobre a presença do hibridismo, sobretudo do cultural, e a "hispanidade", cujas discussões sobre vínculos e influências eurocêntricas são prioritárias. É uma forma mais atual da dimensão colonialista, escravocrata; a América Latina como um menos.

A pretensão falangista na leitura da "hispanidade" tenta justificar a tola ideia do domínio intelectual e econômico da Europa sobre as pátrias americanas. Diz ainda das "consequências lógicas de direitos e deveres recíprocos". Pergunta, com lucidez, Amado:

> Que deveres teremos, por acaso, nós, americanos democratas, para com o fascismo espanhol? E que direitos, por acaso, temos sobre ele? Teremos deveres, sim, deveres de humanidade, para com a Espanha, a grande e imortal Espanha, a que foi traída em 1936 pela quinta-coluna e foi miseravelmente entregue aos agressores germano-fascistas. Com esta Espanha, mãe pátria das nossas irmãs de fala espanhola da América, com esta, de Garcia Lorca e António Machado, a Espanha da grande poesia e do grande heroísmo, com esta temos ligação de itneligência [sic] e coração. (AMADO, *Hora da Guerra*: 16 jan. 1943).

A "hispanidade" é a nova arma a ser usada contra a América Latina. Como salienta Jorge Amado em sua crônica: "Já o governo democrático do coronel Batista, em Cuba, a denunciou ao mundo". (AMADO, *Hora da Guerra*: 16 jan. 1943). O "pan-americanismo" peleja pela Independência dos povos da América e do mundo. A concepção falangista da "hispanidade" é escravocrata e aliada do nazifascismo na subjugação dos povos.

Em "**Unidade Continental das Américas***", Amado mostra aspectos da posição política dos países do continente, no momento reforçada,

> O rompimento do Chile com as nações agressoras do "Eixo" vem fortalecer a Unidade Continental das Américas, elemento indispensável para a vitória final. Agora, apenas um país ainda não atendeu aos apelos do seu povo e conserva ligações diplomáticas e comerciais com a Alemanha nazista, a Itália fascista e o Japão criminoso. (AMADO. *Hora da Guerra*: 23 jan. 1943).

É uma chamada à Argentina para assumir o seu papel de colaboradora na Unidade Continental, seguindo uma linha, até o momento, discordante das demais nações irmãs, de apoio isolado ao "Eixo" nipo-nazifascista. Espera-se que a União Nacional se concretizasse nos pampas, peça-chave para que ocorra a tão desejada Unidade continental.

O caso do Chile é exemplar: só foi possível o rompimento das relações do país com os governos do "Eixo" porque o povo, as correntes de opinião, os partidos políticos se juntaram para fortalecer e prestigiar o presidente Rios:

> A Unidade Nacional chilena levou o governo ao rompimento de relações e há de levá-lo, assim o esperamos, a passos ainda mais decisivos. É claro que vozes se levantaram contra o rompimento, que homens vestidos de democratas mas realmente nazis, procuraram evitar que o Chile tomasse uma posição igual à dos seus irmãos da América. Mas, não é surpresa para ninguém, a força da quinta-coluna em todos os países americanos. No Chile, ao sul, a colônia alemã era forte e o "Partido Nazista" (o integralismo de lá) possuía na Câmara um deputado que ostentava no nome um "von" muito ariano e muito traidor. (AMADO. *Hora da Guerra*: 23 jan. 1943).

Os embaraços de toda espécie que os traidores opõem à aproximação e maior colaboração entre os países americanos já são costumeiros. Segundo Amado, aqui, no Brasil assiste-se, ontem e hoje, a uma campanha sistemática contra a união de forças na América Latina. E adverte não haver melhor presente para Hitler, naquele momento, do que a briga com a Argentina.

É importante saber que a quinta-coluna brasileira luta para que a nossa participação na guerra seja simbólica, quando muito, apenas defensiva, numa tentativa de colocar a nação numa posição secundária e falsa, longe dos campos de batalha. E conclui o cronista:

> Só a Unidade Nacional, a reunião de todas as nossas forças, a colaboração decidida com a política de guerra do governo, nos fará ganhar esta

> batalha contra a quinta-coluna. Só assim amanhã, junto às forças dos países americanos em guerra, estarão os soldados brasileiros. Porque a Unidade Nacional é fator primordial para a Unidade Continental. (AMADO. *Hora da Guerra*: 23 jan. 1943).

Em "Unidade, Palavra de Ordem dos Presidentes*", Amado discorre sobre o tema "A força está na unidade", e remete para a reunião conjunta de Roosevelt e Getúlio Vargas, nos EUA, quando selam a concretização definitiva da Unidade Continental, de repercussão no mundo e nos países americanos:

> Hoje já não somos um povo isolado, nenhum povo da América está entregue as suas próprias forças. Hoje somos um bloco de nações amantes da liberdade, em guerra pela Independência das Pátrias. Junto ao Brasil estão os Estados Unidos, de Washington, Lincoln e Roosevelt, está o México de Juarez, de Zapata e de Cardenas, está Cuba de Marti e Batista, está o destemido Uruguai de Artigas, Batlle e Baldomir, estão todos os países da América, sem exceção de nenhum, porque conosco está também o grande povo argentino lutando para concretizar a Unidade Nacional dos seus partidos democráticos, para poder levar, assim, o seu país à posição que o resto do continente assumiu. (AMADO. *Hora da Guerra*: 31 jan. 1943).

O cronista faz questão de colaborar no ideário em construção da Unidade Continental. As nações da América Latina – como, por exemplo, Brasil, Cuba, México, Uruguai – formam um todo uníssono de autodefesa e participação coesa na Segunda Grande Guerra, sempre com o aplauso para a quebra do chamado neutralismo:

> Também, na Bahia, no comício de 28, o povo vibrou todas as vezes que o nome do Chile foi pronunciado pelos oradores. Como vibrou, em apoteose, todas as vezes que era citado o Presidente Roosevelt e os demais líderes dos países irmãos da América. O povo compreende perfeitamente a importância da Unidade Continental das Américas. Compreende assim a importância daquela frase na declaração de Roosevelt e Vargas: "A força está na unidade". (AMADO. *Hora da Guerra*: 31 jan. 1943).

Sem nunca se esquecer de que é a Unidade Interna de cada país que prepara a participação ativa na Guerra das nações latino-americanas.

Em "Dia das Américas*", Amado diz da política da boa vizinhança inaugurada por Roosevelt, em contraste com a da dominação econômica, que sempre prevalecia. Essas mudanças facilitam que a América Latina adote, mais rápida e convincentemente, a atitude de repulsa ao nipo-nazifascismo e com a disposição de lutar por um mundo mais democrático e livre:

> O dia das Américas, que hoje comemoramos, deve ser o dia da unidade continental. Esta guerra fez com que todos nós, americanos, déssemos conta dos inúmeros laços que ligam uns aos outros os povos do continente. O pan-americanismo adquiriu um significado novo porque extravasou das simples relações cordiais e comerciais de governo a governo para uma ligação mais profunda de povo para povo. (AMADO. *Hora da Guerra*: 14 abr. 1943).

A vocação pela independência, a mesma em todos os momentos, provém, em parte, da consciência política e ação de Lafayette, de Jefferson, de Bolívar. O pan-americanismo mostra-se contra o aprisionamento eurocêntrico da "hispanidade", esta surgindo como adversária do sentimento democrático, ligado à manifestação constante de solidariedade dos povos latino-americanos.

Com a Conferência dos Chanceleres do Rio de Janeiro, a América aparece como um único bloco, com pretensões a ideias de união sólida e indestrutível. Jorge Amado aponta uma galeria de líderes continentais, apresentando nomes:

> [...] de Roosevelt e Batista, de Ávila Camacho e Cardenas a Rios, de Vargas a Baldomir, representa um mesmo pensamento: vitória contra o nazifascismo agressor! E aqui, no Brasil, uma alta figura democrática, o general Manuel Rabelo, lançou um organismo continental, vínculo de ligação entre os povos do Novo Mundo: a "Sociedade Amigos da América". (AMADO, *Hora da Guerra*: 14 abr. 1943).

O continente se abre ao mundo e se agiganta quando a América se oferece, põe sua fortuna e seus filhos no combate às forças da nazifascismo:

> Não estamos isolados do resto da humanidade. Estamos ao lado dos povos livres contra os assassinos de crianças e de mulheres, contra os inimigos da liberdade. No dia das Américas, vale repetir a frase do Ministro do Exterior de Cuba, na Conferência dos Chanceleres, no Rio: "A América para a humanidade!" (AMADO. *Hora da Guerra*: 14 abr. 1943).

Da abrangência da Hora da Guerra

As crônicas da *Hora da Guerra* se referem a 11 dos 23 países que compõem a América Latina, ora com referências mais superficiais, Equador, com apenas uma citação, ora com demoras mais aprofundadas, como é o caso do Brasil, ponto básico da participação amadiana em *O Imparcial*, e cujo comentário faz parte de todo o estudo. É importante salientar a Argentina, com 28 participações, quando se mostra a disputa acirrada pela declaração de guerra – ou não – aos países do "Eixo"; vêm em seguida a Bolívia, o Chile e o Uruguai, com 8 indicações para cada país. Em seguida, aparece o México, com 7 indicações, pátria, segundo Amado, respeitadora de antigas tradições democráticas; vindo a continuar Cuba de Fulgêncio Batista, com 6 chamadas, também merecedora, nas palavras do cronista, de marcas respeitáveis de democracia; por fim, despontam Paraguai e Peru, com 3 citações para cada uma das nações, e Venezuela com 2 referências.

É nesse quadro geral de referências de Jorge Amado que se desenvolve a participação da América Latina na Segunda Grande Guerra, nos cuidados de respeito a lideranças firmadas e numa tentativa de solidificar o melhor conhecimento dos povos americanos, porta aberta para a Unidade Continental.

O rompimento de relações diplomáticas e comerciais da América Latina com a Alemanha não é um mero assunto da política. De acordo com Victor Bulmer-Thomas, em "As economias latino-americanas, 1929-1939", é um ponto mais intenso dos interesses desenvolvimentistas:

> Todavia, com a ascensão da Alemanha nazista e com sua agressiva política comercial, baseada no aski-marco, a composição geográfica do comércio internacional mudou de forma bastante aguda. Em 1938, um ano antes da Segunda Guerra Mundial, a Alemanha absorvia 10,3 por cento de todas as exportações latino-americanas e fornecia 17,1 por cento das importações da região, volumes bem superiores aos 7,7 e 10,9 por cento, respectivamente, contabilizados em 1930. Quem mais perdeu com o aumento da participação alemã no mercado mundial foi a Grã-Bretanha, embora a parte dos Estados Unidos nas exportações dos países latino-americanos tenha diminuído igualmente (de 33,4 por cento em 1930 para 31,5 por cento em 1938). (BULMER-THOMAS, 2009, p.59-60).

Levando pouco em conta tais esclarecimentos, em "**Freda Kirchwey Denuncia***", Amado traz o exemplo dessa jornalista norte-americana como das mais ousadas na denúncia do *muniquismo* contra a paz dos povos e no preparo da América Latina para o pós-Guerra, em impressionante artigo publicado por *A Tarde*, Salvador-BA, na sua edição daquela quarta-feira:

> Eis aí um artigo que devia ser lido e meditado por todos os patriotas. Ele explica muitas das coisas aparentemente inexplicáveis, que se têm passado neste lado do mundo. Põe os pontos nos i i. Esclarece o golpe argentino e desmascara o golpe boliviano. E mostra por destrás de tudo isso a máquina do *muniquismo* agindo no sentido, como afirma Freda Kirchwey, da "criação de forte bloco de Estados militaristas, dirigido particularmente contra os Estados Unidos". O desenvolvimento desta política – segundo Freda – partindo de Buenos Aires, abrangeria o Paraguai, a Bolívia, o Chile e o Peru. Os seus reflexos são sentidos, porém, até no distante e democrático México. E – ainda segundo a conhecida diretora de "The Nation" – o Paraguai e a Bolívia já foram absolvidos por esta política favorável ao fascismo. Escreve ela esta indiscutível verdade: "O progresso que a causa da democracia e das Nações Unidas está fazendo na América Latina acha-se sob a ameaça de ser entravado: se as coisas continuarem a se desenvolver na mesma direção talvez saiamos dessa guerra vitoriosos somente para ver o fascismo triunfante na América Latina". (AMADO. *Hora da Guerra*: 17 mar. 1944).

Essa política de continuação do nazifascismo envolve parcela considerável das pátrias americanas, começando na Argentina passa para "o Paraguai, a Bolívia, o Chile e o Peru [...] até no distante e democrático México". Vê-se que a intenção é de comprometer toda a América Latina, talvez como um local de colonização continuada, um repositório dos restos e fracassos de todas as experiências postas em prática no continente europeu.

Lendo o mundo por outra cartilha, Amado raciocina: evitar "uma paz popular, impedir a democracia, impedir a liquidação política do fascismo [...]". Há, pelo menos, um perigo de espreita, principalmente após os golpes da Bolívia e da Argentina. Freda Kirchey emite sua opinião: "O crescimento do fascismo na América Latina é o resultado da nossa insistência em não travar esta guerra como uma guerra pela democracia, mas como uma empresa puramente militar". prossegue a jornalista ianque:

> "enquanto as Nações Unidas não tiverem a oferecer a América Latina nada de melhor do que uma política de apoio a ditaduras opressivas, não fazendo distinção entre reacionários e democratas, a conspiração ideada em Buenos Aires e vitoriosa na Bolívia, só poderá ter êxito após êxito". (AMADO. *Hora da Guerra*: 17 mar. 1944).

É preciso que os latino-americanos tomem uma decidida posição com sua responsabilidade de participação nessa Segunda Grande Guerra, ou se tem uma vitória, em outros cantos, na Europa, e aqui, na América Latina, se vê o nipo-nazifascismo triunfante.

Das diversas posições políticas

Thomas W. Merrick, em "A população da América Latina, 1930-1990", fornece dados dos habitantes dessa parte da América, em 1950 – os mais confiáveis e mais próximos da Segunda Grande Guerra –, situando em aproximadamente 165 milhões e 880 mil, com a distribuição abaixo:

Argentina	17 150
Bolívia	2 766
Brasil	53 444
Chile	6 082
Cuba	5 850
Equador	3 310
México	28 012
Paraguai	1 351
Peru	7 632
Uruguai	2 239

(MERRICK, 2009, p. 235).

Esses números correspondem a mais de 75% da população da América Latina, o que dá uma dimensão globalizante aos temas abordados por Amado.

Durante o período da Segunda Grande Guerra, quase toda a região é governada por ditaduras militares, tendo à frente de tenentes a marechais, que subitamente se viram convocados a participar da contenda que tinha, em ambos os lados das alternativas, também ditadores, porém europeus – o *Führer* alemão, Adolf Hitler, o *duce* italiano, Benito Mussolini e o marechal soviético, Josef Stalin –, sendo que o último termina por se aliar aos líderes das democracias ocidentais, Franklin Roosevelt, dos EUA e Winston Churchill, da Grã-Bretanha.

Numa situação bem conflituosa vivem as nações e as palavras, na Europa, nas Américas e, particularmente, no Brasil. É, por vezes, difícil se entender quando a novíssima junção contra o nazifascismo se intitula de "Aliados", de "Democracias", de membros das "Nações Unidas", como, em todo o tempo de sua circulação, ignora o responsável de *Hora da Guerra*.

Mas, deixando de lado tais digressões, parte-se para continuar a apresentação do mundo na Segunda Grande Guerra, até onde a ótica amadiana comporta.

Em "De Castillo a Ramirez*", Amado apresenta o golpe vitorioso na Argentina, trama dos generais Pedro Pablo Ramírez e Arturo Rawson, sob a alegação de uma tentativa de fraude eleitoral em grande estilo, mas que, em verdade, mostra-se um *"putch"* de direita.

Acrescenta Jorge Amado que o governo Castillo, neutralista e simpático ao "Eixo", não consegue impedir a formação de uma Frente Nacional dos partidos democratas, apesar de o país estar sendo governado, desde 1941, por um estado de sítio. A candidatura oficial de Patron Costas será facilmente derrotada.

Nas últimas eleições para deputados, o governo fica em minoria:

> Nesse momento ainda não se haviam decidido os radicais a uma política de unidade com os demais partidos democráticos. Ainda discutiam e não foi possível uma chapa única. Já os socialistas, no entanto, haviam dado seu apoio à política de Unidade Nacional, e o povo da cidade de Buenos Aires, apoiando essa linha unitária, elegeu 17 deputados socialistas, como maioria, e 5 radicais como minoria, não elegendo nenhum da Concordância, fusão das forças reacionárias e pró-fascistas que apoiavam o governo. E note-se que, na minoria radical eleita, os deputados mais votados foram aqueles que, na direção do partido, se batiam pela unidade das correntes democráticas, entre os quais Taborda. Foi útil a lição aos radicais e marchavam eles para o acordo que traria a união dos grandes partidos democráticos nas próximas eleições, a escolha de um candidato único de oposição no governo, candidato que fatalmente derrotaria Patron Costas e a política de Castillo, levando depois a Argentina ao seu devido lugar entre as nações americanas e os povos livres que então em guerra contra o nazifascismo. (AMADO. *Hora da Guerra*: 10 jun. 1943).

O golpe parece mais endereçado contra a união dos partidos do que contra as possibilidades de fraude eleitoral. Em princípio, o fechamento do Congresso; depois, o silêncio quanto à política internacional a ser seguida; e, ainda, a constituição do Ministério ou a sua posterior recomposição; e mais, o afastamento dos partidos políticos; por fim, o apoio da Concordância, do lado do governo derrubado. Tudo isso leva a crer que a queda de Castillo não é uma abertura, mas um reforço das forças, em si, do lado do nazifascismo.

A ligação com Rawson cai; Ramírez parece afastar-se de um governo que se tornaria democrático e próximo às Nações Unidas. Encerra o cronista, questionando:

> [...] ante as notícias chegadas, é que uma ditadura direitista substituiria ao governo neutralista de Castillo. Seria perguntar se Ramirez evoluirá num

sentido democrático ou conseguirá se manter contra as tendências mais arraigadas do grande povo argentino. (AMADO. *Hora da Guerra*: 10 jun. 1943).

Envolvidos na turbulência da Guerra, acontecem outros fatos que, de certa forma, enquadram-se no panorama. Na Argentina, vizinha, a crônica "Sucedem-se os Acontecimentos*" traz informes significativos.

Tais marcas históricas estão presentes no parágrafo inicial:

> Amontoam-se e sucedem-se os acontecimentos sensacionais nos dias que vivemos, a guerra começa a se aproximar do fim e traz no seu ritmo uma série de notícias que merecem comentários e esclarecimentos. Enquanto na frente leste os soviéticos conquistam cidades e mais cidades, limpando de alemães a área do Donetz e rompendo a linha do Dnieper num espetacular avanço para as fronteiras, a Itália rende-se incondicionalmente e os Estados Unidos revidam com uma nota áspera e até violenta, um pedido de armamento feito pelo governo ditatorial de Ramirez, que sucedeu à Presidência pró-eixistas, porém, constitucional de Castilho. (AMADO. *Hora da Guerra*: 10 set. 1943).

Aproxima-se o final da Guerra, mostram as notícias; vitórias acontecem em todas as frentes. Na Argentina, o seu governo ditatorial, deseja quebrar – com solicitação feita aos EUA – a Unidade Continental, em busca de uma supremacia de comando para a América Latina. Acrescenta o texto:

> [...] A nota do governo norte-americano, que leva a assinatura de Cordell Hull, não deixa dúvidas quanto ao caráter antidemocrático do governo Ramirez. Não tenho lembrança de nota diplomática tão despida de convencionalismos e de gentilezas insinceras quanto esta. É uma tremenda acusação ao governo de Ramirez que pedia armas para não haver um "desequilíbrio no armamento latino-americano". Mais tremenda ainda é uma nota publicada pela revista norte-americana "Time", onde são relatados fatos sucedidos nos últimos meses no país vizinho. Na nota é clara a acusação de manifesta tendência totalitária do governo recém-implantado. (AMADO. *Hora da Guerra*: 10 set. 1943).

É impossível se prever as consequências dos últimos atos do governo do país vizinho: as prisões de líderes políticos de oposição prosseguem como Raul Damonte Taborda. Amado, no entanto, tem sempre um olhar solidário e generoso para com o povo argentino:

> Uma coisa posso afirmar com conhecimento de causa: se existe um povo democrática, um povo que odeia as tiranias e que odeia o nazifascismo e seus similares, esse povo é o argentino. Sempre esteve ele ao lado das Nações Unidas contra o "Eixo". O governo Castilho não representava o pensamento do povo argentino. E – segundo a nota de Cordell Hull – tão pouco o representa o atual governo. (AMADO. *Hora da Guerra*: 10 set. 1943).

A nota de revide do Departamento de Estado às pretensões argentinas passa quase despercebida. Muitos fatos ligados à Guerra estão acontecendo: a Itália se rende, certamente nos termos da paz incondicional, nos termos determinados pelos três líderes da luta antinazifascista. Há boatos que esperam confirmação: a invasão da França, a renúncia de Hitler, a possível queda do gabinete argentino...

Em "A Comédia Argentina*", Amado historia a farsa argentina da derrubada, por forças ainda mais retrógradas, de Ramirez e propõe que os países latino-americanos sigam o exemplo dos EUA, não reconhecendo a cornédia política farsante. Está escrito:

> Botaram Ramirez para fora do governo. O general-ditador havia cometido um "crime" terrível: rompera, sob pressão nacional e internacional, as relações da Argentina com os países do "Eixo" totalitário. O coronel Perón não gostou. Pediu demissão. Ele e vários outros. Esperavam que só esse gesto bastaria para derrubar o general Ramirez. Mas não bastou. Ramirez, inexplicavelmente, resolveu aceitar as demissões solicitadas, organizar novo ministério, possivelmente menos fascista, e levar a sério o rompimento com o "Eixo". Então Perón reuniu os companheiros de demissão, mais alguns amigos e adeptos, e foram à casa do presidente. Cercaram Ramirez e falaram claro:
> – Dê o fora...
> Ramirez não teve outro jeito. Vontade de continuar não lhe faltava, mas não via como. Perón era o dono da situação, o tal, o que mandava. (AMADO. *Hora da Guerra*: 7 mar. 1944).

A farsa política ganha forma de trivialidade corriqueira, como se tratasse de um mero jogo com as atitudes anticonstitucionais, já também existentes com o general Ramirez. O ditador-presidente rompe relações com o "Eixo", o que desagradou à turma da politicagem ministerial, sob o comando do coronel Juan Domingo Perón. "– Dê o fora...", foi o quanto bastou. E, mais uma vez, muda a Argentina de governo. O gesto peronista dá algum resultado: o Chile reconhece o novo governo.

E assim nesse jogo político prossegue a vida constitucional do Prata, com continuadas restrições dos norte-americanos ao comércio regular com o país americano, como informa Rosemary Thorp, em "As economias latino-americanas, 1939-c.1950": Somente quando a Argentina acabou por declarar guerra ao Japão e à Alemanha, em março de 1945, os Estados Unidos suspenderam as restrições ao país portenho" (THORP, 2009, p.85).

Na Bolívia, em "Dois Assuntos*", Amado discute a viagem do vice-presidente dos EUA, Henry Wallace, à América Latina, procurando esclarecer e firmar a Unidade Continental, ele que era um dos mais respeitosos e poderosos líderes empenhados na luta comum para acabar o nazifascismo.

Coincidentemente ou não, um dos resultados mais apreciados de sua visita foi a declaração de guerra da Bolívia aos países do "Eixo". Com esse fato, se junta o país aos demais irmãos que se unem num pacto de agressão ao nipo-nazifascismo. Acaba-se com a política da neutralidade. Além de ser uma vitória diplomática dos norte-americanos, é um passo adiante dado pelo povo boliviano.

E conclui o cronista:

> A América forma hoje um bloco indivisível, cuja força há de pesar na mesa da paz, porque os países americanos em guerra, Estados Unidos e Brasil à frente, não economizarão esforços, em matérias primas, em máquinas, em armas e em homens também para que a vitória seja alcançada no mais breve prazo. (AMADO. *Hora da Guerra*: 8 abr. 1943).

Em "O Golpe Boliviano*", Amado mostra que a instabilidade democrática continua a vingar na América Latina. São ainda precárias as informações sobre o recentíssimo governo. Não se pode com segurança avaliar a nova Junta Revolucionária que afasta Enrique Peñaranda del Castillo. Pelos informes de Cordell Hull, que não tem pelas ditaduras sul-americanas qualquer simpatia, Peñaranda é, naqueles últimos 11 anos, o único chefe do governo da Bolívia que chega ao poder através de eleições.

Depõe Jorge Amado:

> É verdade que não se caracterizava ele por um perfeito cumprimento da democracia. Muito longe estava a Bolívia do Uruguai, por exemplo, no que se refere a processos democráticos de governo. Porém era sem dúvida firme a decisão de Peñaranda de fazer a guerra ao fascismo, de combater a quinta-coluna, de aproximação continental. (AMADO. *Hora da Guerra*: 24 dez. 1943).

Somente o percurso a ser seguido, inclusive com respeito à Carta do Atlântico e às quatro liberdades prometidas por Roosevelt, pode fornecer a pista correta. No momento, resta apenas uma dúvida: a de que apenas mais um governo parafascista, mascarado de democrata e atrelado ao carro das Nações Unidas, se tenha instalado no poder da América Latina com o golpe boliviano.

No Chile, em "Pelos Espanhóis Republicanos*", Amado indica a posição assumida, pela intelectualidade chilena, quando da libertação da África francesa:

> Os intelectuais do Chile telegrafaram aos governos da Inglaterra e dos Estados Unidos, instando para que esses governos intervenham junto a Giraud no sentido do que seja restituída a liberdade aos espanhóis republicanos, que se encontram presos no norte da África, onde se haviam acolhido como refugiados políticos. (AMADO. *Hora da Guerra*: 10 abr. 1943).

E, para corroborar o clima democrático existente no país vizinho, registra na crônica "**Unidade Continental das Américas***":

> O rompimento do Chile com as nações agressoras do "Eixo" vem fortalecer a Unidade Continental das Américas, elemento indispensável para a vitória final. Agora, apenas um país ainda não atendeu aos apelos do seu povo e conserva ligações diplomáticas e comerciais com a Alemanha nazista, a Itália fascista e o Japão criminoso. (AMADO. *Hora da Guerra*: 23 jan. 1943).

E, em "Unidade, Palavra de Ordem dos Presidentes*", estão as repercussões de tal ato de rompimento, no Brasil:

> Ainda há dias, quando foi das comemorações do aniversário do nosso rompimento de relações com o "Eixo", vimos, no Rio de Janeiro, o povo carioca transferir para o Chile, num cordial gesto de apoio, as homenagens que lhe eram prestadas. (AMADO. *Hora da Guerra*: 31 jan. 1943).

Em Cuba, o regime de Fulgêncio Batista, tem seus momentos democráticos elogiados por Jorge Amado, e, sobretudo, o governo da Bolívia, de Vilaroel, conforme a crônica "**Bolívia***", que se propõe a consulta popular:

> Veio, agora, o reconhecimento. Resta-nos esperar que as eleições corram com lisura, que Vilaroel não empregue, para conservar o poder, os métodos de Peñaranda... Em matéria de eleições o governo de Batista, em Cuba, vem de dar à América um notável exemplo. Eleições absolutamente livres. (AMADO. *Hora da Guerra*: 28 jun. 1944).

O Equador é também citado na crônica "Ainda a Argentina*", quando é feito um balanço dos avanços democráticos na América Latina, ressaltando a persistência isolada da Argentina, em manter-se à parte:

> No mesmo momento em que os diversos países latino-americanos, ainda sofrendo de imperfeições, maiores ou menores, nos seus sistemas de governo, marcham para soluções democráticas, quando o general Batista dá o grande exemplo de Cuba e o Equador modifica suas instituições, buscando a democracia, quando até a Bolívia realiza eleições, a Argentina continua a ser governada por aqueles que nos dias de ontem eram os mais eficientes sequazes de Hitler na América. (AMADO. *Hora da Guerra*: 12 set. 1944).

O México, com sua tradição de espírito aberto às conquistas políticas, é exaltado por Amado, desde "Saudação ao México*". O cronista descreve as paisagens do país, o espírito libertário de seus dirigentes e líderes políticos, que imprime cargas de emoção a todo instante: "Sei bem de que mescla de liberdade e luta é feita tua grandeza, México. Sei bem que democracia para ti não é uma palavra vã. Sei que o teu povo é livre de decidir do seu destino e do teu destino". (AMADO. *Hora da Guerra*: 17 set. 1943).

Em "O Fanático*", Amado fala do atentado do tenente mexicano Lama Rojas contra o presidente do México, Ávila Camacho, que, por pouco, não morre. Aliás, o país asteca sempre foi de posições destemidas e afrontosas em momentos oportunos:

> Jogou-se inteiramente a favor da Espanha leal, e até hoje recusou-se a reconhecer o governo do "quisling" marroquino. Quando a política da "hispanidad" foi lançada por Adolf Hitler, com o fim de preparar terreno na América Latina, o México apareceu como a mais poderosa barreira contra a infiltração falangista. (AMADO. *Hora da Guerra*: 13 abr. 1944).

Sempre se mostra uma nação contra o nazifascismo e sua intervenção na América Latina.

O Paraguai, de relações diplomáticas cortadas com o nazifascismo é, como indica a crônica "**Democracia Latino-Americana***", um governo que guardava certas contradições:

> Apesar de que o Paraguai encontra-se na guerra contra o nazifascismo, ao lado das Nações Unidas, os democratas e antifascistas de longa tradição de luta têm sofrido horrores no país latino-americano como se fossem eles os inimigos da pátria e não os nazistas. É uma estranha situação, mas ela não encerrará grande mistério se formos apurar as relações do Paraguai com o governo argentino atual. (AMADO. *Hora da Guerra*: 12 mar. 1944).

É parte de um plano de dominação da América Latina, que visa impedir que a paz não seja de conciliação. Por esse projeto, os Aliados ganham a guerra, porém têm de conviver com uma situação posterior de conveniências... O Paraguai é um exemplo perfeito.

Em tal projeto, tenta incluir todos os países latino-americanos, como comprovam as diversas crônicas amadianas voltadas para revelar essas possibilidades. Entre os países, também está o Peru, como atesta "Perigo Continental*", que sai da ditadura de Benavides. O texto não traz suposições e, sim, certezas:

> O governo do Peru, em nota oficial, vem de revelar a existência de uma conspirata nazista no seu território, conspirata que deveria ter explodido num "putch" em fins de dezembro passado. A nota do governo peruano deixa claro que eram elementos simpatizantes dos nazistas, reforçados com súditos alemães e japoneses, que preparavam o golpe abortado. (AMADO. *Hora da Guerra*: 19 jan. 1944).

O continente tem de estar vigilante e unido, para evitar surpresas desagradáveis.

O Uruguai, país de alguma tradição democrática – superior, com certeza, à do Brasil –, serve de abrigo a quase todo intelectual e/ou político brasileiro que deseja asilar-se na América Latina. O texto "Emilio Frugoni*" testemunha essas afirmações. Reatando relações com a União Soviética, que, segundo Amado, são suspensas em 1935, o presidente Amezaga vai buscar um opositor político para indicá-lo ao cargo de Embaixador:

> Hoje o Uruguai presta a Frugoni uma grande homenagem com a sua nomeação para Embaixador na URSS. O velho professor é um orgulho da cultura americana. Por isso a sua nomeação repercutiu em todo o continente. País onde a democracia é uma realidade, o Uruguai continua a dar exemplos aos seus irmãos da América. A nomeação de Emilio Frugoni é um desses exemplos. (AMADO. *Hora da Guerra*: 15 jan. 1944).

Pouquíssimos países da América Latina, talvez apenas o México, têm embaixadores na União Soviética.

Mas, no Uruguai, o clima dominante é diferente; como Amado narra em "**Democracia Latino-Americana***", para resguardar a segurança de todos:

> Felizmente esboça-se uma repulsa a este plano em todo o continente. O Congresso de Trabalhadores Latino-Americanos, recentemente reunido em Montevidéu, sob a presidência de Lombardo Toledano, votou unanimemente, como primeira decisão, um apelo pela liberdade dos presos políticos antifascistas da América. (AMADO. *Hora da Guerra*: 12 mar. 1944).

Em "Perigo Continental*", a Venezuela denuncia a ingerência da Embaixada Espanhola em atividades antidemocráticas no país e, em "**Democracia em Ação***" retoma, com veemência, a acusação, ajuntando que elementos estranhos à política nacional, estão "tentando `putchs´ com o fim de impor regimes de corte fascistas". (AMADO, *Hora da Guerra*: 26 jan. 1944).

É o sonho do nazifascismo de transformar a América Latina na trincheira final da reação, do terror e da escravatura, mantendo seus princípios antidemocráticos, apesar da sua derrota na Segunda Guerra.

12 Da Arte na Guerra

Das preliminares

São numerosas as crônicas de Jorge Amado que tratam na *Hora da Guerra* dos vínculos da arte com princípios e liberdades humanas, aproximadamente, pouco mais de 1/5 dos textos apresentados – quase noventa para quatrocentos e sessenta e cinco dias de circulação da coluna. Dentro dos diversos tipos de abordagem, 4 são mostrados pelo escritor, com destaque: quarenta e uma peças sobre arte/literatura, discussão de sua natureza, modalidades e recepção; trinta e uma peças sobre comentários de vários livros e autores; oito peças sobre produções híbridas, predominantemente, em linguagem literária; sete peças com o emprego dos traços do estilo dramático.

Evidente que não pretendo esgotar a totalidade do envolvimento literário amadiano de dezembro de 1942 a outubro de 1944, quando ele, inclusive, publica *Terras do sem fim*, em 1943, e *São Jorge dos Ilhéus*, em 1944, narrativas com mais de 50 edições cada.

A intenção é, sobretudo, mostrar os liames da criação artística e a guerra, tratando-se de um momento em que as formas de existência são errônea e egoisticamente negadas pelo nazifascismo, dando este prevalência, apenas, a um determinado grupo social ou nacional.

São selecionadas dez crônicas para breves comentários como uma amostra da preocupação de Amado com o acontecimento presente e imediato da Segunda Grande Guerra e os das manifestações culturais e artísticas como permanência, sem retoques, seja das denúncias, das incertezas, ou das realizações do humano.

Se for olhado com clareza, vê-se que, em todo o desenvolver do presente ensaio, um critério literário é utilizado na leitura de todas as crônicas da *Hora da Guerra*.

Dos comentários das crônicas

Crônica 1 – A primeira proposta que aparece é "**A Poesia Também é Uma Arma*** ", onde Amado, certamente baseando-se nas premissas do realismo-socialista, define a arte como mero instrumento de mudanças e construções do homem. A obra de arte vale, no principal, pelo fim a que se destina.

Conforme o autor, o poeta Frederico García Lorca é fuzilado pelo governo de Franco; o grande escritor da Andaluzia, o imortal cantor dos "gitanos". António Machado, outra voz da literatura, é morto num campo de concentração na França de Pétain.

Mas, por aí, não se esgotam as vítimas do nazismo: na Áustria, "nacionalizada", Freud é expulso e morre na Inglaterra; da Alemanha, retira-se Thomas Mann, o seu maior nome das letras – não é ariano autêntico, sua mãe é brasileira; outros criadores são igualmente removidos: Heinrich Mann, dos mais aceitos pelo público; Remarque, Ludwig, Zweig. Acrescenta Amado:

> Esse foi, sem dúvida, o mais degradante espetáculo que o mundo já assistiu: os monstros da Gestapo, entre gargalhadas bestiais, expulsando das suas Pátrias o que havia de mais profundo na inteligência universal. Hoje, aos sábios e escritores alemães, austríacos e espanhóis, se juntaram as de todas as nações ocupadas não porém vencidas. Não faz muito li um emocionante apelo da Sociedade de Escritores dos Estados Unidos, que Teodoro Dreisler preside, em favor dos artistas, escritores e sábios que, expulsos das suas pátrias sob o terror nazi, sofrem as maiores dificuldades econômicas. Outros – como Lessig, Ascher, Silberschmidt – são assassinados nos campos de concentração. (AMADO. *Hora da Guerra*: 31 dez. 1942).

É uma declaração de guerra aberta à inteligência e à cultura, que são armas em defesa constante da liberdade. Os artistas – propõe Amado – devem ser mais aguerridos e unidos em defesa dos seus direitos, de circulação de suas ideias, como sugere, no Brasil, a poeta baiana Jacinta Passos: uma Legião da Cultura para a Vitória:

> E concito, em nome da dignidade da Inteligência, ultrajada por Hitler e por seus cúmplices, os demais artistas e escritores da Bahia a formarem nela. Leal e francamente, estendo minha mão a todos os demais escritores. De parte todas as diferenças de ordem estética. Lado a lado, acadêmicos e modernos, católicos e livre-pensadores, escritores da "arte pela arte" e escritores

da arte social. Para provarmos ao nazismo que a poesia é realmente uma arma do povo, da liberdade e da Pátria. (AMADO. *Hora da Guerra*: 31 dez. 1942).

Será uma campanha nacional de "Unidade e Ação", reunindo escritores brasileiros que, em diversas ocasiões, se pronunciaram, como José Lins do Rego, Érico Veríssimo, Marques Rebelo, Augusto Schmidt, Wilson Lins, Graciliano Ramos e outros, homens de todos os credos, de todas as tendências. Se o nazifascismo dominasse o mundo, sofreriam todos os homens da cultura e da arte.

Crônica 2 – Logo depois vem "Poesia e Guerra*", em que Amado relembra um acontecimento pretérito, quando, em outubro de 1942, se comemora o cinquentenário de Graciliano Ramos e a saudação foi entregue a Augusto Frederico Schmidt, poeta mais voltado para as reflexões da arte pela arte, que as de cunho com relevo no social. No momento, Schmidt levanta um tema mais do convívio de todos que as preocupações com predomínio no individual:

> [...] além do seu justo chamado à Unidade de todos os intelectuais para a luta de morte contra os inimigos da cultura – os nazistas e sua quinta-coluna –, o que antes de tudo me impressionou foi a confissão feita pelo poeta que o artista não podia se afastar da vida que se desenrola em torno de si. (AMADO. *Hora da Guerra*: 5 mar. 1943).

A situação internacional de conflito chama a atenção do poeta lírico para outras visões, mais imediatas. Talvez em seguimento a essa advertência, Schmidt lança um poema sobre o general Douglas MacArthur, "numa definitiva reconciliação com os temas imediatos numa compreensão do verdadeiro papel do poeta nesta hora".

É útil recordar que, no mundo inteiro e no Brasil, em especial, a poesia sempre está ao lado do povo, cantando as suas aspirações e vontades. E teoriza Amado afirmando que a poesia não pode resultar tão só da vida do poeta, mas, por igual, do mundo que o cerca:

> Em torno a nós temos hoje a guerra, uma guerra santa pela defesa da nossa Independência que as forças da barbárie e da incultura ameaçam. Não há lugar neste momento para temas pessoais e frívolos, para a pesquisa de novos e difíceis ritmos, para a experiência de emoções íntimas. É um momento dramático, é a guerra, ela pesa sobre a Pátria, sobre o povo, deve pesar também sobre os poetas. Este é o momento do grande canto heroico que celebre os atuais motivos que vivemos tão intensamente: a Unidade dos povos, dos governos, das Nações, a tragédia dos assassinatos e dos torturados, daqueles que perderam tudo, liberdade e Pátria também, o heroísmo dos

que combatem pela sobrevivência da poesia no mundo. (AMADO. *Hora da Guerra*: 5 mar. 1943).

Castro Alves retorna como exemplo amadiano de artista, das praças e do povo. O seu canto heroico de comando, que vê, orienta e ensina caminhos a serem seguidos, na união social, tão necessária e urgente.

Crônica 3 – Em "Nossa Missão é a Guerra*", de 17 de março de 1943, Amado fala da situação por que todo o universo passa. Um momento em que não é de se manter nenhuma ilusão: os nazifascistas, caso as pelejas sejam vencidas por eles, implantarão um estado de discriminação injusto e desrespeitador, com o triunfo apenas dos arianos e nada mais.

A crônica, muito apropriadamente, inicia-se com a fala de um general, para os recrutas, seus subordinados:

> Falando aos soldados do 2° R. M., em Porto Alegre, o general Vatentim Benício disse: "Quando bem podemos medir o vasto alcance das responsabilidades que nos cabem, a nós, forças armadas perante a Pátria e o concerto das nações de que somos aliados em defesa da razão, em defesa da liberdade, do direito e da civilização. Soldados: nossa missão é a guerra, sob qualquer modalidade e, para ela nos devemos preparar, sejam quais forem as eventualidades do atual conflito". (AMADO. *Hora da Guerra*: 17 mar. 1943).

Diante dos reclamos da guerra, inexistem grandes diferenças entre cidadãos e soldados. Toda e qualquer confiança na vitória deve estar resguardada na União Coletiva, na honestidade de propósitos.

No Brasil, já se encontram em andamento as opções assumidas – há 14 meses do rompimento de relações diplomáticas com os países do "Eixo"; há 7 meses da declaração de guerra; há pouco mais de 6 meses do chamado, pelo Presidente Getúlio Vargas, para a Unidade Nacional. Contudo, falta ainda ser escutado um clamor popular, que reúna todas as diversas correntes e envolvimentos partidários. É a ausência de um *élan* coletivo – quase poético – na crença e na esperança da solidariedade nacional.

Por isso, as palavras sempre repetidas de Jorge Amado – "É um momento dramático, é a guerra, ela pesa sobre a Pátria, sobre o povo, deve pesar também sobre os poetas" (AMADO. *Hora da Guerra*: 5 mar. 1943) – se juntam como uma forma de fazer a ligação da arte com a guerra. Pouco importa de onde venham os dizeres, se falam de união nacional, falam também de um compromisso, que se assume e se assina na forma de cada um se ocupar na sociedade, na maneira de cada um preencher, com lucidez, a escolha das rotas de suas variadas tarefas de cidadão.

As resistências à Unidade – e os desempenhos culturais e artísticos podem ser igualmente incluídos – são maneiras de se recusar ao engajamento maior com a causa coletiva. Torna-se difícil compreender os que ainda se recusam, colocando embaraços ao encontro único, à rápida concretização de marcharem todos ao lado do governo. Parecem não ver o problema imediato de ganhar a guerra, de conduzir o país

> ao cumprimento dos seus deveres para com a sua Independência ameaçada, para com os seus aliados, para com a Humanidade em luta contra o nipo-nazifascismo. Vêem os problemas futuros, colocam na mesa das discussões apenas aquilo que prevêem ser tema de futuras cogitações. É como se já houvéssemos ganho a guerra, como se o perigo nazifascista já tivesse sido eliminado, como se estivéssemos tranquilos e em paz, aptos para abrirmos uma ampla discussão interna sobre os nossos problemas de ordem política e pessoal. (AMADO. *Hora da Guerra*: 17 mar. 1943).

Os dias de amanhã parecem comandar as aspirações daqueles patriotas que se interessam somente pelas perdas e ganhos políticos, como se já estivessem em dias de paz, como se os perigos daquele momento não fossem os piores para a humanidade, como se não dessem de frente com os anseios dos povos.

Uma pausa de confiança mútua é indiscutível:

> Por tudo isto vale a pena repetir as palavras do ilustre general Valentim Benício: "De nada valerá a confiança na vitória se ela não for alicerçada na União Coletiva..." Mesmo porque, como também o disse o general, "nossa missão é a guerra", este o nosso dever neste momento: dar todas as nossas energias para ganhar a guerra. E só se ganhará a guerra estabelecendo antes uma firme Unidade Nacional de todos os patriotas em torno ao governo de guerra do Brasil. (AMADO. *Hora da Guerra*: 17 mar. 1943).

Crônica 4 – Em "Lição dos Guetos de Varsóvia*", Amado lança mão de um dos seus artifícios de construção textual, buscando estabelecer um diálogo com uma ausente, com uma amada, no caso, chamada quase unanimemente de "amiga", que ele, professoralmente, lhe indica as rotas das verdades, e lhe pede, tão só, a necessidade de carinho...

> Leio o telegrama brutal e sinto como se os teus olhos de tanta luz pousassem também sobre ele [e] se enchessem de horror ao ler a trágica notícia. Imagino teu coração cheio de dor e de revolta. Teus olhos se pousassem, como os meus, sobre esse telegrama, talvez, amiga, se enchessem de lágrimas. Riem os teus olhos na doçura das tardes quando o crepúsculo tenta pôr tons melancólicos nos céus da cidade. E o riso dos teus olhos, no teu

rosto sério no qual descanso das minhas mágoas, espanta a tristeza dos crepúsculos e traz novo sol alegre para as ruas. (AMADO. *Hora da Guerra*: 23 maio 1943).

Em todo o afeto, a certeza marcante de que o período da Guerra é de construção e convicção continuadas. Não é hora de repouso, mas de lutas. Os olhos não apenas contemplam os fatos e as notícias, mas preparam-se para reagir contra as injustiças perpetradas.

As últimas correspondências da Frente Leste direcionam-se para a Polônia, cuja invasão e destruição, iniciadas em 1939, esbarram-se nos guetos de Varsóvia, que terminam por oferecer ao mundo um exemplo de reação à indignidade e à monstruosidade hitlerista:

> Trinta mil judeus, os últimos que restam na cidade mártir de Varsóvia, os últimos vivos, os que ainda não foram vitimados pelos nazistas, estão encurralados nos seus guetos e, de armas nas mãos, pobres armas feitas com tudo que está ao seu alcance, resistem aos homens da Gestapo, e da SS. Os últimos trinta mil judeus de Varsórvia, amiga, foram condenados ao extermínio e defendem sua vida. Estão nos dando um exemplo, ó amiga dos olhos doces, com sua resistência, com o transformar dos guetos em trincheiras. Estão nos dizendo que não é hora de chorar, não é hora para as lamentações, é hora de lutar, de combater o bom combate. (AMADO. *Hora da Guerra*: 23 maio 1943).

É uma lição dos tempos de guerra essa prestada pelo "gueto": tudo, inclusive as artes, deve ser transformado em trincheira e em armas de combate. Não é hora de lamentos, é hora de combate, dizem-nos "os últimos 30 mil judeus" dos guetos de Varsóvia...

Jorge Amado interpreta toda a perseguição nazifascista como um chamado à arte engajada. A cultura, também uma forma de inscrição do homem no mundo, deve estar atenta para as circunstâncias do seu momento. Para o século XX, o nazifascismo é uma vergonha, uma recordação a ser lamentada. Porém, as marcas da reação são motivo de vaidade e motivo de orgulho, sobretudo quando se luta contra essas discriminações arianas.

Para todos, ficam os exemplos dos guetos de Varsóvia: os judeus resistem, levantam barricadas e fabricam, com suas mãos, as armas com que vendem caro as suas vidas. As conclusões do cronista, apesar do deslize de "frágil mulher", servem de proveitosa recordação:

> Todos nós podemos dar algo para o combate ao nazismo. Também tu, amiga, que és frágil mulher, também tu podes lutar, desde que enchas teu coração de ódio, de ódio mortal, contra esses que assassinam, sem dó nem

> piedade, trinta mil judeus nos guetos de Varsóvia,. Nem uma lágrima nos teus olhos. Neles, só quero ter a decisão de combater o nazifascismo até o seu completo extermínio, amiga! (AMADO. *Hora da Guerra*: 23 maio 1943).

Crônica 5 – Em "**Os Artistas Modernos do Brasil e a Guerra***", Amado mostra a coerência entre ocupação artística e sua autêntica função de servir a causas humanas e sociais, predominante entre os modernos artistas visuais do país:

> Os artistas plásticos modernos do Brasil vêm de enviar para Londres uma exposição de pintura. Os quadros serão expostos na capital inglesa e vendidos em benefício da RAF. Querem assim os renovadores da pintura nacional prestar seu concurso, o concurso da sua arte, nesta guerra contra as forças inimigas da beleza e da cultura. (AMADO. *Hora da Guerra*: 19 out. 1943).

A Segunda Grande Guerra expõe todos os homens a mostrarem suas afirmações de vida, estejam de que lado político estiver, mas conscientes das grandes quebras representadas pelo triunfo das pretensões excludentes do nazifascismo.

O campo da criação artística não pode ficar imune a tais provocações às mais importantes conquistas da humanidade, em que todos sabem que nascem iguais em dignidades e direitos.

As evidentes recusas de aceitação no convívio comum de pessoas que já mostraram ou mostram expressivas contribuições a toda uma civilização, como Albert Einstein, Sigmund Freud, Federico García Lorca, Romain Rolland ou Thomas Mann e muitos outros, de todas as nacionalidades e ocupações, não podem impedir a formação de uma corrente de solidariedade universal contra tais equívocos, transformados em dogmas da sobrevivência do arianismo.

A "Royal Air Force" – RAF, com sua notável participação –, juntamente com todo o povo de Londres –, entre julho e agosto de 1940, resiste heroicamente aos insistentes bombardeios da "Luftwaffe". Como encerra Juan Vásquez, em "A batalha da Inglaterra não era uma `blitzkrieg´":

> A vitória da RAF foi a primeira derrota da até então triunfante Wehrmacht. Nos dois lados do Atlântico, muitas pessoas renovaram as esperanças de que a guerra não estava perdida e que uma vitória dos Aliados ainda era possível. Mas haveria um longo caminho pela frente, de sangue, suor e lágrimas. (VÁSQUEZ, 2009, p. 136).

Desses pintores, alguns, ao seu modo, já concorrem no combate ao nazifascismo: Lasar Segall, com suas obras de denúncia e comprovada revelação dos horrores hitleristas;

Augusto Rodrigues, com a publicação na imprensa brasileira de suas caricaturas dos nazistas, etc. O acontecimento constitui-se na maior exposição de pinturas nacionais:

> Terão assim os ingleses oportunidade de conhecer o movimento pictórico brasileiro no que ele tem de mais expressivo (a pintura brasileira moderna pode-se considerar das mais interessantes da América), e prestam os artistas brasileiros justa homenagem ao povo inglês que com tanto heroísmo vem se batendo pela humanidade. O dinheiro angariado com a venda desses quadros será transformado em aviões que irão destruir as indústrias bélicas dos germano-fascistas, defendendo, em última instância, a própria arte, cuja existência os nazis ameaçam. (AMADO. *Hora da Guerra*: 19 out. 1943).

Amado vale-se da oportunidade para, na medida do possível, teorizar sobre a função da arte, ressaltando que se acaba o tempo de o artista viver isolado, trancado, riscando, em oportunidades, suas naturezas mortas. Participam da amostra grandes nomes da pintura nacional, já consagrados ou iniciantes: Segall, Pancetti, Tarsila, Portinari, Di Cavalcanti; Flávio de Carvalho, Carlos Prado, Quirino da Silva, Alberto Guinard, Santa Rosa, Osvaldo Goeldi, Scliar, Roberto Burle-Max, Carlos Leão, Paulo Werneck, Oswald de Andrade Filho, Manuel Martins, Rebolo Gonzalez, Bonardi, Volpi, Zanini e muitos outros:

> É mais que um gesto, é um exemplo magnífico, que os artistas nacionais, os homens que renovaram a arte pictórica brasileira, dão aos de outras profissões. Foi-se o tempo em que o artista vivia isolado do mundo, trancado na sua torre, a pintar naturezas mortas e nus. Hoje o artista encara a vida frente a frente, sua arte se humanizou, está envolvido nos problemas dos demais homens. E assim sendo não podia deixar de estar presente nesta guerra que não [só] decide o destino de nações e povos mas também do destino da arte. (AMADO. *Hora da Guerra*: 19 out. 1943).

A mensagem que acompanha as telas é endereçada ao povo de Londres. Todos os envolvidos na homenagem demonstram saber que, muito mais que uma ajuda financeira, era um gesto solidário para com os ingleses, com sua certeza constante da vitória e com a demonstração continuada de resistir a uma possível invasão germana.

É conveniente o registro parcial da situação citadina, durante a chamada batalha de Londres. Segundo os informes de Matías Costilla, em "Os frequentes bombardeios sobre Londres e a vida sob a `blitz'", a população "[...] tentou adaptar-se da melhor forma possível à constante ameaça dos bombardeios por parte dos alemães. Os ataques diurnos foram substituídos por incursões noturnas, que prosseguiram por meses". (COSTILLA, 2009, p.137).

Disso resultaram milhões de desabrigados e milhares de feridos e mortos. De tal sacrifício imenso e desumanidade cruel é que surge a lembrança dos pintores brasileiros:

> "Como artistas, foi a melhor maneira que achamos de expressar aos ingleses a nossa admiração e solidariedade, e esperamos que seja nosso gesto apreciado no seu sentido moral e simbólico mais do que pelo seu valor material. É para nós motivo de orgulho saber que nos achamos ao lado do povo inglês na luta contra a barbárie nazifascista. Estamos convencidos de que o povo britânico está defendendo acima de tudo a dignidade do homem, o patrimônio do espírito e as conquistas da democracia". (AMADO. *Hora da Guerra*: 19 out. 1943).

Foi uma atitude de respeito e solidariedade que dignificou o trabalho artístico.

Crônica 6 – Em "**Cultura e Democracia***", de 4 de fevereiro de 1944, Amado abre batalha contra a censura prévia de livros brasileiros, cujo combate à infame posição começa a surgir, nacionalmente:

> O artigo do grande romancista José Lins do Rego, honra e orgulho das letras brasileiras, publicado sob o título de "Censura de Livros", é um grito de alarme contra novas manobras quinta-colunistas, em relação à literatura brasileira. O autor de "Fogo Morto" levanta-se contra o pedido de um desses muitos literatos fracassados, postos a serviço do fascismo, que quer uma censura para livros, "a fim de que não se corrompam ou envenenem as almas frágeis". Numa revista do Rio li também uma nota onde se informa que o romance "Fronteira Agreste", estreia de Ivan Pedro de Martins, que vem obtendo grande sucesso, foi classificada por um subcensor riograndense como pornográfica. É a mesma tecla fascista de "arte degenerada". "Arte degenerada" é, para os fascistas e seus criados da quinta-coluna, toda aquela que combate o fascismo. (AMADO. *Hora da Guerra*: 4 fev. 1944).

Lins do Rego, escritor regionalista consagrado em todo o país, publica um artigo em protesto contra tamanha discriminação, num momento em que a Nação já havia declarado guerra aos países nazifascistas e se preparava para a "guerra ativa", com um Corpo Expedicionário de embarque previsto para a Europa.

A censura é um jogo muitíssimo perigoso, utilizado, algumas vezes, por escritores de sucesso temporário ou inicial para ver se firmam prestígio, sobretudo na vendagem de exemplares. É a guerra de mercado, o embate mercadológico mascarado pelo chamado de escritor perseguido.

Para a cultura brasileira era, sem dúvida, um golpe, uma traição para com os padrões democráticos costumeiros. Diferentemente do que ocorreu em outros tempos da ditadura de Vargas, como a experiência de 1936/1937, por exemplo, quando o próprio Amado sentiu os rigores dessa época, com diversos livros seus queimados em praça pública, em Salvador.

Ainda naquele momento, parecia que a quinta-coluna não queria ceder terreno: as perseguições a Gilberto Freyre e a Érico Veríssimo, as provocações em torno do pintor Lasar Segall, indicam sua insistência. No entanto,

> [...] a moderna literatura brasileira não fugiu ao seu dever antifascista, não recuou na sua luta contra os inimigos da pátria. O Brasil sempre encontrou seus escritores modernos na trincheira, em defesa do povo, da democracia, da liberdade, contra o fascismo, a quinta-coluna, o terror e o obscurantismo. (AMADO. *Hora da Guerra*: 4 fev. 1944).

Por todos os compromissos assumidos pelo país, tornava-se impossível acontecer uma reviravolta desse tipo. Seria negar os passos dados e os caminhos trilhados, seria desmoralizar os projetos em prol da democracia, seria desautorar os vínculos assumidos em favor da liberdade. Afinal, é o Brasil e não a Alemanha ou outros governos...

Crônica 7 – Em "Poesia*", de 15 de março de 1944, Amado levanta questão sobre o papel cultural desempenhado por um líder político quando fala do dia a dia do seu mister. A frase publicada e repetida, nas diversas ordens do dia que anunciam vitórias dos exércitos soviéticos – "Glória eterna aos que tombaram na luta pela liberdade e independência da Pátria! Morte ao invasor alemão!" –, de autoria atribuída a Stalin, constitui, no pensamento do cronista, o que há de mais poético nesses tempos de guerra. Seria a identificação total da arte comprometida, do engajamento último desses instantes de luta:

> Iniciamos este dia de Castro Alves lendo versos de um poema. Está a poesia nos telegramas dos matutinos porque a guerra trouxe para os acontecimentos diários uma força de epopeia e muitas vezes o poeta é um líder político ou um popular anônimo. Há um verso que se repete agora quase que cotidianamente, é um dos mais belos que já se escreveram: "Glória eterna aos que tombaram na luta pela liberdade e independência da Pátria! Morte ao invasor alemão!" Lá está ele na ordem do dia do marechal Josef Stalin sobre a libertação de Kherson. Amanhã o encontraremos dizendo que a liberdade chegou para Nikolaiev, e, assim, num crescendo de emoção, o leremos até

que nos anuncie estar a cidade de Berlim livre dos monstros nazistas, nas mãos do povo da Alemanha. Se Stalin resolvesse publicar em volume as suas ordens do dia poderia colocar como título do livro essa única palavra sugestiva: "POEMAS". E ficaria o volume entre os grandes e eternos livros de poesia de todas as idades. Seria a nova Odisseia, a dos tempos modernos. (AMADO. *Hora da Guerra*: 15 mar. 1944).

Jorge Amado retoma seu poeta preferido, Antônio de Castro Alves, no dia de seu nascimento em 14 de março (quando o texto foi redigido), com maior número de referências em *Hora da Guerra* – num total de 29 crônicas – para usá-lo como modelo de literatura comprometida no Brasil, e torná-lo o mais universal possível, pelo seu ideal constante de comprometimento com o popular e com as aspirações nacionais. O vate guia Amado nas leituras de Josef Stalin, ao proclamar as vitórias de suas forças sobre as tropas germanas: "a nova Odisseia, a dos tempos modernos".

Valendo-se das lembranças castroalvinas, o cronista força os sentidos das palavras usadas "para clamar pela Polônia que desejava então livrar-se do czar" e do "governo muniquista que de Londres", quando bem se sabe que se trata apenas de delimitações das fronteiras soviéticas... E também ao se referir aos "povos em revolta: o iugoslavo, o grego, o francês", bem se sabe que é, tão só, assentamento de zonas de influência comunista...

Mas, na construção textual, nos pensamentos amadianos, Castro Alves e Stalin estão emparelhados:

> O gênio baiano era a voz da liberdade clamando contra as tiranias. Hoje, se fosse vivo, seus poemas teriam o mesmo ritmo triunfal das ordens do dia do marechal soviético. Quando levantasse seu canto em louvor dos soldados russos ouviríamos versos como os da "Ode ao Dois de Julho". Ouviríamos as palavras mais ardentes. (AMADO. *Hora da Guerra*: 15 mar. 1944).

Amado imagina Castro Alves redivivo, revoltado contra os *quislings* traidores da pátria; imagina seu ódio e sua indignação contra o assassinato de García Lorca; imagina sua postura contrária à subversão do mundo, desejada por Hitler; imagina seu desprezo pelos atos de Mussolini; imagina sua voz de fogo para falar de Pétain, etc.

Nesse dia que relembra sua vida e sua obra, só uma criação existente seria capaz de rivalizar com a sua: a do anúncio de Stalin, de derrotas e mais derrotas do invasor de Nações...

Para Jorge Amado, é o preço do momento, é a arte comprometida em tempos de guerra!...

Crônica 8 – Em "**Voz da Cultura***", de 14 junho de 1944, Jorge Amado comenta a realização do I Congresso de Escritores Brasileiros, promovido pela Associação Brasileira de Escritores, que será importantíssimo e pioneiro para a classe:

> Foram os escritores baianos, através um discurso de Luiz Viana Filho, presidente aqui da ABDE, os lançadores do Congresso, acolhido com entusiasmo pelos escritores do Rio, de São Paulo e do Rio Grande do Sul. Já uma série de entrevistas foi concedida no Rio, por diversos escritores, sobre o Congresso. E ainda ontem Osório Borba escrevia longo artigo sobre ele. Em resumo: em Setembro, em Petrópolis, os escritores brasileiros, sem distinção de tendências religiosas e políticas, reunir-se-ão democraticamente para discutir seus problemas. Os de ordem profissional, que estão a exigir debates sérios, e os que se referem à dignidade e liberdade da profissão. (AMADO. *Hora da Guerra*: 14 jun. 1944).

Amado acrescenta a novidade da profissão no país. Nunca se pensou na possibilidade de se viver apenas com o ganho da ocupação. E cita exemplos do passado literário brasileiro, quando quem escrevia enriquecia os editores e distribuidores:

> Eis uma profissão nova no Brasil. Machado de Assis vendia os direitos autorais definitivos de um livro seu por quinhentos mil réis. Com isso enriqueceram os franceses da Garnier e enriquecem ainda hoje os americanos da Jackson. Machado de Assis morreu pobre, viveu sempre do seu magro salário de funcionário público de segunda categoria e jamais considerou a literatura uma profissão possível como meio de vida. (AMADO. *Hora da Guerra*: 14 jun. 1944).

Os tempos e os hábitos mudaram. Amado junta nomes que vivem somente da ocupação profissional, são exemplos Gilberto Freyre, Érico Veríssimo e o próprio cronista: "Eu não vivo de outro trabalho e se tenho algo de que me orgulhar na minha carreira é não ter querido nunca ser outra coisa senão um escritor." (AMADO. *Hora da Guerra*: 14 jun. 1944).

No Congresso, alguns problemas seriam discutidos, como os dos direitos autorais por livros publicados e a transcrição de artigos sem a autorização do autor. Contudo, o mais importante devia ser a "sólida unidade dos escritores brasileiros, acima de quaisquer divergências estéticas, ideológicas e religiosas, pela democracia contra a bestialidade e o obscurantismo nazifascista." (AMADO. *Hora da Guerra*: 14 jun. 1944).

A cultura, a arte e a literatura, aliás, toda criação humana precisa de liberdade para continuar a existir.

Crônica 9 – Em "**Um Quadro de Segall***", de 19 de julho de 1944, Amado preocupa-se, principalmente com a recepção de uma obra de arte. No início, maldosamente juvenil ou ingenuamente astuto, o artista faz o convite ao variado e desarticulado público para vir desfrutar de sua messe:

> Éramos vários na sala maior do atelier de Lasar Segall. Ele voltou a tela imensa para nós. E a guerra surgiu à nossa frente em todo o seu horror. Nunca a senti tão cruamente, nem na leitura dos mais renomados correspondentes, nem no cinema, assistimos os jornais do front, nem mesmo nos discursos dos líderes. Ali, no quadro do grande pintor paulista, a guerra não era descrição ou fotografia de coisa passada, de instantes vividos, de fatos superados. Ali ela estava presente nos olhos dos mortos, nos pés dos que se equilibravam sobre cadáveres, na angústia dos rostos deformados, nas cores que o artista conseguira. (AMADO. *Hora da Guerra*: 19 jul. 1944).

Para Amado, fruidor, a cena passa como se ele fosse um glutão saciado em sua gula, mas lhe oferecem, ainda assim, um lauto banquete; obviamente um artista com certo fastio de crueldades, sendo-lhe servido um desjejum de horrores: a amostragem da guerra com suas destruições inerentes...

Tudo que Amado observa é demasiado, enormemente cheio de significados, para, por fim, mostrar-se como realidade desfeita de truques ou ilusões: "Talvez em nenhum momento o meu ódio ao nazifascismo tenha se elevado tanto como quando contemplei o quadro de Segall".

Em seguida, Amado acostuma-se e compreende – ou tenta compreender – a estupidez desumana de uma guerra, sobretudo desse porte com cargas desenfreadas de ódio, de crueldade, de aniquilamento. Daí também buscar compreender o desprezo e a revolta que produzem os produtores de tal feitiço, os criadores/feiticeiros que denunciam as maldades que os inspiram:

> E só então compreendi a razão da campanha sórdida da quinta-coluna contra este mestre da pintura e este inigualável criador de beleza, quando da sua última exposição no Rio de Janeiro. A quinta-coluna se lançou contra ele com uma ferocidade inaudita. Não foi apenas o atentado a gilete contra os quadros como fizeram na Exposição de Arte Moderna de Belo Horizonte. Não. Contra Segall eles ergueram todas as trincheiras e usaram todas as armas. Colunas e colunas de jornais se encheram de acusações ao pintor extraordinário, ao maior artista brasileiro, àquele que se voltou sem medo para a realidade do seu tempo. (AMADO. *Hora da Guerra*: 19 jul. 1944).

Mas Amado não esbarra nos deleites individuais. Ele comenta, por igual, a contaminação catártica provocada por uma obra "imperfeita" num mundo repleto de "imperfeições"; no entanto, expressiva nesse contexto, cada vez mais à procura de expressividades:

> A multidão desfilava pelas salas onde estavam os quadros e se emocionava ante o "Progroom" e o "Navio de imigrantes", ficava muda e quieta ante esta representação espantosa da "Guerra". Esses quadros explicavam a campanha contra Segall. Não está ele, timidamente pintando flores e naturezas mortas nesta hora de angústias do mundo. Sua pintura é combate, é luta, é democracia contra fascismo, é liberdade contra escravidão. A tragédia que o nazismo desencadeou sobre o mundo está representada nestes três quadros: a matança dos judeus em todos os países onde o nazismo assentou sua bota; a fuga desesperada de quantos se puderam salvar, gente de todas as pátrias, em busca de paz; e, por fim, a guerra. (AMADO. *Hora da Guerra*: 19 jul. 1944).

Na verdade, a perseguição era uma atitude contrária ao bom-senso e ao desenvolvimento normal da cultura: a povos e a minorias, como os judeus, os ciganos e os homossexuais; a exilados, como os expulsos ou os foragidos de seus países de origem; a toda a humanidade, como as crianças, os intelectuais, os velhos, os doentes, e a todos os abalados com os tumultos de uma guerra.

O nazismo – sem querer inocentar o fascismo –, principalmente, não tinha o mínimo respeito ao próximo, às dignidades básicas do relacionamento entre seres humanos. Jorge Amado conclui extasiado: "Nunca mais poderei esquecer este quadro, mesmo que não venha a vê-lo novamente. Jamais quem o viu poderá esquecê-lo." (AMADO. *Hora da Guerra*: 19 jul. 1944).

Encerrando o texto, o cronista informa sobre a ideia de se lançar na Bahia uma exposição de arte moderna, o que, sem dúvida, seria mais uma vereda para trilhar as obras de Lasar Segall, com sua imorredoura "Guerra" incluída.

Crônica 10 – Em "Eremburg[1] acusa*", de 13 de outubro de 1944, Jorge Amado divulga a acusação do escritor ucraniano, Ilya Eremburg, ao escritor francês André Gide, em artigo publicado pela imprensa soviética e, de acordo com o cronista baiano, de repercussão em todo o mundo intelectual.

Eremburg, romancista, era já conhecido no Brasil pela tradução de suas narrativas, "A queda de Paris", "Os treze cachimbos" e "Julio Jurenito", além de muitos contos, e por sua atuação de jornalista nas frentes de combate do Leste, o que lhe deu destaque ao

---

[1] O nome do escritor Ilya Eremburg está grafado aos moldes jorgeamadianos, como se encontra em *Navegação de Cabotagem*, publicado pela Editora Record.

seu talento e à sua forte personalidade. Na União Soviética lhe foi concedido o "Prêmio Stalin", por seu trabalho de autor literário, e a "Ordem de Lenine", por sua atuação nos campos de batalha, sobretudo como correspondente de guerra dos mais lidos.

O autor de *Corydon*, malgrado sua brilhante atuação na área das letras, está, em seus últimos artigos, também na opinião de Amado, fazendo o jogo do nazifascismo:

> Não há que surpreender-se. André Gide, sem que lhe possa ser negada a importância estética da sua obra anterior, sempre foi um leviano amante de novas sensações, um típico representante da literatura de um fim de época, de um mundo que ruía. E mesmo a atualidade que querem forçar certos críticos à sua obra passada, definitivamente passada, é mais uma prova de que Gide se encontrar do lado antiprogressista da barricada em que se divide o mundo. Como ele, muitos outros nas filas dos aliados estão fazendo sutilmente o jogo do fascismo. Gide é apenas um espetro de outra época. (AMADO. *Hora da Guerra*: 13 out. 1944).

De que crime Gide é acusado a crônica não menciona. Apenas indica atitudes genéricas "antiprogressistas", o que dá lugar para Amado emitir suas opiniões sobre a exata função da arte da guerra, no momento:

> Os escritores e os artistas devem ser medidos pelo bem que fazem à causa da felicidade humana, à coletividade e não apenas pelos jogos de palavras e pensamentos por vezes belos, mas quase sempre estéreis. Bela é a cobra coral mas nem por isso as mulheres a trazem em volta ao pescoço como um colar. Esmagam-na com fúria porque aquela beleza esconde o veneno terrível. (AMADO. *Hora da Guerra*: 13 out. 1944).

Cai-se no jogo tradicional do "doce e do útil", sem nenhum acréscimo.

Eremburg, no entanto, é um homem autorizado a falar sobre a guerra e suas repercussões. Conquistou autoridade com sua atuação, com seu trabalho, com seu esforço em prol de sua pátria e das Nações Aliadas. Amado volta-se, agora, contra os jornalistas ocidentais que começam a lamentar o destino dos líderes nazistas, a pedir clemência para eles, como é o caso de Phillppe Pétain transformado em mártir, quando da invasão da França:

> Agora Pétain, a pseudovítima dos alemães, está dirigindo um governo títere francês. O que sucedeu com o velho traidor está sucedendo em relação a outros destacados nazifascistas. Os povos que veem fazendo sacrifícios imensos para ganhar a batalha da democracia e para conseguir um mundo de paz, não irão perdoar os criminosos que nos levaram a tanto sofrimento. O que os nazifascistas fizeram nos países ocupados não poderá ser esquecido. Tentar salvar

ou proteger os criminosos é tornar-se cúmplices dos seus crimes. A acusação de Eremburg, bem fundamentada, necessita de um caloroso apoio de todos os escritores e jornalistas livres. (AMADO. *Hora da Guerra*: 13 out. 1944).

O que Amado quisesse, talvez, que fosse uma crônica de confronto entre as opiniões de "arte engajada" e de "arte pela arte", tornava-se também um instante de revelações, de transparências – e para conseguir um mundo da paz... –, de aspirações delineadas de transformar o mundo e a Europa pós-guerra, predominantemente, em um mundo comunista.

Conclusão:
A atuação do intelectual e militante Jorge Amado na Segunda Guerra Mundial

Ao ler e analisar os escritos de Jorge Amado na coluna *Hora da Guerra*, publicados em *O Imparcial*, de Salvador, no período de dezembro de 1942 a outubro de 1944, consegui perceber a linha de pensamento do já escritor e militante comunista e como algumas de suas ideias irão ser desprezadas posteriormente ou desenvolvidas em sua obra literatura.

A coluna *Hora da Guerra* não se trata de uma visão histórica nem documental da Segunda Guerra Mundial, vista da Bahia, embora marcas de traços regionais estejam presentes nas crônicas, como datas históricas, o 2 de Julho ("2 de Julho*", "O Dia da Bahia*"); vultos consagrados, ou individualmente, como Castro Alves ("Castro Alves Redivivo*") e Rui Barbosa ("Rui, Bandeira Antinazista*", "Retrato de Rui*"), ou reunidos em grupo, como "Povo de Castro Alves, de Rui e de Seabra*[1]"; acontecimentos regionais, como a Lavagem do Bonfim ("**Senhor do Bonfim, Padroeiro das Nações Unidas***", "Festas do Bonfim*"); como os festejos de São João ("São João Com Vodka*", "São João*"); traços da cultura afro-baiana, como o Candomblé e os Orixás ("Atabaques da Vitória*"), e outras lembranças locais (como "Restaurante na Madrugada*").

Jorge Amado – como deixa bem claro em suas crônicas – é um membro do Partido Comunista, muitíssimo bem informado das intenções e reações da União Soviética, como são exemplos: o desprezo ao integralismo ("Autorretrato do Nazi-Integralismo*", "Interpretações Verdes*", "Boatos Verdes*"); ou ao *muniquismo* ("Retrato do Muniquista*" "Ronda do *Muniquismo**", "Contra os Muniquistas*"); ao *quislinguismo* ("O Vice-Quisling Arma Um Bote...*", "Assim Acabam os Plínios...*"); ou o desejo

---
[1] José Joaquim Seabra, ex-Governador da Bahia.

ardente da "Unidade Nacional", com todas suas implicações de silêncio consentido ou de momentâneo esquecimento ("O Dever da Unidade*", "O Dever de Unidade e o Direito de Crítica*", "`...É o Sangue e a Lágrima Que Redimem os Povos...´*"); ou da participação ativa do Brasil no conflito, com o envio de um Corpo Expedicionário ("Na Frente, a Bandeira do Brasil*", "Corpo Expedicionário*", "**Soldados da Liberdade***"); ou da abertura de uma Segunda Frente, no Oeste europeu ("Aproxima-se a Segunda Frente*", "Urgência da Segunda Frente*", "**Necessária e Urgente***"), etc. São traços que bem caracterizam um ardente militante partidário, como ficará esclarecido em *O Mundo da Paz*, posteriormente lançado, em 1950, livro escrito em seu exílio de pós-guerra, na Checoslováquia.

Amado, em a *Hora da Guerra*, rediscute algumas ideias que permaneciam na Europa, desde os fins da Primeira Grande Guerra Mundial e inícios da Segunda, quando as tradicionais nações europeias, como a Grã-Bretanha e a França, coadjuvadas pela Polônia, Finlândia, Holanda e outras, nutriam-se de reservas excludentes frente à União Soviética, que havia derrubado o Império Czarista e apontava para uma nova forma popular de governo, deixando de lado as pressões da aristocracia remanescente, como os barões da Prússia, e da pequena burguesia poderosa, como as citadas 40 famílias francesas.

Essas ideias vão ganhar corpo com o início dos avanços do III Reich alemão, baseado nos princípios hitleristas de mando e, em especial com os encontros de Munique, de 1938 – e o afastamento da União Soviética da mesa de consultas –, que decretam – sob o comando da França, Grã-Bretanha e Itália –, por exemplo, a aceitação das pretensões nazistas: o fim da Checoslováquia e a tomada dos Sudetos.

Isso vai fazer surgir a procura de ligações políticas entre a União Soviética e a Alemanha, vigentes até a invasão das fronteiras soviéticas pelos hitleristas, em meados de 1941.

Nas crônicas amadianas, a expressão *muniquismo* aparece como uma das marcas ideológicas do autor, sobretudo como um sinal das tentativas de afastar a União Soviética das decisões e de dar fôlego ao nazifascismo, em qualquer campo que seja.

Foi com essas munições que fiz as leituras dos textos amadianos. Amado era um brasileiro filiado às hostes partidárias do PC, recém-chegado, em setembro de 1942, do refúgio político na Argentina e no Uruguai, por causa da ditadura de Vargas tendo ficado, momentaneamente preso no Rio e, em seguida, mandado pela polícia política para ficar na Bahia.

Suas ligações partidárias como devem ser são transparentes, ele tem ideologia em um tempo que os escritores estão divididos entre a direita e a esquerda e elas se fazem explícitas na *Hora da Guerra*. Jorge Amado nunca esquece o integralismo como força nacional que é uma ala "perigosa" e sempre se coloca contra o comunismo, reservando para esse movimento o olhar continuado de sentimento, capaz de todos projetos e alianças para escravizar e trair a pátria, reunindo a esse bloco os integralistas, também chamados de quinta-colunas. São exemplos de tal posição as crônicas, centradas, no ataque ao integralismo ("**Último Diálogo Dos Chefes Integralistas***", de 9 de março de 1943, "Os Lobos no Cemitério*", de 20 de março de 1943, "Maníacos do Assassinato", de 26 de março 1943, "**As Camisas Enterradas***", de 28 novembro de 1943); ou no quinta-colunismo ("Aquele que Vos Disser...*", de 14 de janeiro de 1943, "**Último Diálogo dos Chefes Integralistas***", de 9 março de 1943, "Palavra de Ordem da Quinta-Coluna*", de 2 de fevereiro de 1944).

Com liames com o porvir soviético, estão também os textos que visam ou a sua demarcação de fronteiras ("Pequena Objeção*", de 18 de dezembro de 1943, "A Vez da Finlândia*", de 8 de fevereiro de 1944, "O Báltico*", de 22 de setembro de 1944); ou a suas zonas de influência ("**A Lição Húngara***", de 23 de março de 1944, "A livre Europa*", de 17 de junho de 1944, "O Vice-Versa*", de 2 de setembro de 1944). Há toda uma delimitação seguida do que, logo de imediato ao fim do conflito, será reivindicado e imposto pela vitoriosa URSS, como suas fronteiras com o Báltico, a Finlândia, a Polônia etc., ou suas zonas de influência nos Bálcãs, com a Bulgária, a Iugoslávia, a Hungria, etc.

Por outro lado, na construção da *Hora da Guerra,* há uma preocupação constante com o estabelecimento de traços para a criação de personalidades, colhidos, muitas vezes, ao livre molde amadiano, e calcados no número de aparições em que a quantidade de presenças não significa positividade: Adolf Hitler é a grande criatura, com mais de duzentas e sessenta referências ou citações em crônicas diferentes; seguem Benito Mussolini com mais de cento e vinte, Francisco Franco com mais de cem e Philippe Pétain, com mais de sessenta, todos mostrados no aspecto negativo da existência. Sem querer esgotar, apresento, em número reduzidíssimo, ligeiros perfis das mais de seiscentas e trinta personalidades presentes na *Hora da Guerra*.

São mostrados registros, ora breves ora mais aprofundados, de vultos que percorrem toda uma seleta história da humanidade, desde o mítico Caim até os mais fervorosos contestadores, como Karl Marx.

Em Hitler, posso ver marcas de uma personalidade cruel: como em "O ídolo e a ilusão*": "Agora só existe na Alemanha um poder: a Gestapo. Absoluta e sem limitações, a ela cumpre agir, cumpre matar, torturar, prender, violentar, contanto que impeça novas manifestações do povo e dos oficiais contra a vida do tirano nazi." (AMADO. *Hora da Guerra*: 22 jul. 1944); doentia: em "Abacaxi...*", "Hitler demite seus marechais antes que eles, aproveitando o exemplo de Badoglio, o demitam" (AMADO. *Hora da Guerra*: 5 ago. 1943), e megalômana, em "O Cínico*": "Esses que assim agem e mais aqueles que antes da guerra tudo fizeram para auxiliar Hitler na conquista`pacifica´ do mundo [...]" (AMADO. *Hora da Guerra*: 23 nov. 1943); em Mussolini, Amado escorrega, a meu ver, em sua caracterização, pois, além das conhecidas torpezas do *duce* – em "Vingança Fascista*": "De há muito que já não há comida nem para os milionários. Toda a comida é pouca para os italianos opressores." (AMADO. *Hora da Guerra*: 26 jun. 1943), ele é retratado, contrariando algumas tendências da história atual, como ridículo e risível: em "O Palhaço e Os Palhacinhos...*": "O palhaço decadente cerca-se de palhacinhos, apelida-os de ministros e põe-se a brincar de roda..." (AMADO. *Hora da Guerra*: 25 set. 1943); Franco aparece como falso cristão em "Um Líder Católico*": "Quando até dos púlpitos houve quem abençoasse a espada de Franco, o quisling espanhol, [...]" (AMADO. *Hora da Guerra*: 8 jul. 1943), fascista em "Franco e o *Muniquismo**": "Franco, aliado do "Eixo", filho de Hitler, posto sobre o povo espanhol pelo fascismo, vem a público declarar qual a sua esperança para o após-guerra." (AMADO. *Hora da Guerra*: 12 fev. 1944), e erroneamente sugerido por Amado como homossexual em "Os `Señoritos...`*": "Os espanhóis têm um termo que designa essa gente admiravelmente: "señoritos". Franco é o rei dos "señoritos". (AMADO. *Hora da Guerra*: 24 ago. 1943); Pétain é chamado de velho traidor e vil em **Pétain, o Triste Exemplo***": "Pétain é hoje sinônimos de traição de vileza, de humilhação do homem e de indignidade da velhice. Alguns perguntam: está apenas caduco ou será assim tão tristemente sórdido?" (AMADO. *Hora da* Guerra: 21 fev. 1943), e entregador da França à Alemanha: em "**Criminosos***": "Os entregadores de pátrias agiram, ali, deslavadamente. Nos meios civis e militares. E agora tentam todos, inclusive Pétain, o imundo, embarcar nos triunfos democráticos." (AMADO. *Hora da Guerra*: 5 dez. 1943).

Outras personalidades de menor monta são ainda citadas por Jorge Amado em várias crônicas da Hora da Guerra: Pietro Badoglio, com mais de cinquenta textos; Joseph Goebbels, Pierre Laval e Vittorio Emmanuel III, com mais de quarenta, aparecendo rigorosamente nessa ordem numérica.

Badoglio, sempre ligado ao fascismo e, depois da queda do *Duce*, seu substituto, é visto por Amado, em "As Comadres Discutem*", de 3 de setembro de 1943, como do bando dos provocadores da Guerra:

> Em verdade o que os dois grupos deviam fazer era ler o discurso de Churchill. Chegariam à conclusão de que nunca foi tão forte a aliança das Nações Unidas e a sua decisão de levar a guerra até a derrota completa do

nazifascismo, seja ele de Hitler e de Mussolini ou de Badóglio e dos barões prussianos. (AMADO. *Hora da Guerra*: 3 set. 1943).

O ex-duque do extinto Império italiano não perde os rastros de seu passado de abnegações, como escreve Amado em "Tapemos o Nariz...*", de 3 de fevereiro de 1944:

> Já está Giraud, tão suspeito, tão desmoralizado, politicamente, que nem mais se ouve o seu nome que cheira a *muniquismo* a cinquenta léguas. Já está a quadrilha dos reis, os últimos reis da era cristã: Pedro da Iugoslávia, Jorge da Grécia, Victor Emmanuel da Itália. Vejam que trinca... E ao lado deles, como seu mais fiel guarda-costa, o duque-de-Addis Abeba, o assassino de negros abissínios, o marechal Badóglio.... (AMADO. *Hora da Guerra*: 3 fev. 1944).

Goebbels, político nazista e amigo de Hitler, é visto por Amado, em "Pobre Doutor Goebbels*", a partir de sua deformação física, próxima da sua moral:

> Em meio aos nazis, existe um sujeito pequeno, coxo e amargo, doente e triste, que é um dos mais revoltantes dentre eles. Se chama Joseph Goebbels e houve um tempo em que ele arrotava, apesar da perna arrastando, valentia para o mundo. Há alguns anos esse espécime raro de degenerado cuspia sobre os homens pacíficos e trabalhadores, sobre os sábios e os escritores, sobre os artistas e os poetas, as mais tremendas ameaças. Uma vez, histérico e delirante, na sua córnea incapacidade de se realizar como ser humano, ele declarou que "não podia ouvir falar na palavra cultura sem sacar o seu revólver". (AMADO. *Hora da Guerra*: 17 jan. 1943).

Ao responsável pela tremenda propaganda alemã, muitas vezes mentirosa, Amado reserva, em "O Último Discurso de Goebbels*", uma suposta última fala, ridícula e cheia de intenções conclusivas:

> "Povo alemão:
> Estamos cada vez mais próximos à vitória. A queda de Paris não significa nada. Paris jamais teve importância. Sempre foi uma cidade que representou um estorvo que vantagem para a nossa sagrada causa. Afinal, ali, perdemos muitos dos nossos homens, assassinados pelos escravos franceses, seres de raça inferior que, com absoluta falta de respeito e educação, não trepidavam em matar nossos lindos oficiais e nossos fortes soldados. Pouca importância tem, também, o suicídio de Pétain e o enforcamento de Laval e outros amigos nossos. Resta-nos ainda Francisco Franco, Oliveira Salazar, Perón, sem falar no nosso magro Plínio Salgado. [..]" (AMADO. Hora da Guerra: 14 jul. 1944).

Laval, em "O Sinistro Laval*", representa para Amado o que há de mais negativo em um chefe político de qualquer país:

> Laval, o sinistro, a mais miserável figura desta guerra! Embarca para Berlim, vai pedir aos seus amos que lhe deem armas para combater os guerrilheiros franceses. Em todas as pátrias há uma escória, um resto podre de lama, um motivo de vergonha. No Brasil um Plínio Salgado, na França um Laval. Jamais ser humano desceu tanto na escala da dignidade e da honra. Jamais alguém foi tão baixo, tão sujo, tão asqueroso quanto esse político de má política, esse ambicioso sem escrúpulos, esse servo do dinheiro que passou a vida a se vender e que terminou vendendo a própria pátria. Nunca nada tão nojento foi produzido por qualquer sarjeta. Laval é a última excrescência da indignidade. Os porcos que se rebolam na lama teriam nojo do seu contacto e os chacais que comem cadáveres não o quereriam para companheiro de bando, tão degradado é esse homem, tão pulha é esse canalha, tão cínico e esse traidor. (AMADO. *Hora da Guerra*: 8 ago. 1943).

Um dos grandes traidores da França, Casimir de la Rocque, é assassinado por patriotas franceses. Amado, em "Justiça Popular*", questiona quando chega a vez dos outros iguais?

> Casimir de La Rocque se chamava ele. "Croix du Feu", se intitulavam os integralistas de lá, da França que eles entregaram aos nazistas. O coronel De La Rocque foi justiçado pelos patriotas franceses. Restará algum até o fim da guerra para as forças que os povos levantarão? Quando outros de mais renome, um Pétain e um Laval, curvaram as espinhas reacionárias na saudação a Hitler e ganharam o poder que o "Croix du Feu" pretendia, De La Rocque entrou para a polícia. (AMADO. *Hora da Guerra*: 22 jun. 1944).

Vittorio Emmanuel III, rei da Itália, íntimo colaborador de Mussolini, Amado não esquece, em "O Modesto Victorio*", sua participação constante e da Casa de Savoia no governo fascista:

> Como esquecer os vinte anos de íntima colaboração entre o Duce e o Rei, quando este se prestou a todas as inúmeras manobras do chefe fascista, sem um protesto, sem uma recusa, sem abrir a boca senão para aplaudir com entusiasmo? Como esquecer a aventura da Abissínia e a invasão da Albânia numa Sexta-feira Santa? Há quem diga que Victorio Emmanuele é um rei católico. Já os albaneses não pensam assim, argumentando que um soberano católico não deve e não pode usar o dia mais sagrado da religião do

> Cristo para roubar a independência de um país livre e escravizar um povo inteiro. (AMADO. *Hora da Guerra*: 22 out. 1943).

Amado costuma repetir, como em "Opereta Italiana*", o procedimento não aprovado por certos historiadores atuais, qual seja o de tratar com ironia o regime do fascismo italiano, muito embora não se trate de um historiador, mas de um partidário de uma visão ideológica, que vale nos seus depoimentos:

> Quando o fascismo estava forte, Victor Emmanuel foi o mais ardoroso admirador e maior apoio dos camisas-negras. Depois a coisa mudou: Victor Emmanuel viu que ia que perder a coroa e tratou de alijar Mussolini, com a ajuda do ex-duque de Addis-Abbeba, o marechal Badóglio. Mas o povo italiano denunciou imediatamente a farsa e somente os fascistas apóiam o rei, dentro e fora da Itália. Os italianos realmente democratas estão numa atitude de intransigência. Esse rei não pode continuar. Suas mãos estão sujas de sangue, do sangue do sangue que os camisas-negras derramaram. Seu lugar é no banco dos réus. (AMADO. *Hora da Guerra*: 12 jan. 1944).

Os três grandes líderes aliados, Winston Churchill, Franklin Roosevelt e Josef Stalin, são tratados com certa parcimônia. Roosevelt, com citação em quase setenta crônicas da *Hora da Guerra*, Churchill e Stalin, em pouco mais de cinquenta, mas rigorosamente nessa ordem numérica de citações. A cada uma dessas três personalidades está reservado um determinado papel, individualizado ou não, o que serve para indicar certa personalização.

O Primeiro-Ministro britânico é considerado, por Amado, o intelectual do grupo, em "Discursos*", sobretudo na construção e fala de seus pronunciamentos, bem elaborados e cheios de ritos de oratória e de ideais democráticos:

> Churchill, primeiro-ministro da Grã-Bretanha, falou. Seus discursos são sempre peças magistrais literárias, porque esse político inglês é um dos grandes escritores da época. Mas são também plenos de paixão, de uma paixão democrática que, nem por ser de certa maneira aristocrática, é menos admirável. Seu último discurso, passando em revista a situação militar e política do mundo, é otimista, saudavelmente otimista. E quem não se recorda dos seus dramáticos discursos de 1941, dramáticos não, porém desesperados? (AMADO, Hora da Guerra: 11 nov. 1943).

Em comparação com o do Presidente do Conselho dos Comissários do Povo da URSS, surgem, segundo o cronista, diversidades: "Apesar de tudo que separa a literatura oratória do adistocrático [sic] Churchill da do proletário Stalin, há neles uma nota que os aproxima e os une: o desejo de ganhar a guerra ao nazifascismo e de ganhar a paz ao *muniquismo*." (AMADO. *Hora da Guerra*: 11 nov. 1943).

Observações marcadas pelos coloridos partidários, onde aparecem mesclados desconhecimentos históricos, como afiança Simon Sebag Montefiore, em *Stálin: a corte do czar vermelho*, ao descreve o autor inglês em cena da visita de Joachim von Ribbentrop, ministro do Exterior alemão, a Stalin, na União Soviética, em 1941:

> Enquanto os convidados conversavam, Stálin foi ao suntuoso salão Andéievski para conferir os assentos marcados, o que gostava de fazer até mesmo em Kuntsevo. Os 22 convidados desapareceram diante da grandiosidade do salão, dos colossais arranjos de flores, dos talheres de ouro imperiais e, mais ainda, diante dos 22 pratos que incluíam caviar, todos os tipos de carne e peixes e grande quantidade de vodka apimentada e champanhe da Crimeia. Os garçons de branco eram da mesma equipe do hotel Metropol que serviria Churchill e Roosevelt em Ialta.[...]. (MONTEFIORE, 2006, p.355).

Outro grande momento político é o indicado em "**A Batalha da Inglaterra***", durante o bombardeio de Londres, quando Churchill deixa transparecer seu comando e liderança:

> Numa frase genial Churchill resumiu a epopeia da batalha da Inglaterra: "nunca tantos deveram a tão poucos". Devemos ao povo inglês a possibilidade de que a luta continuasse, de que hoje o nazismo esteja vivendo seus dias finais. A batalha da Inglaterra é página imortal que os poetas cantarão no futuro e as crianças estudarão como medida da grandeza humana! (AMADO. *Hora da Guerra*: 26 set. 1943).

Mas Churchill também é apresentado com o perfil de político exemplar, ao ver se concretizar suas promessas de colaboração mais visível para com a União Soviética, como narra "**A Frente da Bretanha***":

> Certa vez Churchill declarou que não haveria apenas a Segunda Frente. Outras frentes seriam abertas na Europa, tantas quantas fossem necessárias. E a promessa vem sendo cumprida. Os nazistas lutam agora numa quantidade de frentes que lhes tira toda a possibilidade de vitória. (AMADO. *Hora da Guerra*: 17 ago. 1944).

Roosevelt recebe de Amado um tratamento de reconhecido carinho, por sua sensibilidade em indicar caminhos aparentemente promissores para o futuro do universo, como expõe "Cálida Voz Americana*":

> Sob os céus da América, sob os céus do mundo, desde Washington, ressoou a cálida voz fraterna de Franklin Delano Roosevelt. Seu discurso no dia 7, ante o Congresso Americano, é uma das maiores peças oratórias produzidas por essa guerra. Um sentimento atravessa essas palavras, desde a primeira até à última: a esperança. Esperança no homem e no seu futuro, esperança nos dias que virão, os que ainda serão de guerra, os que serão os dias da paz. (AMADO. *Hora da Guerra*: 10 jan. 1943).

O Presidente dos EUA, como mostra a crônica "Democracia Para Todos os Povos*", é ainda um dos responsáveis pela criação da Organização das Nações Unidas, com o intuito de não apenas combater os responsáveis pelo "Eixo", como também o de instalar um clima de tranquilidade futura entre os povos:

> Não há muito, falando em outro discurso sensacional, o presidente Franklin Roosevelt disse que as Nações Unidas não lutavam tão somente contra Hitler e Mussolini, o nazismo alemão e o fascismo italiano. Lutam contra toda forma de terror e de obscurantismo. (AMADO. *Hora da Guerra*: 12 out. 1943).

Por outro lado, bastante citados e quase nunca enunciados expressamente são os desdobramentos das quatro liberdades primordiais do ser humano, proclamadas por Roosevelt, como aparece, por fim, em "*Knock-Out* Técnico*":

Ora, dá-se que existe um homem chamado Franklin Delano Roosevelt, atual presidente da Republica dos Estados Unidos da América do Norte. E isso é um peso para o *muniquismo*, além de ser uma desgraça para o nazifascismo.

> Pois, não foi esse senhor quem classificou e ordenou aquelas quatro liberdades primordiais do ser humano para o mundo do futuro: a liberdade de pensamento, a de crença, a de não ter fome e a de não ter medo da polícia política? (AMADO. *Hora da Guerra*: 31 out. 1943).

E também a ele se refere em "Mihailovich, Otto e Outros Darlans...", com a intenção de aproximar as propostas de todos os Aliados, num desconhecimento quase completo das intenções ditatoriais de Stalin:

> O presidente Roosevelt definiu, com as quatro liberdades fundamentais, o programa mínimo dos povos em luta contra o nazifascismo: liberdade

> de pensamento e palavra, liberdade de crença, liberdade de não morrer de fome, liberdade de não ter mêdo da policia política. Podemos definir o termo muniquista da seguinte maneira: são muniquistas todos aqueles que, atuando dentro dos países e governos que formam o bloco das Nações Unidas, desejam conservar seus povos privados daquelas quatro liberdades ou de alguma delas. (AMADO. *Hora da Guerra*: 3 dez. 1943).

Essas quatro liberdades estão presentes em várias crônicas da *Hora da Guerra*, sendo, no entanto, apenas expressas, nomeadamente, nesses trechos. No meu entender, é esse mais um recurso, dos usados por Amado, para mesclar de democracia as propostas soviéticas.

Stalin tem parte de seu perfil construído por Amado, a partir da crença absoluta em suas palavras de chefe das tropas soviéticas, como vem colocado em "Fiau! Fiau!*":

> Todos sabem que Stalin é um realista e que não costuma mascarar com falso otimismo a verdade dos fatos. Esta guerra ensinou a toda gente que, quando o comandante em chefe dos exércitos russos afirma uma coisa é porque ela e uma realidade. (AMADO. *Hora da Guerra*: 2 nov. 1943).

Em minhas citações de momento, culminando com o gosto de certa forma extravagante de Amado insinuar em Stalin uma personalidade rigorosa e delicada a um só tempo, em "Feliz Ano Novo!*":

> Recordo uma frase de Henri Barbusse, mestre de nós todos, escritores antifascistas, escrita há quase dez anos sobre a vossa personalidade: "Este homem claro e luminoso é um homem simples". Nenhum mistério rodeia vossa presença esclarecedora. *Sois como uma rocha mas sois também como uma flor.*[2] (AMADO. *Hora da Guerra*: 1º jan. 1944).

Ao lado disso, há certo cinismo na expressão do gosto de Stalin, como em "**A Proposta Russa***", quando Amado escreve sobre as pretensões soviéticas em relação às fronteiras com a Polônia:

> Podia perfeitamente a União Soviética desconhecer o governo polonês de Londres e retificar as fronteiras á sua vontade. Porém já se torna clássica a maneira correta como a pátria de Stalin resolve seus conflitos internacionais. Acostumada a cumprir com lealdade seus pactos, acostumanda também a não intervir nos negócios internos de cada país, a União Soviética, ao mesmo tempo que retoma velhos trechos do seu território, artificialmente incorporados antes a Polônia, oferece a esse país compensações que

---

2 Grifos do autor do ensaio.

de muito ultrapassam o território devolvido à Rússia. [...] (AMADO. *Hora da Guerra*: 13 jan. 1944).

Reunidas essas três personalidades, há também crônicas da *Hora da Guerra*, ora juntando duas ou as três delas num mesmo texto. Em "**Até a Rendição Incondicional***", os líderes aliados ocidentais, Churchill e Roosevelt, reunidos em Casa Blanca, decidem:

> Roosevelt, líder nacional dos Estados Unidos, em torno de quem se processou a Unidade Nacional da grande nação do norte, e Churchill, chefe do governo inglês de guerra, governo que reúne o apoio de todas as classes e todos os partidos da Inglaterra, se encontraram em Casa Blanca e, durante dez dias, discutiram os problemas da luta contra o "Eixo". Foi impossível o comparecimento de Stalin, o chefe russo, impossibilitado de se afastar da frente este, onde seu povo derrota o invasor nazi, foi impossível o comparecimento de Chiang-Kay-Cheig, o generalíssimo da China, cujos exércitos unidos derrotam o invasor japonês. (AMADO. *Hora da Guerra*: 28 jan. 1943).

Do encontro de ideias dos países aliados, nasce a Organização das Nações Unidas, que também aprova as decisões provindas do Encontro de Teerã, acontecido de 28 de novembro a 1º de dezembro de 1943, reunindo, por fim, os três líderes, mostrados na crônica "**Teerã Significa Liberdade***":

> As Nações Unidas estão aprovando as decisões da Conferência de Teerã, não com um simples e protocolar apoio diplomático, mas com entusiasmo. Entre as nações que assim o fizeram se encontra o Brasil. O ministro Aranha comunicou que recebera a mensagem onde Roosevelt, Stalin e Churchill transmitiram as decisões a que haviam chegado e declarou o inteiro acordo do Brasil e essas decisões. Foi num momento de festa intelectual e as palavras do ministro brasileiro mereceram prolongados aplausos. Essa é a atitude dos povos do mundo ante às decisões de Teerã que lhes garantem uma "paz que seja a expressão da vontade esmagadora das massas populares de todo o mundo", como reza textualmente o comunicado oficial. (AMADO. *Hora da Guerra*: 9 dez. 1943).

Por outra, Amado constrói, constantemente, os pontos que unem os três representantes de países, malgrado o apagamento consciente da antiga ligação Hitler/Stalin, como vemos em "Carta do Atlântico para a Europa*":

> Os setores muniquistas interessados em esquecer as obrigações nascidas do documento assinado inicialmente por Churchill e Roosevelt, procuram

enterrar a Carta do Atlântico no sonho de impedir o estabelecimento de uma verdadeira democracia na Europa e na América. (AMADO. *Hora da Guerra*: 6 abr. 1944).

Direcionada ao Brasil, a personalidade mais citada na *Hora da Guerra* é Plínio Salgado, com quase sessenta citações ou referências em crônicas variadas, enquanto Getúlio Vargas vem com aproximadamente quarenta. Salgado é mostrado como covarde, pois dá descrédito ao Corpo Expedicionário na Europa, visando desmoralizar a presença ativa do Brasil na Guerra, atemorizando as famílias dos soldados brasileiros, como acontece em "Boatos Verdes*":

> Mas os verdes traidores da Pátria, açulados pelo rato Plínio que se ceva em Portugal, não possuem nenhum sentimento patrióticos em seus míseros corações. Procuram levar ao seio das famílias a inquietação, levantando os mais alarmantes boatos sobre a sorte dos rapazes que formam a falange de bravos que se bate na Europa. (AMADO. *Hora da Guerra*: 15 out. 1944).

Jorge Amado mostra ainda na *Hora da Guerra* composições dramáticas, como a usada no "**Monólogo de Adolf...***". Após desmoralizar Hitler, mostrando diversos momentos de sua vida pregressa, introduz no final Plínio Salgado, chegando lastimoso de Portugal, mas com a vontade louca de uns marcos emprestados:

> (Aparece ao longe a cidade de Berlim, na sombra. Mas o céu está iluminado. São as bombas da RAF. Adolf larga o binóculo, senta no chão, começa a chorar. Plínio Salgado chega de Portugal e com um lenço bordado da ilha da Madeira, qual antiVerônica do AntiCristo Adolf, enxuga-lhe suor e lágrimas e pede-lhe uns marcos emprestados). (AMADO. *Hora da Guerra*: 17 jul. 1943).

Vem após "**Comédia das Traições***", usando Amado a mesma técnica dramática para apresentar Salgado como embusteiro, sem a menor preocupação com a vida humana, fazendo aparecer a origem de seu apelido de "Plínio Tômbola Salgado":

> O farmacêutico não dá atenção. O cliente, porém, que não conhece Plínio, então chamado Plínio Rolinha, lhe dá atenção:
> Cliente: – Que é senhor?
> Louco: – Descobri, descobri.
> Cliente: – O quê?
> Louco: – Um xarope para resfriado...
> Cliente: – Compro um frasco...

> O farmacêutico faz sinais dizendo que Plínio é louco. O cliente não vê, compra o xarope, paga adiantado, bebe, morre em seguida. O louco sai com o dinheiro e compra uma passagem para São Paulo.
> Foi assim que começou a vida ativa de Plínio Tômbola Salgado. (AMADO. *Hora da Guerra*: 14 fev. 1943).

Getúlio Vargas é também apresentado por Jorge Amado, em sua versão da *Hora da Guerra*, sobretudo como incentivador da "Unidade Nacional", com o apoio político e com ampla margem de aceitação da sociedade, em todos os setores, como mostra "Corajosas e Leais Palavras*":

> O dr. Novais coloca o problema exatamente como ele deve ser colocado: uma guerra pela Independência nacional exige a Unidade Nacional em torno do Presidente Vargas, como fator indispensável para a vitória. As palavras deste lutador nos trazem, a todos os patriotas, uma certeza de que a concretização desta Unidade em torno do governo se está realmente se processando. Unidade que o Presidente da República desde 7 de Setembro vem pregando. (AMADO. *Hora da Guerra*: 23 fev. 1943).

Trata-se das palavras de um político, Manoel Novais, que retorna à Bahia, em seguida ao general Renato Pinto Aleixo ter assumido o cargo de interventor.

É muito grande a vontade de união dos brasileiros, mormente em seguida ao torpedeamento de embarcações nacionais. Quanto ao Presidente Vargas, esquecendo todos, momentaneamente, sua situação ditatorial, inclusive com as prisões de cidadãos mantidas durante toda a Guerra, tem em torno a seu nome reunidas diversas camadas da população para festejar seu natalício, na qualidade de condutor e líder, como mostra "Dia da Unidade Nacional*":

> Hoje á noite, o povo da Bahia desfilará pelas ruas, à luz de archotes que queimarão petróleo baiano numa passeata, sem procedentes nas demonstrações cívicas do nosso Estado, clamando por Unidade Nacional.
>
> Às organizações patrióticas e estudantis e ao governo pareceu essa a melhor e mais digna maneira de comemorarem o aniversário natalício do Presidente da República. Chamando todo o povo a uma união que seja poderosa barreira aos assaltos da quinta-coluna e dos inimigos externos. O Presidente da República, centro da Unidade Nacional, já conclamou a todos os patriotas para que, postos de lado as divergências pessoais e políticas, formem um só bloco em defesa da Independência da Pátria. E o povo

respondeu unanimemente a este chamado, porque o povo tem consciência da importância da Unidade Nacional para a vitória. (AMADO. *Hora da Guerra*: 19 abr. 1943).

Amado traz, ainda, trecho da proclamação da Liga de Defesa Nacional, que se intitula "Apelo a todos os homens honestos do Brasil", em sua crônica "Palavras Esclarecedoras*", que cerra fileiras em torno do Governo Vargas:

> "Por isso, no instante em que cada vez nos chega mais próximo o fragor da peleja que se trava pela independência dos povos e pelas liberdades democráticas, a Liga da Defesa Nacional, na data aniversária da Proclamação da República, faz um apelo a todos os brasileiros, independentemente de tendências ou de pontos de vista políticos, para cerrarem fileiras em torno do governo do presidente Getúlio Vargas, que declarou guerra ao Eixo agressor e que [...] essa guerra ás suas consequências lógicas através do envio do Corpo Expedicionário à Europa Ocidental e o necessário preparo da frente interna. Esse preparo será tanto mais acelerado quanto maior for o apelo popular. [...]" (AMADO. *Hora da Guerra*: 18 nov. 1943).

Dos poetas, e não apenas no Brasil, mas em todo o universo, o mais citado é Castro Alves, com vinte e nove referências em crônicas diversas, dentro da visão de Jorge Amado, em tempos de guerra só comparável a Josef Stalin, como relata, por exemplo, em "Glória Eterna!*", prenunciando uma leitura poética dos atos heróicos de embates no conflito:

> E só com a leitura da ordem do dia do marechal russo é que compreendi o grito e o gesto do conhecido do bonde. "Hoje houve "Glória Eterna!". Lá estava no final da ordem do dia a frase já clássica: "Glória Eterna aos heróis que tombaram na luta pela liberdade e independência da Pátria. Morte ao invasor alemão." A luta recomeçara, a ofensiva retomara seu ritmo violento. (AMADO. *Hora da Guerra*: 9 out. 1943).

Fazendo uso da crônica "Poesia*", quando Amado faz perquirições sobre a função da literatura nesses tempos de conflitos, em que o artista sente falta de contornos nítidos das ocupações culturais – as manifestações artísticas e militares se tocam e, por vezes se misturam –, o artista conclui sem alardes nem surpresas:

> Neste seu dia, no ano de guerra de 44, nós o procuramos nos jornais. Mas não será nas páginas literárias, de debates estéticos e estéreis, que o iremos encontrar. Não. A Castro Alves, à sua poesia, nós encontramos nos

telegramas de guerra que dizem de heroísmos e de combates. Eis aí o poeta Castro Alves, eis aí sua poesia: nesta ordem do dia do marechal Stalin. Ele poderia ter escrito se fosse vivo: "Glória eterna aos heróis que tombaram na luta pela liberdade e independência da Pátria! Morte ao invasor alemão!" (AMADO. *Hora da Guerra*: 15 mar. 1944).

Toda essa diversidade é resultante do caráter multímodo e inesgotável da *Hora da Guerra*. De inúmeras maneiras poderia ter sido feita essa leitura das crônicas, como a apresentada em *Jorge Amado na "Hora da Guerra"*.

O campo e leque de interpretações, no entanto, estão abertos para novas propostas, os interessados em Jorge Amado e em seus escritos podem aproveitar essa leitura que a *Hora da Guerra* oferece.

Referências bibliográficas

Literatura teórica:

ALVES, Ivia. *Arco & Flexa: contribuição para o estudo do modernismo*. Salvador: Fundação Cultural do Estado da Bahia, 1978.

BERND, Zilá e UTÉZA, Francis (Orgs.). *Produção literária e identidades culturais*. Porto Alegre: Sagra Luzzatto, 1997.

BERND, Zilá (Org.). *Escrituras híbridas*: estudos em literatura comparada. Porto Alegre: EDUFRGS, 1998.

BITTENCOURT, Gilda Neves da Silva (Org.). *Literatura comparada: teoria e prática*. Porto Alegre: Sagra Luzzatto, 1996.

BROCA, BRITO. *A vida literária no Brasil – 1900*. 2ª ed. rev. aum. Rio de Janeiro: José Olympio, 1960.

CARONE, Edgard. *Brasil: anos de crise (1930-1945)*. São Paulo: Ática, 1991. (Fundamentos; 77).

CARVALHAL, Tânia Franco (Org.). *O discurso crítico na América Latina*. Porto Alegre: IEL: EDUNISINOS, 1996.

COIMBRA, Oswaldo. *O texto da reportagem impressa*: um curso sobre sua estrutura. São Paulo: Ática, 1993. (Fundamentos; 95).

COUTINHO, Eduardo F. e CARVALHAL, Tânia Franco (Orgs.). *Literatura comparada*. Textos fundadores. Rio de Janeiro: Rocco, 1994.

DIMAS, Antonio. *Tempos eufóricos: análise da revista Kosmos, 1904-1909*. São Paulo: Ática, 1983. (Ensaios; 88).

DIMAS, Antonio. *Bilac, o Jornalista: Ensaios*. São Paulo: EDUSP; Imprensa Oficial do Estado de São Paulo; Campinas: EDUNICAMP; 2006.

FAUSTO, Boris. *História concisa do Brasil*. São Paulo: Imprensa Oficial; EDUSP, 2001.

HOBSBAWM, Eric. *Era dos extremos: breve século XX*. Tradução Marcos Santarrita. Revisão técnica Maria Célia Paoli. 2ª ed. 29. reimp. São Paulo: Companhia das Letras, 1995.

JOBIM, José Luís (Org.). *Literatura e identidades*. Rio de Janeiro: J.L.J.S. Fonseca, 1999.

JOBIM, José Luís e PELOSO, Silvano (Orgs.). *Identidade e literatura*. Rio de Janeiro: Roma: de Letras / Sapienza, 2006.

LE GOFF, Jacques. *História e Memória*. Tradução Bernardo Leitão (*et al.*). 5ª ed. Campinas: EDUNICAMP, 2003.

LUSTOSA, Elcias. *O texto da notícia*. Brasília: EDUNB, 1991.

PESAVENTO, Sandra Jatahy (Org.). *Fronteiras do milênio*. Porto Alegre: EDUFRGS, 2001.

REIS, Lívia de Freitas e PARAQUETT, Márcia (Orgs.). *Fronteiras da literário II*. Niterói: EDUFF, 2002.

SKIDMORE, Thomas E. *O Brasil visto de fora*. Tradução Susan Semler *et al*. 2ª ed. São Paulo: Paz e Terra, 2001.

SKIDMORE, Thomas E. *Uma história do Brasil*. Tradução Raul Fiker. 4. ed. São Paulo: Paz e Terra, 2003.

TODOROV, Tzvetan. *A conquista da América: a questão do outro*. Tradução Beatriz Perrone Moisés. São Paulo: Martins Fontes, 1993.

ZOKNER, Cecília. *Para uma crítica latino-americana*. Curitiba: EDUFPR, 1991.

Literatura amadiana:

ALMEIDA, Alfredo Wagner Berno de. *Jorge Amado: política e literatura*. Um estudo sobre a trajetória intelectual de Jorge Amado. Rio de Janeiro: Campus, 1979.

ALVES, Ivia. As mudanças de posição da crítica e a produção de Jorge Amado. In: _____. (Org.). *Em torno de Gabriela e Dona Flor*. Salvador: Fundação Casa de Jorge Amado, 2004.

ALVES, Ivia. A difícil relação da crítica literária e a ficção de Jorge Amado. *In:* _____. *et al*. (Orgs.). *Leituras amadianas*. Salvador: Casa de Palavras; Quarteto, 2007.

AMADO, Jorge. *O cavaleiro da esperança*: vida de Luiz Carlos Prestes. 28. ed. Rio de Janeiro: Record, 1982.

AMADO, Jorge. *Discursos*. Salvador: FCJA, 1993.

AMADO, Jorge. *Navegação de cabotagem*: apontamentos para um livro de memórias que jamais escreverei. 3ª ed. Rio de Janeiro: Record, 1994.

AMADO, Jorge. *A ronda das Américas*. Estabelecimento de texto, introdução e notas por Raúl Antelo. Salvador: FCJA, 2001.

AMADO, Jorge. *O menino grapiúna*. 20ª ed. Rio de Janeiro: Record, 2001.

AMADO, João Jorge, AMADO, Paloma e AMADO, Zélia Gattai. *Jorge Amado: um baiano romântico e sensual*. Três relatos de amor pelos autores. Rio de Janeiro: Record, 2002.

DUARTE, Eduardo de Assis. *Literatura, política, identidades*. Ensaios. Belo Horizonte: FALE / UFMG, 2005.

FAUSTO, Boris. Olhares cruzados. (Prefácio). In: AMADO, Jorge. *Hora da Guerra*: a Segunda Guerra Mundial vista da Bahia. Seleção Myriam Fraga e Ilana Seltzer Goldstein. Prefácio Boris Fausto. São Paulo: Companhia das Letras, 2008.

FRAGA, Myriam e GOLDSTEIN, Ilana Seltzer. Apresentação. In: AMADO, Jorge. *Hora da guerra*: a Segunda Guerra Mundial vista da Bahia. Crônicas (1942-1944). Seleção Myrian Fraga e Ilana Seltzer Goldstein. Prefácio Boris Fausto. São Paulo: Companhia das Letras, 2008.

FRAGA, Myriam (Org.). *A Bahia de Jorge Amado*. Atas do ciclo de palestras A Bahia de Jorge Amado. Salvador: FCJA / Museu Carlos Costa Pinto, 2000.

GATTAI, Zélia. *A casa do Rio Vermelho*. 3ª ed. Rio de Janeiro: Record, 1999.

Jorge Amado: 30 Anos de Literatura. São Paulo: Martins, 1961.

Jorge Amado e As Artes Plásticas (Exposição comemorativa do octagésimo aniversário do escritor). Salvador: Museu de Arte da Bahia, 1992.

Jorge Amado e Edison Carneiro: 90 anos de nascimento. In: *Revista de Cultura da Bahia*, Secretaria da Cultura e Turismo do Estado da Bahia; Conselho Estadual de Cultura, n. 20, 2002.

Jorge Amado: Literatura Comentada. Seleção de textos, notas, estudos biográfico, histórico e crítico e exercícios por Álvaro Cardoso Gomes. São Paulo: Abril Educação, 1981.

MACHADO, Ana Maria. *Romântico, sedutor e anarquista: como e por que ler Jorge Amado hoje*. Rio de Janeiro: Objetiva, 2006.

MORAES, Lygia Marina (Org. sel.). *Conheça o escritor brasileiro Jorge Amado: textos para estudantes com exercício de compreensão e debates.* Rio de Janeiro: Record, 1977.

OLIVEIRA, Humberto Luiz L. de e SOUZA, Lícia Soares de (Orgs.). *Heterogeneidades: Jorge Amado em diálogo.* Ensaios. Feira de Santana: UEFS, 2003.

POVO E TERRA. 40 anos de literatura. (Ensaios e textos sobre Jorge Amado). São Paulo: Martins, 1972.

RAILLARD, Alice. *Conversando com Jorge Amado.* Tradução Annie Dymetman. Rio de Janeiro: Record, 1991.

ROCHE, Jean. *Jorge bem/mal Amado.* Tradução Lílian Barthod. São Paulo: Círculo do Livro, 1988.

ROLLEMBERG, Vera (Org.). *Um grapiúna no país do carnaval.* Atas do I Simpósio Internacional de Estudos sobre Jorge Amado. Salvador: FCJA / EDUFBA, 2000.

SANTOS, Itazil Benício dos. *Jorge Amado: retrato incompleto.* Rio de Janeiro: Record, 1993.

TAVARES, Paulo. *Criaturas de Jorge Amado: dicionário biográfico de todos os personagens imaginários, seguido de índice onomástico das personalidades reais ou lendárias mencionadas, de elenco de animais e aves com nomes próprios e de roteiro toponímico da obra de ficção de Jorge Amado, totalizando 3.358 verbetes.* São Paulo: Martins, 1969.

TAVARES, Paulo. *O baiano Jorge Amado e sua obra.* 3ª ed. Rio de Janeiro: Record, 1981.

VEIGA, Benedito. *Dona Flor da Cidade da Bahia: ensaios sobre a memória da vida cultural baiana.* Rio de Janeiro: 7Letras; Salvador: Casa de Palavras / FCJA – FAPESB, 2006.

VEIGA, Benedito. *Jorge Amado: relacionamentos internacionais.* Atas do III Seminário Nacional de História da Literatura, da Fundação Universidade do Rio Grande – RS, em 2007.

VEIGA, Benedito. *Dona Flor e seus dois maridos: uma história de cinema...* (Ensaios sobre a memória da vida cultural baiana de 70). Salvador: Casa de Palavras; Itabuna: Via Litterarum, 2009.

Anexo A
Resumo das crônicas da Hora da Guerra[1]

---

[1] Os resumos apresentados correspondem à totalidade das crônicas da Hora da Guerra.

Dezembro de 1942		
Datas	Títulos	Sumários
23 dez. 1942	O Dever da Unidade*	União sem ressentimento de todos os brasileiros contra o Eixo e o quinta-colunismo.
24 dez. 1942	"Não Queremos Chegar com as Mãos Vazias"*	Pela participação efetiva do Brasil na guerra com tropas no "front" da África
25 dez.1 942	Natal das Crianças Mártires*	Convocação aos pais brasileiros para que, na noite de Natal, lembrem-se das crianças mortas pelo "Eixo".
27 dez. 1942	Os Ratos Correm na Neve	Incita a todos os povos, inclusive os brasileiros, a se engajarem na luta contra o nazismo.
29 dez. 1942	Na Frente, a Bandeira do Brasil*	A bandeira brasileira deve estar à frente na luta contra a tirania.
30 dez. 1942	"Em Pantanais, Florestas ou Navios" para "Eliminar a Opressão e o Terror"	A mensagem de Natal do presidente Roosevelt e a resposta de Vargas com a esperança do engajamento do País.
31 dez. 1942	**A Poesia também é uma Arma***	Considerando os grandes prejuízos nazistas, união de todos os escritores numa Legião da Cultura para a Vitória sem divergências.

Janeiro de 1943		
Datas	Títulos	Sumários
1º jan. 1943	Concórdia Entre os Homens	Que o dia de Ano Novo seja o da Unidade Nacional contra o nipo-nazifascismo.
3 jan. 1943	As Vítimas Pedem Vingança*	Comício de 31 de dezembro e repercussões sobre os afundamentos pelo "Eixo" de navios brasileiros.
5 jan. 1943	Os Caças-Submarinos Vingadores*	Entrega de 3 caças-submarinos ao Brasil pelos Estados Unidos da América.
6 jan. 1943	As Trágicas Lições	Destruição dos navios franceses pelos marinheiros de Toulon.
7 jan. 1943	"Amigos da América"	A sociedade "Amigos da América" fundada pelo general Manuel Rabelo para defender a Unidade Continental.
8 jan. 1943	O Dia de Amanhã*	Para Amado, é perda de tempo se discutir o que será depois do fim da guerra.
9 jan. 1943	Ouçamos as Advertências	Manuel Rabelo: "O quinta-coluna está metido em todas atividades nacionais". É um perigo a ser cuidado.
10 jan. 1943	Cálida Voz Americana*	O discurso do presidente Roosevelt, incentivo para se pensar na união de todos os povos contra o nipo-nazifascismo.
12 jan. 1943	Tempo do Herói*	Morte na guerra do major Marina Raskov, heroína do povo russo e comandante do regimento de bombardeios.
13 jan. 1943	Noite dos Traidores	Antonescu e o governo da Romênia pró-Hitler; as crueldades do povo traído.
14 jan. 1943	Aquele que Vos Disser	Alerta contra as pregações do quinta-coluna.
15 jan. 1943	**Senhor do Bonfim, Padroeiro das Nações Unidas***	No dia da lavagem do Bonfim, o santo é sagrado padroeiro das Nações Unidas. Colocada vela, a seus pés, para ser acesa no dia da vitória contra o nazismo.
16 jan. 1943	**"Hispanidade", Tradução Mal Feita...***	Tentativa de confundir pan-americanismo com "hispanidade", uma tradução franquista para confundir e dominar os americanos.
17 jan. 1943	Pobre Doutor Goebbels*	As vantagens e ameaças do "dr. Goebbels", desmoralizadas com as derrotas na Rússia.

19 jan. 1943		Ódio	Não existe possibilidade de outro sentimento senão o do ódio aos nazistas e o desejo de sua destruição total do regime.
20 jan. 1943		Mensagem a um Artista e Herói	Saudação ao compositor Shotakovisky que lutou para libertar Leningrado, sua cidade.
21 jan. 1943		O Dever de Unidade e o Direito de Crítica*	No momento atual de Unidade Nacional, o direito de criticar não deve impedir a junção de todos contra o nazismo e o quinta-coluna
22 jan. 1943		Saudação a Guaní	Guani, Ministro do Exterior e Vice-Presidente do Uruguai, ao lado de seu povo e da União Continental.
23 jan. 1943		Unidade Continental das Américas*	O exemplo do Chile: a Unidade Nacional é um passo seguro e necessário para a Unidade Continental.
24 jan. 1943		Adeus, Império...*	A queda de Trípoli e a fuga de Rommel; Mussolini deixa de sonhar com o império nas areias da África; Hitler perde-se nas neves russas.
26 jan. 1943		Conversa sobre Livros	Grande quantidade de livros lançados em todo o mundo, com variados caminhos e direções. Um exemplo nacional: o livro de Tristão de Ataíde, Pela unidade nacional, permanece no tom antidemocrático de sempre.
27 jan. 1943		Os Marítimos de Marselha	Resistência dos franceses na cidade heróica de Marselha, à espera de socorros vindos na Segunda Frente.
28 jan. 1943		**"Até a Rendição Incondicional"***	Após a derrota de Stalingrado, as rádios alemãs substituíram Wagner por Chopin. Roosevelt e Churchill avisam: pela rendição incondicional.
29 jan. 1943		Discurso no Comício de 28	Nesta data, completa-se um ano do rompimento de relações diplomáticas do Brasil com o Eixo. Motivo de retorno de todos os líderes, mesmo os exilados, para formar a Unidade Nacional contra o fascismo.
30 jan. 1943		Povo de Castro Alves, de Rui e de Seabra*	Cerca de 30 mil pessoas comemoram, na Praça da Sé, em comício, o rompimento de relações com o Eixo. Presença de todas as tendências e credos.
31 jan. 1943		Unidade, Palavra de Ordem dos Presidentes*	O encontro de Casa Blanca: Roosevelt e Churchill pregam a união. A entrevista de Natal decidirá da União Americana.

Fevereiro de 1943		
Datas	Títulos	Sumários
2 fev. 1943	Discursos no Cemitério...	A derrota de Stalingrado: consequências.
3 fev. 1943	**Carta do Marinheiro à Yemanjá***	Hino de revolta contra o afundamento dos navios brasileiros pelos submarinos nazistas.
4 fev. 1943	**Solidários com a Vossa Dor?...***	Solidariedade com os israelitas, perseguidos pelo nazismo.
5 fev. 1943	Ajudemos os Heróis e os Mártires	Campanha dos estudantes baianos de ajuda às forças combatentes das Nações Unidas.
6 fev. 1943	Teatro dos Estudantes	Teatro dos estudantes na Festa da Juventude. A peça Alerta Brasil faz uma crítica ao nazismo e à quinta-coluna.
7 fev. 1943	Discurso ao General Renato Aleixo	Discurso de JA em nome dos intelectuais na posse do Interventor da Bahia: general Renato Aleixo.
9 fev. 1943	... É o Sangue e as Lágrimas que Redimem os Povos*	O general Aleixo lembrou que a Carta do Atlântico é um compromisso assumido com a Unidade Nacional.
10 fev. 1943	Os Gaúchos Heroicos	O general Cordeiro de Farias pede a vanguarda das tropas brasileiras para os gaúchos, com sua tradição de heroísmo.
11 fev. 1943	Estes que Matam Crianças...*	A morte de 400 crianças em Kursk, pelos nazistas, provoca a revolta de toda humanidade; arranca a beleza de viver.
12 fev. 1943	As Hostes de Caim	Mostra os caminhos dos quinta-colunistas nacionais, de traição e falsidade.
13 fev. 1943	Unidade, Resposta à Traição	Unidade Nacional: resposta à trama integralista de Cruz Alta-RS.
14 fev. 1943	**Comédia das Traições***	Peça rápida de 9 cenas, contando supostas aventuras do integralismo.
16 fev. 1943	Homens, Ratos e Vermes	As derrotas sofridas pelas tropas do nipo-nazifascismo começaram em solo russo; vitória da liberdade.
18 fev. 1943	**A França dos Grandes Gestos**	O papel da França na guerra: De Gaulle e o exército francês, o povo de Paris, os marinheiros de Marselha, de Toulon, etc.
19 fev. 1943	Vitória se Escreve com Sangue	A base de Para-mirim e a guerra; um posicionamento não apenas defensivo, mas atuante, conforme nossas tradições.
20 fev.1943	União Nacional, sem Restrições* (Crônica de Rivadávia de Souza)	Coluna assinada, neste dia, por Rivadávia de Souza, a quem JA também substituiu um dia, em sua coluna no *Jornal da Noite* de Porto Alegre. Reafirma a União Nacional.

21 fev. 1943	**Pétain, o Triste Exemplo***	A traição de Pétain e o caso diplomático de Luiz de Souza Dantas.
23 fev. 1943	Corajosas e Leais Palavras*	Retorno à Bahia de Manoel Novais; apoio ao novo interventor que também retoma à forma democrática da Unidade Nacional
24 fev. 1943	O Estudante Alsaciano	Comentário de um telegrama de Berna e a lembrança de um poema patriótico de um estudante alsaciano.
25 fev. 1943	Discursos, Mensagens, Entrevistas*	A necessidade e urgência de uma Segunda Frente na guerra para derrotar o nipo-nazifascismo.
26 fev. 1943	Hitler contra Zumbi dos Palmares*	Apresentação dos planos de Hitler para os negros e mestiços; de completa separação e humilhação.
27 fev. 1943	**Hitler contra Zumbi dos Palmares***	Reprodução da crônica do dia anterior por razões gráficas.
28 fev.1943	Autorretrato do Nazi-Integralismo*	Transcrição do poema "Canto do quinta-coluna", enviado por um leitor, sem autoria assumida. Tema: traição.

\<div align="center"\>Março de 1943\</div\>		
Datas	Títulos	Sumários
2 mar. 1943	Rui, Bandeira Antinazista*	O exemplo da vida e da obra deixado por Rui Barbosa, que certamente, se vivo, se engajaria na Unidade Nacional, na guerra ativa, contra o nipo--nazifascismo e o quinta-colunismo.
3 mar. 1943	Noite das Cidades Invadidas	A noite, nas cidades invadidas pelos nazistas, na Europa, mais parece cemitérios. Mas, se pela madrugada os fuzilamentos acontecem, pela noite é hora de vingança.
4 mar. 1943	Estrelas de Esperança	O pedido de von Ribbentrop ao Papa para cessar os ataques da RAF a Berlim não atendidos. Os nazistas estão ganhando o troco do que fizeram em Londres.
5 mar. 1943	Poesia e Guerra*	Chegou o momento que o poeta deve buscar os temas de sua poesia nas dores do povo, na Unidade Nacional para defesa da liberdade.
6 mar. 1943	Lembrem-se da Guerra	Nesta noite de sábado, no início do carnaval baiano, é bom brincar sem esquecer da guerra: sem excesso e compreensão.
9 mar. 1943	**Último Diálogo dos Chefes Integralistas**	Suposto diálogo entre os integralistas Plínio e Gustavo. Tema: traição e denúncia.
11 mar. 1943	Honra e Orgulho do Jornalismo* (na pág. 4)	Honra e glória do noticiário os jornalistas dos periódicos clandestinos das cidades invadidas pelos nazistas.
12 mar. 1943	**Refugiados Políticos***	Refugiados da Europa, fugindo dos nazistas, veem a América como a terra esperança. A situação das crianças.
13 mar. 1943	"África! África!"	A Liga de Defesa Nacional e a União Nacional dos Estudantes promoveram na terça-feira de carnaval, no Rio, a passeata da vitória. Participação ativa do país na Segunda Frente: um pedido.
14 mar.1943	O Máscara (Fábula Carnavalesca)	O integralista Plínio busca uma fantasia para se mascarar, passa por várias e termina enforcado.
16 mar. 1943	Castro Alves Redivivo*	Aniversário natalício de Castro Alves, cantor da liberdade, da abolição dos escravos. Se fosse vivo, se inscreveria na luta contra o fascismo.
17 mar. 1943	"Nossa Missão É a Guerra*"	São 14 meses do rompimento de relações diplomáticas, há quase 7 da declaração de guerra e ainda existe brasileiros contra a Unidade Nacional.
18 mar. 1943	**A Ciência Mártir**	Os nazistas são inimigos da criação e do saber. Matam e prendem também intelectuais em campos de concentração.
19 mar. 1943	Ao Som da Marselhesa	De Gaulle consegue a unidade na França, com apoio de Giraud, e combate a Pétain, Laval e outros traidores.

20 mar. 1943	Os Lobos no Cemitério*	Os quinta-colunas se estendem por todo o território nacional. É preciso estar alerta para denunciá-los.
21 mar. 1943	**Vingança contra os Assassinos!***	Mais navios brasileiros afundados por fascistas, com a morte de mais de 123 pessoas. Devemos partir para a Segunda Frente da guerra.
23 mar. 1943	**Absolvição!***	Nordestino revoltado com o afundamento do navio brasileiro mata italiano. Amado: Pedido de absolvição.
24 mar. 1943	**As Bandeirantes e o Esforço de Guerra***	As "bandeirantes" podem prestar um grande serviço na frente interna.
25 mar. 1943	"Ordem do Dia"	É tempo de se ouvir e ajudar nossas forças armadas. A "Ordem do dia" do interventor e a voz do comandante da VI Região pregam a Unidade Nacional.
26 mar. 1943	**Maníacos do Assassinato***	Denúncia de ação nefanda dos integralistas, com o fim de dividir a Unidade Nacional.
27 mar. 1943	"Atmosfera Vibrante e Implacável"	Não se pode expor aos quintas-colunas os homens do Exército, Marinha e Aeronáutica nacionais.
28 mar. 1943	Canção	Os nazifascistas são contra o lirismo no mundo, contra a liberdade e a harmonia.
30 mar. 1943	"Salud, Coronel!"	Saudação à Espanha de García Lorca, de Machado e de outros poetas e intelectuais mortos.
31 mar. 1943	Maragogipe Dá um Exemplo	Criação da Unidade Nacional de Maragogipe, com a adesão de 26 ex-integralistas.

Abril de 1943		
Datas	Títulos	Sumários
1º abr. 1943	O Aniversário da RAF	Os 25 anos da RAF, orgulho das Nações Unidas e da luta contra o nazifascismo.
2 abr. 1943	Elogio dos Estudantes*	Comício dos estudantes baianos, na Praça da Sé, pela Unidade Nacional, contra o nazifascismo.
3 abr. 1943	O Povo na Praça	O povo é como o mar, diz o cronista. Todos de pé, apoiando a Unidade Nacional e a guerra ativa.
4 abr. 1943	Nem a Rosa, nem o Cravo...	Nesse momento de guerra, o poeta desaprende a beleza das coisas e das palavras.
6 abr.1943	A Itália Fascista*	Não confundir a Itália tradicional com a fascista.
7 abr. 1943	Literatura da Gestapo	O livro *Do fundo da noite*, de Jan Valtin, é ligado à Gestapo.
8 abr. 1943	Dois Assuntos*	O vice-presidente Wallace e a declaração da Bolívia. A Secretaria de Segurança do Estado e os quintas-colunas.
9 abr. 1943	Vice-Quisling Arma um Bote...*	O *Imparcial*, de Salvador, e *Correio da Manhã*, do Rio, denunciam os integralistas.
10 abr. 1943	Pelos Espanhóis Republicanos*	Telegrama dos intelectuais do Chile à Inglaterra e aos EUA pede liberdade para espanhóis republicanos.
11 abr. 1943	Mais um Passo para a Unidade	Retorno do general Flores da Cunha desde 1935 no Uruguai. Indulto concedido por Vargas.
13 abr. 1943	Primavera Sem Ofensiva*	Já não estamos como nas anteriores primaveras, quando a Europa temia os ataques dos nazifascistas.
14 abr. 1943	Dia das Américas*	No dia da América, com a união de todo o continente contra o nipo-nazifascismo; pela liberdade e pela democracia.
15 abr. 1943	"História de Jean e Lucille"	A história de dois jovens franceses que se encontraram e viveram numa país ocupado pelos nazis, bem diferente da felicidade de outrora.
16 abr. 1943	A Melancólica Entrevista	Pequena cena de uma peça cômica, reunindo toda linha de comando do nazifascismo, desde Hitler até Plínio.
17 abr. 1943	Saudação a Cachoeira	Em Cachoeira, cidade heroica das lutas pela independência, haverá uma reunião pela Unidade Nacional.
18 abr. 1943	Os Rios Tintos de Sangue	Todos os rios das cidades conquistadas da Europa, como o Sena, serão, um dia, libertados.
19 abr. 1943	Dia da Unidade Nacional*	No dia do aniversário natalício do presidente Vargas, nada mais justo que uma passeata pela Unidade Nacional.

20 abr. 1943	Canção da Unidade*	Ontem, dia da Unidade: assim pediram os oradores, assim gritava o povo na passeata.
21 abr. 1943	Três Discursos	Três importantes discursos pronunciados no dia 19: na Bahia, Artur Berenguer, em nome do Interventor, e o de Edgard Mata, em nome do povo; no Rio, o do general Manoel Rabelo. Todos pela Unidade Nacional.
22 abr. 1943	O Interior se Levanta	Comícios para a fundação da União para a Defesa Nacional, em Muritiba, São Félix e Cachoeira.
23 abr. 1943	A Voz do Padre Vieira*	Sexta-feira da Paixão, dia da queda da Albânia, em 1939, sob Mussolini. A crueldade sem limites, como pregou o padre Vieira.
25 abr. 1943	Rendição Incondicional ou Paz de Compromisso?*	Os nipo-nazifascistas querem propor uma paz de compromisso, que acabem a guerra sem acabarem com os governos antidemocráticos
27 abr. 1943	Aproxima-se a Segunda Frente*	As continuadas estratégias dos nazistas e seus aliados por uma paz com continuísmo.
28 abr. 1943	Primavera	Com a guerra nazista, as palavras perderam o sentido; mas, com a vitória da Segunda Frente, elas voltarão a ser como antes.
29 abr. 1943	Um Livro e um Exemplo	O livro *A queda de Paris*, do escritor russo IIlya Eremburg, que se torna também jornalista e correspondente de guerra.
30 abr. 1943	A Letra V e outras Letras	Os nazistas invasores proibiram os holandeses de batizar seus filhos com os nomes de Franklin e Winston. E ainda de evitarem a a letra V.

Maio de 1943		
Datas	Títulos	Sumário
1º maio 1943	O Nazismo e os Trabalhadores	Neste "dia do trabalho", a primeira lembrança é a união de todos contra a escravidão nazifascista.
4 maio 1943	Dar o Máximo Para a Vitória	Palavras de Roosevelt, Stalin e Vargas: vamos dar o máximo para vencer a Guerra. União de todos.
5 maio 1943	O Tenente Dickens	O tenente Dickens serve à guerra, neto do grande escritor Charles, amigo das crianças, defensor dos presos.
6 maio 1943	Os Búlgaros em Armas	Os camponeses búlgaros se revoltam e todos os povos da Europa esperam a Segunda Frente.
7 maio 1943	Com Infinito Ódio*	Um retrato de mães espanholas prisioneiras, a tomar um sol num casual dia de uma prisão de mulheres e crianças.
8 maio 1943	As Bandeiras da Liberdade Tremulam em Bizerta e Tunis*	As cidades africanas de Bizerta e Tunis anunciam a libertação da África e o início da Segunda Frente.
9 maio 1943	O Discurso de Volta Redonda	Sete dias após o 1º de maio, Vargas pronuncia o discurso de Volta Redonda, proclamando contra as forças de reação a industrialização do país.
11 maio 1943	"O que Hitler me Disse*"	O livro *O que Hitler me disse*, de Hermann Rauschning, esclarece as pretensões políticas do Führer.
12 maio 1943	O Povo Não Permitirá outro 11 de Maio	O povo unido em torno de Vargas não permitirá outro 11 de maio de 1938.
13 maio 1943	Foi Lutando que se Conquistou a Abolição*	Dia da liberdade do negro escravo, com a bravura dos negros e a aliança com a cultura esclarecida brasileira.
14 maio 1943	Os Fascistas contra Érico Veríssimo	Ataque à obra de Érico Veríssimo por Leonardo Fritzer e revide jurídico do autor.
15 maio 1943	Elogio da Guarda Metropolitana	Uma amostra da união de povo e instituições para salvar a Inglaterra.
18 maio 1943	A Insubmissão e suas Raízes*	O combate aos desertores, mostrando a todos da importância da guerra para a liberdade do povo brasileiro.
19 maio 1943	A Lição de Léon Blum	Ter consciência dos perigos do nazifascismo. A imprevidência também é uma violência contra os povos.
20 maio 1943	Arranquem as Camisas!	Ou "Retirem os uniformes pra não chamarem a atenção", grita o superior fascista a seus subordinados!

21 maio 1943	O Discurso de Churchill	Entrevista de Churchill, com o humor inglês, dizendo de sua preocupação com a Ásia.
22 maio 1943	Uma Crônica de João Nazareth* [Crônica não assinada por JA]	O convidado conta a história de Miguelito, na Espanha.
23 maio 1943	Lição dos Guetos de Varsóvia*	Exemplo não para se lamentar, mas para pegar em armas contra os nazistas.
25 maio 1943	A Bandeira do 18 R. I.*	Apresentação dos convocados para o pelotão do Brasil na frente de guerra.
26 maio 1943	Alicerces da Unidade*	Fotógrafos baianos unem-se contra exploração fascista.
27 maio 1943	As Canções Serão Recordadas	A Itália das doces recordações já não mais existe, enquanto for do mando fascista.
28 maio 1943	Os Sinos de Londres	O toque dos sinos de Londres volta a anunciar as horas da cidade triunfante.
29 maio 1943	Sebastianismo	Presidente deposto por Vargas recusa-se a voltar ao Brasil.
30 maio 1943	Brinde (Para Nelito e Jacy)	Hora de partir para lutar!

| Junho de 1943 |||
Datas	Títulos	Sumários
1º jun. 1943	Unidade Nacional Francesa	Pacto de união entre Giraud e De Gaulle.
2 jun. 1943	"Organismos Ilegais, Instrumentos da 5ª Coluna"*	Diversos líderes políticos na revista Diretrizes afiançam o único compromisso com a Unidade Nacional.
3 jun. 1943	Dos Acontecimentos Políticos aos Militares	A guerra não parou. Acontecimentos estão decidindo os rumos a ser tomados.
4 jun. 1943	Soluços Vêm da Europa*	Peregrinação da luta por todas terras: as misérias da guerra.
5 jun. 1943	A Batalha da Borracha	Luta para conseguir borracha para enviarmos para as forças das Nações Unidas.
6 jun. 1943	Canção da Judia de Varsóvia	Canto triste da judia inominada de Varsóvia.
8 jun. 1943	Satanaz Prega Quaresma...	Chico Franco, quinta-coluna e *muniquista*.
9 jun. 1943	Gorki	Na cidade em que nasceu Gorki a resistência do povo não permitirá sua destruição.
10 jun. 1943	De Castillo a Ramírez*	Ramirez e Rawson: golpe de direita na Argentina.
11 jun. 1943	Homens do Mar	No dia nacional da Marinha, é bom recordar os feitos heroicos conquistados.
12 jun. 1943	Já Podes Sonhar...	Começo da libertação da Europa: Ilha de Pantelaria.
13 jun. 1943	Lição de Bondade	O assunto não padece na hora da guerra. A lembrança das vitórias é um consolo.
15 jun. 1943	As Nações Unidas*	Aniversário das Nações Unidas: união de todos os povos para vencer o inimigo comum.
16 jun. 1943	Heroísmo	Heroísmo: os atos não se confundem; serão sempre os mesmos.
17 jun. 1943	Havia um Parque...	Lembranças de parques de namorados destruídos pelos nazistas.
18 jun. 1943	Os Livres Ciganos*	Os ciganos são também, como os judeus, perseguidos pelo nazismo.
19 jun. 1943	A Voz da China	A China, dividida em luta interna, se une para enfrentar os nipônicos.
20 jun. 1943	"É Trágico o Vosso Destino..."	Os italianos devem largar de vez com o fascismo. A Segunda Frente está por vir.
22 jun. 1943	General Manuel Rabelo	Visitando a Bahia e saudado pelos baianos.
23 jun. 1943	Restaurante na Madrugada*	Lembranças de simplicidade que poderiam ser extintas pelo nazismo.

24 jun. 1943	São João com Vodka*	Há dois anos as tropas alemães invadiam a URSS.
26 jun. 1943	Vingança Fascista*	Proibição de retirada das crianças gregas pelos fascistas.
27 jun. 1943	Vozes Vêm do Mar*	Navios com brasileiros afundados por indicação de quinta-colunas.
29 jun. 1943	Em Vez de um Madrigal*	Assassinato de mil loucos num hospital em Sapogov, pelos nazistas.
30 jun. 1943	Assim Acabam os Plínios...*	Assassinado um quinta-coluna traidor da pátria, na Bélgica.

Julho de 1943		
Datas	Títulos	Sumários
1º jul. 1943	Navios e Marinheiros*	Anteontem, o "Dia dos marinheiros", comerciantes que levam mercadorias e mantimentos com risco de vida.
2 jul. 1943	2 de Julho*	Há 120 anos libertamos o Brasil e hoje tornaremos a jurar pela liberdade da pátria.
4 jul. 1943	As 48 Estrelas da Liberdade	Dia da Independência dos EUA, a luta antiga será agora revivida.
6 jul. 1943	Rimance do 5 de Julho*	Lembranças das revoltas tenentistas de 5 de julho.
7 jul. 1943	Atabaques da Vitória*	Luta contra os nazifascistas: vitória a partir dos candomblés baianos.
8 jul. 1943	Um Líder Católico*	Coelho de Souza, líder e educador católico.
9 jul. 1943	Urgência da Segunda Frente*	Iniciada a terceira ofensiva na Rússia. Urgência da Segunda Frente aliada.
10 jul. 1943	Teatro e Nazismo	Teatro alemão sob a censura de Goebbels.
11 jul. 1943	Roteiro das Ilhas	Começou o caminho das ilhas: Sicília. Depois, o continente.
13 jul. 1943	A História que Pediste...	Trágica história de uma mãe camponesa.
14 jul. 1943	E Outras Bastilhas Cairão...	Lembrança de *A marselhesa*, do tempo heróico da queda da Bastilha.
15 jul. 1943	**A Campanha da Sicília**	A ofensiva leste dos fascistas se frustra. Começa a sonhada conquista do continente europeu.
16 jul. 1943	Trágico Humorismo*	Telegrama de Hiroito a Pétain, no dia da liberdade!
17 jul. 1943	**Monólogo de Adolf...***	Composição satírica que mostra os descontentamentos e sonhos de Hitler.
18 jul. 1943	Renovaremos o Lirismo das Gôndolas...	Os aliados libertarão a Itália e renovarão o lirismo de Veneza!
20 jul. 1943	Roma Bombardeada	Não há diferença entre nazismo e fascismo; assim pensam os aliados.
21 jul. 1943	Acompanhamento	Eduardo de Morais: um democrata.
22 jul. 1943	O Congresso Nacional dos Estudantes	VI Congresso Nacional dos Estudantes, no Rio. Unidade Nacional como premissa.
23 jul. 1943	**Receios de Vichy...**	O povo francês é contra o nazismo e busca a liberdade.
24 jul. 1943	Saudação a Josip Broz	Josip Broz, capitão Tito da Iugoslávia.
25 jul. 1943	Evocação de Garibaldi	Garibaldi, herói de todos os povos que lutam pela liberdade.
26 jul. 1943	**Caiu Mussolini**	Não basta o líder: é preciso cair o fascismo com ele.

27 jul. 1943	A Fralda da Camisa...	Que mude realmente o governo fascista na Itália.
28 jul. 1943	Melchiades de Tal...	É preciso cuidado com a "negociação da paz"...
29 jul. 1943	Suicidem-se enquanto É Tempo!	Não há jeito: têm que mudar as diretrizes fascistas.
30 jul. 1943	Os Nazis Refundem a História...	Os fascistas querem refazer a história: Marat!
31 jul. 1943	Elogio do Povo Italiano	O povo italiano busca os caminhos da democracia.

	Agosto de 1943	
Datas	Títulos	Sumários
1º ago. 1943	A Frente Subterrânea*	Aqueles que lutam à noite nas cidades ocupadas da Europa.
4 ago. 1943	Um Grito de Alerta	Carta Aberta aos cidadãos dos EUA, assinada por personalidades.
5 ago. 1943	Abacaxi...*	Com derrotas sucessivas, não existe tranquilidade e segurança entre os nazis.
6 ago. 1943	De Orel e Catania...	Fuga dos nazistas de Orel e dos fascistas da Catania
7 ago. 1943	Mac Artur Não Se Atrasa...	Conquista da base japonesa de Munda.
8 ago. 1943	O Sinistro Laval*	Pierre Laval, traidor francês.
10 ago. 1943	O Sangue Pede Vingança!*	Os navios brasileiros afundados, com suas vítimas mortas, que clamam vingança.
11 ago. 1943	O Poeta Erich Weinert	Presidente do Comitê Nacional da Alemanha Livre.
12 ago. 1943	**Aniversário***	Em 13 de agosto de 1942, nosso navio *Bagé* foi afundado.
13 ago. 1943	Insônia...	Preso Dumini, assassino de Matteotti.
14 ago. 1943	O Democrata Raimundo	Raimundo Pita Lima, um democrata.
15 ago. 1943	Adeus à Valsa	Viena e o dia da vitória.
17 ago. 1943	Otimismo Perigoso	Os inimigos e os quintas-colunas também.
18 ago. 1943	**Necessária e Urgente***	A Segunda Frente é fundamental e urgente.
19 ago. 1943	Um Romancista e Um Romance - I O Autor	Erskine Cladwell procura viver suas criações.
20 ago. 1943	Um Romancista e Um Romance - II O Romance	Guerrilheiros russos: um grande livro, conciso e denso.
21 ago. 1943	Importância da França	Propostas sobre a Segunda Frente.
22 ago. 1943	**Balanço de Aniversário**	Um ano da declaração de guerra: a União Nacional, a cessão da base de Natal, luta contra os quintas--colunas, etc.
24 ago. 1943	**Os "Señoritos..."***	Críticas ao governo de Franco.
25 ago. 1943	Kharkov	Importância de Kharkov.
26 ago. 1943	Brigam os Ratos	Mortes súbitas no Alto Comando nazista.
27 ago. 1943	Os Comerciários*	Um ano de criação da Legião dos Comerciários, pela defesa da pátria.
28 ago. 1943	Sobre a Monarquia	Tentativa dos muniquistas de usar as monarquias.

29 ago. 1943	Aliados e Inimigos*	Opinião de suspeitos quintas-colunas.
31 ago. 1943	A Europa de Pé*	Com a entrada das forças aliadas na Europa, o povo quer mudanças.

Setembro de 1943		
Datas	Títulos	Sumários
1º set. 1943	Questões de Verão e Inverno...	Escolha do tempo para o ataque à URSS.
2 set. 1943	História de 4 Anos*	Mudança: os nazistas perdem.
3 set. 1943	As Comadres Discutem*	Não há como fazer uma paz isolada.
4 set. 1943	Invasão do Continente	Chegou a hora da invasão da Europa pelas tropas libertadoras.
5 set. 1943	**Perspectivas***	Importância da invasão da Itália.
7 set. 1943	Pela Independência da pátria*	Importante data num momento de luta para mantermos nossa independência.
9 set. 1943	**Começou a Debacle**	Com a frente leste derrotada pela URSS e com o pleno funcionamento da Segunda Frente, o nazifascismo cairá.
10 set. 1943	**Sucedem-se os Acontecimentos***	O governo de Ramirez não condiz com o povo argentino. Na Itália não há paz de compromisso.
11 set. 1943	Distâncias*	Murmúrios de invasão da Itália pelas tropas de Hitler.
12 set. 1943	Autoelogio	Mudança de tom nas falas de Hitler: o autoelogio.
14 set. 1943	**A Itália e a "Carta do Atlântico!"**	Pela manutenção da "Carta do Atlântico".
15 set. 1943	Humorismo sem Intenção	A Alemanha perde Bryansk para os russos.
16 set. 1943	Festa de um Livro	Vigésimo quinto aniversário de *Urupês*, de Monteiro Lobato. grande escritor e democrata.
17 set. 1943	Saudação ao México*	Recordação do México, há seis anos, 16 de setembro de 1937. Terra pioneira da liberdade.
18 set.1943	Meridiano 30*	As tropas russas esperam antes do outono terem atingido o meridiano 30; na Itália, a grande derrota é apoiar a democracia.
19 set. 1943	Retrato do Muniquista*	Os quintas-colunas cansaram de lançar as Nações Unidas contra o comunismo. Agora, querem uma paz comprometida.
21 set. 1943	Amor e Nazismo*	Na concepção nazista, só existe um povo superior, os arianos; criam punições contra desrespeito a essas normas.
22 set. 1943	Flores e Granadas	Do outono europeu nascerá a primavera da democracia.
23 set. 1943	Conversa de Aniversário - Para Giovani	Festejos no aniversário de Giovani.
24 set. 1943	A União dos Militares Alemães	Criação na Rússia da União dos Militares, ex-integrantes do grupo oficiais derrotados em Stalingrado.
25 set. 1943	O Palhaço e os Palhacinhos...*	O risível Mussolini constitui ministério!
26 set. 1943	**A Batalha da Inglaterra***	É medida da grandeza humana.

28 set. 1943	Smolensk	Em 1941, Smolensk, a primeira vitória russa; o rio Dnieper livre, a última.
29 set. 1943	Interpretações Verdes*	Hora de cuidado: o *muniquismo* tenta divisões.
30 set. 1943	"El Rio Oscuro"	Título do livro do jovem escritor argentino Alfredo Varela.

Outubro de 1943		
Datas	Títulos	Sumários
1º out. 1943	Brutalidade*	A destruição nazista em Kiev.
2 out. 1943	"Liberation"	Nome de um dos jornais que circulam clandestinos, na França.
3 out. 1943	**Correspondentes de Guerra**	Três jornalistas, correspondentes de guerra, mortos em Nápoles.
5 out. 1943	Os Raros Aplausos	As falas dos últimos tempos dos nazistas.
6 out. 1943	O "Mocinho" e o Herói	Clark Gable condecorado na guerra; não apenas ele: vários combatentes dos povos aliados.
7 out. 1943	**Tito e Mihalovitch**	Dois generais iugoslavos, um muniquista.
8 out. 1943	A Conferência dos Ministros	Reunião dos Ministros de Exterior: da Inglaterra, URSS e EUA.
9 out. 1943	"Glória Eterna!*"	Ordem do dia de Stalin: a guerra ganha ânimo.
10 out. 1943	**Chamava-se Gastello**	Ato heroico russo de destruição.
12 out. 1943	Democracia para Todos os Povos*	A democracia deve sair forte e universal.
13 out. 1943	Importantes Declarações	Liberdade de imprensa: importante no momento atual.
14 out. 1943	Os Aliados Italianos*	Governo italiano declara guerra à Alemanha. Não aliado, coaliado.
15 out. 1943	**Crime contra a Cultura**	Romain Rolland em campo de concentração.
16 out. 1943	Ronda do *Muniquismo**	Cinco senadores dos EUA pretendem isolar o país da URSS e da Inglaterra.
17 out. 1943	Em Defesa da Democracia	Argentina vai declarar guerra aos alemães. Fechados periódicos de donos judeus.
19 out. 1943	**Os Artistas Modernos do Brasil e a Guerra***	Modernos artistas plásticos do Brasil ofertam quadros a Londres.
20 out. 1943	Triste Fim do Genrocrata	Ciano perde cargo de Embaixador do Vaticano.
21 out. 1943	As Quatro Crianças	Assassinato em Cajazzo de quatro crianças, além de outras misérias.
22 out. 1943	O Modesto Victorio*	Renúncia aos títulos de Imperador da Etiópia e Rei da Abissínia.
23 out. 1943	Esclarecimento Popular	Palestras de esclarecimento sobre situações da guerra. A Carta do Atlântico, etc.
24 out. 1943	Significado de Melitopol	Queda do último posto alemão na frente Leste.
26 out. 1943	De Fonte Insuspeita...	É urgente e necessária a Segunda Frente.
27 out. 1943	**Biblioteca do Combatente**	Remessa de livros pelo povo: formar Biblioteca do Combatente.

28 out. 1943	Boves	A aldeia de Boves: arrasada pelos nazistas.
29 out. 1943	"Ruge a Revolta na França" -1 Uma Jornalista na França Ocupada	Madeleine Gex Le Verrier e Ruge a revolta na França.
30 out. 1943	"Ruge a Revolta na França" -2 Uma Jornalista em Vichy	A jornalista termina desiludindo-se com Pétain.
31 out. 1943	*Knock-Out* Técnico*	Sucesso do encontro de Moscou: afirma Roosevelt. Especificação das quatro liberdades primordiais.

Novembro de 1943		
Datas	Títulos	Sumários
2 nov. 1943	Fiau! Fiau!*	Sucesso da Conferência de Moscou, comentada por Stalin e Roosevelt.
4 nov. 1943	**A Carta da Vitória**	Como se poderia chamar a Conferência dos três Chanceleres do Exterior.
5 nov. 1943	Puxão de Orelhas	Dos EUA em Franco...
6 nov. 1943	Eu Conheci José, o Ingênuo	Comentário sobre um artigo de jornal
7 nov. 1943	Os Vitoriosos	Elogio da campanha russa na guerra.
9 nov. 1943	Mensagem a Eremburg	Com a queda de Kiev, comentários sobre a obra de Eremburg, nascido lá.
10 nov. 1943	Corpo Expedicionário*	Grande vitória da democracia a preparação de nosso Corpo Expedicionário.
11 nov. 1943	Discursos*	Os discursos de Churchill e de Stalin; diferentes da decadência expressa nos de Hitler.
12 nov. 1943	O Poeta José Portogalo	Jovem poeta argentino.
13 nov. 1943	Os Apavorados	O medo de fim próximo dos nazifascistas e seus simpatizantes.
14 nov. 1943	Os Romancistas e a Guerra	A presença de vários romancistas na guerra, esta-dunidenses e soviéticos, são exemplos: Steinbeck e Eremburg.
17 nov. 1943	**Um Aniversário**	21 anos da BBC de Londres, também engajada nas lutas pela democracia dos povos.
18 nov. 1943	Palavras Esclarecedoras*	No momento do 54º aniversário da Proclamação da República, a Liga da Defesa Nacional conclama a Unidade da Nação na luta contra as forças nazifascistas,
19 nov. 1943	Cordeiro de Andrade	Falecimento de Cordeiro de Andrade, jovem romancista brasileiro de 30.
20 nov. 1943	Os Sorrisos Amarelos	Vitórias soviéticas: conquista das cidades de Korosten, Rechitsa, o centro industrial de Vasilovichi, e Ouruch.
21 nov. 1943	**Noite Sem Lua**	São mostrados romancistas que se envolveram com a guerra. Destaque para Steinbeck.
23 nov. 1943	O Cínico*	Parcas vitórias de Hitler. Pétain ensaia adiamentos de passagem do poder.
24 nov. 1943	Todos Têm uma Tarefa	O jornalista Sergei Borzenko, da Bandeira da Pátria, distinguido como "Herói da União Soviética".
25 nov. 1943	O Caso Mosley	O quinta-colunismo na Inglaterra: o caso Mosley.
26 nov. 1943	Saudação a Gilberto Freyre	O recebimento na Bahia de Gilberto Freyre: antifascista e democrata.
27 nov. 1943	**De Londres a Berlim***	Berlim bombardeada pela aviação anglo-americana. O povo tenta fugir.

28 nov. 1943	**As Camisas Enterradas***	Comentário de uma camisa integralista encontrada, no Ceará, enterrada.
30 nov. 1943	Assuntos Espanhóis	Idalécio Prieto organiza, no México, um governo para substituir Franco. Comentários.

Dezembro de 1943		
Datas	Títulos	Sumários
1º dez. 1943	Os Rumores de Paz	Boatos. Já não são os nazistas que atacam; eles se defendem, como podem.
2 dez. 1943	Férias	Um dos grandes crimes cometidos pelos nazistas é o contra as crianças, retiradas violentamente de suas famílias.
3 dez. 1943	Mihailovich, Otto e outros Darlans...*	Quatro liberdades fundamentais defendidas por Roosevelt: de pensamento e palavra; de crença; de não morrer de fome; de não ter medo da polícia política.
4 dez. 1943	"China, Velha China...*"	União do povo chinês, que se achava dividido em lutas, quando da ameaça do Japão.
5 dez. 1943	**Criminosos***	O Comitê Nacional de Libertação Francesa iniciou a indicação de criminosos. Outros virão.
7 dez. 1943	**Os Estudantes Noruegueses***	Ameaçados pelas forças alemães. Protestos dos suecos e dos jovens do mundo.
8 dez. 1943	A Espada de Fogo	Entrega, em Teerã, da espada de ouro a Stalin pela vitória de Stalingrado.
9 dez. 1943	**Teerã Significa Liberdade***	A guerra e a paz estão nas mãos dos povos. Decidiram Roosevelt, Stalin e Churchill.
10 dez. 1943	Perigos a Combater	Combater o *muniquismo* é básico para manter o respeito aos direitos dos povos.
11 dez. 1943	**Panorama**	Dois anos da agressão japonesa aos EUA; dois anos e meio da invasão da União Soviética. A guerra não deve nem pode demorar muito.
12 dez. 1943	**A Universidade**	Os nazistas queimaram a Universidade da Noruega. Mas as ideias ficam.
14 dez. 1943	Munique Prepara a Monarquia Espanhola	Reflexões sobre consequências pósguerra.
15 dez. 1943	Eduardo Benes	O futuro da Checoslováquia .
16 dez. 1943	**A Quinta-Coluna***	A quinta-coluna e o integralismo não estão mortos.
17 dez. 1943	Entreato Literário	Apreciação da literatura atual dos EUA.
18 dez. 1943	A Pequena Objeção*	Comentários sobre as fronteiras da União Soviética.
19 dez. 1943	**O Diploma**	O compromisso do artista e do intelectual com o seu meio.
21 dez. 1943	O Livro de Strong*	Depoimentos de Anne Louise Strong, em A Rússia na guerra e na paz, sobre o país.
22 dez. 1943	O Castigo	Na cidade de Kharkov, os russos condenaram os criminosos nazis.
23 dez. 1943	**Aniversário da "Hora da Guerra"***	O cronista relata seu retorno ao país logo que soube da declaração de guerra ao Eixo. Esta coluna é uma trincheira da liberdade.

24 dez. 1943	O Golpe Boliviano*	Cedo para avaliações. Deve-se observar com cuidado.
25 dez. 1943	Hitler Contra Papai Noel	Perguntas assustadas de uma criança sobre os fascistas: e Papai-Noel?
28 dez. 1943	**Mestre Oswald, quase Ilya**	O primeiro volume de *Marco Zero*, de Oswald de Andrade. Comentários.
29 dez. 1943	Balanço de um Natal de Guerra	Saldo positivo em todas as frentes.
30 dez. 1943	As Forcas Amedrontadoras*	Repercussões dos sentenciados de Khorkov. E na Itália?
31 dez. 1943	A Gratidão do Caudilho	Previsões ameaçadoras sobre o futuro de Franco.

Janeiro de 1944		
Datas	Títulos	Sumários
1º jan. 1944	Feliz Ano Novo!*	Bons votos de Feliz Ano Novo aos três grandes líderes da guerra: Churchill, Roosevelt e Stalin.
4 jan. 1944	A Fracassada Aventura	A fracassada invasão já está quase fora dos domínios soviéticos. No Norte, aproxima-se o momento da Segunda Frente.
5 jan. 1944	**Os Bálcãs***	Opinião sobre o desenrolar da guerra: na Itália, nos Bálcãs e na Iugoslávia.
6 jan. 1944	A Sangria	O jovem general soviético Nicolas Vatutin: revide violento aos nazistas.
8 jan. 1944	Os Nervosos	Opinião sobre a situação de derrotas porque passam os nazis.
11 jan. 1944	Vozes de Munique	Opinião da revista portuguesa *A Voz*, sobre fronteiras da União Soviética.
12 jan. 1944	Opereta Italiana*	A situação na Itália complica-se: sai Mussolini e o fascismo fica...
13 jan. 1944	**A Proposta Russa***	Relações de fronteiras União Soviética e Polônia.
14 jan. 1944	O Genro	Morte de Ciano: o *muniquismo* faz o papel de juiz e justiceiro.
15 jan. 1944	Emilio Frugoni*	Nomeado embaixador do Uruguai na União Soviética.
16 jan. 1944	Versículos sobre o Último Dilúvio	Tipo de farsa teatral sobre o fim do mundo e o dilúvio.
18 jan. 1944	Festas do Bonfim*	Considerações sobre a festa do Bonfim no momento de guerra fratricida.
19 jan. 1944	Perigo Continental*	Tentativa de golpes fascistas no Peru e no Chile; com sucesso na Bolívia e na Argentina.
20 jan. 1944	Solidariedade com o Povo Argentino	Atitude fraterna não quer dizer apoio a governo injusto.
21 jan. 1944	O Papagaio	Presença de um papagaio brasileiro: mascote do grupo de bombardeio dos EUA.
22 jan. 1944	O Choro do Rei	Sobre o pós-guerra da Iugoslávia.
23 jan. 1944	**Luzes da Vitória**	Comemorações das vitórias das tropas soviéticas.
25 jan. 1944	Contra os Muniquistas*	Construir um outro mundo, após a guerra. Com mais justiça.
26 jan. 1944	**Democracia em Ação***	O não reconhecimento dos governos ditatoriais.
27 jan. 1944	O Rompimento Argentino	Rompimento ou manobra?
28 jan. 1944	**Segundo Aniversário**	Do rompimento de relações com os países do Eixo. Campanhas de esclarecimento popular.
29 jan. 1944	Jorge que Não É Ulisses	Não confundir nomes com personagens.
30 jan.1944	As Últimas Comemorações	Neste dia: 11 anos da implantação do nazismo.

Fevereiro de 1944		
Datas	Títulos	Sumários
1º fev. 1944	As Sanções contra Franco	Opiniões sobre Franco. A venda de petróleo suspensa pelos EUA.
2 fev. 1944	Palavra de Ordem da Quinta-Coluna*	As desconfianças sobre o papel do comunismo.
3 fev. 1944	Tapemos o Nariz...*	Boatos de que Franco vai se ligar às Nações Unidas.
4 fev. 1944	**Cultura e Democracia***	Artigo do escritor José Lins do Rego protesta contra censura aos livros; uma pretensão audaciosa.
5 fev. 1944	**Aniversário de Stalingrado***	Aniversário da batalha de Stalingrado. Outras vitórias.
6 fev. 1944	**Roger Bastide na Bahia**	Visita de Roger Bastide à Bahia: a candomblés, festas populares, etc.
8 fev. 1944	A Vez da Finlândia*	Vitória esperada da União Soviética contra as forças do marechal Mannerheim.
9 fev. 1944	Balada de Oleg Koshevi	Menino soviético de 15 anos morre na luta contra os nazis.
10 fev. 1944	Os "Turistes" Regressam...*	Viajantes alemães ingressam na Rússia.
11 fev. 1944	O "Fado" do Valentão	O regime ditatorial decadente de Portugal: Salazar.
12 fev. 1944	Franco e o *Muniquismo**	A vitória democrática na guerra e a continuação no poder de Franco.
13 fev. 1944	O Povo e as Promessas*	Grécia e Iugoslávia decidem futuro. E a Itália?
15 fev. 1944	**Lutamos pela Cultura!**	Vencer a batalha contra os fascistas. E os muniquistas?
16 fev. 1944	**"Mágica em Garrafas"**	História narrada com humor e vivacidade; livro de Milton Silverman.
17 fev. 1944	**Os "Humanitários"**	Contra o movimento "Paz, agora". *Muniquismo*!
18 fev. 1944	**Golpe Branco na Argentina?**	Boatos de desmentido do rompimento de relações. Situação interna confusa.
19 fev. 1944	Dez Divisões e um Pasquim	Dez divisões nazistas abatidas pelo Exército Soviético. Fechado, na Polônia, pasquim desagregador.
20 fev. 1944	Os Mascarados	Hipótese de fascistas e traidores saírem fantasiados.
24 fev. 1944	Brinde de Aniversário*	O exército soviético, de 26 anos, liberta a cidade de Krivoi-Rog.
25 fev. 1944	Fim de uma Ilusão...	Questões de fronteiras: União Soviética e Polônia.
26 fev. 1944	**Onda de Acontecimentos**	A perda da base de Vitebsk, pelos alemães; a queda de Ramirez, na Argentina; o reconhecimento da URSS, pelo Brasil.

| 27 fev. 1944 | Um Livro Diferente | *História do socialismo e das lutas sociais,* de Max Beer. |
| 29 fev. 1944 | **Olga, Vladimir e Militsa** | História de uma família de guerrilheiros iugoslavos. |

Março de 1944		
Datas	Títulos	Sumários
1 mar. 1944	Retrato de Rui*	Aniversário da morte de Rui.
2 mar. 1944	**Em Defesa da Cultura**	A Associação Brasileira de Escritores elege seu presidente: Aníbal Machado.
3 mar. 1944	A Geral Confusão...	Discutida mudança na Argentina: Farrell-Perón.
4 mar. 1944	O Equilibrista...	Franco, a Espanha e as Nações Unidas
5 mar. 1944	E o Arianismo?*	O nazismo e as mulheres.
7 mar. 1944	A Comédia Argentina*	EUA não reconhecem Perón.
8 mar. 1944	**Democracia em Ação**	A queda do nazismo na França e o afastamento ou punição do antigo governo.
9 mar. 1944	"Brasil Builds"	Inter-relacionamento das culturas americanas.
11 mar. 1944	Ciranda do Rei Dom Pedro	Atribulações de um rei sem reino.
12 mar. 1944	**Democracia Latino-Americana***	Contra a implantação na América Latina de governos fascistizantes.
15 mar. 1944	Poesia*	Dia de Castro Alves. Aproximação de "ordens do dia" de Stalin dos versos épicos castroalvinos.
16 mar. 1944	**Conciliação Impossível**	Batalha da paz quase tão importante quanto a militar.
17 mar. 1944	**Freda Kirchwey Denuncia***	As alertas da jornalista: cuidado para a América Latina. Assumir a antidemocracia.
18 mar. 1944	O Monumento*	Monumento saudando os heróis "tenentistas".
19 mar. 1944	Saudação a Lombardo Toledano	Pela Segunda Frente militar na Europa; contra a Segunda Frente de Hitler na América.
21 mar. 1944	A França Castiga	Pierre Pucheu: o primeiro da lista.
22 mar. 1944	Fogem os Barões	As tropas da União Soviética já atingem a Bessarábia.
23 mar. 1944	**A Lição Húngara***	Ocupada a Hungria.
24 mar. 1944	**"Fogo Morto"**	JA mostra porque sempre afirma ser um romancista. Prova de que conhece a obra de JLR.
25 mar. 1944	Triste Fim de uma História Agitada ou Bate-Papo de Horty e Kallay na Cadeia*	Amostra de cenas amadianas com as personagens nazistas húngaros...
26 mar. 1944	Canção da Bessarábia (para dona H. K.)	JA faz uma canção de alegria.
28 mar. 1944	"Fronteira Agreste"	Proibição do livro de Ivan Pedro de Martins. JA esboça uma crítica
29 mar. 1944	O Rio Pruth	Mais um rio libertado pelo exército soviético.
30 mar. 1944	**Novos Métodos da Quinta-Coluna**	Falsos boatos poloneses sobre traidores soviéticos.
31 mar. 1944	Ainda a Célebre Legião Azul	Boatos de Franco sobre a sonhada Legião Azul.

Abril de 1944		
Datas	Títulos	Sumários
1º abr. 1944	Alexandra, a que Não Será Rainha...	Crônica sobre núpcias de Pedro da Iugoslávia e Alexandra da Grécia.
2 abr. 1944	O Deão	Pregação lúcida de alguns prelados do Cristianismo.
4 abr. 1944	**As Fogueiras de Livros**	JA mais uma vez com livros queimados: na Argentina de Perón.
5 abr. 1944	O Demorado Passeio	Fracasso da invasão da União Soviética pelos nazistas alemães.
6 abr. 1944	Carta do Atlântico para a Europa*	Fim de governo de ocupação na Europa: Carta do Atlântico.
7 abr. 1944	**Considerações quase Religiosas**	Da consciência cristã: combater o nazismo.
9 abr. 1944	**O Pintor Scliar***	O pintor convocado, segue no Corpo de Expedicionários.
11 abr. 1944	Rússia e Japão*	Comentário sobre *A Rússia esmagará o Japão*, de Maurice Hindus.
12 abr. 1944	Odessa	Libertação do porto de Odessa, no Mar Negro.
13 abr. 1944	O Fanático*	Presidente do México, Ávila Camacho, escapa de atentado de Lama Rojas.
14 abr. 1944	Américas Unidas	Dia pan-americano. Vigilância contra o nazismo.
15 abr. 1944	Contos Infantis	Participação de JA no júri de um concurso de contos.
16 abr. 1944	Marcha Fúnebre	Morte do jovem general russo, Vatutin.

Jorge Amado na Hora da Guerra

\multicolumn{3}{c|}{Junho de 1944}		
Datas	Títulos	Sumários
11 jun. 1944	**O Barão**	São os 25 anos de jornalismo de Aporely, o Barão de Itararé, dos maiores satíricos nacionais.
13 jun. 1944	**Os Povos Combaterão***	Os povos subjugados combaterão e não apenas as frentes de libertação das Nações Unidas.
14 jun. 1944	**Voz da Cultura***	JA vice-presidente dac Associação de Escritores Brasileiros, núcleo baiano. Congresso Nacional, em setembro, no Rio.
15 jun. 1944	Pedro Mota Lima	O jornalista recebe indulto do Presidente. Outro passo para a Unidade Nacional.
16 jun. 1944	**O Romancista Ehrenburg**	Ganha o Prêmio Stalin, 1942 e a Ordem Lênin, como comentarista de guerra, 1944.
17 jun. 1944	A Livre Europa*	Reconhecimento dos líderes do povo na Europa: De Gaulle, Tito, etc.
18 jun. 1944	**Fascistas em Ação***	Na Primeira Exposição de Pintura Moderna, de Belo Horizonte, fascistas cortam quadros de gilete.
20 jun. 1944	O Advogado do Diabo	Os desserviços de Vicente Rau.
22 jun. 1944	Justiça Popular	Assassinato de De La Rocque, na França.
23 jun. 1944	Há Três Anos...*	Há três anos a Alemanha invadia a União Soviética...
27 jun. 1944	São João*	Pela vitória da dignidade humana.
28 jun. 1944	**Bolívia***	A situação parece melhorar: haverá eleições. Mas, e a Argentina?
29 jun. 1944	**Razões da Conferência Verde**	Situação de Portugal, ao lado dos fascistas.
30 jun. 1944	Um Desfile e um Poema*	A Finlândia breve verá a derrota dos fascistas.

Julho de 1944		
Datas	Títulos	Sumários
1º jul. 1944	Os Nazistas e o Brasil	Hora de continuada Unidade Nacional para derrotar os nazifascistas.
2 jul. 1944	O Dia da Bahia*	Dia da Independência do Brasil nos campos da Bahia.
4 jul. 1944	**Revolta na Dinamarca***	Liberdade e revolta com a queda das forças alemãs. O povo quer expulsar os invasores nazistas.
5 jul. 1944	Siqueira Campos*	Aniversário de 5 de julho, dos tenentes de 22 e dos de 24.
6 jul. 1944	Touradas em Sevilha	Boatos de encontros que nunca foram provados.
7 jul. 1944	Notícia do Poeta, Romancista e Crítico	Comentários de uma próxima vinda à Bahia de Oswald de Andrade.
8 jul. 1944	Outro Verão Russo	Inexistência das influências de estações do ano nas tropas soviéticas.
13 jul. 1944	Panorama Militar e Político*	As tropas soviéticas perto da Prússia. A derrota será incondicional.
14 jul. 1944	O Último Discurso de Goebbels*	Apresenta uma suposta fala de Goebbels: derrotado.
15 jul. 1944	**França**	Balanço da guerra perdida na França.
18 jul. 1944	**A Surpreendente Geografia***	Crônica ressaltando os feitos soviéticos na guerra.
19 jul. 1944	**Um Quadro de Segall***	Comentários sobre quadro de Segall.
20 jul. 1944	**Soldados da Liberdade***	O Corpo Expedicionário Brasileiro chega à Itália.
21 jul. 1944	O Traidor Desmascarado	Elogio a Tito, na Iugoslávia.
22 jul. 1944	O Ídolo e a Ilusão*	Atentado contra Hitler.
25 jul. 1944	A Fruta Apodrecida	Mais comentários sobre o atentado contra Hitler.
26 jul. 1944	A China Unida*	Comentários sobre *A China luta pela liberdade*, de Anne Louise Strong.
27 jul. 1944	**O Gaiato de Madrid**	Franco volta a defender a "paz negociada".
28 jul. 1944	**Desmascaramento**	Declaração do Secretário de Estado dos EUA, Cordell Hull, sobre o governo argentino Farrell-Perón.
29 jul. 1944	**Arma Secreta**	Ameaças vãs de Goebbels sobre as "bombas voadoras".

Agosto de 1944		
Datas	Títulos	Sumários
1º ago. 1944	As Manifestações... Nacionalistas...	Manifestações fascistas do governo de Farrell-Perón.
3 ago. 1944	O Coro de Corvos	Os vários pontos reacionários da Europa que querem, em vez da derrota incondicional, uma "paz negociada".
4 ago. 1944	**Michael Gold**	*Comentário sobre Judeus sem dinheiro*, de Michael Gold.
5 ago. 1944	A Prússia Invadida	Tropas soviéticas invadem a Prússia.
9 ago. 1944	Tiradentes	Comentários sobre *História popular de Tiradentes*, de Brasil Gerson.
13 ago. 1944	**Paris**	Aproxima-se a libertação de Paris pelas tropas anglo-americanas.
15 ago. 1944	A Covardia	Perfil de um comportamento nazista.
16 ago. 1944	**O Mestre dos Correspondentes**	John Reed, patrono dos correspondentes de guerra. Quantos escritores abraçam esses encargos com democracia?
17 ago. 1944	**A Frente da Bretanha***	São várias frentes na Europa. Já está perto da rendição incondicional.
19 ago. 1944	**Literatura e Espiritismo**	Comentários sobre obras póstumas de Humberto de Campos, escritas por um líder espírita.
20 ago. 1944	No Covil da Fera*	Nesse momento, é preciso que cada um concorra com o seu melhor para a queda do nazismo.
22 ago. 1944	Os Traidores em Fuga	Guerra dos povos contra os tiranos.
23 ago. 1944	Segundo Aniversário*	Há dois anos torpedeamento de navios brasileiros.
24 ago. 1944	Os Nazistas e a Religião	Relações Estado e Igreja na União Soviética e no nazismo.
25 ago. 1944	A Festa de Paris	Paris libertada, um momento de alegria para os brasileiros e de contenção para os franceses.
26 ago. 1944	A Corrida dos Ratos	O fim dos fascistas, depois de tanto sangue derramado.
27 ago. 1944	O Velho Alfredo	Enterro de Alfredo Amorim, um democrata liberal.
29 ago. 1944	O Atentado na Igreja	Atentado contra De Gaulle, na Igreja Notre-Dame de Paris.
30 ago. 1944	**O Traidor Vira Herói**	Pretensa epístola do marechal Pétain a Churchill, entregando o governo francês a De Gaulle.

Setembro de 1944

Datas	Títulos	Sumários
1º set. 1944	Sun-Yat-Sen*	Comentários sobre Três princípios do povo, de Sun-Yat-Sen.
2 set. 1944	O Vice-Versa*	Há cinco anos começava a guerra. Agora, as coisas mudaram.
3 set, 1944	Armas Secretas	Meras ameaças de uma arma alemã: não podem deter os fatos da guerra.
6 set. 1944	**Fim de Carreira***	Cai o barão e marechal Mannerheim, na Finlândia.
12 set. 1944	Ainda a Argentina*	Cordell Hull: "O governo da Argentina é fascista".
13 set. 1944	**A Batalha de Berlim***	Derrotas militares e políticas antecedem a Batalha de Berlim.
14 set. 1944	A Pedra no Sapato	A União Soviética é o grande empecilho para Franco.
15 set. 1944	Dolorosa Interrogação	O cerco da Alemanha: ninguém dará guarida a Hitler e asseclas.
19 set. 1944	Uma Biografia	*Comentários sobre Lenine*, de Mirsky.
21 set. 1944	Primavera*	Outono na Europa. Lembrança dos Expedicionários: mantimentos.
22 set. 1944	O Báltico*	Promessas de "armas secretas" que nunca surgem. Os soviéticos tomarão o Báltico.
23 set. 1944	"O Aliado Esquecido"	Comentários sobre O aliado esquecido, de Pierre Van Passem.
26 set. 1944	O Programa de Festas	Boatos sobre programa de festas sobre a conquista da União Soviética.
27 set. 1944	Exageros Prejudiciais	Não abandonar as preocupações com a guerra. Os fascistas ainda estão vivos.
28 set. 1944	**Os Charutos de Marx**	Comentários sobre aspectos da vida de Marx, publicado em livro sobre Estudos Sociais, da Calvino.
29 set. 1944	"A Divisão Perdida"	O heroísmo da batalha de Arnhem, na Holanda, com os paraquedistas ingleses.
30 set. 1944	O Caso Polonês	A questão das fronteiras: Polônia e União Soviética.

Outubro de 1944		
Datas	Títulos	Sumários
6 out. 1944	"Jornada entre Guerreiros"	Comentários sobre *Jornada entre guerreiros*, de Eve Curie.
7 out. 1944	Carol e outros Parentes	As pretensões de Carol, ex-rei romeno.
13 out. 1944	**Eremburg Acusa***	Eremburg acusa André Gide. Nesta guerra, solidário com os homens de bem.
15 out. 1944	Boatos Verdes*	Boatos quintas-colunistas tentam desmoralizar o Corpo de Expedicionários.

Anexo B
Ordem alfabético-cronológica das crônicas da Hora da Guerra

A

COLUNAS	DATAS
Abacaxi...*	5 ago. 1943
Absolvição!*	23 mar. 1943
Acompanhamento	21 jul. 1943
Adeus, Império...*	24 jan. 1943
Adeus à Valsa	15 ago. 1943
Advogado do Diabo, O	20 jun. 1944
África! África!	13 mar. 1943
Ainda a Argentina*	12 set. 1944
Ainda a Célebre Legião Azul	31 mar. 1944
Ajudemos os Heróis e os Mártires	5 fev. 1943
Alexandra, a que Não Será Rainha...	1º abr. 1944
Aliado Esquecido", "O	23 set. 1944
Aliados e Inimigos*	29 ago. 1943
Aliados Italianos, Os*	14 out. 1943
Alicerces da Unidade*	26 maio 1943
Américas Unidas	14 abr. 1944
"Amigos da América"	7 jan. 1943
Amor e Nazismo*	21 set. 1943
Aniversário*	12 ago. 1943
Aniversário, Um	17 nov. 1943
Aniversário da "Hora da Guerra"*	23 dez. 1943
Aniversário da RAF, O	1º abr. 1943
Aniversário de Stalingrado*	5 fev. 1944
Ao Som da Marselhesa	19 mar. 1943
Apavorados, Os	13 nov. 1943
Aproxima-se a Segunda Frente*	27 abr. 1943
Aquele que Vos Disser...*	14 jan. 1943
Arma Secreta	29 jul. 1944
Armas Secretas	3 set. 1944
Arranquem as Camisas!	20 maio 1943
Artistas Modernos do Brasil e a Guerra, Os*	19 out. 1943
Assim Acabam os Plínios*	30 jun. 1943
Assuntos Espanhóis	30 nov. 1943
Atabaques da Vitória*	7 jul. 1943
"Até a Rendição Incondicional"*	28 jan. 1943
Atentado na Igreja, O	29 ago. 1944
"Atmosfera Vibrante e Implacável"	27 mar. 1943
Autoelogio	12 set. 1943
Autorretrato do Nazi-Integralismo*	28 fev. 1943

B

NOMES	COLUNAS
Balada de Oleg Koshevi	9 fev. 1944
Balanço de Aniversário	22 ago. 1943
Balanço de um Natal de guerra	29 dez. 1943
Bálcãs, Os*	5 jan. 1944
Báltico, Os	22 set. 1944

Bandeira do 18 R.I., A*..25 maio 1943
Bandeirantes e o Esforço de Guerra, As*...24 mar. 1943
Bandeiras da Liberdade Tremulam em Bizerta e Tunis, As*..................8 maio 1943
Barão, O..11 jun. 1944
Batalha da Borracha, A..5 jun. 1943
Batalha da Inglaterra, A*..26 set. 1943
Batalha de Berlim, A*..13 set. 1944
Biblioteca do Combatente...27 out. 1943
Biografia, Uma ....19 set. 1944
Boatos Verdes*...15 out. 1944
Bolívia*...28 jun. 1944
Boves..28 out. 1943
"Brasil Builds"..9 mar. 1944
Brigam os Ratos..26 ago. 1943
Brinde (Para Nelito e Jacy)...30 maio 1943
Brinde de Aniversário*...24 fev. 1944
Brutalidade*..1º out. 1943
Búlgaros em Armas, Os..6 maio 1943

C

NOMES   COLUNAS
Caças-Submarinos Vingadores, Os*..5 jan, 1943
Caiu Mussolini..26 jul. 1943
Cálida Voz Americana*..10 jan. 1943
Camisas Enterradas, As*...28 nov. 1943
Campanha da Sicilia, A...15 jul. 1943
Canção...28 mar. 1943
Canção da Bessarábia (para Dona H. K.)..26 mar. 1944
Canção da Judia de Varsóvia..6 jun. 1943
Canção da Unidade*...20 abr. 1943
Canções Serão Recordadas, As..27 maio 1943
Carol e outros Parentes..7 out. 1944
Carta da Vitória, A...4 nov. 1943
Carta do Atlântico para a Europa*...6 abr. 1944
Carta do Marinheiro à Yemanjá*..3 fev. 1943
Caso Mosley, O..25 nov. 1943
Caso Polonês, O..30 set. 1944
Castigo, O...22 dez. 1943
Castro Alves Redivivo*..16 mar. 1943
Chamava-se Gastello..10 out. 1943
Charutos de Marx, Os..28 set. 1944
China Unida, A*..26 jul. 1944
"China, Velha China...*"..4 dez. 1943
Choro do Rei, O..22 jan. 1944
Ciência Mártir, A..18 mar. 1943
Cínico, O*..23 nov. 1943
Ciranda do Rei Dom Pedro...11 mar. 1944
Com Infinito Ódio!*..7 maio 1943
Comadres Discutem, As*...3 set. 1943

Começou a Debacle..9 set. 1943
Comédia Argentina, A*...7 mar. 1944
Comédia das Traições*..14 fev. 1943
Comerciários, Os*...27 ago. 1943
Conciliação Impossível..16 mar. 1944
Concórdia entre os Homens..1º jan. 1943
Conferência dos Ministros, A..8 out. 1943
Congresso Nacional dos Estudantes, O..22 jul. 1943
Considerações quase Religiosas..7 abr. 1944
Contos Infantis...15 abr. 1944
Contra os Muniquistas*...25 jan. 1944
Conversa de aniversário - Para Giovani..23 set. 1943
Conversa sobre Livros...26 jan. 1943
Corajosas e Leais Palavras*...23 fev. 1943
Cordeiro de Andrade...19 nov. 1943
Coro de Corvos, O...3 ago. 1944
Corpo Expedicionário*...10 nov. 1943
Correspondentes de Guerra...3 out. 1943
Corrida dos Ratos, A..26 ago. 1944
Covardia, A...15 ago. 1944
Crime contra a Cultura...15 out. 1943
Criminosos*..5 dez. 1943
Crônica de João Nazareth, Uma*...22 maio 1943
Cultura e Democracia*..4 fev. 1944

D

NOMES   COLUNAS

Dar o Máximo para a Vitória..4 maio 1943
De Castillo a Ramírez*..10 jun. 1943
De Fonte Insuspeita...26 out. 1943
De Londres a Berlim*..27 nov. 1943
De Orel e Catania..6 ago. 1943
Deão, O...2 abr. 1944
Democracia em Ação*...26 jan. 1944
Democracia em Ação (8 mar. 1944)...8 mar. 1944
Democracia Latino-Americana*...12 mar. 1944
Democracia para todos os Povos*..12 out. 1943
Democrata Raimundo, O..14 ago. 1943
Demorado Passeio, O..5 abr. 1944
Desfile e um Poema, Um*...30 jun. 1944
Desmascaramento..28 jul. 1944
Dever da Unidade, O*...23 dez. 1942
Dever de Unidade e o Direito de Crítica, O*......................................21 jan. 1943
Dez Divisões e um Pasquim...19 fev. 1944
Dia da Bahia, O*..2 jul. 1944
Dia da Unidade Nacional*..19 abr. 1943
Dia das Américas*...14 abr. 1943
Dia de Amanhã, O*...8 jan. 1943
Diploma, O...19 dez. 1943

Discurso ao General Renato Aleixo..7 fev. 1943
Discurso de Churchill, O ....21 maio 1943
Discurso de Volta Redonda, O ....9 maio 1943
Discurso no Comício de 28..29 jan. 1943
Discursos*...11 nov. 1943
Discursos, Mensagens, Entrevistas*...25 fev. 1943
Discursos no Cemitério... ....2 fev. 1943
Distâncias*..11 set. 1943
Divisão Perdida", "A..29 set. 1944
Dois Assuntos*...8 abr. 1943
2 de Julho*..2 jul. 1943
Dolorosa Interrogação..15 set. 1944
Dos Acontecimentos Políticos aos Militares...3 jun. 1943

E

NOMES   COLUNAS
E o Arianismo?*...5 mar. 1944
"...É o Sangue e a Lágrima que Redimem os Povos..."*..9 fev. 1943
E outras Bastilhas Cairão...14 jul. 1943
"É Trágico o Vosso Destino..."..20 jun. 1943
Eduardo Benes...5 dez. 1943
"El Rio Oscuro"...30 set. 1943
Elogio da Guarda Metropolitana...15 maio 1943
Elogio do Povo Italiano..31 jul. 1943
Elogio dos Estudantes*..2 abr. 1943
Em Defesa da Cultura...2 mar. 1944
Em Defesa da Democracia..17 out. 1943
"Em Pantanais, Florestas ou Navios" para "Eliminar a Opressão e [...]"...............30 dez. 1942
Em Vez de um Madrigal*...29 jun. 1943
Emilio Frugoni*..15 jan. 1944
Entreato Literário..17 dez. 1943
Equilibrista..., O..4 mar. 1944
Eremburg Acusa*..13 out. 1944
Esclarecimento Popular...23 out. 1943
Espada de Fogo, A..8 dez. 1943
Estes que Matam Crianças...*...11 fev. 1943
Estrelas de Esperança...4 mar. 1943
Estudante Alsaciano, O...24 fev. 1943
Estudantes Noruegueses, Os*..7 dez. 1943
Eu Conheci José, o Ingênuo...6 nov. 1943
Europa de Pé, A*..31 ago. 1943
Evocação de Garibaldi..25 jul. 1943
Exageros Prejudiciais..27 set. 1944

F

NOMES   COLUNAS
"Fado" do Valentão, O...11 fev. 1944
Fanático, O*...13 abr. 1944
Fascistas Contra Erico Veríssimo, Os..14 maio 1943
Fascistas em Ação*..18 jun. 1944

Feliz Ano Novo!*	1º jan. 1944
Férias	2 dez. 1943
Festa de Paris, A	25 ago. 1944
Festa de um Livro	16 set. 1943
Festas do Bonfim*	18 jan. 1944
Fiau! Fiau!*	2 nov. 1943
Fim de Carreira*	6 set. 1944
Fim de uma Ilusão...	25 fev. 1944
Flores e Granadas	22 set. 1943
Fogem os Barões	22 mar. 1944
"Fogo Morto"	24 mar. 1944
Fogueiras de Livros, As	4 abr. 1944
Foi Lutando que se Conquistou a Abolição*	13 maio 1943
Forcas Amedrontadoras, As*	30 dez. 1943
Fracassada Aventura, A	4 jan. 1944
Fralda da Camisa..., A...	27 jul. 1943
França	15 jul. 1944
França Castiga, A	21 mar. 1944
França dos Grandes Gestos, A	18 fev. 1943
Franco e o *Muniquismo**	12 fev. 1944
Freda Kirchwey Denuncia*	17 mar. 1944
Frente da Bretanha, A*	17 ago. 1944
Frente Subterrânea, A*	1º ago. 1943
"Fronteira Agreste"	28 mar. 1944
Fruta Apodrecida, A	25 jul. 1944

G

NOMES	COLUNAS
Gaiato de Madrid, O	27 jul. 1944
Gaúchos Heroicos, Os	10 fev. 1943
General Manuel Rabelo	22 jun. 1943
Genro, O	14 jan. 1944
Geral Confusão..., A	3 mar. 1944
"Glória Eterna!*"	9 out. 1943
Golpe Boliviano, O*	24 dez. 1943
Golpe Branco na Argentina?	18 fev. 1944
Gorki	9 jun. 1943
Gratidão do Caudilho, A	31 dez. 1943
Grito de Alerta, Um	4 ago. 1943

H

NOMES	COLUNAS
Há Três Anos...*	23 jun. 1944
Havia um Parque...	17 jun. 1943
Heroísmo	16 jun. 1943
"Hispanidade", Tradução Mal Feita...*	16 jan. 1943
"História de Jean e Lucille"	15 abr. 1943
História de 4 Anos*	2 set. 1943
História que Pediste..., A	13 jul. 1943
Hitler contra Papai-Noel	25 dez. 1943

Hitler contra Zumbi dos Palmares*..26 fev. 1943
Hitler contra Zumbi dos Palmares*...27 fev. 1943
Homens, Ratos e Vermes..16 fev. 1943
Homens do Mar..11 jun. 1943
Honra e Orgulho do Jornalismo*...11 mar. 1943
Hostes de Caim, As...12 fev. 1943
"Humanitários", Os...17 fev. 1944
Humorismo sem Intenção..15 set. 1943

I

NOMES	COLUNAS

Ídolo e a Ilusão, O*...22 jul. 1944
Importância da França..21 ago. 1943
Importantes Declarações...13 out. 1943
Insônia..13 ago. 1943
Insubmissão e suas Raízes, A*..18 maio 1943
Interior se Levanta, O..22 abr. 1943
Interpretações Verdes*...29 set. 1943
Itália e a "Carta do Atlântico!", A...14 set. 1943
Itália Fascista, A*..6 abr. 1943
Invasão do Continente...4 set. 1943

J

NOMES	COLUNAS

Já Podes Sonhar..12 jun. 1943
Jorge que Não É Ulisses...29 jan. 1944
"Jornada entre Guerreiros"..6 out. 1944
Justiça Popular*..22 jun. 1944

K

NOMES	COLUNAS

Kharkov..25 ago. 1943
Knock-Out Ténico*..31 out. 1943

L

NOMES	COLUNAS

Lembrem-se da Guerra..6 mar. 1943
Letra V e outras Letras, A..30 abr. 1943
"Liberation"...2 out. 1943
Lição de Bondade...13 jun. 1943
Lição de Léon Blum, A...19 maio 1943
Lição dos Guetos de Varsóvia*...23 maio 1943
Lição Húngara, A*..23 mar. 1944
Líder Católico, Um*..8 jul. 1943
Literatura da Gestapo..7 abr. 1943
Literatura e Espiritismo..19 ago. 1944
Livre Europa, A*...17 jun. 1944
Livres Ciganos, Os*..18 jun. 1943
Livro de Strong, O*..21 dez. 1943
Livro Diferente, Um...27 fev. 1944
Livro e um Exemplo, Um...29 abr. 1943
Lobos no Cemitério, Os*..20 mar. 1943

Lutamos pela Cultura!..15 fev. 1944
Luzes da Vitória..23 jan. 1944

M

NOMES	COLUNAS

Mac Artur Não se Atrasa...7 ago. 1943
"Mágica em Garrafas"...16 fev. 1944
Mais um Passo para a Unidade..11 abr. 1943
Maníacos do Assassinato* ....26 mar. 1943
Manifestações... Nacionalistas..., As...1º ago. 1944
Maragogipe Dá um Exemplo...31 mar. 1943
Marcha Fúnebre..16 abr. 1944
Marítimos de Marselha, Os...27 jan. 1943
Máscara, O (Fábula Carnavalesca)..14 mar. 1943
Mascarados, Os...20 fev. 1944
Melancólica Entrevista, A..16 abr. 1943
Melquíades de Tal...28 jul. 1943
Mensagem a Eremburg...9 nov. 1943
Mensagem a um Artista e Herói..20 jan. 1943
Meridiano 30*...18 set. 1943
Mestre dos Correspondentes, O..16 ago. 1944
Mestre Oswald, quase Ilya...28 dez. 1943
Michael Gold..4 ago. 1944
Mihailovitch, Otto e outros Darlans...*...3 dez. 1943
"Mocinho" e o Herói, O...6 out. 1943
Modesto Victorio..., O*...22 out. 1943
Monólogo de Adolf...* ....17 jul. 1943
Monumento, O*...18 mar. 1944
Munique Prepara a Monarquia Espanhola.......................................14 dez. 1943

N

NOMES	COLUNAS

Na Frente, a Bandeira do Brasil*...29 dez. 1942
Nações Unidas, As*..15 jun. 1943
"Não Queremos Chegar com as Mãos Vazias"*................................24 dez. 1942
Natal das Crianças Mártires*...25 dez. 1942
Navios e Marinheiros*...1º jul. 1943
Nazis Refundem a História..., Os..30 jul. 1943
Nazismo e os Trabalhadores, O..1º maio 1943
Nazistas e a Religião, Os..24 ago. 1944
Nazistas e o Brasil, Os...1º jul. 1944
Necessaria e Urgente*...18 ago. 1943
Nem a Rosa, nem o Cravo...4 abr. 1943
Nervosos, Os..8 jan. 1944
No Covil da Fera*..20 ago. 1944
Noite das Cidades Invadidas...3 mar. 1943
Noite dos Traidores...13 jan. 1943
Noite sem Lua...21 nov. 1943
"Nossa Missão É a Guerra*"...17 mar. 1943
Notícia do Poeta, Romancista e Crítico...7 jul. 1944

Novos Métodos da Quinta-Coluna..30 mar. 1944

O

NOMES	COLUNAS
Odessa..	12 abr. 1944
Ódio...	19 jan. 1943
Olga, Vladimir e Militsa..	29 fev. 1944
Onda de Acontecimentos...	26 fev. 1944
Opereta Italiana*...	12 jan. 1944
"Ordem do Dia"..	25 mar. 1943
"Organismos Ilegais, Instrumentos da 5ª Coluna"*..	2 jun. 1943
Otimismo Perigoso..	17 ago. 1943
Ouçamos as Advertências..	9 jan. 1943
Outro Verão Russo..	8 jul. 1944

P

NOMES	COLUNAS
Palavra de Ordem da Quinta-Coluna*..	2 fev. 1944
Palavras Esclarecedoras*..	18 nov. 1943
Palhaço e os Palhacinhos..., O*..	25 set. 1943
Panorama...	11 dez. 1943
Panorama Militar e Político*..	13 jul. 1944
Papagaio, O..	21 jan. 1944
Paris...	13 ago. 1944
Pedra no Sapato, A..	14 set. 1944
Pedro Mota Lima...	15 jun. 1944
Pela Independência da Pátria*...	7 set. 1943
Pelos Espanhóis Republicanos*...	10 abr. 1943
Pequena Objeção, A*..	18 dez. 1943
Perigo Continental*..	19 jan. 1944
Perigos a Combater...	10 dez. 1943
Perspectivas*...	5 set. 1943
Pétain, o Triste Exemplo*..	21 fev. 1943
Pintor Scliar, O*...	9 abr. 1944
Pobre Doutor Goebbels...*..	17 jan. 1943
Poesia*...	15 mar. 1944
Poesia e Guerra*..	5 mar. 1943
Poesia também é uma Arma, A*...	31 dez. 1942
Poeta Erich Weinert, O	11 ago. 1943
Poeta José Portogalo, O...	12 nov. 1943
Povo de Castro Alves, de Rui e de Seabra*...	30 jan. 1943
Povo e as Promessas, O*...	13 fev. 1944
Povo na Praça, O	3 abr. 1943
Povo não Permitirá outro 11 de Maio, O...	12 maio 1943
Povos Combaterão, Os*..	13 jun. 1944
Primavera..	28 abr. 1943
Primavera*..	21 set. 1944
Primavera sem Ofensiva*...	13 abr. 1943
Programa de Festas, O..	26 set. 1944
Proposta Russa, A*..	13 jan. 1944

NOMES	COLUNAS
Prússia Invadida, A	5 ago. 1944
Puxão de Orelhas	5 nov. 1943

Q

NOMES	COLUNAS
Quadro de Segall, Um*	19 jul. 1944
48 Estrelas da Liberdade, As	4 jul. 1943
Quatro Crianças, As	21 out. 1943
que Hitler me Disse", "O*	11 maio 1943
Questões de Verão e Inverno...	1º set. 1943
Quinta-Coluna, A*	16 dez. 1943

R

NOMES	COLUNAS
Raros Aplausos, Os	5 out. 1943
Ratos Correm na Neve, Os	29 dez. 1942
Razões da Conferência Verde	29 jun. 1944
Receios de Vichy...	23 jul. 1943
Refugiados Políticos*	12 mar. 1943
Rendição Incondicional ou Paz de Compromisso?*	25 abr. 1943
Renovaremos o Lirismo das Gôndolas	18 jul. 1943
Restaurante na Madrugada*	23 jun. 1943
Retrato do Muniquista*	19 set. 1943
Retrato de Rui*	1º mar. 1944
Revolta na Dinamarca*	4 jul. 1944
Rimance do 5 de Julho*	6 jul. 1943
Rio Pruth, O	29 mar. 1944
Rios Tintos de Sangue, Os	18 abr. 1943
Roger Bastide na Bahia	6 fev. 1944
Roma Bombardeada	20 jul. 1943
Romancista e um Romance – I O Autor, Um	19 ago. 1943
Romancista e um Romance – II O Romance, Um	20 ago. 1943
Romancista Eremburg, O	16 jun. 1944
Romancistas e a Guerra, Os	14 nov. 1943
Rompimento Argentino, O	27 jan. 1944
Ronda do *Muniquismo**	16 out. 1943
Roteiro das Ilhas	11 jul. 1943
"Ruge a Revolta na França" – I Uma Jornalista na França Ocupada	29 out. 1943
"Ruge a Revolta na França" – 2 Uma Jornalista em Vichy	30 out. 1943
Rui, Bandeira Antinazista*	2 mar. 1943
Rumores de Paz, Os	1º dez. 1943
Rússia e Japão*	11 abr. 1944

S

NOMES	COLUNAS
"Salud, Coronel!"	30 mar. 1943
Sanções contra Franco, As	1º fev. 1944
Sangria, A	6 jan. 1944
Sangue Pede Vingança, O*	10 ago. 1943
São João*	27 jun. 1944
São João com Vodka*	24 jun. 1943

Satanás Prega Quaresma... ... 8 jun. 1943
Saudação a Cachoeira... ... 17 abr. 1943
Saudação a Gilberto Freyre... ... 26 nov. 1943
Saudação a Guaní... ... 22 jan. 1943
Saudação a Josip Broz... ... 24 jul. 1943
Saudação a Lombardo Toledano... ... 19 mar. 1944
Saudação ao México*... ... 17 set. 1943
Sebastianismo... ... 29 maio 1943
Segundo Aniversário... ... 28 jan. 1944
Segundo Aniversário*... ... 23 ago. 1944
Senhor do Bonfim, Padroeiro das Nações Unidas*... ... 15 jan. 1943
"Señoritos...", Os*... ... 24 ago. 1943
Significado de Melitopol... ... 24 out. 1943
Sinistro Laval, O*... ... 8 ago. 1943
Sinos de Londres, Os... ... 28 maio 1943
Siqueira Campos*... ... 5 jul. 1944
Smolensk... ... 28 set. 1943
Sobre a Monarquia... ... 28 ago. 1943
Soldados da Liberdade*... ... 20 jul. 1944
Solidariedade com o Povo Argentino... ... 20 jan. 1944
Solidários com a Vossa Dor?...*... ... 4 fev. 1943
Soluços Vêm da Europa*... ... 4 jun. 1943
Sorrisos Amarelos, Os... ... 20 nov. 1943
Sucedem-se os Acontecimentos*... ... 10 set. 1943
Suicidem-se enquanto é Tempo!... ... 29 jul. 1943
Sun-Yat-Sen*... ... 1º set. 1944
Surpreendente Geografia, A*... ... 18 jul. 1944

T

NOMES — COLUNAS

Tapemos o Nariz...*... ... 3 fev. 1944
Teatro dos Estudantes... ... 6 fev. 1943
Teatro e Nazismo... ... 10 jul. 1943
Teerã Significa Liberdade*... ... 9 dez. 1943
Tempo do Herói*... ... 12 jan. 1943
Tenente Dickens, O... ... 5 maio 1943
Tiradentes... ... 9 ago. 1944
Tito e Mihalovitch... ... 7 out. 1943
Todos Têm Uma Tarefa... ... 24 nov. 1943
Touradas em Sevilha... ... 6 jul. 1944
Trágicas Lições, As... ... 6 jan. 1943
Tragico Humorismo*... ... 16 jul. 1943
Traidor Desmascarado, O... ... 21 jul. 1944
Traidor Vira Herói, O... ... 30 ago. 1944
Traidores em Fuga, Os... ... 22 ago. 1944
Três Discursos... ... 21 abr. 1943
Triste Fim de uma História Agitada ou Bate-Papo de Horthy e Kallay [...]... ... 25 mar. 1944
Triste Fim do Genrocrata... ... 20 out. 1943
"Turistes" Regressam..., Os*... ... 10 fev. 1944

U

NOMES	COLUNAS
Últimas Comemorações, As	30 jan. 1944
Último Diálogo dos Chefes Integralistas*	9 mar. 1943
Último Discurso de Goebbels, O*	14 jul. 1944
União dos Militares Alemães, A	24 set. 1943
União Nacional, sem Restrições*	20 fev. 1943
Unidade, Palavra de Ordem dos Presidentes*	31 jan. 1943
Unidade, Resposta à Traição	13 fev. 1943
Unidade Continental das Américas*	23 jan. 1943
Unidade Nacional Francesa	1º jun. 1943
Universidade, A	12 dez. 1943
Urgência da Segunda Frente*	9 jul. 1943

V

NOMES	COLUNAS
Velho Alfredo, O	27 ago. 1944
Versículos sobre o Último Dilúvio	16 jan. 1944
Vez da Finlândia, A*	8 fev. 1944
Vice-Quisling Arma um Bote..., O*	9 abr. 1943
Vice-Versa, O*	2 set. 1944
Vingança contra os Assassinos!*	21 mar. 1943
Vingança Fascista*	26 jun. 1943
Vítimas Pedem Vingança, As*	3 jan. 1943
Vitória se Escreve com Sangue	19 fev. 1943
Vitoriosos, Os	7 nov. 1943
Voz da China, A	19 jun. 1943
Voz da Cultura*	14 jun. 1944
Voz do Padre Vieira, A*	23 abr. 1943
Vozes de Munique	11 jan. 1944
Vozes Vêm do Mar*	27 jun. 1943

Anexo C
Reunião por grupos temáticos de crônicas da Hora da Guerra

1 ALGUMAS AÇÕES DO NAZI-INTEGRALISMO NO BRASIL
Advogado do Diabo, O..20 jun. 1944
Camisas Enterradas, As*...28 nov. 1943
Fascistas contra Érico Veríssimo, Os..14 maio 1943
Fascistas em Ação*...18 jun. 1944
Lobos no Cemitério, Os*...20 mar. 1943
Maníacos do Assassinato*..26 mar. 1943
Vice-Quisling Arma um Bote..., O*..9 abr. 1943

2 ALGUNS DOS PERSEGUIDOS OU ATINGIDOS PELO NAZIFASCISMO
Ciganos:
Livres Ciganos, Os*..18 jun. 1943
Crianças:
Estes que Matam Crianças...*..11 fev. 1943
Férias...2 dez. 1943
Natal das Crianças Mártires*..25 dez. 1942
Quatro Crianças, As..21 out. 1943
Vingança Fascista*...26 jun. 1943
Doentes:
Em Vez de um Madrigal*..29 jun. 1943
Intelectuais:
Ciência Mártir, A..18 mar. 1943
Jornalistas:
Honra e Orgulho do Jornalismo*...11 mar. 1943
Judeus:
Canção da Judia de Varsóvia..6 jun. 1943
Lição dos Guetos de Varsóvia*...23 maio 1943
Solidários com a Vossa Dor?...*..4 fev. 1943
Mulheres:
E o Arianismo?*..5 mar. 1944
Refugiados:
Refugiados Políticos*...12 mar. 1943

3 A AMÉRICA LATINA DURANTE A GUERRA: POSIÇÕES POLÍTICAS
Fala do colonizador espanhol:
Dia das Américas*..4 abr. 1943
"Hispanidade", Tradução Mal Feita...*..6 jan. 1943
Unidade Continental das Américas*..23 jan.1943
Unidade, Palavra de Ordem dos Presidentes*..31 jan. 1943
Posições políticas:
Democracia Latino-Americana*...12 mar. 1944
Freda Kirchwey Denuncia*...17 mar. 1944
Perigo Continental*..19 jan. 1944
Algumas posições do Brasil que interessariam no contexto da América Latina:
Américas Unidas..14 abr. 1944
Democracia em Ação*...26 jan. 1944
Desmascaramento..28 jul. 1944
Dia das Américas*..14 abr. 1943

Dois Assuntos*...8 abr. 1943
Fanático, O*...13 abr. 1944
Golpe Boliviano, O*...24 dez. 1943
Lutamos pela Cultura!...15 fev. 1944
Manifestações... Nacionalistas..., As..1º ago. 1944
Mascarados, Os..20 fev. 1944
Nações Unidas, As...15 jun. 1943
Onda de Acontecimentos..26 fev. 1944
Pelos Espanhóis Republicanos*..10 abr. 1943
Saudação a Lombardo Toledano..19 mar. 1944
Saudação ao México*..17 set. 1943
Solidariedade com o Povo Argentino..20 jan. 1944
Unidade, Palavra de Ordem dos Presidentes*.......................................31 jan. 1943
Unidade Continental das Américas*..23 jan.1943
Países vizinhos ao Brasil:
Argentina:
Ainda a Argentina*..12 set. 1944
Américas Unidas..14 abr. 1944
Batalha de Berlim, A*..13 set. 1944
Bolívia* ....28 jun. 1944
Comédia Argentina, A*...7 mar. 1944
De Castilho a Ramirez*...10 jun. 1943
Democracia em Ação*..26 jan. 1944
Democracia Latino-Americana*...12 mar. 1944
Desmascaramento...28 jul. 1944
Dia das Américas*..14 abr. 1943
Em Defesa da Democracia..17 out. 1943
Emilio Frugoni*...15 jan. 1944
Fanático, O*...13 abr. 1944
Freda Kirchwey Denuncia*...17 mar. 1944
Geral Confusão, A..3 mar. 1944
Golpe Boliviano, O*...24 dez. 1943
Golpe Branco na Argentina?..18 fev. 1944
Lutamos pela Cultura!..15 fev. 1944
Manifestações... Nacionalistas..., As..1º ago. 1944
Nações Unidas, As*..15 jun. 1943
Onda de Acontecimentos...26 fev. 1944
Pelos Espanhóis Republicanos*..10 abr. 1943
Perigo Continental*...19 jan. 1944
Rompimento Argentino, O...27 jan. 1944
Solidariedade com o Povo Argentino..20 jan. 1944
Sucedem-se os Acontecimentos*..10 set. 1943
Unidade, Palavra de Ordem dos Presidentes*...31 jan. 1943
Unidade Continental das Américas*..23 jan.1943
Bolívia:
Bolívia*..28 jun. 1944
Democracia em Ação*..26 jan. 1944
Democracia Latino-Americana*...12 mar. 1944

Dois Assuntos*...8 abr. 1943
Freda Kirchwey Denuncia*..17 mar. 1944
Golpe Boliviano, O*..24 dez. 1943
Perigo Continental*..19 jan. 1944
Rompimento Argentino, O...27 jan. 1944
Chile:
Comédia Argentina, A*..7 mar. 1944
Democracia em Ação*...26 jan. 1944
Freda Kirchwey Denuncia*...17 mar. 1944
Pelos Espanhóis Republicanos*...10 abr. 1943
Perigo Continental*..19 jan. 1944
Rompimento Argentino, O...27 jan. 1944
Unidade, Palavra de Ordem dos Presidentes*.......................................31 jan. 1943
Unidade Continental das Américas*....23 jan.1943
Cuba:
Ainda a Argentina*..12 set. 1944
Bolívia*....28 jun. 1944
Dia das Américas*..14 abr. 1943
"Hispanidade", Tradução Mal Feita...*....16 jan. 1943
Pelos Espanhóis Republicanos*...10 abr. 1943
Unidade, Palavra de Ordem dos Presidentes*.......................................31 jan. 1943
Equador:
Ainda a Argentina*..12 set. 1944
México:
Américas Unidas...14 abr. 1944
Dia das Américas*..14 abr. 1943
Fanático, O*..13 abr. 1944
Pelos Espanhóis Republicanos*...10 abr. 1943
Saudação a Lombardo Toledano..19 mar. 1944
Saudação ao México*...17 set. 1943
Unidade, Palavra de Ordem dos Presidentes*.......................................31 jan. 1943
Paraguai:
Bolívia*....28 jun. 1944
Democracia Latino-Americana*....12 mar. 1944
Freda Kirchwey Denuncia*...17 mar. 1944
Peru:
Democracia em Ação*...26 jan. 1944
Freda Kirchwey Denuncia*...17 mar. 1944
Perigo Continental*..19 jan. 1944
Uruguai:
Democracia Latino-Americana*....12 mar. 1944
Dia das Américas*..14 abr. 1943
Emilio Frugoni*...15 jan. 1944
Geral Confusão, A..3 mar. 1944
Golpe Boliviano, O*..24 dez. 1943
Pelos Espanhóis Republicanos*...10 abr. 1943
Rompimento Argentino, O...27 jan. 1944
Unidade, Palavra de Ordem dos Presidentes*.......................................31 jan. 1943

Venezuela:
Democracia em Ação* ....26 jan. 1944
Perigo Continental* ....19 jan. 1944

4 APELO LOCAL (Costumes, datas, vultos, etc.)
Acompanhamento..21 jul. 1943
Atabaques da Vitória*..7 jul. 1943
Castro Alves Redivivo*..16 mar. 1943
Comerciários, Os*..27 ago. 1943
Considerações Quase Religiosas..7 abr. 1944
Deão, O...2 abr. 1944
Dia da Bahia, O*..2 jul. 1944
2 de Julho*...2 jul. 1943
Festas do Bonfim*...18 jan. 1944
Foi Lutando que se Conquistou a Abolição*..13 maio 1943
Líder Católico, Um*...8 jul. 1943
Pintor Scliar, O*..9 abr. 1944
Povo de Castro Alves, de Rui e de Seabra*...30 jan. 1943
Povo na Praça, O ....3 abr. 1943
Restaurante na Madrugada*..23 jun. 1943
Retrato de Rui*..1° mar. 1944
Rui, Bandeira Antinazista*...2 mar. 1943
São João*..27 jun. 1944
Saudação a Cachoeira...17 abr. 1943
Senhor do Bonfim, Padroeiro das Nações Unidas*................................15 jan. 1943
Voz do Padre Vieira, A*..23 abr. 1943

5 A ARTE NA GUERRA: DEPOIMENTOS E REALIZAÇÕES LITERÁRIAS OU QUASE
Depoimentos:
Aniversário da "Hora da Guerra"*...23 dez. 1943
Artistas Modernos do Brasil e a Guerra, Os*..19 out. 1943
Biblioteca do Combatente...27 out. 1943
Canção..28 mar. 1943
Conversa sobre Livros...26 jan. 1943
Cultura e Democracia*...4 fev. 1944
Em Defesa da Cultura...2 mar. 1944
Em Defesa da Democracia..17 out. 1943
Entreato Literário..17 dez. 1943
Festa de um Livro...16 set. 1943
"Fogo Morto"..24 mar. 1944
Fogueiras de Livros, As..4 abr. 1944
Gorki...9 jun. 1943
Havia um Parque...17 jun. 1943
Heroísmo..16 jun. 1943
Lição de Bondade..13 jun. 1943

Livro de Strong, O*	21 dez. 1943
Livro Diferente, Um	27 fev. 1944
Livro e um Exemplo, Um	29 abr. 1943
Mensagem a Eremburg	9 nov. 1943
Mensagem a um Artista e Herói	20 jan. 1943
Mestre Oswald, quase Ilya	28 dez. 1943
Noite das Cidades Invadidas	3 mar. 1943
Noite sem Lua	21 nov. 1943
Notícia do Poeta, Romancista e Crítico	7 jul. 1944
Odessa	12 abr. 1944
Pintor Scliar, O*	9 abr. 1944
Poesia*	15 mar. 1944
Poesia e Guerra*	5 mar. 1943
Poesia também é uma Arma, A*	31 dez. 1942
Poeta José Portogalo, O	12 nov. 1943
Povos Combaterão, Os*	13 jun. 1944
Quadro de Segall, Um*	19 jul. 1944
que Hitler me Disse", "O*	11 maio 1943
Roger Bastide na Bahia	6 fev. 1944
Romancista e um Romance – I O Autor, Um	19 ago. 1943
Romancista e um Romance – II O Romance, Um	20 ago. 1943
Romancista Eremburg, O	16 jun. 1944
Romancistas e a Guerra, Os	14 nov. 1943
"Ruge a Revolta na França" I – Uma Jornalista na França Ocupada	29 out. 1943
"Ruge a Revolta na França" – 2 Uma Jornalista em Vichy	30 out. 1943
Rússia e Japão*	11 abr. 1944
Tiradentes	9 ago. 1944
Voz da Cultura*	14 jun. 1944

Textos Híbridos:

Balada de Oleg Koshevi	9 fev. 1944
Brinde (Para Nelito e Jacy)	30 maio 1943
Canção da Bessarábia (para Dona H. K.)	26 mar. 1944
Chamava-se Gastello	10 out. 1943
Estudante Alsaciano, O	24 fev. 1943
Eu Conheci, José, o Ingênuo	6 nov. 1943
Havia um Parque...	17 jun. 1943
"História de Jean e Lucille"	15 abr. 1943
História que Pediste, A	13 jul. 1943
Já Podes Sonhar...	12 jun. 1943
Marcha Fúnebre	16 abr. 1944
Nem a Rosa, nem o Cravo	4 abr. 1943
Povo na Praça, O	3 abr. 1943
Quatro Crianças, As	21 out. 1943
Soluços Vêm da Europa*	4 jun. 1943

Teatro:
Comédia das Traições* ....14 fev. 1943
Máscara, O (Fábula Carnavalesca)..14 mar. 1943
Melancólica Entrevista, A..16 abr. 1943
Monólogo de Adolf...* ....17 jul. 1943
Triste Fim de uma História Agitada ou Bate-Papo de Horthy e Kallay
na Cadeia..25 mar. 1944
Último Diálogo dos Chefes Integralistas* ....9 mar. 1943
Versículos sobre o Último
Dilúvio..16 jan. 1944

6 A EUROPA DURANTE E NOS PREPARATIVAS DO PÓS-GUERRA
Fronteiras e zonas de influência buscadas pela URSS:
Aniversário de Stalingrado* ....5 fev. 1944
União Soviética:
Influência:
Justiça Popular*..22 jun. 1944
Livre Europa, A*..17 jun. 1944
Razões da Conferência Verde...29 jun. 1944
Vice-Versa, O*..2 set. 1944
Fronteiras:
O Báltico: [Nordeste da Europa]
Báltico, O*..22 set. 1944
Alemanha: (Prússia)
Báltico, O*..22 set. 1944
Finlândia:
Desfile e um Poema, Um*...30 jun. 1944
Fim de Carreira* ....6 set. 1944
Vez da Finlândia, A*..8 fev. 1944
Dinamarca:
Revolta na Dinamarca* ....4 jul. 1944
Estônia:
Báltico, O*..22 set. 1944
Hungria:
Báltico, O*..22 set. 1944
Lição Húngara, A* ....23 mar. 1944
Triste Fim de uma História Agitada
ou Bate-Papo de Horthy e Kallay [...]..25 mar. 1944
Letônia:
Báltico, O*..22 set. 1944
Lituânia:
Báltico, O*..22 set. 1944
Noruega:
Estudantes Noruegueses, Os* ....7 dez. 1943

Universidade, A..12 dez. 1943
Polônia:
Báltico, O*..22 set. 1944
Caso Polonês, O..30 set. 1944
Fim de Uma Ilusão...25 fev. 1944
Novos Métodos da Quinta-Coluna..30 mar. 1944
Pequena Objeção, A*..18 dez. 1943
Os Bálcãs: [Sudeste da Europa]
Bálcãs, Os*..5 jan. 1944
Jorge que não É Ulisses..29 jan. 1944
Bulgária:
Bálcãs, Os*..5 jan. 1944
Búlgaros em Armas, Os...6 maio 1943
Grécia:
Povo e as Promessas, O*..13 fev. 1944
Vingança Fascista*..26 jun. 1943
Iugoslávia:
Alexandra, a que não Será Rainha..1º abr. 1944
Bálcãs, Os*..5 jan. 1944
Choro do Rei, O..22 jan. 1944
Ciranda do Rei Dom Pedro..11 mar. 1944
Conciliação Impossível..16 mar. 1944
Livre Europa, A*...17 jun. 1944
Mihailovitch, Otto e outros Darlans*..3 dez. 1943
Olga, Vladimir e Militsa...29 fev. 1944
Povo e as Promessas, O*..13 fev. 1944
Saudação a Josip Broz..24 jul. 1943
Tito e Mihalovitch...7 out. 1943
Traidor Desmascarado, O...21 jul. 1944
Romênia:
Carol e oturos Parentes..7 out. 1944
Demorado Passeio, O..5 abr. 1944
Fogem os Barões...22 mar. 1944
Noite dos Traidores...13 jan. 1943
Checoslováquia :
Eduardo Benes..15 dez. 1943

7 A GUERRA NO CONTINENTE ASIÁTICO
"Até a Rendição Incondicional*"..28 jan. 1943
China Unida, A*...26 jul. 1944
"China, Velha China...*"..4 dez. 1943
Contra os *Muniquistas**..25 jan. 1944
Discurso de Churchill, O ....21 maio 1943
Discurso no Comício de 28...29 jan. 1943

Discursos, Mensagens, Entrevistas*..25 fev. 1943
História de 4 Anos*...2 set. 1943
"Jornada entre Guerreiros"...6 out. 1944
Letra V e outras Letras, A...30 abr. 1943
Livro de Strong, O*...21 dez. 1943
Mac Artur não se Atrasa..7 ago. 1943
Nações Unidas, As*..15 jun. 1943
Nervosos, Os...8 jan. 1944
Palavras Esclarecedoras*...18 nov. 1943
Primavera..28 abr. 1943
Rendição Incondicional ou Paz de Compromisso?*............................25 abr. 1943
Rompimento Argentino, O...27 jan. 1944
Rússia e Japão*...11 abr. 1944
Sun-Yat-Sen*..1º set. 1944
Tapemos o Nariz...*..3 fev. 1944
Teatro dos Estudantes..6 fev. 1943
Tempo do Herói*..12 jan. 1943
Trágico Humorismo*..16 jul. 1943
Vice-Quisling Arma um Bote..., O*..9 abr. 1943
Voz da China, A..19 jun. 1943

8 PARTICIPAÇÃO ATIVA NA GUERRA (Corpo Expedicionário e Segunda Frente)
Corpo Expedicionário:
Adeus, Império*..24 jan. 1943
"África! África!"..13 mar. 1943
Bandeira do 18 R.I., A*..25 maio 1943
Corpo Expedicionário*...10 nov. 1943
De Fonte Insuspeita..26 out. 1943
Insubmissão e suas Raízes, A*...18 maio 1943
Na Frente, a Bandeira do Brasil*...29 dez. 1942
"Não Queremos Chegar com as Mãos Vazias"*..................................24 dez. 1942
Primavera*..21 set. 1944
Soldados da Liberdade..20 jul. 1944
Segunda Frente:
Aproxima-se a Segunda Frente*...27 abr. 1943
Bandeiras da Liberdade Tremulam em Bizerta e Tunis, As*..............8 maio 1943
Campanha da Sicília, A...15 jul. 1943
De Fonte Insuspeita..26 out. 1943
Demorado Passeio, O...5 abr. 1944
Discurso de Churchill, O..21 maio 1943
Discursos, Mensagens, Entrevistas*..25 fev. 1943
Homens do Mar..11 jun. 1943
Marítimos de Marselha, Os..27 jan. 1944
Necessária e Urgente*...18 ago. 1943
Otimismo Perigoso...17 ago. 1943

Primavera...28 abr. 1943
Urgência da Segunda Frente*..9 jul. 1943

9 POSIÇÕES ASSUMIDAS PELO NAZIFASCISMO
A) Posições políticas básicas:
Anticomunismo e antissemitismo:
Ajudemos os Heróis e os Mártires..5 fev. 1943
Arranquem as Camisas!..20 maio 1943
Castigo, O...22 dez. 1943
Ciência Mártir, A...18 mar. 1943
Com Infinito Ódio!*..7 maio 1943
Considerações Quase Religiosas..7 abr. 1944
Coro de Corvos, O..3 ago. 1944
Covardia, A..15 ago. 1944
Crime contra a Cultura..15 out. 1943
Dia de Amanhã, O*..8 jan. 1943
Fruta Apodrecida, A..25 jul. 1944
Grito de Alerta, Um..4 ago, 1943
"Humanitários", Os..17 fev. 1944
Insônia..13 ago. 1943
Lição de Bondade...13 jun. 1943
Nervosos, Os...8 jan. 1944
Onda de Acontecimentos..26 fev. 1944
Panorama...11 dez. 1943
Sangria, A...6 jan. 1944
Soluços Vêm da Europa*...4 jun. 1943
Traidor Vira Herói, O..30 ago. 1944
Traidores em fuga, Os..22 ago. 1944
Vitoriosos, Os...7 nov. 1943
B) Posições culturais:
Arianismo:
Amor e Nazismo*..21 set. 1943
Hitler contra Zumbi dos Palmares*..26 fev. 1943
Hitler contra Zumbi dos Palmares*..27 fev. 1943
Muniquismo:
Contra os *Muniquistas**...25 jan. 1944
Eduardo Benes..15 dez. 1943
Franco e o *Muniquismo**...12 fev. 1944
Grito de Alerta, Um..4 ago, 1943
Interpretações Verdes*..29 set. 1943
Munique Prepara a Monarquia Espanhola..14 dez. 1943
Perigos a Combater..10 dez. 1943
Retrato de *Muniquista**...19 set. 1943
Ronda de *Muniquismo**...16 out. 1943

Sôbre a Monarquia..28 ago. 1943
Vozes de Munique..11 jan. 1944
Quinta-Coluna (Integralismo):
Aliados e Inimigos*...29 ago. 1943
Aquele que Vos Disser...*..14 jan. 1943
Autorretrato do Nazi-Integralismo*..28 fev. 1943
Boatos Verdes*..15 out. 1944
Novos Métodos da Quinta-Coluna...30 mar. 1944
Palavra de Ordem da Quinta-Coluna*...2 fev. 1944
Quinta-Coluna, A*...16 dez. 1943
Último Diálogo dos Chefes Integralistas*..9 mar. 1943
Quislinguismo:
Assim Acabam os Plínios*...30 jun. 1943
Estudantes Noruegueses, Os*..7 dez. 1943
Trágico Humorismo*..16 jul. 1943

10 AS PROPOSTAS INICIAIS E O DESMORONAMENTO DAS PRETENSÕES NAZIFASCISTAS
Clima Geral:
Comadres Discutem, As*..3 set. 1943
Começou o Debacle..9 set. 1943
De Orel e Catania..6 ago. 1943
Distâncias*..11 set. 1943
Europa de Pé, A*..31 ago. 1943
Forcas Amedrontadoras, As*...30 dez. 1943
Frente Subterrânea, A*..1º ago. 1943
História de 4 Anos*..2 set. 1943
Invasão do Continente..4 set. 1943
Meridiano 30*...18 set. 1943
A Derrocada Interna do Fascismo:
Adeus, Império...*..24 jan. 1943
Aliados Italianos, Os*..14 out. 1943
Bandeiras da Liberdade Tremulam em Bizerta e Tunis, As*..............................8 maio 1943
Canções Serão Recordadas, As..27 maio 1943
Caiu Mussolini..26 jul. 1943
"É Trágico o Vosso Destino..."..20 jun. 1943
Elogio do Povo Italiano..31 jul. 1943
Flores e Granadas...22 set. 1943
Fralda da Camisa, A...27 jul. 1943
Genro, O..14 jan. 1944
Homens, Ratos e Vermes..16 fev. 1943
Itália e a "Carta do Atlântico!", A..14 set. 1943
Itália Fascista, A*..6 abr. 1943
Já Podes Sonhar..12 jun. 1943
Melquíades de Tal...28 jul. 1943

Modesto Victorio..., O*..22 out. 1943
Opereta Italiana*..12 jan. 1944
Palhaço e os Palhacinhos..., O*..25 set. 1943
Perspectivas*..5 set. 1943
Povo e as Promessas, O*...13 fev. 1944
Povos Combaterão, Os*..13 jun. 1944
Roma Bombardeada..20 jul. 1943
Roteiro das Ilhas..11 jul. 1943
Suicidem-se enquanto é Tempo!..29 jul. 1943
Triste Fim do Genrocrata..20 out. 1943
Vingança Fascista*..26 jun. 1943
A Derrocada Interna do Nazismo:
Abacaxi...*..5 ago. 1943
Adeus à Valsa..15 ago. 1943
Armas Secretas..3 set. 1944
Autoelogio..12 set. 1943
Balanço de um Natal de Guerra..29 dez. 1943
Batalha de Berlim, A*..13 set. 1944
Boves..28 out. 1943
Brigam os Ratos..26 ago. 1943
Brinde de Aniversário*..24 fev. 1944
Brutalidade*..1º out. 1943
Castigo, O..22 dez. 1943
Crime contra a Cultura..15 out. 1943
De Londres a Berlim*..27 nov. 1943
Demorado Passeio, O...5 abr. 1944
Diploma, O..19 dez. 1943
Dolorosa Interrogação..15 set. 1944
Em Vez de um Madrigal*..29 jun. 1943
Estrelas de Esperança..4 mar. 1943
Forcas Amedrontadoras, As*..30 dez. 1943
Fracassada Aventura, A..4 jan. 1944
Fruta Apodrecida, A..25 jul. 1944
"Glória Eterna!*"..9 out. 1943
Há Três Anos...*..23 jun. 1944
Hitler contra Papai Noel..25 dez. 1943
Humorismo sem Intenção...15 set. 1943
Ídolo e a Ilusão, O*...22 jul. 1944
Kharkov..25 ago. 1943
Luzes da Vitória...23 jan. 1944
Panorama Militar e Político*...13 jul. 1944
Pobre Doutor Goebbels*...17 jan. 1943
Povos Combaterão, Os*..13 jun. 1944
Primavera sem Ofensiva*..13 abr. 1943

Prússia Invadida, A ....5 ago. 1944
Questões de Verão e Inverno...1º set. 1943
Raros Aplausos, Os..5 out. 1943
Rio Pruth, O ....29 mar. 1944
São João com Vodka*..24 jun. 1943
Significado de Melitopol...24 out. 1943
Smolensk..28 set. 1943
Teatro e Nazismo..10 jul. 1943
Últimas Comemorações, As..30 jan. 1944
Último Discurso de Goebbels, O*...14 jul. 1944
Vitoriosos, Os..7 nov. 1943

11 TORPEDEAMENTO DE NAVIOS (Quebra da soberania)
Absolvição!*..23 mar. 1943
Aniversário*..12 ago. 1943
Caças-Submarinos Vingadores, Os*...5 jan, 1943
Carta do Marinheiro à Yemanjá*....3 fev. 1943
Navios e Marinheiros*..1º jul. 1943
que Hitler me Disse", "O*..11 maio 1943
Sangue Pede Vingança, O*..10 ago. 1943
Segundo Aniversário*..23 ago. 1944
Vingança contra os Assassinos!*...21 mar. 1943
Vítimas Pedem Vingança, As*...3 jan. 1943
Vozes Vêm do Mar*...27 jun. 1943

12 UNIDADE NACIONAL
Advogado do Diabo, O...20 jun. 1944
Alicerces da Unidade*..26 maio 1943
"Amigos da América"..7 jan. 1943
Aniversário da "Hora da Guerra"*..23 dez. 1943
Balanço de Aniversário..22 ago. 1943
Bandeirantes e o Esforço de Guerra, As*..24 mar. 1943
Canção da Unidade*..20 abr. 1943
Comerciários, Os*...27 ago. 1943
Congresso Nacional dos Estudantes...22 jul. 1943
Corajosas e Leais Palavras*..23 fev. 1943
Dar o Máximo para a Vitória..4 maio 1943
Dever da Unidade, O*...23 dez. 1942
Dever de Unidade e o Direito de Crítica, O*...21 jan. 1943
Dia da Bahia, O*...2 jul. 1944
Dia da Unidade Nacional*..19 abr. 1943
Dia de Amanhã, O*..8 jan. 1943
Discurso de Volta Redonda, O ....9 maio 1943
Discurso no Comício de 28..29 jan. 1943

Jorge Amado na Hora da Guerra   291

2 de Julho*...2 jul. 1943
"...É o Sangue e a Lágrima que Redimem os Povos..."..9 fev. 1943
Elogio dos Estudantes*..2 abr. 1943
Foi Lutando que se Conquistou a Abolição*...13 maio 1943
General Manuel Rabelo...22 jun. 1943
Interior se Levanta, O...22 abr. 1943
Mais um Passo para a Unidade...11 abr. 1943
Maragogipe Dá um Exemplo..31 mar. 1943
Monumento, O*..18 mar. 1944
Nazismo e os Trabalhadores, O..1º maio 1943
Nazistas e o Brasil, Os..1º jul. 1944
"Nossa Missão É a Guerra*"..17 mar. 1943
"Organismos Ilegais, Instrumentos de 5ª Coluna"*..2 jun. 1943
Palavras Esclarecedoras*...18 nov. 1943
Pedro Mota Lima..15 jun. 1944
Pela Independência da Pátria*..7 set. 1943
Povo não Permitirá outro 11 de Maio, O...12 maio 1943
Rimance do 5 de Julho*..6 jul. 194
Sebastianismo..29 maio 1943
Segundo Aniversário...28 jan. 1944
Siqueira Campos*..5 jul. 1944
Três Discursos..21 abr. 1943
Voz da China, A...19 jun. 1943

13 VISLUMBRES DE UM FIM DE GUERRA: SITUAÇÃO EM ALGUNS PAÍSES
Rendição incondicional ou paz de compromisso?
"Até a Rendição Incondicional"*..28 jan. 1943
Conciliação Impossível...16 mar. 1944
Coro de Corvos, O..3 ago. 1944
Dez Divisões e um Pasquim..19 fev. 1944
Espada de Fogo, A...8 dez. 1943
"Humanitários", Os...17 fev. 1944
Panorama..11 dez. 1943
Panorama Militar e Político*..13 jul. 1944
Rendição Incondicional ou Paz de Compromisso?*..25 abr. 1943
Satanás Prega Quaresma...8 jun. 1943
Teerã Significa Liberdade*..9 dez. 1943
Alguns países:
Geral:
Carta da Vitória, A...4 nov. 1943
Carta do Atlântico para a Europa*..6 abr. 1944
Conferência dos Ministros, A..8 out. 1943
Democracia para Todos os Povos*..12 out. 1943
Esclarecimento Popular..23 out. 1943

Estrelas de Esperança..4 mar. 1943
Exageros Prejudiciais..27 set. 1944
Fiau! Fiau!*...2 nov. 1943
Importantes Declarações..13 out. 1943
Knock-Out Técnico*..31 out. 1943
Livre Europa, A*..17 jun. 1944
Nações Unidas, As*...15 jun. 1943
Espanha:
Ainda a Célebre Legião Azul...31 mar. 1944
Assuntos Espanhóis...30 nov. 1943
Equilibrista..., O...4 mar. 1944
Gratidão do Caudilho, A...31 dez. 1943
Sanções contra Franco, As..1º fev. 1944
"Señoritos...", Os*...24 ago. 1943
Tapemos o Nariz...*..3 fev. 1944
Portugal:
"Fado" do Valentão, O..11 fev. 1944
Razões da Conferência Verde...29 jun. 1944
Touradas em Sevilha..6 jul. 1944
França:
Ao Som da Marselhesa...19 mar. 1943
Carta do Atlântico para a Europa*...6 abr. 1944
Cínico, O..23 nov. 1943
Criminosos*..5 dez. 1943
Democracia em Ação..8 mar. 1944
França..15 jul. 1944
França Castiga, A..21 mar. 1944
França dos Grandes Gestos, A..18 fev. 1943
Justiça Popular*..22 jun. 1944
"Liberation"...2 out. 1943
Nazis Refundem a História, Os..30 jul. 1943
Pétain, o Triste Exemplo*..21 fev. 1943
Receios de Vichy...23 jul. 1943
Sinistro Laval, O*...8 ago. 1943
Unidade Nacional Francesa..1º jun. 1943
Bélgica:
Assim Acabam os Plínios...*..30 jun. 1943
Holanda:
Letra V e outras Letras, A...30 abr. 1943
Inglaterra:
Aniversário, Um..17 nov. 1943
Aniversário da RAF, O..1º abr. 1943
Batalha da Inglaterra, A*..26 set. 1943
Caso Mosley, O...25 nov. 1943

Elogio da Guarda Metropolitana..15 maio 1943
Sinos de Londres, Os...28 maio 1943

Anexo D
Índice onomástico de
personalidades, autores literários
e suas obras citadas

A

NOMES	COLUNAS
ABEL	Hostes de Caim, As
ABREU, Casemiro de	**Hitler contra Zumbi dos Palmares***
ADAMS, Hopkins	Grito de Alerta, Um
AFONSO XIII	Sobre a Monarquia
AIOKÁ, Princesa de	**Carta do Marinheiro à Yemanjá***
AIRES, Jaime Junqueira	Esclarecimento Popular
ALÁ	Festas do Bonfim*
ALBERTI, Rafael	Tapemos o Nariz...*
ALBERTO, João (cel.)	Batalha da Borracha, A
ALBERTO, João	"Não Queremos Chegar com as Mãos Vazias"*
ALBERTO, João	Rimance do 5 de Julho*
ALBERTO, João	Siqueira Campos*
ALBERTO, João	Unidade Nacional, sem Restrições*
ALEIXO, Frei	Vozes Vêm do Mar*
ALEIXO, Renato Pinto (gal.)	Batalha da Borracha, A
ALEIXO, Renato	Corajosas e Leais Palavras*
ALEIXO, Renato	Discurso ao General Renato Aleixo
ALEIXO, Renato	Dois Assuntos*
ALEIXO, Renato	"...É o Sangue e a Lágrima Que Redimem os Povos..."*
ALEIXO, Renato	Interior se Levanta, O
ALEIXO, Renato	"Não Queremos Chegar com as Mãos Vazias"*
ALEIXO, Renato	Rimance do 5 de Julho*
ALEIXO, Renato	Unidade, Resposta à Traição
ALEIXO, Renato	Vitória se escreve com sangue
ALEXANDER, Harold (gal.)	Mac Artur Não Se Atrasa
ALEXANDER, Harold	Meridiano 30*
ALEXANDRA DA GRÉCIA	Alexandra a Que Não Será Rainha
ALIGHIERI, Dante	**Caiu Mussolini**
ALIGHIERI, Dante	Satanás Prega Quaresma...
ALMEIDA, Fialho de	"Fado" do Valentão, O
ALVAREZ DEL VAYO, Julio	**"Humanitários", Os**
ALVES, Antônio de Castro	Atabaques da Vitória*
ALVES, Antônio de Castro	Bandeira do 18 R.I., A*
ALVES, Antônio de Castro	**Biblioteca do Combatente** (*O Livro e a América*)
ALVES, Antônio de Castro	Canção
ALVES, Antônio de Castro	Corajosas e Leais Palavras* (*O Navio Negreiro*)
ALVES, Antônio de Castro*	Dia da Bahia, O*
ALVES, Antônio de Castro*	2 de Julho*
ALVES, Antônio de Castro*	"...É o Sangue e a Lágrima Que Redimem os Povos..."*
ALVES, Antônio de Castro	Elogio dos Estudantes*
ALVES, Antônio de Castro	Foi Lutando Que Se Conquistou a Abolição*
ALVES, Antônio de Castro	**França Dos Grandes Gestos, A**
ALVES, Antônio de Castro	**Hitler Contra Zumbi dos Palmares***

ALVES, Antônio de Castro..Homens do Mar
(*O Navio Negreiro*)
ALVES, Antônio de Castro..Mensagem a Um Artista e Herói
ALVES, Antônio de Castro..."Não Queremos Chegar com as Mãos Vazias"*
ALVES, Antônio de Castro...**Pintor Scliar, O***
ALVES, Antônio de Castro...Poesia*
(*Ode ao Dois de Julho*)
ALVES, Antônio de Castro..Poesia e Guerra*
ALVES, Antônio de Castro...Poeta Erich Weinert, O
ALVES, Antônio de Castro..Povo de Castro Alves, de Rui e de Seabra*
(*O Povo ao Poder*)
ALVES, Antônio de Castro..**Receios de Vichy...**
ALVES, Antônio de Castro..Restaurante na Madrugada*
ALVES, Antônio de Castro*..Retrato de Rui*
ALVES, Antônio de Castro*...Rimance do 5 de Julho*
ALVES, Antônio de Castro*..Rui, Bandeira antinazista*
ALVES, Antônio de Castro..Sangria, A
ALVES, Antônio de Castro..Saudação a Cachoeira
(*Ode ao Dois de Julho*)
ALVES, Antônio de Castro..Saudação a Gilberto Freyre
ALVES, Antônio de Castro..Saudação a Lombardo Toledano
ALVES, Mário..Povo de Castro Alves, de Rui e de Seabra*
ALVIER, Fernand..**Ciência Mártir, A**
AMADO, Jorge..**Aniversário da "Hora da Guerra"***
(*Hora da Guerra, Terras do Sem Fim*)
AMADO, Jorge...**Cultura e Democracia***
AMADO, Jorge..Discurso ao General Renato Aleixo
AMADO, Jorge...**Em Defesa da Cultura**
AMADO, Jorge..**Fogueiras de Livros, As**
AMADO, Jorge..Hitler Contra Papai-Noel
AMADO, Jorge..Interior se Levanta, O
AMADO, Jorge...Mensagem a Eremburg
AMADO, Jorge...**Mestre Oswald, quase Ilya**
(*Terras do Sem Fim*)
AMADO, Jorge..Pedro Mota Lima
AMADO, Jorge...**Pintor Scliar, O***
(*ABC de Castro Alves*)
AMADO, Jorge...Razões da conferência verde
AMADO, Jorge...Retrato de Ruy
(*ABC de Castro Alves*)
AMADO, Jorge..**Voz da Cultura, A***
[AMADO], Lila ....Férias
[AMADO], Lila ....Hitler Contra Papai-Noel
AMARAL, Tarsila do..**artistas modernos do Brasil e a guerra, Os***

AMORIM, Alfredo	velho Alfredo, O
AMORIM, Clóvis	**Poesia Também é Uma Arma, A***
AMÉZAGA, Juan José	Emilio Frugoni*
ANDERSON, Richard	Literatura da Gestapo
ANDRADE, Cordeiro de	**Cordeiro de Andrade (Brejo)**; (*Cassacos, Tônio Borja*)
ANDRADE, Oswald de	**"Fogo Morto"**
ANDRADE, Oswald de	**Mestre Oswald, quase Ilya** (*A Revolução Melancólica*)
ANDRADE, Oswald de	Notícia do poeta, romancista e crítico (*Pau Brasil, Primeiro Caderno de Poesia, A Revolução Melancólica, Serafim Ponte Grande*)
ANDRADE, Oswald de	velho Alfredo, O
ANDRADE FILHO, Oswald de	**artistas modernos do Brasil e a guerra, Os***
ANGÉLICA, Joana	Bandeira do 18 R.I., A*
ANGÉLICA, Joana	**Bandeirantes e o Esforço da Guerra, As***
ANGÉLICA, Joana	2 de Julho*
ANGÉLICA, Joana	Povo de Castro Alves, de Rui e de Seabra*
ATHOS	**Fascistas em ação***
ATHOS	**Pintor Scliar, O***
ANTI-CRISTO	**Monólogo de Adolf...***
ANTONESCU, Ion	Apavorados, Os
ANTONESCU, Ion	Búlgaros em Armas, Os
ANTONESCU, Íon	Corrida dos Ratos, A
ANTONESCU, Ion	Demorado Passeio, O
ANTONESCU, Ion	**Fim de Carreira***
ANTONESCU, Ion	Fogem os barões
ANTONESCU, Ion	Justiça Popular*
ANTONESCU, Ion	Melancólica Entrevista, A
ANTONESCU, Ion	Noite dos Traidores
ANTONESCU, Ion	Sangria, A
ANTONESCU, Ion	Triste Fim de Uma História Agitada ou Bate-Papo de Horthy e [...]
ANTONIETA, Maria	Livro Diferente, Um
ARANHA, Oswaldo	"Atmosfera Vibrante e Implacável"
ARANHA, Oswaldo	**Maníacos do Assassinato***
ARANHA, Oswaldo	"Não Queremos Chegar com as Mãos Vazias"*
ARANHA, Oswaldo	**Onda de Acontecimentos**
ARANHA, Oswaldo	**Teerã Significa Liberdade***
ARGOLO	Bandeira do 18 R.I., A*
ARNOLD, Henry (gal.)	Vitória se Escreve com Sangue
ARTIGAS, José Gervásio	Saudação a Guaní
ARTIGAS, José Gervásio	Unidade, Palavra de Ordem dos Presidentes*
ASCHER	**Poesia Também é Uma Arma, A***
ASSIS, Machado de	Geral Confusão..., A
ASSIS, Machado de	**Hitler Contra Zumbi dos Palmares***

ASSIS, Machado de	**Voz da Cultura***
ASTOR, Lady	Assim Acabam os Plínios...*
ASTOR, Lady	**Batalha da Inglaterra, A***
ASTOR, Lady	Caso Mosley, O
ASTOR, Lady	Eduardo Benes
ASTOR, Lady	Franco e o *Muniquismo**
ASTOR, Lady	História de 4 anos*
ASTOR, Lady	Homens, Ratos e Vermes
ASTOR, Lady	**Monólogo de Adolf...***
ASTOR, Lady	Noite dos Traidores
ASTOR, Lady	Roma Bombardeada
ASTOR, Lady	Ronda do *munichismo**
ASTOR, Lady	Satanaz Prega Quaresma...
ASTOR, Lady	Saudação ao México*
ATAÍDE, Tristão de (Alceu Amoroso Lima)	Conversa Sobre Livros (*Pela Unidade Nacional*)
ÁTILA	**França Dos Grandes Gestos, A**
ÁVILA CAMACHO, Manuel (gal)	Américas Unidas
ÁVILA CAMACHO,	Dia das Américas*
ÁVILA CAMACHO,	Fanático, O*
ÁVILA CAMACHO,	Pelos Espanhóis Republicanos*
ÁVILA CAMACHO,	"Salud, coronel!"
ÁVILA CAMACHO,	Saudação ao México*
AZEVEDO, Álvares de	**Hitler Contra Zumbi dos Palmares***

B

NOMES	COLUNAS
BABEUF, François Noël (Gracchus Babeuf)	Festa de Paris, A
BABEUF, François Noël (Gracchus Babeuf)	Livro e Um Exemplo, Um
BABEUF, François Noël	Mensagem a Eremburg
BADOGLIO, Pietro	Abacaxi...*
BADOGLIO, Pietro	Advogado do Diabo, O
BADOGLIO, Pietro	Aliados Italianos, Os*
BADOGLIO, Pietro	Apavorados, Os
BADOGLIO, Pietro	Assuntos Espanhóis
BADOGLIO, Pietro	**Balanço de Aniversário**
BADOGLIO, Pietro	**Bálcãs, Os***
BADOGLIO, Pietro	Brigam os Ratos
BADOGLIO, Pietro	**Caiu Mussolini**
BADOGLIO, Pietro	**Camisas Enterradas, As***
BADOGLIO, Pietro	**Carta da Vitória, A**
BADOGLIO, Pietro	Carta do Atlântico para a Europa*
BADOGLIO, Pietro	Cínico, O*
BADOGLIO, Pietro	Comadres Discutem, As*
BADOGLIO, Pietro	**Começou a Debacle**
BADOGLIO, Pietro	Contra os *Muniquistas**
BADOGLIO, Pietro	**Criminosos***
BADOGLIO, Pietro	**Democracia em Ação**
BADOGLIO, Pietro	Elogio do Povo Italiano

BADOGLIO, Pietro	Eu Conheci José, o Ingênuo
BADOGLIO, Pietro	Forcas Amedrontadoras, As*
BADOGLIO, Pietro	Fralda da Camisa, A
BADOGLIO, Pietro	Franco e o *Muniquismo**
BADOGLIO, Pietro	**Genro, O**
BADOGLIO, Pietro	Gratidão do Caudilho, A
BADOGLIO, Pietro	Grito de Alerta, Um
BADOGLIO, Pietro	História de 4 Anos*
BADOGLIO, Pietro	Importância da França, A
BADOGLIO, Pietro	**Itália e a "Carta do Atlântico!", A**
BADOGLIO, Pietro	Mascarados, Os
BADOGLIO, Pietro	Melquíades de Tal...
BADOGLIO, Pietro	Meridiano 30*
BADOGLIO, Pietro	Mikhailovich, Otto e outros Darlans...*
BADOGLIO, Pietro	Modesto Victorio..., O*
BADOGLIO, Pietro	Opereta Italiana*
BADOGLIO, Pietro	Otimismo Perigoso
BADOGLIO, Pietro	Palhaço e Os Palhacinhos..., O*
BADOGLIO, Pietro	Pequena Objeção, A*
BADOGLIO, Pietro	**Perspectivas***
BADOGLIO, Pietro	Poeta Erich Weinert, O
BADOGLIO, Pietro	Povo e as Promessas, O*
BADOGLIO, Pietro	**Povos Combaterão, Os***
BADOGLIO, Pietro	Ronda do *Munichismo**
BADOGLIO, Pietro	Sangue Pede Vingança, O*
BADOGLIO, Pietro	Sinistro Laval, O*
BADOGLIO, Pietro	**Sucedem-se os Acontecimentos***
BADOGLIO, Pietro	Suicidem-se Enquanto é Tempo!
BADOGLIO, Pietro	Tapemos o Nariz...*
BADOGLIO, Pietro	**Teherán Significa Liberdade***
BADOGLIO, Pietro	Traidores em Fuga, Os
BADOGLIO, Pietro	Triste Fim do Genrocrata
BALDOMIR, Alfredo (gal.)	Dia das Américas*
BALDOMIR, Alfredo	Emilio Frugoni*
BALDOMIR, Alfredo	Saudação a Guaní
BALDOMIR, Alfredo	Unidade, Palavra de Ordem dos Presidentes*
BALADSTSKY, Teslav	**Ciência Mártir, A**
BALZAC, Honoré de	**Crime Contra a Cultura**
	(*Comédia Humana*)
BARATA, Magalhães	"Não Queremos Chegar com as Mãos Vazias"*
BARBOSA, Rui	Corajosas e Leais Palavras*
BARBOSA, Rui	**Fogueiras de Livros, As**
BARBOSA, Rui	Foi Lutando Que Se Conquistou a Abolição*
BARBOSA, Rui	Povo de Castro Alves, de Rui e de Seabra*
BARBOSA, Rui	Retrato de Rui*
BARBOSA, Rui	Rui, Bandeira Antinazista*
BARBOSA, Rui	Saudação a Gilberto Freyre
BARBOSA, Rui	Saudação a Lombardo Toledano

BARBOSA, Rui	Três Discursos
BARBUSSE, Henri	**Correspondentes de Guerra**
BARBUSSE, Henri	Feliz Ano Novo!*
BARBUSSE, Henri	Festa de Paris, A
BARBUSSE, Henri	Gorki
BARCELOS, Figueiredo	Dever de Unidade e o Direito de Crítica, O*
BARRETO, Barros	Povo de Castro Alves, de Rui e de Seabra*
BARRETO, Lima	**Hitler Contra Zumbi dos Palmares***
BARRETO, Tobias	**Hitler Contra Zumbi dos Palmares***
BARROSO, Gustavo	**Absolvição!***
BARROSO, Gustavo	Autorretrato do Nazi-Integralismo*
BARROSO, Gustavo	**Comédia Das Traições***
BARROSO, Gustavo	Conversa de aniversário – Para Giovani
BARROSO, Gustavo	**Diploma, O**
BARROSO, Gustavo	Entre-Ato Literário
BARROSO, Gustavo	Foi Lutando Que Se Conquistou a Abolição*
BARROSO, Gustavo	Homens, Ratos e Vermes
BARROSO, Gustavo	Hostes de Caim, As
BARROSO, Gustavo	**Lutamos Pela Cultura!**
BARROSO, Gustavo	**Maníacos do Assassinato***
BARROSO, Gustavo	Máscara, O (Fábula Carnavalesca)
BARROSO, Gustavo	Nazis Refundem a História..., Os
BARROSO, Gustavo	Pela Independência da Pátria*
BARROSO, Gustavo	Triste Fim de Uma História Agitada ou Bate-Papo de Horthy e [...]
BARROSO, Gustavo	**O Último Diálogo Dos Chefes Integralistas***
BARROSO, Gustavo	Unidade, Resposta à Traição
BARROSO, Gustavo	Vice-Quisling Arma Um Bote..., O*
BASTO, Lemos (Alm.)	Homens do Mar
BASTO	"Não Queremos Chegar com as Mãos Vazias"*
BARTOLOMEU, São	**Solidários Com a Vossa Dor?...***
BATISTA, Fulgêncio	Ainda a Argentina*
BATISTA, Fulgêncio	Dia das Américas*
BATISTA, Fulgêncio	**"Hispanidade", Tradução Mal Feita...***
BATISTA, Fulgêncio	Unidade, Palavra de Ordem dos Presidentes*
BATLLE Y ORDÓNEZ, José	Saudação a Guaní
BAYARD	O Estudante Alsaciano
BECK, Jósef (cel.)	Caso Polonês, O
BECK, Józef	História de 4 anos
BECK, Józef	Outro Verão Russo
BECK, Josef	**Proposta Russa, A***
BEER, Max	**charutos de Marx, Os**
	(*Biografia de Marx*)
BEER, Max	Livro Diferente, Um
	(*História da Sociologia e das Lutas Sociais*)
BELMONTE, Major	**Democracia em Ação***
BELMONTE	Dois Assuntos*
BELMONTE	Golpe Boliviano, O*
BELMONTE	Rompimento Argentino, O

BENAVIDES, Oscar (mal.)..Perigo Continental*
BENES, Eduard...Aproxima-se a Segunda Frente*
BENES...Armas Secretas
BENES, ...Eduardo Benes
BENES...Na Frente, a Bandeira do Brasil*
BENES...**Razões da Conferência Verde**
BENÉVOLO, Aníbal...Monumento, O*
BENÍCIO, Valentim (gal.)..."Nossa Missão é a Guerra*"
BERENGUER, Artur..Três Discursos
BERGAMINI, José..Líder Católico, Um*
BERING, Edith...**Artistas Modernos do Brasil e a Guerra, Os***
BERNANOS, Georges...Conversa Sobre Livros
(*Carta aos Ingleses*)
BERNANOS, Georges...Deão, O
BERNANOS, Georges..Rendição Incondicional ou Paz de Compromisso?*
BEVENUT, Frei..Vozes Vêm do Mar*
BIDDLE, Francisco..Literatura da Gestapo
BILAC, Olavo...Corpo Expedicionário*
BITTENCOURT, Amaro................................"Não Queremos Chegar com as Mãos Vazias"*
BLUM, Léon...Lição de Léon Blum, A
BLUM, Léon..Livro e Um Exemplo, Um
BLUM, Léon..Saudação ao México*
BLUM, Léon..."Señoritos...", Os*
BLUM, Léon..**Traidor Vira Herói, O**
BOISSON..**Criminosos***
BOLIVAR, Simón..Dia das Américas*
BONADEI...**Artistas Modernos do Brasil e a Guerra, Os***
BONAPARTE, Napoleão..Abacaxi...*
BONAPARTE, Napoleão..Demorado Passeio, O
BONAPARTE, Napoleão..Discursos*
BONAPARTE, Napoleão...Fruta Apodrecida, A
BONAPARTE, Napoleão..**Necessária e Urgente***
BONAPARTE, Napoleão...Pobre Doutor Goebbels*
BONAPARTE, Napoleão...Primavera Sem Ofensiva*
BONAPARTE, Napoleão..São João Com Vodka*
BONONI..**Batalha de Berlim, A***
BONONI.........;...**Razões da conferência verde**
BORBA, Osório..**Voz da Cultura***
BORIS III, rei da Bulgária...Bulgaros em Armas, Os
BORIS..Melancólica Entrevista, A
BORIS...Perigo Continental*
BORIS..Sobre a Monarquia
BORZENKO, Sergei..Todos Têm Uma Tarefa
BRAGA, Rubem..Dever de Unidade e o Direito de Crítica, O*
BRAUCHTSCH, von..Brigam os Ratos
BRAWDER...**"Humanitários", Os**
BROMFIELD, Louis..Grito de Alerta, Um
BUCK, Pearl S. ....Romancistas e a Guerra, Os

BUCK, Pearl S. ....Tempo do Herói*
BUDA...Festas do Bonfim*
BUDIONY, Semion (gal.)..Brinde de Aniversário*
BUDIONY, Semion....................................Canção da Bessarábia (para Dona H. K.)
BUDIONY, Semion...Sangria, A
BUDIONY, Semion.. ....São João Com Vodka*
BURGO-MARX, Roberto....................**Artistas Modernos do Brasil e a Guerra, Os***
BUSH, Coronel...Golpe Boliviano, O*

C

| NOMES | COLUNAS |

CABOT, HUGH...Grito de Alerta, Um
CAIM...Hostes de Caim, As
CAIM...Sinistro Laval, O*
CALÍGULA...De Orel e Catania
CALMON, Góis...Corajosas e Leais Palavras*
CAMACHO...Aproxima-se a Segunda Frente*
CAMARÃO, Felipe..Estudante Alsaciano, O
CAMPANEMA...Congresso Nacional de Estudantes, O
CAMPESINO (cel.)...Equilibrista..., O
CAMPESINO..Heroísmo
CAMPESINO.."Salud, coronel!"
CAMPOS, Humberto de..Contos Infantis
CAMPOS, Humberto de..**Literatura e Espiritismo**
(*Sombras que Sofrem*)
CAMPOS, Siqueira..Maragogipe Dá Um Exemplo
CAMPOS, Siqueira...Monumento, O*
CAMPOS, Siqueira...Rimance do 5 de Julho*
CAMPOS, Siqueira...Siqueira Campos*
CAMPOS, Siqueira...**Vingança Contra os Assassinos!***
CANITCH, Helena...História que Pediste..., A
CÁRDENAS, Lázaro...Dia das Américas*
CÁRDENAS, Lázaro...Satanás Prega Quaresma
CÁRDENAS, Lázaro..Saudação a Lombardo Toledano
CÁRDENAS, Lázaro...Saudação ao México*
CÁRDENAS, Lázaro...................................Unidade, Palavra de Ordem dos Presidentes*
CARDOSO, Lúcio.. Contos Infantis
CARDOSO, Lúcio..Entreato Literário
CARDOSO, Maurício (gal.)......................................."Atmosfera Vibrante e Implacável"
CARLITOS...**Surpreendente Geografia, A***
CARMONA..Touradas em Sevilha
CAROL, rei da Romênia..Carol e Outros Parentes
CAROL, rei da Romênia..Choro do Rei, O
CAROL, rei da Romênia..Ciranda do Rei Dom Pedro
CAROL, rei da Romênia..Sobre a Monarquia
CARPEAUX, Otto Maria...**Em Defesa da Cultura**
CARPEAUX, Otto Maria..Entreato Literário
CARPEAUX.."Fogo Morto"
CARPEAUX...**Lutamos pela Cultura!**

CARVALHO, Flávio de..**Artistas Modernos do Brasil e a Guerra, Os***
CASA, Rubem..**Artistas Modernos do Brasil e a Guerra, Os***
CASTILLO BARRIONUEVO, Rámon...................................Comédia Argentina, A*
CASTILLO..De Castillo a Ramírez*
CASTILLO..**Golpe Branco na Argentina?**
CASTILLO..Manifestações... Nacionalistas..., As
CASTILLO..Nações Unidas, As*
CASTILLO..**Onda de Acontecimentos**
CASTILLO..Solidariedade Com o Povo Argentino
CASTILLO..**Sucedem-se os Acontecimentos***
CASTRO, Epaminondas Berbert de................................2 de Julho*
CASTRO, Juan José..**Lutamos Pela Cultura!**
CASTRO, Silva..Dia da Bahia, O*
CAXIAS, Duque de..Palavras Esclarecedoras*
CERVANTES, Miguel de..."Glória Eterna!"*
CERVANTES, Miguel de..."Salud, Coronel!"
CÉSAR..Mascarados, Os
CÉSAR..Raros Aplausos, Os
CÉSAR..Sanções Contra Franco, As
CÉSAR.. Triste Fim do Genrocrata
CHAMBERLAIN, Neville...Apavorados, Os
CHAMBERLAIN, Neville...Aproxima-se a Segunda Frente*
CHAMBERLAIN, Neville...**Batalha da Inglaterra, A***
CHAMBERLAIN, Neville...Caso Mosley, O
CHAMBERLAIN, Neville...Conferência dos Ministros, A
CHAMBERLAIN, Neville...Deão, O
CHAMBERLAIN, Neville...Discursos*
CHAMBERLAIN, Neville...Dos Acontecimentos Políticos Aos Militares
CHAMBERLAIN, Neville...Eduardo Benes
CHAMBERLAIN, Neville...Elogio da Guarda Metropolitana
CHAMBERLAIN, Neville...Feliz Ano Novo!*
CHAMBERLAIN, Neville...Festa de Paris, A
CHAMBERLAIN, Neville...**França**
CHAMBERLAIN, Neville...Franco e o *Muniquismo**
CHAMBERLAIN, Neville...**Gaiato de Madrid, O**
CHAMBERLAIN, Neville...História de 4 anos*
CHAMBERLAIN, Neville...Importância da França
CHAMBERLAIN, Neville...Livre Europa, A*
CHAMBERLAIN, Neville...Livro de Strong, O*
CHAMBERLAIN, Neville...**Monólogo de Adolf...***
CHAMBERLAIN, Neville...Puxão de Orelhas
CHAMBERLAIN, Neville...Ronda do *Munichismo**
CHAMBERLAIN, Neville...Saudação ao México*
CHAMBERLAIN, Neville..."Señoritos...", Os*
CHAMBERLAIN, Neville...**Traidor Vira Herói, O**
CHAMBERLAIN, Neville...Vice-Versa, O*
CHAPLIN, Charles..**"Mocinho" e o Herói, O**
CHASE, Allan...Munique Prepara a Monarquia Espanhola

	(*Falange*)
CHERNIALOVSKY, (gal)...............	Prússia Invadida, A
CHOLOKLOV...............	**mestre dos Correspondentes, O**
CHOPIN, Frédéric...............	"Até a Rendição Incondicional"*
CHU-TÉ...............	"China, velha China...*"
CHU-TÉ...............	Conversa de Aniversário – Para Giovani
CHU-TÉ...............	História de 4 anos*
CHU-TÉ...............	Rimance do 5 de julho*
CHU-TÉ...............	Sun-Yat-Sen*
CHU-TÉ...............	Voz da China, A
CHURCHILL, RANDOLF...............	Livre Europa, A*
CHURCHILL, Winston...............	Alicerces da Unidade*
CHURCHILL, Winston...............	**Arma Secreta**
CHURCHILL, Winston...............	"Até a Rendição Incondicional"*
CHURCHILL, Winston...............	Balanço de um Natal de guerra
CHURCHILL, Winston...............	**Batalha da Inglaterra, A***
CHURCHILL, Winston...............	**Campanha da Sicília, A**
CHURCHILL, Winston...............	Carta do Atlântico para a Europa*
CHURCHILL, Winston...............	Caso Polonês, O
CHURCHILL, Winston...............	Choro do Rei, O
CHURCHILL, Winston...............	Ciranda do Rei Dom Pedro
CHURCHILL, Winston...............	Comadres Discutem, As*
CHURCHILL, Winston...............	**Comédia das Traições***
CHURCHILL, Winston...............	Contra os *Muniquistas**
CHURCHILL, Winston...............	Conversa de Aniversário – Para Giovani
CHURCHILL, Winston...............	Coro dos Corvos, O
CHURCHILL, Winston...............	**Correspondentes de Guerra**
CHURCHILL, Winston...............	Democracia para Todos os Povos*
CHURCHILL, Winston...............	Discurso de Churchill, O
CHURCHILL, Winston...............	Discurso no Comício de 28
CHURCHILL, Winston...............	Discursos*
CHURCHILL, Winston...............	Discursos, Mensagens, Entrevistas*
CHURCHILL, Winston...............	Discursos no Cemitério...
CHURCHILL, Winston...............	Dos Acontecimentos Políticos Aos Militares
CHURCHILL, Winston...............	Elogio da Guarda Metropolitana
CHURCHILL, Winston...............	Espada de Fogo, A
CHURCHILL, Winston...............	"Fado" do Valentão, O
CHURCHILL, Winston...............	Feliz Ano Novo!*
CHURCHILL, Winston...............	Fiau! Fiau*
CHURCHILL, Winston...............	Fim de Uma Ilusão...
CHURCHILL, Winston...............	Fralda da Camisa, A
CHURCHILL, Winston...............	**Frente da Bretanha, A***
CHURCHILL, Winston...............	Grito de Alerta, Um
CHURCHILL, Winston...............	História de 4 anos*
CHURCHILL, Winston...............	**"Humanitários", Os**
CHURCHILL, Winston...............	Importância da França
CHURCHILL, Winston...............	Itália Fascista, A*
CHURCHILL, Winston...............	Letra V e Outras Letras, A

CHURCHILL, Winston	Melquíades de Tal...
CHURCHILL, Winston	**Monólogo de Adolf...***
CHURCHILL, Winston	Nações Unidas, As*
CHURCHILL, Winston	**Necessária e Urgente***
CHURCHILL, Winston	Palavra de Ordem da Quinta-Coluna*
CHURCHILL, Winston	Pedra no Sapato, A
CHURCHILL, Winston	Povo e as Promessas, O*
CHURCHILL, Winston	Rendição Incondicional ou Paz de Compromisso?*
CHURCHILL, Winston	Roma Bombadeada
CHURCHILL, Winston	Ronda do *Muniquismo**
CHURCHILL, Winston	Suicidem-se Enquanto é Tempo!
CHURCHILL. Winston	Tapemos o Nariz...*
CHURCHILL, Winston	**Teerã Significa Liberdade***
CHURCHILL, Winston	Touradas em Sevilha
CHURCHILL, Winston	**Traidor Vira Herói, O**
CHURCHILL, Winston	Versículos Sobre o Último Dilúvio
CHURCHILL, Winston	Vice-Versa, O*
CIANO, Edda Mussolini	**Genro, O**
CIANO, Edda Mussolini	Melancólica Entrevista, A
CIANO, Edda Mussolini	Triste Fim do Genrocrata
CIANO, Edda Mussolini	Triste Fim de Uma História Agitada ou Bate-Papo de Horthy [...]
CIANO, Galeazzo (Conde de Cortellazzo)	Aproxima-se a Segunda Frente*
CIANO, Galeazzo	Elogio do Povo Italiano
CIANO, Galeazzo	Genro, O
CIANO, Galeazo	Melquíades de Tal...
CIANO, Galeazzo	Opereta Italiana*
CIANO, Galeazzo	Suicidem-se Enquanto é Tempo!
CIANO, Galeazzo	Triste Fim do Genrocrata
CIANO, Galeazzo	Triste Fim de Uma História Agitada ou Bate-Papo de Horthy [...]
CLADWEL, Erskine	Livro de Strong, O*
CLADWEL, Erskine	**Mestre dos Correspondentes, O**
CLADWEL, Erskine	**Noite Sem Lua**
CLADWEL, Erskine	Romancistas e a Guerra, Os (*A Estrada do Tabaco, Guerrilheiros Russos*)
CLADWEL, Erskine	Romancista e Um Romance – I O Autor, Um (*All-Out on the Road to..., Guerrilheiros Russos, Journeyman, Moscow under Fire, Russia at War, Tabacoo's Road*
CLADWEL, Erskine	Romancista e Um Romance – II O Romance, Um (*Guerrilheiros Russos*)
CLARK, (gal.)	Conversa de aniversário – Para Giovani
CLARK.	Meridiano 30*
CLIFFIT, Montgonery (ator)	**"Mocinho" e o Herói, O**
COMPTON, Artur H.	Grito de Alerta, Um
CONSTANT, Benjamin	**Biblioteca do Combatente**
COOGAN, Alan James,	Vitória se Escreve com Sangue
CORDAY, Charlotte	Livro Diferente, Um
CORDAY, Charlotte	Nazis Refundem a História..., Os
CORDEIRO, João	Contos Infantis

COSTA, Miguel...Monumento, O*
COSTA, Miguel...Rimance do 5 de Julho*
COSTA, Miguel...Siqueira Campos*
COT, Pierre...**França**
CRAWFORD, William Rex..Entreato Literário
CRESPI, Conde..Advogado do Diabo, O
CRIPPS, Stafford..Democracia para Todos os Povos*
CRIPPS, Stafford.."Jornada entre guerreiros"
CRISTO..**Considerações Quase Religiosas**
CRISTO..Deão, O
CRISTO..Festas do Bonfim*
CRISTO..Fogem os Barões
CRISTO..Líder Católico, Um*
CRISTO..Mascarados, Os
CRISTO..Modesto Victorio..., O*
CRISTO..Natal das Crianças Mártires*
CRISTO..Nazistas e a Religião, Os
CRISTO..Pobre Doutor Goebbels...*
CRISTO..Puxão de Orelhas
CRISTO..Satanás Prega Quaresma...
CRISTO..Vozes Vêm do Mar*
CRUZ, Osvaldo..**Ciência Mártir, A**
CRUZ E SOUZA..**Hitler Contra Zumbi dos Palmares***
CUESTA, Fernando..**"Hispanidade", Tradução Mal Feita...***
CULLEN, Countee..Grito de Alerta, Um
CUNHA, Euclides da.."Brasil Builds"
                                                                                                                (*Os Sertões*)
CUNHA, Flores da (Gal.)..Aproxima-se a Segunda Frente*
CUNHA, Flores da..Mais um Passo para Unidade
CUNHA, Flores da.."Organismos Ilegais, Instrumentos da 5ª Coluna"
CUNHA, Flores da..Sebastianismo
CURIE, Eve.."Jornada entre guerreiros"
                                                                                                                (*Jornada entre Guerreiros*)
CURRAN, Joseph...Grito de Alerta, Um

D

NOMES	COLUNAS
D'ARC, Joana...	Ao Som da Marselhesa
D'ARC, Joana...	Atentado na Igreja, O
D'ARC, Joana...	Estudante Alsaciano, O
DALADIER, Edouard...	Cínico, O*
DALADIER, Edouard...	Conferência dos Ministros, A
DALADIER, Edouard...	Coro dos Corvos, O
DALADIER, Edouard...	**Criminosos***
DALADIER, Edouard...	**Democracia em Ação***
DALADIER, Edouard...	Discursos*
DALADIER, Edouard...	Eduardo Benes
DALADIER, Edouard...	Festa de Paris, A
DALADIER, Edouard...	**França**

DALADIER, Edouard	Franco e o *Muniquismo**
DALADIER, Edouard	**Gaiato de Madrid, O**
DALADIER, Edouard	História de 4 anos*
DALADIER, Edouard	Importância da França
DALADIER, Edouard	Lição de Léon Blum, A
DALADIER, Edouard	Livro de Strong, O*
DALADIER, Edouard	**Monólogo de Adolf...***
DALADIER, Edouard	**Romancista Eremburg, O**
DALADIER, Edouard	"Señoritos...", Os*
DALADIER, Edouard	Tapemos o Nariz...*
DALADIER, Edouard	**Traidor Vira Herói, O**
DALADIER, Edouard	Vice-Versa, O*
DALTON, Hugo	Discursos, Mensagens, Entrevistas*
DAMONTE TABORDA, Raul	**Sucedem-se os Acontecimentos***
DANTAS, Francisco de San Tiago	**Camisas Enterradas, As***
DANTAS, Francisco de San Tia	Demorado Passeio, O
DANTAS, Francisco de San Tiago	Maragogipe Dá Um Exemplo
DANTAS, Francisco de San Tiago	Máscara, O (Fábula Carnavalesca)
DANTAS, Francisco de San Tiago	Nazis Refundem a História..., Os
DANTAS, Francisco de San Tiago	Tapemos o Nariz...*
DANTAS, Francisco de San Tiago	**Último Diálogo dos Chefes Integralistas, O***
DANTAS, Francisco de San Tiago	**Universidade, A**
DANTAS, Luz de Souza	**Pétain, o Triste Exemplo***
DARLAN, François	**Carta da Vitória, A**
DARLAN, François	**Criminosos***
DARLAN, François	Forcas Amedrontadoras, As*
DARLAN, François	**França dos Grandes Gestos, A**
DARLAN, François	Gratidão do Caudilho, A
DARLAN, François	Interpretações Verdes*
DARLAN, François	**Itália e a "Carta do Atlântico!", A**
DARLAN, François	Melancólica Entrevista, A
DARLAN, François	Mikhailovich, Otto e outros Darlans...*
DARLAN, François	Pelos Espanhóis Republicanos*
DARLAN, François	Rendição Incondicional ou Paz de Compromisso?*
DARLAN, François	"Ruge a Revolta na França" – 2 Uma Jornalista em Vichy
DARLAN, François	"Salud, Coronel!"
DARLAN, François	**Tito e Mihailovitch**
DARLAN, François	**Traidor Vira Herói, O**
DARLAN, François	Traidores em Fuga, Os
DARLAN, François	Unidade Nacional Francesa
DAVIDSON, Jo	Grito de Alerta, Um
DAVIES, Joseph E.	Conversa Sobre Livros
DAVIES, Joseph E.	Discurso de Churchill, O
DAVIES, Joseph E.	**Fogueiras de Livros, As**
DAVIES, Joseph E.	Livro de Strong, O*
DE GAULLE, Charles	Aliado Esquecido", "O
DE GAULLE, Charles	**Aniversário, Um**
DE GAULLE, Charles	Ao Som da Marselhesa

DE GAULLE, Charles..Atabaques da Vitória*
DE GAULLE, Charles...**"Até a Rendição Incondicional"***
DE GAULLE, Charles..Atentado na Igreja, O
DE GAULLE, Charles...**Batalha de Berlim, A***
DE GAULLE, Charles..Carta do Atlântico para a Europa*
DE GAULLE, Charles...**Conciliação Impossível**
DE GAULLE, Charles...**Democracia em Ação***
DE GAULLE, Charles......................................Dos Acontecimentos Políticos Aos Militares
DE GAULLE, Charles...E Outras Bastilhas Cairão...
DE GAULLE, Charles...Equilibrista..., O
DE GAULLE, Charles...Forcas Amedrontadoras, As*
DE GAULLE, Charles..**França**
DE GAULLE, Charles..**França dos Grandes Gestos, A**
DE GAULLE, Charles..**Frente da Bretanha, A***
DE GAULLE, Charles..**Gaiato de Madrid, O**
DE GAULLE, Charles...Homens do Mar
DE GAULLE, Charles...Importância da França
DE GAULLE, Charles..**Itália e a "Carta do Atlântico!", A**
DE GAULLE, Charles..."Liberation"
DE GAULLE, Charles...Livre Europa, A*
DE GAULLE, Charles...Palavras Esclarecedoras*
DE GAULLE, Charles...Panorama Militar e Político*
DE GAULLE, Charles..Pelos Espanhóis Republicanos*
DE GAULLE, Charles...**Razões da Conferência Verde**
DE GAULLE, Charles..Receios de Vichy...
DE GAULLE, Charles..Rendição Incondicional ou Paz de Compromisso?*
DE GAULLE, Charles..**Revolta da Dinamarca***
DE GAULLE, Charles..**Roger Bastide na Bahia**
DE GAULLE, Charles...Ronda do *Munichismo**
DE GAULLE, Charles.............................."Ruga a Revolta na França" – I Uma Jornalista na França Ocupada
DE GAULLE, Charles............................"Ruge a Revolta na França" – 2 Uma Jornalista em Vichy
DE GAULLE, Charles..Sinistro Laval, O*
DE GAULLE, Charles..Traidor Desmascarado, O
DE GAULLE, Charles..**Traidor Vira Herói, O**
DE GAULLE, Charles...Unidade Nacional Francesa
DE LA ROCQUE, Casimir...Justiça Popular*
DEANE, Percy...**Artistas Modernos do Brasil e a Guerra, Os***
DEANE..**Fascistas em Ação***
DÉAT, Marcel...Assim Acabam os Plínios...*
DÉAT..Eduardo Benes
DÉAT...Sanções Contra Franco, As
DÉAT...Satanás Prega Quaresma...
DEAVERBROOK (lord)..Discursos, Mensagens, Entrevistas*
DEDIER, Militsa..**Olga, Vladimir e Militsa**
DEDIER, Olga..**Olga, Vladimir e Militsa**
DEDIER, Vladimir...**Olga, Vladimir e Militsa**
DEUS..Atentado na Igreja, O
DEUS...Ciranda do Rei Dom Pedro

DEUS	**Considerações Quase Religiosas**
DEUS	Desfile e um Poema, Um*
DEUS	E o Arianismo?*
DEUS	Fanático, O*
DEUS	Homens do Mar
DEUS	Ídolo e a Ilusão, O*
DEUS	Líder Católico, Um*
DEUS	**Lutamos Pela Cultura!**
DEUS	**Maníacos do Assassinato***
DEUS	Maragogipe Dá Um Exemplo
DEUS	Nazistas e a Religião, Os
DEUS	Pobre Doutor Goebbels...*
DEUS	Povo Não Permitirá Outro 11 de Maio, O
DEUS	Raros Aplausos, Os
DEUS	Sobre a Monarquia
DEUS	Trágico Humorismo*
DEUS	Vingança Fascista*
DEUS	Voz do Padre Vieira, A*
DEUS	Vozes Vêm do Mar*
DEWEY, John	Aquele que Vos Disser...
DI CAVALCANTI	**Artistas Modernos do Brasil e a Guerra, Os***
DIAS, Henrique	Estudante Alsaciano, O
DIAS, Henrique	**Hitler Contra Zumbi dos Palmares***
DIABO	Advogado do Diabo, O
DIABO	Ciranda do Rei Dom Pedro
DIABO	Insônia...
DIABO	Raros Aplausos, Os
DICKENS, Charles	Humorismo Sem Intenção
DICKENS, Charles	Tenente Dichens, O (*DavidCopperfield*, Mr. Pickwick, *Vida de Jesus*)
DILL, John (Mal. e Sir)	Vitória se Escreve com Sangue
DOLLFUSS, Engelbert	**Em Defesa da Cultura**
DOLLFUSS, Engelbert	**Lutamos Pela Cultura!**
DOMANOVSKY	Mensagem a Um Artista e Herói
DÓREA, Álvaro	Povo de Castro Alves, de Rui e de Seabra*
DOS PASSOS, John	**Fogueiras de Livros, As**
DOS PASSOS, John	Mensagem a Eremburg
DOS PASSOS, John	**Michael Gold**
DOS PASSOS, John	Romancista e Um Romance – I O Autor, Um
DOSTOIÉWISKY, Fiódor	Entreato Literário
DOSTOIÉWISKY, Fiódor	Romancista e Um Romance – II O Romance, Um
DREISLER, Theodore	"Brasil Builds"
DREISLER, Theodore	Entreato Literário
DREISLER, Theodore	**Michael Gold**
DREISLER, Theodore	**Poesia Também é Uma Arma, A***
DREISLER, Theodore	Romancista e Um Romance – I O Autor, Um
DUKONOV	Mensagem a Um Artista e Herói
DUMINI, Amerizo	Insônia...

DURANT, Willl..Festa de Um Livro
DUTRA, Djalma..Monumento, O*
DUTRA, Djalma..Rimance do 5 de Julho*

E

NOMES	COLUNAS
EDEN, Anthony..**Carta da Vitória, A**
EDEN, Anthony..Conferência dos Ministros, A
EDEN, Anthony..Discursos, Mensagens, Entrevistas*
EDEN, Anthony..Fiau! Fiau!*
EDEN, Anthony..Ronda do *Muniquismo**
EISENHOWER, Dwight...Balanço de um Natal de Guerra
EINSTEIN, Albert..**Poesia Também é Uma Arma, A***
EMMANUEL III, Vittorio..Aliados Italianos, Os*
EMMANUEL III, Vittorio..Apavorados, Os
EMMANUEL III, Vittorio..**Bálcãs, Os***
EMMANUEL III, Vittorio..**Caiu Mussolini**
EMMANUEL III, Vittorio..**Camisas Enterradas, As***
EMMANUEL III, Vittorio..Choro do Rei, O
EMMANUEL III, Vittorio..Cínico, O*
EMMANUEL III, Vittorio..Ciranda do Rei Dom Pedro
EMMANUEL III, Vittorio..Contra os *Muniquistas**
EMMANUEL III, Vittorio..Coro dos Corvos, O
EMMANUEL III, Vittorio..**Crime Contra a Cultura**
EMMANUEL III, Vittorio..**Criminosos***
EMMANUEL III, Vittorio..**Democracia em Ação**
EMMANUEL III, Vittorio..Elogio do Povo Italiano
EMMANUEL III, Vittorio..Fim de Uma Ilusão...
EMMANUEL III, Vittorio..Forcas Amedrontadoras, As*
EMMANUEL III, Vittorio..**Genro, O**
EMMANUEL III, Vittorio..Gratidão do Caudilho, A
EMMANUEL III, Vittorio..História de 4 anos*
EMMANUEL III Vittorio..Mascarados, Os
EMMANUEL III, Vittorio..Melquíades de Tal...
EMMANUEL III Vittorio..Meridiano 30*
EMMANUEL III, Vittorio..Modesto Victorio..., O*
EMMANUEL III, Vittorio..Opereta Italiana*
EMMANUEL III, Vittorio..Perigo Continental*
EMMANUEL III, Vittorio..Perigos a Combater
EMMANUEL III, Vittorio..**Perspectivas***
EMMANUEL III, Vittorio..Povo e as Promessas, O*
EMMANUEL III, Vittorio..**Povos Combaterão, Os***
EMMANUEL III, Vittorio..Primavera Sem Ofensiva*
EMMANUEL III, Vittorio..Puxão de Orelhas
EMMANUEL III, Vittorio..Sanções Contra Franco, As
EMMANUEL III, Vittorio..Sobre a Monarquia
EMMANUEL III, Vittorio..**Sucedem-se os acontecimentos***
EMMANUEL III, Vittorio..Suicidem-se Enquanto é Tempo!
EMMANUEL III, Vittorio..Tapemos o Nariz...*

EMMANUEL III, Vittorio	**Teerá Significa Liberdade***
EMMANUEL III, Vittorio	**Tito e Mihailovich**
EMMANUEL III, Vittorio	Traidor Desmascarado, O
EMMANUEL III, Vittorio	**Traidor Vira Herói, O**
EMMANUEL III, Vittorio	Triste Fim do Genrocrata
ENGELS, Friedrich	**Lutamos Pela Cultura!**
	(*Dialética da Natureza*)
EREMBURG, Ilya	Aliado Esquecido", "O
	(*A Queda de Paris*)
EREMBURG, Ilya	Dez Divisões e um Pasquim
EREMBURG, Ilya	Eremburg Acusa*
	(As Aventuras de Julio Jurenito, A Queda de Paris, Os Treze Cachimbos)
EREMBURG, Ilya	Gorki
EREMBURG, Ilya	"Jornada entre guerreiros"
EREMBURG, Ilya	Livro e Um Exemplo, Um
EREMBURG, Ilya	Marcha Fúnebre
EREMBURG, Ilya	Mensagem a Eremburg
	(*As Aventuras de Julio Jurenito, Biografia de Babeuf, "Citroen", A Queda de Paris, Segundo Dia*)
EREMBURG, Ilya	**Mestre dos Correspondentes, O**
EREMBURG, Ilya	**Mestre Oswald, quase Ilya**
	(*As Aventuras de Julio Jurenito*)
EREMBURG, Ilya	Noite Sem Lua
	(*A Queda de Paris*)
EREMBURG, Ilya	Rio Pruth, O
EREMBURG, Ilya	**romancista Eremburg, O**
	(*As Aventuras de Julio Jurenito, A Queda de Paris*)
EREMBURG, Ilya	Romancistas e a Guerra, Os
EREMBURG, Ilya	São João Com Vodka*
ESPÍRITO SANTO, Vítor	**Em Defesa da Cultura**
ESPÍRITO SANTO, Vitor do	**Fascistas em Ação***
ESPÍRITO SANTO, Vitor do	**Lutamos Pela Cultura!**
ESTENSORO	**Democracia em Ação**
ESTRADA, Osório Duque	Palavras Esclarecedoras*
ESTRADA, Osório Duque	**Vingança Contra os Assassinos!***
ETCHEGOYEN, Alcides (cel.)	**Balanço de Aniversário**
ETCHEGOYEN, Alcides	Congresso Nacional de Estudantes, O
ETCHEGOYEN, Alcides	Dois Assuntos*
ETCHEGOYEN, Alcides	**Maníacos do Assassinato***
ETCHEGOYEN, Alcides	Maragogipe Dá Um Exemplo
ETCHEGOYEN. Alcides	"Não Queremos Chegar com as Mãos Vazias"
ETCHEGOYEN, Alcides	Rimance do 5 de Julho*
EVARISTO, José	**Absolvição!***

F

NOMES	COLUNAS
FADIMAN, Cliften	Literatura da Gestapo
FAIRCHILD, Henry Prait	Grito de Aerta, Um
FARHAT, Emil	Contos Infantis
	(*Cangerão*)

FARIA, Otávio de	Entreato Literário
FARIA, Otávio de	Máscara, O (Fábula Carnavalesca)
FARIAS, Osvaldo Cordeiro de	Dois Assuntos*
FARIAS, Osvaldo Cordeiro de	Gaúchos Heróicos, Os
FARIAS, Osvaldo Cordeiro de	**Líder Católico, Um***
FARIAS, Osvaldo Cordeiro de	Monumento, O*
FARIAS, Osvaldo Cordeiro de	Rimance do 5 de Julho*
FARRELL, Edelmiro Julián	Ainda a Argentina*
FARRELL, Edelmiro Julián	Américas Unidas
FARRELL, Edelmiro Julián	**Batalha de Berlim, A***
FARRELL, Edelmiro Julián	**Bolívia***
FARRELL, Edelmiro Julián	Comédia Argentina, A*
FARRELL, Edelmiro Julián	**Desmascaramento**
FARRELL, Edelmiro Julián	Geral Confusão..., A
FARRELL, Edelmiro Julián	Manifestações... Nacionalistas..., As
FAULKNER, Willian	**Michael Gold**
FAULKNER, Willian	Romancista e Um Romance – I O Autor, Um
FERREIRA, Lucy Citti	**artistas Modernos do Brasil e a Guerra, Os***
FERRO, Antônio	**Razões da Conferência Verde**
FERRO, Antônio	Touradas em Sevilha
FERRO, Antônio	Vozes de Munique
FIGUEIREDO, Guilherme	Contos Infantis
	(*30 Anos sem Paisagem*)
FIGUEIREDO, Raul	Vozes Vêm do Mar*
FLAG, J. Montgomery	Grito de Alerta, Um
FLANDIN	**Criminosos***
FONSECA, Deodoro	**Vingança Contra os Assassinos!***
FONTES, Armando	"Fronteira Agreste"
	(*Os Corumbas*)
FRADIQUE, Mendes	**Último Diálogo dos Chefes Integralistas***
FRANCE, Anatole	Rios Tintos de Sangue, Os
FRANCO, Francisco	Ainda a Argentina*
FRANCO, Francisco	Ainda a Célebre Legião Azul
FRANCO, Francisco	Américas Unidas
FRANCO, Francisco	**Aniversário de Stalingrado***
FRANCO, Francisco	Aproxima-se a Segunda Frente*
FRANCO, Francisco	Aquele que Vos Disser...*
FRANCO, Francisco	Assim Acabam os Plínios...*
FRANCO, Francisco	Assuntos Espanhóis
FRANCO, Francisco	Atentado na Igreja, O
FRANCO, Francisco	**Balanço de Aniversário**
FRANCO, Francisco	**Batalha de Berlim, A***
FRANCO, Francisco	Boatos Verdes*
FRANCO, Francisco	**Caiu Mussolini**
FRANCO, Francisco	Carol e Outros Parentes
FRANCO, Francisco	**Carta da Vitória, A**
FRANCO, Francisco	Cínico, O*
FRANCO, Francisco	Com Infinito Ódio!*

FRANCO, Francisco...**Conciliação Impossível**
FRANCO, Francisco...**Considerações Quase Religiosas**
FRANCO, Francisco...Contra os *Muniquistas**
FRANCO, Francisco..Coro dos Corvos, O
FRANCO, Francisco..Corrida dos Ratos, A
FRANCO, Francisco.. **Criminosos***
FRANCO, Francisco...**Cultura e Democracia***
FRANCO, Francisco..**De Londres a Berlim***
FRANCO, Francisco..Deão, O
FRANCO, Francisco...Demorado Passeio, O
FRANCO, Francisco...**Desmascaramento**
FRANCO, Francisco..Dolorosa interrogação
FRANCO, Francisco..Dos Acontecimentos Políticos Aos Militares
FRANCO, Francisco..."É Trágico o Vosso Destino..."
FRANCO, Francisco..Elogio da Guarda Metropolitana
FRANCO, Francisco..Equilibrista..., O
FRANCO, Francisco...Eremburg Acusa*
FRANCO, Francisco..Eu Conheci José, o Ingênuo
FRANCO, Francisco...Europa de Pé, A*
FRANCO, Francisco..Evocação de Garibaldi
FRANCO, Francisco..."Fado" do Valentão, O
FRANCO, Francisco..Fanático, O*
FRANCO, Francisco...Festas do Bonfim*
FRANCO, Francisco..**Fim da Carreira***
FRANCO, Francisco...Fogem os Barões
FRANCO, Francisco..Fralda da Camisa..., A
FRANCO, Francisco..Franco e o *Muniquismo**
FRANCO, Francisco..**Gaiato de Madrid, O**
FRANCO, Francisco..."Glória Eterna!*"
FRANCO, Francisco...Golpe Boliviano, O*
FRANCO, Francisco..Gratidão do Caudilho, A
FRANCO, Francisco..Heroísmo
FRANCO, Francisco..................................."Hispanidade", Tradução Mal Feita..."*
FRANCO, Francisco..História de 4 anos*
FRANCO, Francisco...**"Humanitários", Os**
FRANCO, Francisco..Importância da França
FRANCO, Francisco..Itália Fascista, A*
FRANCO, Francisco..Justiça Popular*
FRANCO, Francisco...Lição de Léon Blum, A
FRANCO, Francisco...**Lição Húngara, A***
FRANCO, Francisco..Líder Católico, Um*
FRANCO, Francisco...**Luzes da Vitória**
FRANCO, Francisco...Mascarados, Os
FRANCO, Francisco...Melancólica Entrevista, A
FRANCO, Francisco..Melquíades de Tal...
FRANCO, Francisco..Mensagem a Eremburg
FRANCO, Francisco..Mihailovich, Otto e outros Darlans..."*
FRANCO, Francisco...Munique Prepara a Monarquia Espanhola

FRANCO, Francisco	Nazistas e o Brasil, Os
FRANCO, Francisco	Noite dos Traidores
FRANCO, Francisco	Otimismo Perigoso
FRANCO, Francisco	Palavra de Ordem da Quinta-Coluna*
FRANCO, Francisco	Palhaço e Os Palhacinhos.... O*
FRANCO, Francisco	**Panorama**
FRANCO, Francisco	Pedra no Sapato, A
FRANCO, Francisco	Perigo Continental*
FRANCO, Francisco	Poesia*
FRANCO, Francisco	**Poesia Também é Uma Arma, A***
FRANCO, Francisco	Povo e as Promessas, O*
FRANCO, Francisco	Povo Não Permitirá Outro 11 de Maio, O
FRANCO, Francisco	Prússia Invadida, A
FRANCO, Francisco	Puxão de Orelhas
FRANCO, Francisco	**Razões da Conferência Verde**
FRANCO, Francisco	Retrato do *Muniquista**
FRANCO, Francisco	Roma Bombardeada
FRANCO, Francisco	**Romancista Eremburg, O**
FRANCO, Francisco	Rompimento Argentino, O
FRANCO, Francisco	Ronda do *Muniquismo**
FRANCO, Francisco	Roteiro das Ilhas
FRANCO, Francisco	"Salud, Coronel!"
FRANCO, Francisco	Sanções Contra Franco, As
FRANCO, Francisco	Sangria, A
FRANCO, Francisco	Satanás Prega Quaresma...
FRANCO, Francisco	Saudação a Lombardo Toledano
FRANCO, Francisco	Saudação ao México*
FRANCO, Francisco	"Señoritos...", Os*
FRANCO, Francisco	Sobre a Monarquia
FRANCO, Francisco	Tapemos o Nariz...*
FRANCO, Francisco	**Teerã Significa Liberdade***
FRANCO, Francisco	Touradas em Sevilha
FRANCO, Francisco	Trágico Humorismo*
FRANCO, Francisco	Traidor Desmascarado, O
FRANCO, Francisco	**Traidor Vira Herói, O**
FRANCO, Francisco	Traidores em Fuga, Os
FRANCO, Francisco	Triste Fim do Genrocrata
FRANCO, Francisco	Último Discurso de Goebbels, O*
FRANCO, Francisco	Versículos Sobre o Último Dilúvio
FRANCO, Francisco	Vice-Versa, O*
FRANCO, Francisco	Vingança Fascista*
FRANCO, Francisco	Vozes de Munique
FRANK, Wald	Grito de Alerta, Um
FREDERICO, o Grande	Demorado Passeio, O
FREITAS, Odete de	**artistas Modernos do Brasil e a Guerra, Os***
FREITAS, Ramos	Hostes de Caim, As
FREUD, Sigmund	Heroísmo
FREUD, Sigmund	**Poesia Também é Uma Arma, A***

FREUD, Sigmund..	Solidários Com a Vossa Dor?...*
FREYRE, Gilberto..	**Cultura e Democracia***
FREYRE, Gilberto..	**Fogueiras de Livros, As**
FREYRE, Gilberto..	Saudação a Gilberto Freyre
	(*Casa Grande e Senzala*)
FREYRE, Gilberto..	**Voz da Cultura***
FREYRE, Gilberto..	Vozes de Munique
FREYRE, Gilberto..	Vozes Vêm do Mar*
FRITZER, Leonardo..	Fascistas Contra Erico Veríssimo, Os
FRUGONI, Emilio..	Emilio Frugoni*

G

NOMES	COLUNAS
GABLE, Clark..	**"Mocinho" e o Herói, O***
GALÁN (cel)..	Equilibrista..., O
GALÁN..	Heroísmo
GALÁN..	"Salud, Coronel!"
GAMA, Luiz..	Foi Lutando Que Se Conquistou a Abolição*
GAMA, Luiz..	Hitler Contra Zumbi dos Palmares*
GAMA, Luiz..	**Hitler Contra Zumbi dos Palmares***
GAMELIN, Maurice..	**França**
GAMELIN, Maurice..	Lição de Léon Blum, A
GAMELIN, Maurice..	Sinistro Laval, O*
GAMELIN. Maurice..	**Traidor Vira Herói, O**
GARCÍA LORCA, Frederico..	Crônica de João Nazareth, Uma*
GARCÍA LORCA, Frederico..	"Em Pantanais, Florestas ou Navios" ou "Para [...]"
GARCÍA LORCA, Frederico..	"Fado" do Valentão, O
GARCÍA LORCA, Frederico..	Heroismo
GARCÍA LORCA, Frederico..	**"Hispanidade", Tradução Mal Feita...***
GARCÍA LORCA, Frederico..	Gorki
GARCÍA LORCA, Frederico..	Livres Ciganos, Os*
GARCÍA LORCA, Frederico..	Poesia*
GARCÍA LORCA, Frederico..	**Poesia Também é Uma Arma, A***
GARCÍA LORCA, Frederico..	Poeta José Portogalo, O
GARCÍA LORCA, Frederico..	Puxão de Orelhas
GARCÍA LORCA, Frederico..	"Salud, Coronel!"
GARCÍA LORCA, Frederico..	Sanções Contra Franco, As
GARCÍA LORCA, Frederico..	Tapemos o Nariz...*
GARIBALDI, Anita..	**Bandeirantes e o Esforço de Guerra, As***
GARIBALDI, Anita..	Evocação de Garibaldi
GARIBALDI, Anita..	Gaúchos Heróicos, Os
GARIBALDI, José..	**Caiu Mussolini**
GARIBALDI, José..	Elogio do Povo Italiano
GARIBALDI, José..	Evocação de Garibaldi
GARIBALDI, José..	Gaúchos Heróicos, Os
GRAUBERT, David..	Grito de Alerta, Um
GAYDA, Virginio..	Suicidem-se Enquanto é Tempo!
GERSON, Brasil..	Pedro Mota Lima
GERSON, Brasil..	Tiradentes

	(*História Popular de Tiradentes*)
GIDE, André	Eremburg Acusa*
	(*Corydon*)
GILBERT	**Golpe Branco na Argentina?**
GILBERT	**Onda de Acontecimentos**
GIRAUD, Henri	Aliado Esquecido", "O
GIRAUD, Henri	Ao Som da Marselhesa
GIRAUD, Henri	Apavorados, Os
GIRAUD, Henri	Assuntos Espanhóis
GIRAUD, Henri	**"Até a Rendição Incondicional"***
GIRAUD, Henri	**Bálcãs, Os***
GIRAUD, Henri	Carta do Atlântico para a Europa*
GIRAUD, Henri	**Criminosos***
GIRAUD, Henri	**Democracia em Ação**
GIRAUD, Henri	Dos Acontecimentos Políticos Aos Militares
GIRAUD, Henri	**Forças Amedrontadoras, As***
GIRAUD, Henri	Importância da França
GIRAUD, Henri	Pelos Espanhóis Republicanos*
GIRAUD, Henri	Pequena Objeção, A*
GIRAUD, Henri	Ronda do *Muniquismo**
GIRAUD, Henri	Sinistro Laval, O*
GIRAUD, Henri	Tapemos o Nariz...*
GIRAUD, Henri	**Teerã Significa Liberdade***
GIRAUD, Henri	**Traidor Desmascarado, O**
GIRAUD, Henri	**Traidor Vira Herói, O**
GIRAUD, Henri	Traidores em Fuga, Os
GIRAUD, Henri	Unidade Nacional Francesa
GIRON, José Antonio	Apavorados, Os
GLADKOV	**Mestre dos Correspondentes, O**
GLADKOV	São João Com Vodka*
GOEBBELS, Joseph	Ainda a Argentina*
GOEBBELS, Joseph	**Arma Secreta**
GOEBBELS, Joseph	Armas Secretas
GOEBBELS, Joseph	**"Até a Rendição Incondicional"***
GOEBBELS, Joseph	Balanço de um Natal de guerra
GOEBBELS, Joseph	Báltico, O*
GOEBBELS, Joseph	Búlgaros em Armas, Os
GOEBBELS, Joseph	Choro do Rei, O
GOEBBELS, Joseph	**De Londres a Berlim***
GOEBBELS, Joseph	**Democracia Latino-Americana***
GOEBBELS, Joseph	Dez Divisões e um Pasquim
GOEBBELS, Joseph	Divisão Perdida", "A
GOEBBELS, Joseph	Dolorosa interrogação
GOEBBELS, Joseph	E o Arianismo?*
GOEBBELS, Joseph	Equilibrista..., O
GOEBBELS, Joseph	Fiau! Fiau!*
GOEBBELS, Joseph	**Fogueiras de Livros, As**
GOEBBELS, Joseph	Há Três Anos...*

GOEBBELS, Joseph	Kharkov
GOEBBELS, Joseph	Mascarados, Os
GOEBBELS, Joseph	**"Mocinho" e o Herói, O**
GOEBBELS, Joseph	**Monólogo de Adolf...***
GOEBBELS, Joseph	Nações Unidas, As*
GOEBBELS, Joseph	Nazismo e os Trabalhadores, O
GOEBBELS, Joseph	Nervosos, Os
GOEBBELS, Joseph	**Novos Métodos da Quinta-Coluna**
GOEBBELS, Joseph	Outro Verão Russo
GOEBBELS, Joseph	Pedra no Sapato, A
GOEBBELS, Joseph	Pobre Doutor Goebbels...*
GOEBBELS, Joseph	Poeta Erich Weinert, O
GOEBBELS, Joseph	Primavera Sem Ofensiva*
GOEBBELS, Joseph	Programa de Festas, O
GOEBBELS, Joseph	Questões de Verão e Inverno
GOEBBELS, Joseph	**Quinta-Coluna, A***
GOEBBELS, Joseph	Raros Aplausos, Os
GOEBBELS, Joseph	Rússia e Japão*
GOEBBELS, Joseph	Teatro e Nazismo
GOEBBELS, Joseph	Touradas em Sevilha
GOEBBELS, Joseph	Traidores em Fuga, Os
GOEBBELS, Joseph	"Turistes" Regressam..., Os*
GOEBBELS, Joseph	Último Discurso de Goebbels, O*
GOEBBELS, Joseph	Unidade, Palavra de Ordem dos Presidentes*
GOEBBELS, Joseph	Vice-Versa, O*
GOELDI, Osvaldo	**artistas Modernos do Brasil e a Guerra, Os***
GOETHE, Johann W. von	Ídolo e a Ilusão, O*
GOLD, Michel	Entreato Literário
GOLD, Michael	Michael Gold (*Judeus sem Dinheiro*)
GOLD	Livro Diferente, Um (*Judeus sem Dinheiro*)
GOLD	Romancistas e a Guerra, Os
GOLD	Romancista e Um Romance – I O Autor, Um
GOMÉIA, Joãozinho (Pai de Santo)	Atabaques da Vitória*
GOMES, Eduardo	Maragogipe Dá Um Exemplo
GOMES, Eduardo	Monumento, O*
GOMES, Eduardo	Povo de Castro Alves, de Rui e de Seabra*
GOMES, Eduardo	Rimance do 5 de Julho*
GOMES, Eugenio	Emilio Frugoni*
GONZALEZ, Rebolo	**artistas Modernos do Brasil e a guerra, Os***
GONZALEZ TUNOZ, Raul	Desfile e um Poema, Um*
GONZALEZ TUNOZ, Raul	Lobos no Cemitério, Os*
GONZALEZ TUNOZ, Raul	Rompimento Argentino, O
GOODWIN, Philip	"Brasil Builds" (*Brazil Builds*)
GÖRING, Hermann	Abacaxi...*
GÖRING, Hermann	Aniversário da RAF, O

GÖRING, Hermann	"Arranquem as Camisas!"
GÖRING, Hermann	"Atmosfera Vibrante e Implacável"
GÖRING, Hermann	**Batalha da Inglaterra, A***
GÖRING, Hermann	Caso Polonês, O
GÖRING, Hermann	Conversa de Aniversário – Para Giovani
GÖRING, Hermann	**De Londres a Berlim***
GÖRING, Hermann	Discursos*
GÖRING, Hermann	Discursos no Cemitério...
GÖRING, Hermann	Dolorosa interrogação
GÖRING, Hermann	Eremburg Acusa*
GÖRING, Hermann	Estrelas de Esperança
GÖRING, Hermann	Ídolo e a ilusão, O*
GÖRING, Hermann	**Monólogo de Adolf...***
GÖRING, Hermann	Nazismo e os Trabalhadores, O
GÖRING, Hermann	Primavera Sem Ofensiva*
GÖRING, Hermann	Raros Aplausos, Os
GÖRING, Hermann	Satanás Prega Quaresma...
GÖRING, Hermann	Sinos de Londres, Os
GÖRING, Hermann	Traidores em Fuga, Os
GÖRING, Hermann	Último Discurso de Goebbels, O*
GÖRING, Hermann	Unidade, Palavra de Ordem dos Presidentes*
GÓRKY, Maximo	Biografia, Uma
GÓRKY, Maximo	"Em Pantanais, Florestas ou Navios" Para "Eliminar a Opressão [...]"
GÓRKY, Maximo	Gorki (A Mãe); (Os Vagabundos)
GÓRKY, Maximo	Romancista e Um Romance – II O Romance, Um
GOVOROV (gal.)	Desfile e um Poema, Um*
GOVOROV	"Fado" do Valentão, O
GOVOROV	Há Três Anos...*
GOVOROV	Mensagem a Um Artista e Herói
GOVOROV	São João*
GRACIANO, Clóvis	Notícia do poeta, Romancista e Crítico
GRAUBERT, David (rabino)	Grito de Alerta, Um
GRIECO, Agripino	Itália Fascista, A*
GRIECO, Agripino	Velho Alfredo, O
GUANI, Alberto	Saudação a Guaní
GUEORGILEVSKI, Gregório Petrovitch	Nazistas e a Religião, Os
GUIDO, Ângelo	**Em Defesa da Cultura**
GUIDO, Ângelo	"Fronteira Agreste"
GUIDO, Ângelo	**Voz da Cultura***
GUILHERME, o Conquistador	Que Hitler Me Disse", "O*
GUILHERME II, da Alemanha	Brigam os Ratos
GUILHERME, Frei	Vozes Vêm do Mar*
GUIMARÃES, Giovanni	Conversa de Aniversário – Para Giovani
GUIMARÃES, Giovanni	Restaurante na Madrugada*
GUINARD, Alberto	**artistas Modernos do Brasil e a Guerra, Os***

H

NOMES	COLUNAS
HABE, Hans	Hitler Contra Zumbi doa Palmares
HABE, Hans	**Hitler Contra Zumbi dos Palmares***
HAHN, Edwin F.	Literatura da Gestapo
HANDSCHUN, (Cabo)	**Chamava-se Gastello**
HARRIMAN, Averell	**Carta da Vitória, A**
HAYES	Equilibrista..., O
HEINZ, Karl	História que Pediste..., A
HELER, Rudolf	Literatura da Gestapo
HEMINGWAY, Ernest	**Mestre dos Correspondentes, O**
	(*Adeus às Armas*)
HERODES	Natal das Crianças Mártires*
HERRERA, Luis Alberto de	Emilio Frugoni*
HERRERA, Luis Alberto de	Saudação a Guaní
HESS, Rudolf	**Monólogo de Adolf...***
HESS, Rudolf	Satanás Prega Quaresma...
HIDALGO	Saudação ao México*
HIMMLER, Heinrich	**Bolívia***
HIMMLER, Heinrich	Brigam os Ratos
HIMMLER, Heinrich	Dolorosa interrogação
HIMMLER, Heinrich	Europa de Pé, A*
HIMMLER, Heinrich	Melancólica Entrevista, A
HIMMLER, Heinrich	**Monólogo de Adolf...***
HIMMLER, Heinrich	Poeta Erich Weinert, O
HIMMLER, Heinrich	Triste Fim de Uma História Agitada ou Bate-Papo de Horthy e [...]
HINDUS, Maurice	Rússia e Japão*
	(A Rússia Esmagará o Japão, O Segredo da Resistência Russa)
HIROHITO (Imperador do Japão)	**"Até a Rendição Incondicional"***
HIROHITO	Letra V e Outras Letras, A
HIROHITO	Nervosos, Os
HIROHITO	Primavera*
HIROHITO	Rompimento Argentino, O
HIROHITO	Teatro dos Estudantes
HIROHITO	Trágico Humorismo*
HIROHITO	Vice-Quisling Arma Um Bote..., O*
HITLER, Adolf	Abacaxi...*
HITLER, Adolf	Adeus Á Valsa
HITLER, Adolf	Adeus, Império...*
HITLER, Adolf	**"África! África!"**
HITLER, Adolf	Ainda a Argentina*
HITLER, Adolf	Ainda a Célebre Legião Azul
HITLER, Adolf	Aliado esquecido", "O
HITLER, Adolf	Aliados e Inimigos*
HITLER, Adolf	Aliados Italianos, Os*
HITLER, Adolf	Amor e Nazismo*
HITLER, Adolf	**Aniversário***
HITLER, Adolf	**Aniversário, Um**

HITLER, Adolf	Aniversário da RAF, O
HITLER, Adolf	**Aniversário de Stalingrado***
HITLER, Adolf	Ao Som da Marselhesa
HITLER, Adolf	Aproxima-se a Segunda Frente*
HITLER, Adolf	Aquele que Vos Disser...*
HITLER, Adolf	**Arma Secreta**
HITLER, Adolf	Armas Secretas
HITLER, Adolf	"Arranquem as Camisas!"
HITLER, Adolf	Assim Acanam os Plínios...*
HITLER, Adolf	Assuntos Espanhóis
HITLER, Adolf	Atabaques da Vitória*
HITLER, Adolf	**"Até a Rendição Incondicional"***
HITLER, Adolf	Atentado na Igreja, O
HITLER, Adolf	Autoelogio
HITLER, Adolf	Autorretrato do Nazi-integralismo*
HITLER, Adolf	**Balanço de aniversário**
HITLER, Adolf	Balanço de um Natal de Guerra
HITLER, Adolf	**Bálcãs, Os***
HITLER, Adolf	Báltico, O*
HITLER, Adolf	**Bandeirantes e o Esforço de Guerra, As***
HITLER, Adolf	Bandeiras da Liberdade Tremulam em Bizerta e Túnis, As*
HITLER, Adolf	**Batalha da Inglaterra, A***
HITLER, Adolf	**Batalha de Berlim, A***
HITLER, Adolf	**Biblioteca do Combatente**
HITLER, Adolf	Boatos Verdes*
HITLER, Adolf	Brigam os Ratos
HITLER, Adolf	Brinde de Aniversário*
HITLER, Adolf	Búlgaros em Armas, Os
HITLER, Adolf	**Caiu Mussolini**
HITLER, Adolf	Cálida Voz Americana*
HITLER, Adolf	**Camisas Enterradas, As***
HITLER, Adolf	**Campanha da Sicília, A**
HITLER, Adolf	Canção
HITLER, Adolf	Canção da Unidade*
HITLER, Adolf	**Carta da Vitória, A**
HITLER, Adolf	Caso Mosley, O
HITLER, Adolf	Caso Polonês, O
HITLER, Adolf	**Chamava-se Gastello**
HITLER, Adolf	Choro do Rei, O
HITLER, Adolf	Cínico, O*
HITLER, Adolf	Com Infinito Ódio!*
HITLER, Adolf	Comadres Discutem, As*
HITLER, Adolf	**Começou a Debacle**
HITLER, Adolf	**Comédia das Traições***
HITLER, Adolf	Concórdia Entre os Homens
HITLER, Adolf	Conferência dos Ministros, A
HITLER, Adolf	**Considerações Quase Religiosas**
HITLER, Adolf	Coro dos Corvos, O

HITLER, Adolf	Corpo Expedicionário*
HITLER, Adolf	Covardia, A
HITLER, Adolf	**Crime Contra a Cultura**
HITLER, Adolf	De Fonte Insuspeita...
HITLER, Adolf	**De Londres a Berlim***
HITLER, Adolf	De Orel e Catania...
HITLER, Adolf	Deão, O
HITLER, Adolf	**Democracia em Ação**
HITLER, Adolf	Democracia para todos os povos*
HITLER, Adolf	Demorado Passeio, O
HITLER, Adolf	Desfile e um Poema, Um*
HITLER, Adolf	**Desmascaramento**
HITLER, Adolf	Dever da Unidade, O*
HITLER, Adolf	Dever de Unidade e o Direito de Crítica, O*
HITLER, Adolf	Dez Divisões e um Pasquim
HITLER, Adolf	Dia das Américas*
HITLER, Adolf	Dia de Amanhã, O*
HITLER, Adolf	Discurso de Churchill, O
HITLER, Adolf	Discurso de Volta Redonda, O
HITLER, Adolf	Discursos*
HITLER, Adolf	Discursos, Mensagens, Entrevistas*
HITLER, Adolf	Discursos no Cemitério...
HITLER, Adolf	Distâncias*
HITLER, Adolf	Divisão Perdida", "A
HITLER, Adolf	Dolorosa Interrogação
HITLER, Adolf	Dos Acontecimentos Políticos Aos Militares
HITLER, Adolf	E o Arianismo?*
HITLER, Adolf	"É Trágico o Vosso Destino..."
HITLER, Adolf	Eduardo Benes
HITLER, Adolf	**Em Defesa da Cultura**
HITLER, Adolf	Estrelas de Esperança
HITLER, Adolf	**Estudantes Noruegueses, Os***
HITLER, Adolf	Eu conheci José, o Ingênuo (*Minha Luta*)
HITLER, Adolf	Evocação de Garibaldi
HITLER, Adolf	"Fado" do Valentão, O
HITLER, Adolf	Fanático, O*
HITLER, Adolf	Feliz Ano Novo!*
HITLER, Adolf	Férias
HITLER, Adolf	Festas do Bonfim*
HITLER, Adolf	**Fim de Carreira***
HITLER, Adolf	Fim de Uma Ilusão...
HITLER, Adolf	Fogem os Barões
HITLER, Adolf	Fracassada Aventura, A
HITLER, Adolf	Fralda da Camisa..., A
HITLER, Adolf	**França**
HITLER, Adolf	França Castiga, A
HITLER, Adolf	Franco e o *Muniquismo* *

HITLER, Adolf	**Freda Kirchwey Denuncia***
HITLER, Adolf	**Frente da Bretanha, A***
HITLER, Adolf	"Fronteira Agreste"
HITLER, Adolf	Fruta Apodrecida, A
HITLER, Adolf	**Gaiato de Madrid, O**
HITLER, Adolf	Golpe Boliviano, O*
HITLER, Adolf	Gratidão do Caudilho, A
HITLER, Adolf	Grito de Alerta, Um
HITLER, Adolf	Há Três anos...*
HITLER, Adolf	Havia um Parque...
HITLER, Adolf	**"Hispanidade", Tradução Mal Feita...***
HITLER, Adolf	História de 4 anos*
HITLER, Adolf	História que Pediste..., A
HITLER, Adolf	Hitler Contra Papai-Noel
HITLER, Adolf	Hitler Contra Zumbi dos Palmares
HITLER, Adolf	**Hitler Contra Zumbi dos Palmares***
HITLER, Adolf	Homens, Ratos e Vermes
HITLER, Adolf	Homens do Mar
HITLER, Adolf	Honra e Orgulho do Jornalismo*
HITLER, Adolf	Hostes de Caim, As
HITLER, Adolf	Humorismo Sem Intenção
HITLER, Adolf	Ídolo e a Ilusão, O*
HITLER, Adolf	Insônia...
HITLER, Adolf	Insubmissão e suas Raízes, A*
HITLER, Adolf	**Itália e a "Carta do Atlântico!", A**
HITLER, Adolf	Itália Fascista, A*
HITLER, Adolf	Interpretações Verdes*
HITLER, Adolf	Invasão do Continente
HITLER, Adolf	Justiça Popular*
HITLER, Adolf	Kharkov
HITLER, Adolf	Líder Católico, Um*
HITLER, Adolf	Letra V e Outras Letras, A
HITLER, Adolf	Lição de Léon Blum, A
HITLER, Adolf	Lição de Bondade
HITLER, Adolf	Lição dos Guetos de Varsóvia*
HITLER, Adolf	**Lição Húngara, A**
HITLER, Adolf	Literatura da Gestapo
HITLER, Adolf	Livres Ciganos, Os*
HITLER, Adolf	Livro de Strong, O*
HITLER, Adolf	Livro e Um Exemplo, Um
HITLER, Adolf	Lobos no Cemitério, Os*
HITLER, Adolf	**Lutamos Pela Cultura!**
HITLER, Adolf	**Maníacos do Assassinato***
HITLER, Adolf	Maragogipe Dá Um Exemplo
HITLER, Adolf	Máscara, O (Fábula Carnavalesca)
HITLER, Adolf	Mascarados, Os
HITLER, Adolf	Melancólica Entrevista, A
HITLER, Adolf	Melquíades de Tal...

HITLER, Adolf	Mensagem a Eremburg
HITLER, Adolf	Mensagem a Um Artista e Herói
HITLER, Adolf	Meridiano 30*
HITLER, Adolf	Mihailovich, Otto e outros Darlans...*
HITLER, Adolf	**"Mocinho" e o Herói, O**
HITLER, Adolf	Modesto Victorio..., O*
HITLER, Adolf	**Monólogo de Adolf...***
HITLER, Adolf	Munique Prepara a Monarquia Espanhola
HITLER, Adolf	Nações Unidas, As*
HITLER, Adolf	Natal das Crianças Mártires*
HITLER, Adolf	Nazis Refundem a História..., Os
HITLER, Adolf	Nazismo e os Trabalhadores, O
HITLER, Adolf	Nazistas e a Religião, Os
HITLER, Adolf	**Necessária e Urgente***
HITLER, Adolf	Nem a Rosa, Nem o Cravo...
HITLER, Adolf	Nervosos, Os
HITLER, Adolf	No Covil da Fera*
HITLER, Adolf	Noite das Cidades Invadidas
HITLER, Adolf	Noite dos Traidores
HITLER, Adolf	**Noite Sem Lua**
HITLER, Adolf	**Novos Métodos da Quinta-Coluna**
HITLER, Adolf	**Olga, Vladimir e Militsa**
HITLER, Adolf	**Onda de Acontecimentos**
HITLER, Adolf	Opereta Italiana*
HITLER, Adolf	Otimismo Perigoso
HITLER, Adolf	Outro Verão Russo
HITLER, Adolf	Palavra de Ordem da Quinta-Coluna*
HITLER, Adolf	Palavras Esclarecedoras*
HITLER, Adolf	Palhaço e Os Palhacinhos..., O*
HITLER, Adolf	Panorama Militar e Político*
HITLER, Adolf	Pela Independência da Pátria*
HITLER, Adolf	Pelos Espanhóis Republicanos*
HITLER, Adolf	**Panorama**
HITLER, Adolf	Perigos a Combater
HITLER, Adolf	**Perspectivas***
HITLER, Adolf	**Pétain, o Triste Exemplo***
HITLER, Adolf	Pobre Doutor Goebbels...*
HITLER, Adolf	Poesia*
HITLER, Adolf	**Poesia Também é Uma Arma, A***
HITLER, Adolf	Poeta Erich Weinert, O
HITLER, Adolf	Povo e as Promessas, O*
HITLER, Adolf	Povo na Praça, O
HITLER, Adolf	**povos combaterão, Os***
HITLER, Adolf	Primavera*
HITLER, Adolf	Primavera Sem Ofensiva*
HITLER, Adolf	Programa de Festas, O
HITLER, Adolf	Prússia invadida, A
HITLER, Adolf	Puxão de Orelhas

HITLER, Adolf	Quatro Crianças, As
HITLER, Adolf	Que Hitler Me Disse", "O* (*Minha Luta*)
HITLER, Adolf	Questões de Verão e Inverno
HITLER, Adolf	**Quinta-Coluna, A***
HITLER, Adolf	Raros Aplausos, Os
HITLER, Adolf	Ratos Correm na Neve, Os
HITLER, Adolf	**Razões da Conferência Verde**
HITLER, Adolf	**Receios de Vichy...**
HITLER, Adolf	**Refugiados Políticos***
HITLER, Adolf	Rendição Incondicional ou Paz de Compromisso?*
HITLER, Adolf	Retrato do *Muniquista**
HITLER, Adolf	**Revolta da Dinamarca***
HITLER, Adolf	Roma Bombardeada
HITLER, Adolf	**Romancista Eremburg, O**
HITLER, Adolf	Rompimento Argentino, O
HITLER, Adolf	Rumores de Paz, Os
HITLER, Adolf	Rui, Bandeira Antinazista*
HITLER, Adolf	Rússia e Japão*
HITLER, Adolf	"Salud, Coronel!"
HITLER, Adolf	Sanções Contra Franco, As
HITLER, Adolf	Sangue Pede Vingança!, O*
HITLER, Adolf	São João Com Vodka*
HITLER, Adolf	Satanás Prega Quaresma...
HITLER, Adolf	Saudação à Cachoeira
HITLER, Adolf	Saudação a Josip Broz
HITLER, Adolf	**Segundo Aniversário**
HITLER, Adolf	Segundo Aniversário*
HITLER, Adolf	**Senhor do Bonfim, Padroeiro das Nações Unidas***
HITLER, Adolf	"Señoritos...", Os*
HITLER, Adolf	Significado de Melitopol
HITLER, Adolf	Sinistro Laval, O*
HITLER, Adolf	Smolensk
HITLER, Adolf	Sobre a Monarquia
HITLER, Adolf	**Solidários Com a Vossa Dor?...***
HITLER, Adolf	Sorrisos Amarelos, Os
HITLER, Adolf	**Surpreendente Geografia, A***
HITLER, Adolfo	Teatro dos Estudantes
HITLER, Adolf	Teatro e Nazismo
HITLER, Adolf	**Teerã Significa Liberdade***
HITLER, Adolf	Tempo do Herói*
HITLER, Adolf	**Tito e Mihailovich**
HITLER, Adolf	Todos Têm Uma Tarefa
HITLER, Adolf	Touradas em Sevilha
HITLER, Adolf	Trágico Humorismo*
HITLER, Adolf	**Traidor Vira Herói, O**
HITLER, Adolf	Traidores em fuga, Os
HITLER, Adolf	Triste Fim de Uma História Agitada ou Bate-Papo de Horthy e Kallay [...]

HITLER, Adolf	Triste Fim do Genrocrata
HITLER, Adolf	"Turistes" Regressam..., Os*
HITLER, Adolf	último discurso de Goebbels, O*
HITLER, Adolf	União Dos Militares Alemães, A
HITLER, Adolf	Últimas Comemorações, As
HITLER, Adolf	**Último Diálogo Dos Chefes Integralistas***
HITLER, Adolf	Unidade, Palavra de Ordem dos Presidentes*
HITLER, Adolf	Unidade, Resposta à Traição
HITLER, Adolf	**Unidade Continental das Américas***
HITLER, Adolf	Urgência da Segunda Frente*
HITLER, Adolf	Vice-Quisling Arma Um Bote..., O*
HITLER, Adolf	Vice-Versa, O*
HITLER, Adolf	**Vingança Contra os Assassinos!***
HITLER, Adolf	Vitória se Escreve com Sangue
HITLER, Adolf	Vitoriosos, Os
HITLER, Adolf	Voz do Padre Vieira, A*
HITLER, Adolf	Vozes de Munique
HITLER, Adolf	Vozes Vêm do Mar*
HOARE, Samuel	Contra os *Muniquistas**
HOMERO	Discursos no Cemitério...
HOMERO	"Em Pantanais, Florestas ou Navios" para "Eliminar a Opressão [...]" (*Ilíada*)
HOMERO	Estes Que Matam Crianças...*
HORTHY, Miklós	Demorado Passeio, O
HORTHY, Miklós	**Lição Húngara, A***
HORTHY	Triste Fim de Uma História Agitada ou Bate-Papo de Horthy e Kallay [...]
[HOVRE], Samuel	Equilibrista..., O
HOWARD, Leslie	**"Mocinho" e o Herói, O**
HUGHES, Langston	Entreato Literário
HUGO, Victor	Búlgaros em Armas, Os
HUGO, Victor	**França dos Grandes Gestos, A**
HUGO, Victor	Rios Tintos de Sangue, Os
HULL, Cordell	Ainda a Argentina*
HULL, Cordell	Américas Unidas
HULL, Cordell	**Carta da Vitória, A**
HULL, Cordell	Conferência dos Ministros, A
HULL, Cordell	**Desmascaramento**
HULL, Cordell	Fiau! Fiau!*
HULL, Cordell	Golpe Boliviano, O*
HULL, Cordell	Manifestações... Nacionalistas..., As
HULL, Cordell	Melquíades de Tal...
HULL, Cordell	Rompimento Argentino, O
HULL, Cordell	Ronda do *Muniquismo**
HULL, Cordell	Rumores de Paz, Os
HULL, Cordell	**Sucedem-se os Acontecimentos***

I

NOMES	COLUNAS
IBÁÑEZ DEL CAMPO, Carlos	**Unidade Continental das Américas***

NOMES	COLUNAS
INAÊ	**Carta do Marinheiro à Yemanjá***
INGRAM (Almt)	Discursos, Mensagens, Entrevistas*
ISAACS, Stanley M.	Grito de Alerta, Um

J

NOMES	COLUNAS
JANAÍNA	**Carta do Marinheiro à Yemanjá***
JEFFERSON	Dia das Américas*
JESUS	Atentado na Igreja, O
JESUS	Líder Católico, Um*
JESUS	Rendição Incondicional ou Paz de Compromisso?*
JESUS	Sanções Contra Franco, As
JESUS	Tenente Dickens, O
JOHNSON, Hewlett (Deão de Cantuária)	Conversa Sobre Livros
JOHNSON, Hewlett	Deão, O
	(*O Cristianismo e a Nova Ordem Social na Rússia*, O Poder Soviético)
JOHNSON, Hewlett	Entreato Literário
JOHNSON, Hewlett	**Fogueiras de Livros, As**
JOHNSON, Hewlett	Livro de Strong, O*
JOHNSON, Hewlett	Livro Diferente, Um
JOHNSON, Hewlett	Velho Alfredo, O
JORDANA, Conde	Touradas em Sevilha
JORGE da Grécia	Alexandra a Que Não Será Rainha
JORGE da Grécia	Choro do Rei, O
JORGE da Grécia	**Conciliação Impossível**
JORGE da Grécia	Fim de Uma Ilusão...
JORGE da Grécia	Jorge Que Não é Ulisses
JORGE da Grécia	Livre Europa, A *
JORGE da Grécia	Povo e as Promessas, O*
JORGE da Grécia	Tapemos o Nariz...*
JORGE VI da Inglaterra	Choro do Rei, O
JORGE VI da Inglaterra	Discursos, Mensagens, Entrevistas*
JORGE VI da Inglaterra	Espada de Fogo, A
JORGE VI da Inglaterra	Touradas em Sevilha
JUÁREZ, Benito	Poesia*
JUÁREZ, Benito	Saudação ao México*
JUÁREZ, Benito	Unidade, Palavra de Ordem dos Presidentes*
JUDAS	Aproxima-se a Segunda Frente*
JUDAS	"Atmosfera Vibrante e Implacável"
JUDAS	Autorretrato do Nazi-Integralismo*
JUDAS	Hostes de Caim, As
JUDAS	Mascarados, Os
JUDAS	"Ruge a Revolta na França" – 2 Uma Jornalista em Vichy
JUDAS	Sangue Pede Vingança!, O*
JUDAS	Trágico Humorismo*
JUDAS	Vozes Vêm do Mar*
JULIUS, Richard	Literatura da Gestapo

K

NOMES	COLUNAS
KAI-CHEK, Chiang	**"Até a Rendição Incondicional"***
KAI-CHEK, Chiang	China unida, A*
KAI-CHEK, Chiang	"China, Velha China...*"
KAI-CHEK, Chiang	Contra os *Muniquistas**
KAI-CHEK, Chiang	Conversa de Aniversário – Para Giovani
KAI-CHEK, Chiang	Discurso de Churchill, O
KAI-CHEK, Chiang	Discurso no Comício de 28
KAI-CHEK, Chiang	História de 4 Anos*
KAI-CHEK, Chiang	"Jornada entre Guerreiros"
KAI-CHEK, Chiang	MacArtur Não Se Atrasa
KAI-CHEK, Chiang	Nações Unidas, As*
KAI-CHEK, Chiang	Palavras Esclarecedoras*
KAI-CHEK, Chiang	Rendição Incondicional ou Paz de Compromisso?*
KAI-CHEK, Chiang	Sun-Yat-Sen*
KAI-CHEK, Chiang	Tapemos o Nariz...*
KAI-CHEK, Chiang	Versículos Sobre o Último Dilúvio
KAI-CHEK, Chiang	Voz da China, A
KALLAY	Triste Fim de Uma História Agitada ou Bate-Papo de Horthy e Kallay [...]
KALININ	Golpe Boliviano, O*
KELLER, HELLEN	Grito de Alerta, Um
KERENSK, Alexander	Vitoriosos, Os
KIRCHWEY, Freda	**Freda Kirchwey Denuncia***
KIRCHWEY, Freda	Rendição Pncondicional ou Paz de Compromisso?*
KISSEL, von	Foi Lutando Que Se Conquistou a Abolição*
KISSEL, von	Máscara, O (Fábula Carnavalesca)
KLUGE, Günther von (mal)	Abacaxi...*
KONEV, Ivan (gal)	Ainda a Célebre Legião Azul
KONEV, Ivan	Canção da Bessarábia (para Dona H. K.)
KONEV	Triste Fim de Uma História Agitada ou Bate-Papo de Horthy e Kallay [...]
KOSHEVI, Oleg	Balada de Oleg Koshevi
KREBS, Richard	Literatura da Gestapo
KRUPS	Contra os *Muniquistas**
KUSNETSKAI, Nicolo	Nazistas e a Religião, Os

L

NOMES	COLUNAS
LA FAYETTE, Marquês de	Dia das Américas*
LA FAYETTE, Marquês de	**França dos Grandes Gestos, A**
LABARO, Henri	Assim Acabam os Plínios...*
LACERDA, Fernando de	"Organismos Ilegais, Instrumentos da 5ª Coluna"
LACERDA, Maurício de	"Organismos Ilegais, Instrumentos da 5ª Coluna"
LACERDA, Sebastião	"Organismos Ilegais, Instrumentos da 5ª coluna"
LAFORGUE, Paul	Charutos de Marx, Os
	(*Recordações da Vida Íntima de Marx*)
LAMA ROJAS	Fanático, O*
LAMONT, Florence C.	Grito de Alerta, Um
LAU, Parcy	**artistas Modernos do Brasil e a Guerra, Os***

LAVAL, Pierre	Amor e Nazismo*
LAVAL, Pierre	Ao Som da Marselhesa
LAVAL, Pierre	Apavorados, Os
LAVAL, Pierre	Armas Secretas
LAVAL, Pierre	Assim Acabam os Plínios...*
LAVAL, Pierre	Atentado na Igreja, O
LAVAL, Pierre	Búlgaros em Armas, Os
LAVAL, Pierre	Cínico, O*
LAVAL, Pierre	Corrida dos Ratos, A
LAVAL, Pierre	Eduardo Benes
LAVAL, Pierre	Eremburg Acusa*
LAVAL, Pierre	Festa de Paris, A
LAVAL, Pierre	Fralda da Camisa..., A
LAVAL, Pierre	**França**
LAVAL, Pierre	Franco e o *Muniquismo**
LAVAL, Pierre	História de 4 anos*
LAVAL, Pierre	**Hitler Contra Zumbi dos Palmares***
LAVAL, Pierre	Homens, Ratos e Vermes
LAVAL, Pierre	Homens do Mar
LAVAL, Pierre	Justiça Popular*
LAVAL, Pierre	Letra V e Outras Letras, A
LAVAL, Pierre	"Liberation"
LAVAL, Pierre	Melancólica Entrevista, A
LAVAL, Pierre	Noite dos Traidores
LAVAL, Pierre	Palhaço e Os Palhacinhos..., O*
LAVAL, Pierre	**Panorama**
LAVAL, Pierre	Pelos Espanhóis Republicanos*
LAVAL, Pierre	Pequena Objeção, A*
LAVAL, Pierre	**Poesia Também é Uma Arma, A***
LAVAL, Pierre	**Receios de Vichy...**
LAVAL, Pierre	Rendição Incondicional ou Paz de Compromisso?*
LAVAL, Pierre	**Romancista Eremburg, O**
LAVAL, Pierre	"Ruge a Revolta na França" – 2 Uma Jornalista em Vichy
LAVAL, Pierre	Sanções Contra Franco, As
LAVAL, Pierre	Satanás Prega Quaresma...
LAVAL, Pierre	Sinistro Laval, O*
LAVAL, Pierre	Sinos de Londres, Os
LAVAL, Pierre	Trágicas Lições, As
LAVAL, Pierre	Traidores em Fuga, Os
LAVAL, Pierre	Último Discurso de Goebbels, O*
LAVAL, Pierre	Unidade, Resposta à Traição
LAVAL, Pierre	Vice-Quisling Arma Um Bote..., O*
LEAL, Estilac (gal)	Discurso de Volta Redonda, O
LEAL, Estilac	Rimance do 5 de Julho*
LEÃO, Carlos	**artistas Modernos do Brasil e a Guerra, Os***
LENIN, Vladimir Ilitch	Biografia, Uma
LENIN	**Charutos de Marx, Os**
	(*Karl Marx*)

LENIN	**Luzes da Vitória**
LENIN	Mensagem a Um Artista e Herói
LENIN	Tempo do Herói*
LESSIG	**Poesia Também é Uma Arma, A***
LEWIN, Willy	**Mestre Oswald, quase Ilya**
LEWIS, Sinclair	Romancista e Um Romance – I O Autor, Um
LIMA, Hermes	Retrato de Rui*
LIMA, Oliveira	**Pétain, o Triste Exemplo***
LIMA, Pedro Mota	Pedro Mota Lima
LIMA, Raimundo Pita	Democrata Raimundo, O
LINCOLN, Abraham	48 Estrelas da Liberdade, As
LINCOLN, Abraham	Unidade, Palavra de Ordem dos Presidentes*
LINDEMBERG	Noite dos Traidores
LINS, Álvaro	Entreato Literário
LINS, Wilson	**Poesia Também é Uma Arma, A***
LISTER (militar)	"Salud, Coronel!"
LITVINOV, Maxim	**Carta da Vitória, A**
LITVINOV, Maxim	Eduardo Benes
LITVINOV, Maxim	Franco e o *Muniquismo**
LITVINOV, Maxim	História de 4 anos*
LITVINOV, Maxim	Saudação a Guaní
LOBATO, Monteiro	Festa de Um Livro (*Negrinha*, *Sítio do Pica-Pau Amarelo*, *Urupês*)
LOBATO, Monteiro	**"Mágica de Garrafas"** (*Mágica de Garrafas*. Tradução)
LOBATO, Monteiro	**Noite Sem Lua**
LOBATO, Monteiro	**Surpreendente Geografia, A***
LOPES, Isidoro Dias	Monumento, O*
LOPES	Siqueira Campos*
LOZOWSKY	Demorado Passeio, O
LUDWIG, Emil	**Poesia Também é Uma Arma, A***
LUDWIG, Emil	**Solidários Com a Vossa Dor?...***
LUIZ, Washington	Sebastianismo
LUPIN, Arsène	Máscara, O (Fábula Carnavalesca)
LUXEMBURGO, Rosa de	**charutos de Marx, Os** (*Pausas e Avanços do Marxismo*)
LUXEMBURGO, Rosa de	Poeta José Portogalo, O

M

NOMES	COLUNAS
MACARTHUR, Douglas (Gal)	Mac Arthur Não Se Atrasa...
MACARTHUR	Poesia e Guerra*
MACHADO, Aníbal	**Em Defesa da Cultura**
MACHADO, António	"Hispanidade", Tradução Mal Feita...*
MACHADO, António	**Poesia Também é Uma Arma, A***
MACHADO, António	"Salud, Coronel!"
MACHADO, António	Sanções Contra Franco, As
MACHADO, António	Tapemos o Nariz...*
MADAME Chiang Kai-Chek	"China, Velha China...*"

MADAME Chiang Kai-Chek..Discursos, Mensagens, Entrevistas*
MADAME Chiang Kai-Chek..Tempo do Herói*
MADAME Chiang Kai-Chek..Voz da China, A
MADAME Curie.."Jornada entre Guerreiros"
MADAME Roosevelt..Tempo do Herói*
MAGALHÃES, Juracy..Corajosas e Leais Palavras*
MAISKY, Ivan...Discursos, Mensagens, Entrevistas*
MAISKY, Ivan...Questões de Verão e Inverno
MALAZARTE, Pedro...Estudante Alsaciano, O
MALINOVSKI, Roman (gal)..."Fado" do Valentão, O
MALINOVSKI, Roman...Pequena Objeção, A*
MALINOVSKI..Sangria, A
MANGABEIRA, João*..Retrato de Rui*
                               (*Rui, ó Estadista da República*)
MANN, Heinrich..**Poesia Também é Uma Arma, A***
MANN, Thomas..Armas Secretas
MANN, Thomas..**Diploma, O**
                               (*Montanha Mágica*)
MANN, Thomas..Grito de Alerta, Um
MANN, Thomas..**Poesia Também é Uma Arma, A***
                               (*Montanha Mágica*)
MANNERHEIM, Gustav von (barão)..**Batalha de Berlim, A***
MANNERHEIM, Gustav von..Contra os *Muniquistas**
MANNERHEIM, Gustav von..Demorado Passeio, O
MANNERHEIM, Gustav von..Desfile e um Poema, Um*
MANNERHEIM, Gustav von..**Fim de Carreira***
MANNERHEIM, Gustav von..Fogem os Barões
MANNERHEIM, Gustav von..Há Três anos...*
MANNERHEIM, Gustav von..**Lição Húngara, A***
MANNERHEIM, Gustav von..Mascarados, Os
MANNERHEIM, Gustav von...Melancólica Entrevista, A
MANNERHEIM, Gustav von..Pequena Objeção, A*
MANNERHEIM, Gustav von*........................Rendição Incondicional ou Paz de Compromisso?*
MANNERHEIM, Gustav von..Roma Bombardeada
MANNERHEIM, Gustav von...Sanções Contra Franco, As
MANNERHEIM, Gustav von..Vez da Finlândia, A*
MANOLESCU..Homens, Ratos e Vermes
MANSTEIN, von..Balanço de um Natal de guerra
MAOMÉ...Festas do Bonfim*
MAR, Rainha do...**Carta do Marinheiro à Yemanjá***
MARAT, Jean-Paul...E Outras Bastilhas Cairão...
MARAT, Jean-Paul..Festa de Paris, A
MARAT, Jean-Paul..Importância da França
MARAT, Jean-Paul..Livro Diferente, Um
MARAT, Jean-Paul..Nazis Refundem a História..., Os
MARINETTI, Fillippo Tommaso..Canções Serão Recordadas, As
MARINETTI, Fillippo Tomaso...Satanás Prega Quaresma...
MARSH, Frefrich (cin)..**"Mocinho" e o Herói, O**

MARSH..Unidade, Palavra de Ordem dos Presidentes*
MARTINEZ ZURIVIA (Hugo Wast)...**Golpe Branco na Argentina?**
MARTINS, Ivan Pedro de..**Cultura e Democracia***
    (*Fronteira Agreste*)
MARTINS, Ivan Pedro de..**Em Defesa da Cultura**
    (*Fronteira Agreste*)
MARTINS, Ivan Pedro de..**"Fogo Morto"**
MARTINS, Ivan Pedro de..."Fronteira Agreste"
    (*Fronteira Agreste*)
MARTINS, Ivan Pedro de..**Voz da Cultura***
MARTINS, Manuel...artistas Modernos do Brasil e a Guerra, Os*
MARX, Eleonora..**Charutos de Marx, Os**
    (*Meu Pai*)
MARX, Karl..**Charutos de Marx, Os**
    (*O Capital*)
MASCARENHAS, Mecenas..2 de Julho*
MASSARIKY...Eduardo Benes
MATA, Edgard..Corajosas e Leais Palavras*
MATA, Edgard..Três Discursos
MATEUS, Frei...Vozes Vêm do Mar*
MATOS, Edgard..Povo de Castro Alves, de Rui e de Seabra*
MATOS, Gregório de...Saudação a Gilberto Freyre
MAURA, Bispo de..Deão, O
MAURA, Bispo de..Livro de Strong, O*
MAURIER, Dafne du..."Brasil Builds"
MAUROIS, André (Émile Herzog)...Conversa Sobre Livros
MAUROIS, André..**Crime Contra a Cultura**
MAUROIS, André..Lição de Léon Blum, A
MAUROIS, André..Romancista e Um Romance – I O Autor, Um
MAXIMILIANO (México)...Poesia*
MELCHIOR, Otto...Literatura da Gestapo
MELO, Fabiano...Assim Acabam os Plínios...*
MELO, Nelson de...Monumento, O*
MERETSKOV, Kirill (gal)...Mensagem a Um Artista e Herói
MESTRE..Líder Católico, Um*
METTEOTTI, Giacomo...Evocação de Garibaldi
METTEOTTI, Giacomo...Insônia...
MIGUEL DA ROMÊNIA...Carol e Outros Parentes
MIGUELITO...Crônica de João Nazareth, Uma*
MIKHAILOVIC, "Darza"...Alexandra, a Que Não Será Rainha
MIKHAILOVIC, "Darza"...Apavorados, Os
MIKHAILOVIC, "Darza"...Choro do Rei, O
MIKHAILOVIC, "Darza"...Ciranda do Rei Dom Pedro
MIKHAILOVIC, "Darza"...**Conciliação Impossível**
MIKHAILOVIC, "Darza"...De Fonte Insuspeita...
MIKHAILOVIC, "Darza"..."Glória Eterna!*"
MIKHAILOVIC, "Darza"...Jorge Que Não é Ulisses
MIKHAILOVIC, "Darza"...Justiça Popular*

MIKHAILOVIC, "Darza"...Livre Europa, A*
MIKHAILOVIC, "Darza"...Mihailovich, Otto e outros Darlans...*
MIKHAILOVIC, "Darza"...**Olga, Vladimir e Militsa**
MIKHAILOVIC, "Darza"..**Teerã Significa Liberdade***
MIKHAILOVIC, "Draza"..**Tito e Mihailovich**
MIKHAILOVIC, "Darza"...Traidor Desmascarado, O
MIKHAILOVIC, "Darza"..**Traidor Vira Herói, O**
MILLS, Walter...Grito de Alerta, Um
MIRSKY, Dimitry P. S. ....Biografia, Uma
                                                                                                    (*Lenine*)
MODESTO (cel)..Equilibrista..., O
MODESTO..Heroismo
MODESTO..."Salud, Coronel!"
MOISÉS...Hitler Contra Zumbi dos Palmares
MOISÉS..**Hitler Contra Zumbi dos Palmares***
MOLA..Sangria, A
MOLOTOV, Viatceslav..**Carta da Vitória, A**
MOLOTOV, Viatceslav..Conferência dos Ministros, A
MOLOTOV, Viatceslav..Ronda do *Muniquismo**
MONTEIRO, Maciel..Foi Lutando Que Se Conquistou a Abolição*
MONTGOMERY, Bernard (gal)...Conversa de aniversário – Para Giovani
MONTGOMERY, Bernard...Mac Artur Não Se Atrasa
MONTGOMERY, Bernard..São João*
MORAIS, Eduardo de..Acompanhamento
MOREYRA, Álvaro..Contos Infantís
MORININGO (gal)..**Bolívia***
MORININGO..**Democracia Latino-Americana***
MORININGO..Discurso de Volta Redonda, O
MORRISO, Herbert..Caso Mosley, O
MOSLEY, Oswald (sir)..Caso Mosley, O
MOSLEY, Oswald..Cínico, O*

MOSLEY, Oswald..Eu Conheci José, o Ingênuo
MOULTON, (bispo)...Grito de Alerta, Um
MUSSOLINI, Benito..Abacaxi...*
MUSSOLINI, Benito..**Absolvição!***
MUSSOLINI, Benito...Adeus, Império...*
MUSSOLINI, Benito..Advogado do Diabo, O
MUSSOLINI, Benito...Aliado Esquecido", "O
MUSSOLINI, Benito..Aliados Italianos, Os*
MUSSOLINI, Benito..Aproxima-se a Segunda Frente*
MUSSOLINI, Benito..Aquele que Vos Disser...*
MUSSOLINI, Benito.."Arranquem as Camisas!"
MUSSOLINI, Benito..Assim Acabam os Plínios...*
MUSSOLINI, Benito...Assuntos Espanhóis
MUSSOLINI, Benito...**"Até a Rendição Incondicional"***
MUSSOLINI, Benito..Autoelogio
MUSSOLINI, Benito..**Balanço de Aniversário**

MUSSOLINI, Benito..**Bálcãs, Os***
MUSSOLINI, Benito..Bandeiras da Liberdade Tremulam em Bizerta e Tunis, As*
MUSSOLINI, Benito...Brigam os Ratos
MUSSOLINI, Benito...Búlgaros em Armas, Os
MUSSOLINI, Benito..**Caiu Mussolini**
MUSSOLINI, Benito...Cálida Voz Americana*
MUSSOLINI, Benito..**Camisas Enterradas, As***
MUSSOLINI, Benito...**Campanha da Sicília, A**
MUSSOLINI, Benito..Canções Serão Recordadas, As
MUSSOLINI, Benito..Cínico, O*
MUSSOLINI, Benito..Comadres Discutem, As*
MUSSOLINI, Benito..**Comédia das Traições***
MUSSOLINI, Benito..Conferência dos Ministros, A
MUSSOLINI, Benito...**Considerações Quase Religiosas**
MUSSOLINI, Benito...Contra os *Muniquistas**
MUSSOLINI, Benito...Conversa de aniversário – Para Giovani
MUSSOLINI, Benito...Coro dos Corvos, O
MUSSOLINI, Benito...Corrida dos Ratos, A
MUSSOLINI, Benito..**Crime Contra a Cultura**
MUSSOLINI, Benito...Deão, O
MUSSOLINI, Benito...**Democracia em Ação**
MUSSOLINI, Benito...Democracia para Todos os Povos*
MUSSOLINI, Benito...Demorado Passeio, O
MUSSOLINI, Benito..Discursos*
MUSSOLINI, Benito..Distâncias*
MUSSOLINI, Benito...Dos Acontecimentos Políticos Aos Militares
MUSSOLINI, Benito.."É Trágico o Vosso Destino..."
MUSSOLINI, Benito...Eduardo Benes
MUSSOLINI, Benito...Elogio do Povo Italiano
MUSSOLINI, Benito...**Em Defesa da Cultura**
MUSSOLINI, Benito..Equilibrista..., O
MUSSOLINI, Benito...Eu Conheci José, o Ingênuo
MUSSOLINI, Benito..Europa de Pé, A*
MUSSOLINI, Benito..Evocação de Garibaldi
MUSSOLINI, Benito..Fanático, O*
MUSSOLINI, Benito...**Fim de Carreira***
MUSSOLINI, Benito...Fogem os Barões
MUSSOLINI, Benito...Fralda da Camisa..., A
MUSSOLINI, Benito..**Gaiato de Madrid, O**
MUSSOLINI, Benito..**Genro, O**
MUSSOLINI, Benito...Gratidão do Caudilho, A
MUSSOLINI, Benito...Grito de Alerta, Um
MUSSOLINI, Benito..**"Hispanidade", Tradução Mal Feita..."***
MUSSOLINI, Benito...História de 4 Anos*
MUSSOLINI, Benito...Homens, Ratos e Vermes
MUSSOLINI, Benito...Homens do Mar
MUSSOLINI, Benito..Hostes de Caim, As
MUSSOLINI, Benito..Ídolo e a Ilusão, O*

MUSSOLINI, Benito..Importância da França
MUSSOLINI, Benito...Insônia...
MUSSOLINI, Benito...Insubmissão e suas raízes, A*
MUSSOLINI, Benito...**Itália e a "Carta do Atlântico!", A**
MUSSOLINI, Benito..Itália Fascista, A*
MUSSOLINI, Benito..Já Podes Sonhar...
MUSSOLINI, Benito...Letra V e Outras Letras, A
MUSSOLINI, Benito...Lição de Léon Blum, A
MUSSOLINI, Benito..**Lutamos Pela Cultura!**
MUSSOLINI, Benito...Mascarados, Os
MUSSOLINI, Benito...Melancólica Entrevista, A
MUSSOLINI, Benito...Melquíades de Tal...
MUSSOLINI, Benito...Meridiano 30*
MUSSOLINI, Benito...Modesto Victorio..., O*
MUSSOLINI, Benito...**Monólogo de Adolf...***
MUSSOLINI, Benito...Na Frente, a Bandeira do Brasil*
MUSSOLINI, Benito..Nazismo e os Trabalhadores, O
MUSSOLINI, Benito...**Necessária e Urgente***
MUSSOLINI, Benito..Nervosos, Os
MUSSOLINI, Benito...**Novos Métodos da Quinta-Coluna**
MUSSOLINI, Benito..**Olga, Vladimir e Militsa**
MUSSOLINI, Benito...Opereta Italiana*
MUSSOLINI, Benito...Otimismo Perigoso
MUSSOLINI, Benito..Outro Verão Russo
MUSSOLINI, Benito...Palhaço e Os Palhacinhos..., O*
MUSSOLINI, Benito..**Panorama**
MUSSOLINI, Benito..Panorama Militar e Político*
MUSSOLINI, Benito..Pelos Espanhóis Republicanos*
MUSSOLINI, Benito..**Perspectivas***
MUSSOLINI, Benito..Poesia*
MUSSOLINI, Benito..Povo e as Promessas, O*
MUSSOLINI, Benito...Povo na Praça, O
MUSSOLINI, Benito..Primavera
MUSSOLINI, Benito...Primavera Sem Ofensiva*
MUSSOLINI, Benito...Puxão de Orelhas
MUSSOLINI, Benito..Questões de Verão e Inverno
MUSSOLINI, Benito..Raros Aplausos, Os
MUSSOLINI, Benito.................................Rendição Incondicional ou Paz de Compromisso?*
MUSSOLINI, Benito...Retrato do *Muniquista**
MUSSOLINI, Benito..Roma Bombardeada
MUSSOLINI, Benito..Rompimento Argentino, O
MUSSOLINI, Benito..Ronda do *Muniquismo**
MUSSOLINI, Benito.."Salud, Coronel!"
MUSSOLINI, Benito...Sanções Contra Franco, As
MUSSOLINI, Benito..Sangria, A
MUSSOLINI, Benito..Saudação à Cachoeira
MUSSOLINI, Benito...Saudação a Josip Broz
MUSSOLINI, Benito..**Segundo aniversário**

MUSSOLINI, Benito	"Señoritos...", Os*
MUSSOLINI, Benito	Significado de Melitopol
MUSSOLINI, Benito	Sinistro Laval, O*
MUSSOLINI, Benito	Sobre a Monarquia
MUSSOLINI, Benito	Suicidem-se Enquanto é Tempo!
MUSSOLINI, Benito	Teatro dos Estudantes
MUSSOLINI, Benito	**Teerá Significa Liberdade***
MUSSOLINI, Benito	**Tito e Mihailovich**
MUSSOLINI, Benito	Trágico Humorismo*
MUSSOLINI, Benito	Traidores em Fuga, Os
MUSSOLINI, Benito	Triste Fim do Genrocrata
MUSSOLINI, Benito	Último Discurso de Goebbels, O*
MUSSOLINI, Benito	Vice-Quisling Arma um Bote..., O*
MUSSOLINI, Benito	**Vingança Contra os Assassinos!***
MUSSOLINI, Benito	Vingança Fascista*
MUSSOLINI, Bruno	**Absolvição!***
MUSSOLINI, Bruno	Adeus, Império...*
MUSSOLINI, Bruno	Canções Serão Recordadas, As
MUSSOLINI, Bruno	Modesto Victorio..., O*

N

NOMES	COLUNAS
NABUCO	Foi Lutando Que Se Conquistou a Abolição*
NAZARENO, Jesus	Natal das Crianças Mártires*
NAZARETH, João	Crônica de João Nazareth, Uma*
	(*Pequena História do Bom Miguelito*)
NERO	De Orel e Catania
NERUDA, Pablo	Espada de Fogo, A
	(*Cantos de Amor*)
NERUDA, Pablo	Mensagem a Eremburg
NERUDA, Pablo	Sangria, A
NERY. Ana	**Bandeirantes e o Esforço de Guerra, As***
NEGRIN	Assuntos Espanhóis
NEY (Senador americano)	Perigos a Combater
NICOLAU II	"Turistes" Regressam..., Os*
NICOLAI, Metrolita de Kiev	Nazistas e a Religião, Os
NOÉ-GUALBERTO (Pe)	Palavra de Ordem da Quinta-Coluna*
NOÉ-GUALBERTO	Triste Fim de Uma História Agitada ou Bate-Papo de Horthy [...]
NOÉ-GUALBERTO	Versículos Sobre o Último Dilúvio
NOÊMIA	**artistas Modernos do Brasil e a Guerra, Os***
NOVAIS, Manoel	Corajosas e Leais Palavras*

O

NOMES	COLUNAS
OGUM	Atabaques da Vitória*
OGUM	**Roger Bastide na Bahia**
OITICICA, Luiz	Lobos no Cemitério, Os
ORNELAS, Manuelito d´	**Em Defesa da Cultura**
ORNELAS, Manuelito d´	"Fronteira agreste"
OTTO (Áustri)	Mikhailovic, Otto e Outros Darlans...*

otto (Áustria)..**Teerá Significa Liberdade***
oxalá...Atabaques da Vitória*
oxalá...**Roger Bastide na Bahia**
oxóssi..Atabaques da Vitória*
oxóssi..Roger Bastide na Bahia

P

| NOMES | COLUNAS |

padilha, Raimundo...**Fascistas em Ação***
padilha, Raimundo...Vice-Quisling Arma Um Bote..., O*
palmares, Zumbi dos..Estudante Alsaciano, O
palmares, Zumbi dos..Foi Lutando Que Se Conquistou a Abolição*
palmares, Zumbi dos..Hitler Contra Zumbi dos Palmares
palmares, Zumbi dos..**Hitler Contra Zumbi dos Palmares***
pancho villa (José Doroteo Arango).................................**Mestre dos Correspondentes, O**
pancho villa..Saudação ao México*
pancetti, José...**Artistas Modernos do Brasil e a Guerra, Os***
pancetti, José.."Brasil Builds"
pancetti..**Fascistas em Ação***
papen von..**Panorama**
parreiras, Ari..Rimance do 5 de Julho*
praken, Brendam..Dez Divisões e um Pasquim
passen, Pierre Van..Aliado Esquecido", O
 (*O Aliado Esquecido*)
passen, Pierre Van..Conversa Sobre Livros
 (*Estes Dias Tumultuosos*)
passen, Pierre Van..Festa de Um Livro
passen, Pierre Van.."Jornada entre Guerreiros"
passos, Jacinta..**Poesia Também é Uma Arma, A***
passos, Jacinta..Saudação a Gilberto Freyre
pasteur, Louis...**Ciência Mártir, A**
patrocínio, José do...Foi Lutando Que Se Conquistou a Abolição*
patrocínio, José do...Hitler Contra Zumbi dos Palmares
patrocínio, José do...**Hitler Contra Zumbi dos Palmares***
patron costas..De Castillo a Ramírez*
patron costas..**Sucedem-se os Acontecimentos***
paulus, Friedrich von..No Covil da Fera*
pedreira, Cora...Povo de Castro Alves, de Rui e de Seabra*
pedro, O Grande...Mensagem a Um Artista e Herói
pedro, rei da Iugoslávia..Alexandra, a Que Não Será Rainha
pedro, rei da Iugoslávia..Apavorados, Os
pedro, rei da Iugoslávia..Choro do Rei, O
pedro, rei da Iugoslávia..Ciranda do Rei Dom Pedro
pedro, rei da Iugoslávia..**Conciliação Impossível**
pedro, rei da Iugoslávia..Contra os *Munuquistas**
pedro, rei da Iugoslávia..Coro dos Corvos, O
pedro, rei da Iugoslávia..Fim de Uma Ilusão...
pedro, rei da Iugoslávia..Jorge Que Não é Ulisses
pedro, rei da Iugoslávia..Livre Europa, A*

PEDRO, rei da Iugoslávia	Mascarados, Os
PEDRO, rei da Iugoslávia	**Novos Métodos da Quinta-Coluna**
PEDRO, rei da Iugoslávia	Palavra de Ordem da Quinta-Coluna*
PEDRO, rei da Iugoslávia	**Panorama**
PEDRO, rei da Iugoslávia	Perigo Continental*
PEDRO, rei da Iugoslávia	Povo e as Promessas, O*
PEDRO, rei da Iugoslávia	Tapemos o Nariz...*
PEDRO, rei da Iugoslávia	**Teerá Significa Liberdade***
PEDRO, rei da Iugoslávia	**Tito e Mihailovich**
PEDRO, rei da Iugoslávia	Traidor Desmascarado, O
PEIXOTO, Amaral	Grito de Alerta, Um
PEIXOTO, Amaral	Rimance do 5 de Julho*
PEIXOTO, Dermeval (gal)	Insubmissão e suas raízes, A*
PEIXOTO, Floriano	**Vingança Contra os Assassinos!***
PEÑARANDA DEL CASTILLO, Enrique	**Bolívia***
PEÑARANDA DEL CASTILLO, Enrique	Golpe Boliviano, O*
PEÑARANDA DEL CASTILLO, Enrique	Perigo Continental*
PERÓN, Juan Domingo (cel)	Ainda a Argentina*
PERÓN, Juan Domingo	**Batalha de Berlim, A***
PERÓN, Juan Domingo	Comédia Argentina, A*
PERÓN, Juan Domingo	**Democracia Latino-Americana***
PERÓN, Juan Domingo	**Desmascaramento**
PERÓN, Juan Domingo	**Fogueiras de Livros, As**
PERÓN, Juan Domingo	Geral Confusão..., A
PERÓN, Juan Domingo	**Golpe Branco na Argentina?**
PERÓN, Juan Domingo	Manifestações... Nacionalistas..., As
PERÓN, Juan Domingo	**Onda de Acontecimentos**
PERÓN, Juan Domingo	Último Discurso de Goebbels, O*
PÉTAIN, Phillipe	Amor e Nazismo*
PÉTAIN, Phillipe	Ao Som da Marselhesa
PÉTAIN, Phillipe	Apavorados, Os
PÉTAIN, Phillipe	Armas Secretas
PÉTAIN, Phillipe	Assim Acabam os Plínios...*
PÉTAIN, Phillipe	Atentado na Igreja, O
PÉTAIN, Phillipe	"Atmosfera Vibrante e Implacável"
PÉTAIN, Phillipe	**Carta da Vitória, A***
PÉTAIN, Phillipe	Cínico, O*
PÉTAIN, Phillipe	Coro dos Corvos, O
PÉTAIN, Phillipe	Corrida dos Ratos, A
PÉTAIN, Phillipe	**Criminosos***
PÉTAIN, Phillipe	Demorado Passeio, O
PÉTAIN, Phillipe	Eduardo Benes
PÉTAIN, Philippe	Erembrug Acusa*
PÉTAIN, Philippe	Eu Conheci José, o Ingênuo
PÉTAIN, Philippe	Festa de Paris, A
PÉTAIN, Philippe	Fogem os Barões
PÉTAIN, Philippe	Fralda da Camisa..., A
PÉTAIN, Phillipe	**França**

PÉTAIN, Phillipe	Franco e o *Muniquismo**
PÉTAIN, Phillipe	Hitler Contra Zumbi dos Palmares
PÉTAIN, Philipe	**Hitler Contra Zumbi dos Palmares***
PÉTAIN, Phillipe	Homens do Mar
PÉTAIN, Phillipe	Homens, Ratos e Vermes
PÉTAIN, Phillipe	Justiça Popular*
PÉTAIN, Phillipe	Letra V e Outras Letras, A
PÉTAIN, Phillipe	"Liberation"
PÉTAIN, Phillipe	Livre Europa, A*
PÉTAIN, Philipe	Livro e Um Exemplo, Um
PÉTAIN, Phillipe	Máscara, O (Fábula Carnavalesca)
PÉTAIN, Phillipe	Nazismo e os Trabalhadores, O
PÉTAIN, Phillipe	Nervosos, Os
PÉTAIN, Phillipe	Noite dos Traidores
PÉTAIN, Phillipe	Opereta Italiana*
PÉTAIN, Phillipe	Palavra de Ordem da Quinta-Coluna*
PÉTAIN, Phillipe	Palhaço e Os Palhacinhos..., O*
PÉTAIN, Phillipe	Pelos Espanhóis Republicanos*
PÉTAIN, Phillipe	Perigo Continental*
PÉTAIN, Phillipe	**Pétain, o Triste Exemplo***
PÉTAIN, Phillipe	Poesia*
PÉTAIN, Phillipe	**Poesia Também é Uma Arma, A***
PÉTAIN, Phillipe	Primavera Sem Ofensiva*
PÉTAIN, Phillipe	**Razões da conferência Verde**
PÉTAIN, Phillipe	Receios de Vichy...
PÉTAIN, Phillipe	**Romancista Eremburg, O**
PÉTAIN, Philipe	Roteiro das Ilhas, O
PÉTAIN, Phillipe	"Ruge a Revolta na França" – 1 Uma Jornalista na França Ocupada
PÉTAIN, Phillipe	"Ruge a Revolta na França" – 2 Uma Jornalista em Vichy
PÉTAIN, Phillipe	Sinistro Laval, O*
PÉTAIN, Phillipe	Sinos de Londres, Os
PÉTAIN, Phillipe	**Teerã Significa Liberdade***
PÉTAIN, Phillipe	Trágicas Lições, As
PÉTAIN, Phillipe	Trágico Humorismo*
PÉTAIN, Phillipe	**Traidor Vira Herói, O**
PÉTAIN, Phillipe	Traidores em Fuga, Os
PÉTAIN, Phillipe	Triste Fim de Uma História Agitada ou Bate-Papo de Horthy e [...]
PÉTAIN, Phillipe	último discurso de Goebbels, O*
PÉTAIN, Phillipe	Unidade Nacional Francesa
PÉTAIN, Phillipe	Vice-Quisling Arma Um Bote..., O*
PERTINAX	"Ruge a revolta na França" – 1 Uma Jornalista na França Ocupada
PETERSON, Richard	Literatura da Gestapo
PICKWICK, Mr.	Tenente Dickens, O
PLATÃO	**Noite Sem Lua** (*A Defesa de Sócrates*)
PLEYROUTON	**Criminosos***
POLIAKOV, Alexandre	Adeus, Império...*
POLIAKOV, Alexandre	Conversa Sobre Livros

	(*Os Russos não se Rendem*)
POPOV, Markian (gal)	Mac Artur Não Se Atrasa...
POST, Lenant Van	**Diploma, O**
PORTINARI, Candido	**artistas Modernos do Brasil e a Guerra, Os***
PORTINARI, Candido	"Brasil Builds"
PORTINARI, Candido	**Fascistas em Ação***
PORTOGALO, José	Poeta José Portogal, O
PORTOGALO, José	Rompimento Argentino, O
PRADO, Carlos	**artistas Modernos do Brasil e a Guerra, Os***
PRESTES, Júlio	**Comédia das Traições***
PRESTES, Júlio	Sebastianismo
PRIETO, Idalécio	Assuntos Espanhóis
PROUST, Marcel	Entreato Literário
PUCHEU, Pierre	Fogem os Barões
PUCHEU, Pierre	França Castiga, A
PUCHEU, Pierre	**Traidor Vira Herói, O**
PULCHÉRIO, Hoche	Dois Assuntos*

Q

NOMES	COLUNAS
QUEIROZ, Eça de	"Fado" do Valentão, O
QUILL	Grito de Alerta, Um
QUISLING, Vidkun	Apavorados, Os
QUISLING, Vidkun	Assim Acabam os Plínios...*
QUISLING, Vidkun	Autoelogio
QUISLING, Vidkun	Corrida dos Ratos, A
QUISLING, Vidkun	Demorado Passeio, O
QUISLING, Vidkun	Distâncias*
QUISLING, Vidkun	Dois Assuntos*
QUISLING, Vidkun	**Estudantes Noruegueses, Os***
QUISLING, Vidkun	Europa de Pé, A*
QUISLING, Vidkun	Fanático, O*
QUISLING, Vidkun	**Fim de Carreira***
QUISLING, Vidkun	Fogem os Barões
QUISLING, Vidkun	Franco e o *Muniquismo**
QUISLING, Vidkun	**Gaiato de Madrid, O**
QUISLING, Vidkun	**Genro, O**
QUISLING, Vidkun	Homens, Ratos e Vermes
QUISLING, Vidkun	Justiça Popular*
QUISLING, Vidkun	Líder Católico, Um*
QUISLING, Vidkun	"Liberation"
QUISLING, Vidkun	**Lição Húngara, A***
QUISLING, Vidkun	Melancólica Entrevista, A
QUISLING, Vidkun	Nazismo e os Trabalhadores, O
QUISLING, Vidkun	Noite dos Traidores
QUISLING, Vidkun	**Novos Métodos da Quinta-Coluna**
QUISLING, Vidkun	Palhaço e Os Palhacinhos..., O*
QUISLING, Vidkun	Perigo Continental*
QUISLING, Vidkun	Poesia*

QUISLING, Vidkun	**Razões da Conferência Verde**
QUISLING, Vidkun	Rendição Incondicional ou Paz de Compromisso?*
QUISLING, Vidkun	Roteiro das Ilhas
QUISLING, Vidkun	Saudação a Guaní
QUISLING, Vidkun	**Teerã Significa Liberdade***
QUISLING, Vidkun	Touradas em Sevilha
QUISLING, Vidkun	Trágico Humorismo*
QUISLING, Vidkun	Traidores em Fuga, Os
QUISLING, Vidkun	Triste Fim de Uma História Agitada ou Bate-Papo entre Horthy [...]
QUISLING, Vidkun	Unidade, Resposta à Traição
QUISLING, Vidkun	**Universidade, A**
QUITÉRIA, Maria	Bandeira do 18 r.i., A
QUITÉRIA, Maria	**Bandeirantes e o Esforço de Guerra, As***
QUITÉRIA, Maria	Dia da Bahia, O*
QUITÉRIA, Maria	2 de Julho*
QUITÉRIA, Maria	Povo de Castro Alves, de Rui e de Seabra*

R

NOMES	COLUNAS
RABELO, Manuel (gal.)	**"África! África!"**
RABELO, Manuel	"Amigos da América"
RABELO, Manuel	Aquele que Vos Disser...*
RABELO, Manuel	Dia das Américas*
RABELO, Manuel	Dois Assuntos*
RABELO, Manuel	General Manuel Rabelo
RABELO, Manuel	Hostes de Caim, As
RABELO, Manuel	**Maniacos do Assassinato***
RABELO, Manuel	"Não Queremos Chegar com as Mãos Vazias"
RABELO, Manuel	Ouçamos as Advertências
RABELO, Manuel	Rimance do 5 de Julho*
RABELO, Manuel	Três Discursos
RABELO, Manuel	Unidade, Palavra de Ordem dos Presidentes*
RABELO, Manuel	Urgência da Segunda Frente*
RAMÍREZ, Pedro Pablo (gal.)	Comédia Argentina, A*
RAMÍREZ, Pedro	De Castillo a Ramírez*
RAMÍREZ, Pedro	**Democracia em Ação***
RAMÍREZ, Pedro	Geral Confusão..., A
RAMÍREZ, Pedro	Golpe Boliviano, O*
RAMÍREZ, Pedro	**Golpe Branco na Argentina?**
RAMÍREZ, Pedro	**Lutamos Pela Cultura!**
RAMÍREZ, Pedro	**Onda de Acontecimentos**
RAMÍREZ, Pedro	Perigo Continental*
RAMÍREZ, Pedro	Rompimento Argentino, O
RAMÍREZ, Pedro	Solidariedade Com o Povo Argentino
RAMÍREZ, Pedro	**Sucedem-se os Acontecimentos***
RAMÍREZ, Pedro	Tapemos o Nariz...*
RAMOS, Artur	Hitler Contra Zumbi dos Palmares
RAMOS, Artur	**Hitler Contra Zumbi dos Palmares***
RAMOS, Graciliano	Poesia e Guerra*

	(*Angústia, Vidas Secas*)
RAMOS, Graciliano	**Poesia Também é Uma Arma, A***
RASKOVA, Marina	Tempo do Herói*
RAU, Vicente	advogado do Diabo, O
RAUSCHNING, Hermann	Que Hitler Me Disse", "O; *
	(*O que Hitler Me Disse*)
RAWSON, Arturo (gal)	De Castillo a Ramírez*
RAWSON	**Golpe Branco na Argentina?**
RAWSON	**Onda de Acontecimentos**
REALE, Miguel	Autorretrato do Nazi-Integralismo*
REALE, Miguel	Máscara, O (Fábula Carnavalesca)
REBELO, Marques	**Poesia Também é Uma Arma, A***
REED, John	**Mestre dos Correspondentes, O**
	(*Dez Dias que Abalaram o Mundo*)
REIS, Silvério dos	Máscara, O (Fábula Carnavalesca)
REMARQUE, Erich Maria	**Correspondentes de Guerra**
REMARQUE, Erich Maria	**Poesia Também é Uma Arma, A***
REYNAUD, Paul	**Democracia em Ação**
REYNAUD, Paul	História de 4 Anos*
REYNAUD, Paul	Lição de Léon Blum, A
REGO, José Lins do	**Cultura e Democracia***
	(*Fogo Morto*)
REGO, José Lins do	**Em Defesa da Cultura**
REGO, José Lins do	**"Fogo Morto"**
	(*Fogo Morto, Água Mãe, Bangüê, Doidinho,*
	Menino de Engenho, Moleque Ricardo, Pureza, Riacho Doce, Usina)
REGO, José Lins do	**Fogueiras de Livros, As**
REGO, José Lins do	**Poesia Também é Uma Arma, A***
REGO, José Lins do	Saudação a Gilberto Freyre
REIS, Joaquim Silvério dos	Nazis Refundem a História..., Os
REIS, Joaquim Silvério dos	Touradas em Sevilha
REYNOLS, Quentin	**Correspondentes de Guerra**
	(*Só as Estrelas São Neutras*)
RIBBENTROP, Joachim von	Desfile e um Poema, Um*
RIBBENTROP	Estrelas de Esperança
RIBBENTROP	**Estudantes Noruegueses, Os***
RIBBENTROP	Outro Verão Russo
RIO BRANCO	**Pétain, o Triste Exemplo***
RIOS, Juan Antonio	Dia das Américas*
RIOS	Discurso no Comício de 28
RIOS	**Unidade Continental das Américas***
RISTOX (Finlândia)	Nervosos, Os
ROBESPIERRE	E Outras Bastilhas Cairão...
ROBESPIERRE	Festa de Paris, A
ROBSON, Paul (cinema)	**"Mocinho" e o Herói, O**
RODRIGUES, Augusto	**artistas modernos do Brasil e a guerra, Os***
ROGÉRIO, Luiz	Interior se Levanta, O
ROJO, Vicente (gal)	Líder Católico, Um*

ROJO, Vicente.."Salud, Coronel!"
ROKOSSOVSKI, Konstantin (gal)..Mac Artur Não Se Atrasa...
ROKOSSOVSKI, Konstantin..Pequena Objeção, A*
ROKOSSOVSKI, Konstantin..Sangria, A
ROLLAND, Romain..**Crime Contra a Cultura**
(Jean Cristophe)
ROLLAND, Romain..**Em Defesa da Cultura**
ROLLAND, Romain..Mensagem a Eremburg
ROMMEL, Erwin...Abacaxi...*
ROMMEL, Erwin...Adeus, Império...*
ROMMEL, Erwin...Bandeiras da Liberdade Tremulam em Bizerta e Tunis, As*
ROMMEL, Erwin..."É Trágico o Vosso Destino..."
ROMMEL, Erwin...Feliz Ano Novo!*
ROMMEL, Erwin...Primavera Sem Ofensiva*
ROMMEL, Erwin...último discurso de Goebbels, O*
ROMMEL, Erwin...Unidade Nacional Francesa
RONDON, Cândido..Vozes Vêm do Mar*
ROOSEVELT, Franklin D. ....Alicerces da Unidade*
ROOSEVELT, Franklin D. ....Apavorados, Os
ROOSEVELT, Franklin D. ....Aproxima-se a Segunda Frente*
ROOSEVELT, Franklin D. ....**"Até a Rendição Incondicional"***
ROOSEVELT, Franklin D. ....Autoelogio
ROOSEVELT, Franklin D. ....Balanço de um Natal de guerra
ROOSEVELT, Franklin D. ....Cálida Voz Americana*
ROOSEVELT, Franklin D. ....**Campanha da Sicília, A**
ROOSEVELT, Franklin D. ....**Comédia das Traições***
ROOSEVELT, Franklin D. ....**Carta da Vitória, A**
ROOSEVELT, Franklin D. ....Carta do Atlântico para a Europa*
ROOSEVELT, Franklin D. ....Ciranda do Rei Dom Pedro
ROOSEVELT, Franklin D. ....**Conciliação Impossível**
ROOSEVELT, Franklin D. ....Contra os *Muniquistas**
ROOSEVELT, Franklin D. ....Conversa de aniversário – Para Giovani
ROOSEVELT, Franklin D. ....Conversa Sobre Livros
ROOSEVELT, Franklin D. ....Coro dos Corvos, O
ROOSEVELT, Franklin D. ....Corpo Expedicionário*
ROOSEVELT, Franklin D. ....Dar o Máximo Para a Vitória
ROOSEVELT, Franklin D. ....De Fonte Insuspeita...
ROOSEVELT, Franklin D. ....Democracia para todos os povos*
ROOSEVELT, Franklin D. ....Dia das Américas*
ROOSEVELT, Franklin D. ....Discurso de Churchill, O
ROOSEVELT, Franklin D. ....Discurso no Comício de 28
ROOSEVELT, Franklin D. ....Discursos*
ROOSEVELT, Franklin D. ....Discursos, Mensagens, Entrevistas*
ROOSEVELT, Franklin D. ....Discursos no Cemitério...
ROOSEVELT, Franklin D. ....Distâncias*
ROOSEVELT, Franklin D. ....Dos Acontecimentos Políticos Aos Militares
ROOSEVELT, Franklin D. ...."Em Pantanais, Florestas ou Navios" para "Eliminar a [...]"
ROOSEVELT, Franklin D. ....Esclarecimento Popular

ROOSEVELT, Franklin D.	Espada de Fogo, A
ROOSEVELT, Franklin D.	"Fado" do Valentão, O
ROOSEVELT, Franklin D.	Feliz Ano Novo!*
ROOSEVELT, Franklin D.	Fiau! Fiau!*
ROOSEVELT, Franklin D.	**Fogueiras de Livros, As**
ROOSEVELT, Franklin D.	Fralda da Camisa..., A
ROOSEVELT, Franklin D.	Grito de Alerta, Um
ROOSEVELT, Franklin D.	História de 4 Anos*
ROOSEVELT, Franklin D.	**"Humanitários", Os**
ROOSEVELT, Franklin D.	Importância da França
ROOSEVELT, Franklin D.	Itália Fascista, A*
ROOSEVELT, Franklin D.	*Knock-Out* Técnico*
ROOSEVELT, Franklin D.	Letra V e Outras Letras, A
ROOSEVELT, Franklin D.	**Lutamos Pela Cultura!**
ROOSEVELT, Franklin D.	Meridiano 30*
ROOSEVELT, Franklin D.	Mihailovich, Otto e outros Darlans...*
ROOSEVELT, Franklin D...*	**Monólogo de Adolf...***
ROOSEVELT, Franklin D.	Monumento, O*
ROOSEVELT, Franklin D.	Nações Unidas, As*
ROOSEVELT, Franflin D.	Nazistas e a Religião, Os
ROOSEVELT, Franklin D.	**Necessária e Urgente***
ROOSEVELT, Franklin D.	Palavra de Ordem da Quinta-Coluna*
ROOSEVELT, Franklin D.	Pedra no Sapato, A
ROOSEVELT, Franklin D.	Povo e as Promessas, O*
ROOSEVELT, Franklin D.	48 Estrelas da Liberdade, As
ROOSEVELT, Franklin D.	Rendição Incondicional ou Paz de Compromisso?*
ROOSEVELT, Franklin D.	Roma Bombardeada
ROOSEVELT, Franklin D.	Ronda do *Muniquismo**
ROOSEVELT, Franklin D.	Satanás Prega Quaresma...
ROOSEVELT, Franklin D.	Saudação a Guaní
ROOSEVELT, Franklin D.	Suicidem-se Enquanto é Tempo!
ROOSEVELT, Franklin D.	Tapemos o Nariz...*
ROOSEVELT, Franklin D.	**Teerã Significa Liberdade***
ROOSEVELT, Franklin D.	Traidores em Fuga, Os
ROOSEVELT, Franklin D.	Unidade, Palavra de Ordem dos Presidentes*
ROOSEVELT, Franklin D.	Versículos Sobre o Ultimo Dilúvio
ROOSEVELT, Franklin D.	Vice-Versa, O*
ROOSEVELT, Franklin D.	Vitoriosos, Os
ROSEMBERG	**Universidade, A**
ROTH, Moses Joseph	**Solidários Com a Vossa Dor?...***
RUSSELL, Bertrand	Festa de um Livro

S

NOMES	COLUNAS
SALAZAR, António de Oliveira	Ainda a Argentina*
SALAZAR	**Batalha de Berlim, A***
SALAZAR	Carol e Outros Parentes
SALAZAR	**Conciliação Impossível**

SALAZAR	**Considerações Quase Religiosas**
SALAZAR	Contra os *Muniquistas**
SALAZAR	Coro dos Corvos, O
SALAZAR	Desfile e um Poema, Um*
SALAZAR	"Fado" do Valentão, O
SALAZAR	Franco e o *Muniquismo*
SALAZAR	**Gaiato de Madrid, O**
SALAZAR	Justiça Popular*
SALAZAR	Mascarados, Os
SALAZAR	Nazistas e o Brasil, Os
SALAZAR	**Panorama**
SALAZAR	Povo e as Promessas, O*
SALAZAR	**Razões da Conferência Verde**
SALAZAR	Tapemos o Nariz...*
SALAZAR	Touradas em Sevilha
SALAZAR	**Traidor Vira Herói, O**
SALAZAR	Último Discurso de Goebbels, O*
SALAZAR	Vice-Versa, O*
SALAZAR	Vozes de Munique
SALGADO, Ari	Rimance do 5 de Julho*
SALGADO, Plínio	**Absolvição!***
SALGADO, Plínio	Advogado do Diabo, O
SALGADO, Plínio	**"África! África"**
SALGADO, Plínio	Aproxima-se a Segunda Frente* (*Vida de Jesus*)
SALGADO, Plínio	Armas Secretas
SALGADO, Plínio	Assim Acabam os Plínios...*
SALGADO, Plínio	Atentado na Igreja, O (*Vida de Jesus*)
SALGADO, Plínio	"Atmosfera Vibrante e Implacável"
SALGADO, Plínio	Autorretrato do Nazi-integralismo*
SALGADO, Plínio	Boatos Verdes*
SALGADO, Plínio	**Comédia das Traições***
SALGADO, Plínio	**Considerações Quase Religiosas** (*Vida de Jesus*)
SALGADO, Plínio	Dois Assuntos*
SALGADO, Plínio	Entreato Literário
SALGADO, Plínio	**Estudantes Noruegueses, Os***
SALGADO, Plínio	**Fascistas em Ação***
SALGADO, Plínio	Foi Lutando Que Se Conquistou a Abolição*
SALGADO, Plínio	General Manuel Rabelo
SALGADO. Plínio	Hitler Contra Zumbi dos Palmares
SALGADO, Plínio	**Hitler Contra Zumbi dos Palmares***
SALGADO, Plínio	Homens do Mar
SALGADO, Plínio	Homens, Ratos e Vermes
SALGADO, Plínio	Hostes de Caim, As
SALGADO, Plínio	Interior se Levanta, O
SALGADO, Plínio	Justiça Popular*

SALGADO, Plínio	Líder Católico, Um*
SALGADO, Plínio	Letra V e Outras Letras, A
SALGADO, Plínio	Lobos no Cemitério, Os*
SALGADO, Plínio	**Maníacos do Assassinato***
SALGADO, Plínio	Manifestações... Nacionalistas..., As
SALGADO, Plínio	Maragogipe Dá Um Exemplo
SALGADO, Plínio	Máscara, O (Fábula Carnavalesca)
SALGADO, Plínio	Mascarados, Os
	(*Vida de Jesus*)
SALGADO, Plínio	Melancólica Entrevista, A
SALGADO, Plínio	**Monólogo de Adolf...***
SALGADO, Plínio	Nazis Refundem a História..., Os
SALGADO, Plínio	Nazistas e a Religião, Os
	(*Vida de Jesus*)
SALGADO, Plínio	Nazistas e o Brasil, Os
SALGADO, Plínio	Noite dos Traidores
SALGADO, Plínio	Palhaço e Os Palhacinhos..., O*
SALGADO, Plínio	Pela Independência da Pátria*
SALGADO, Plínio	Primavera*
SALGADO, Plínio	Questões de Verão e Inverno
SALGADO, Plínio	**Razões da Conferência Verde**
SALGADO, Plínio	Rendição Incondicional ou Paz de Compromisso?*
SALGADO, Plínio	Retrato do *Muniquista**
SALGADO, Plínio	Roteiro das Ilhas
SALGADO, Plínio	Sangue Pede Vingança!, O*
SALGADO, Plínio	São João Com Vodka*
SALGADO, Plínio	Sinistro Laval, O*
SALGADO, Plínio	Sinos de Londres, Os
SALGADO, Plínio	Touradas em Sevilha
SALGADO, Plínio	**Último Diálogo Dos Chefes Integralistas, O**
SALGADO, Plínio	Último Discurso de Goebbels, O*
SALGADO, Plínio	Unidade, Resposta à Traição
SALGADO, Plínio	Vice-Quisling Arma Um Bote..., O*
SALGADO, Plínio	Vozes Vêm do Mar*
SALOMÃO	História que Pediste..., A
SANTA ROSA	**artistas Modernos do Brasil e a Guerra, Os***
SANTÍSSIMA TRINDADE	**Roger Bastide na Bahia**
SANTOS, Lúcio Pinheiro dos	Vozes de Munique
SANTOS, Rui	Povo de Castro Alves, de Rui e de Seabra*
SATANÁS	Satanás Prega Quaresma...
SAVÓIA, Umberto de	Perigos a Combater
SCHMIDT, Augusto Frederico	Poesia e Guerra*
	(*Meninas Mortas*)
SCHMIDT, Augusto Frederico	**Poesia Também é Uma Arma, A***
SCHUL, Walter	História que Pediste..., A
SCLIAR, Carlos	**artistas Modernos do Brasil e a Guerra, Os***
SCLIAR, Carlos	**Pintor Scliar, O***
SEABRA, José Joaquim	Corajosas e Leais Palavras

SEABRA, José Joaquim..Povo de Castro Alves, de Rui e de Seabra*
SEABRA..Rui, Bandeira antinazista*
SEABRA..Saudação a Gilberto Freyre
SEABRA..Sebastianismo
SEBASTIÃO, Dom...Sebastianismo
SENA, João Rosendo..**Maníacos do Assassinato***
SENHOR DO BONFIM..Festas do Bonfim*
SENHOR DO BONFIM..**Senhor do Bonfim, Padroeiro das Nações Unidas***
SENHOR DO BONFIM..Versículos Sobre o Ultimo Dilúvio
SEGALL, Lasar..artistas Modernos do Brasil e a Guerra, Os*
SEGALL, Lasar..."Brasil Builds"
SEGALL, Lasar..Cultura e Democracia*
SEGALL, Lasar..**Fascistas em Ação***
SEGALL, Lasar..**Quadro de Segall, Um***
SÉRGIO, Patriarca da Rússia...Nazistas e a Religião, Os
SERTOTIUS, Ludwig..Nervosos, Os
SEVERSKY (major)..**Lutamos Pela Cultura!**
                                                                                                                       (*A Batalha Aérea pela Conquista do Mundo*)
SHAKESPEARE, Willian..Estes Que Matam Crianças...*
SFORZA, Conde...Perigos a Combater
SHOTAKOVISKY..Gorki
SHOTAKOVISKY..**Lutamos Pela Cultura!**
SHOTAKOVISKY..Mensagem a Um Artista e Herói
SHOTAKOVISKY..São João Com Vodka*
SHOLOKOV..**Noite Sem Lua**
SHAW, Bernard...Humorismo Sem Intenção
SILBERSCHMIDT..**Poesia Também é Uma Arma, A***
SILVA, Quirino da...artistas Modernos do Brasil e a Guerra, Os*
SILVEIRA, Joel...Itália Fascista, A*
SILVEIRA, Tasso da..Entreato Literário
SILVERMAN, Milton...**"Mágica em Garrafas"**
SIMITH, G. E. Kiddar..."Brasil Builds"
SIMONE, André..Conversa Sobre Livros
                                                                                                                       (*Derrocada de uma Nação*)
SIMONOV, Constantin...Covardia, A
SINCLAIR, Upton..**Fogueiras de Livros, As**
SINCLAIR, Upton..Grito de Alerta, Um
SINCLAIR..Romancista e Um Romance – I O Autor, Um
SINCLAIR..Romancistas e a Guerra, Os
SIQUEIROS...Saudação ao México*
SIRKOSKY (Polônia)..Nações Unidas, As*
SIVA..Festas do Bonfim*
SMIRNOV, Alexandre Pavlovitch...Nazistas e a Religião, Os
SÓCRATES...**Noite Sem Lua**
SOKOLOVSKY (gal.)..Mac Artur Não Se Atrasa
SOMMERWELL (gal.)..Vitória se escreve com sangue
SOUZA, Boamerges (gal.).."Não Queremos Chegar com as Mãos Vazias"*
SOUZA, Cláudio...Hostes de Caim, As

souza, Coelho de..Líder Católico, Um*
souza, Rivadávia..Unidade Nacional, Sem Restrições*
                                                                        (*Unidade Nacional Sem Restrições*)
spelmann, Francis (cardeal)..Contra os *Muniquistas**
spelmann, Francis (cardeal)..Coro dos Corvos, O
spelmann..Eu Conheci José, o Ingênuo
spelmann..**Gaiato de Madrid, O**
spelmann...Importância da França
spelmann..**Monólogo de Adolf...***
spelmann, Francis (cardeal)..Poeta Erich Weinert, O
spelmann...Roma Bombardeada
spelmann..Satanás Prega Quaresma...
spelmann..Significado de Melitopol
spelmann..Suicidem-se Enquanto é Tempo!
spring, Cecil..Quatro Crianças, As
spring.."Brasil Builds"
strasser...Eu Conheci José, o Ingênuo
stalin, Josef..Ainda a Célebre Legião Azul
stalin, Josef...**Aniversário de Stalingrado***
stalin, Josef...Apavorados, Os
stalin, Josef...**Arma Secreta**
stalin, Josef..."Até a Rendição Incondicional"*
stalin, Josef..Balanço de um Natal de Guerra
stalin, Josef...Báltico, O
stalin, Josef...Brinde de aniversário*
stalin, Josef...Caso Polonês, O
stalin, Josef..Ciranda do Rei Dom Pedro
stalin, Josef...Contra os *Muniquistas**
stalin, Josef..Conversa Sobre Livros
stalin, Josef..Coro dos Corvos, O
stalin, Josef..Dar o Máximo Para a Vitória
stalin, Josef...Demorado Passeio, O
stalin, Josef..Dez Divisões e um Pasquim
stalin, Josef..Discurso de Churchill, O
stalin, Josef...Discurso no Comício de 28
stalin, Josef..Discursos*
stalin, Josef..Discursos, Mensagens, Entrevistas*
stalin, Josef..Espada de Fogo, A
stalin, Josef.."Fado" do Valentão, O
stalin, Josef..Feliz Ano Novo!*
stalin, Josef...Fiau! Fiau!*
stalin, Josef..."Glória Eterna!*"
stalin, Josef..Há Três anos...*
stalin, Josef..Homens, Ratos e Vermes
stalin, Josef..Interpretações Verdes*
stalin, Josef...**Lição Húngara, A***
stalin, Josef..**Luzes da Vitória**
stalin, Josef..Marcha Funebre

STALIN, Josef	Meridiano 30*
STALIN, Josef	**Monólogo de Adolf...***
STALIN, Josef	Nações Unidas, As*
STALIN, Josef	Nervosos, Os
STALIN, Josef	No Covil da Fera*
STALIN, Josef	Odessa
STALIN, Josef	Outro Verão Russo
STALIN, Josef	Palavra de Ordem da Quinta-Coluna*
STALIN, Josef	Poesia*
STALIN, Josef	**Proposta Russa, A***
STALIN, Josef	Rendição Incondicional ou Paz de Compromisso?*
STALIN, Josef	Rio Pruth, O
STALIN, Josef	Sangria, A
STALIN, Josef	Saudação a Lombardo Toledano
STALIN, Josef	Significado de Melitopol
STALIN, Josef	Sorrisos Amarelos, Os
STALIN, Josef	Tapemos o Nariz...*
STALIN, Josef	**Teerã Significa Liberdade***
STALIN, Josef	Versículos Sobre o Último Dilúvio
STALIN, Josef	Vice-Versa, O*
STALIN, Josef	Vitoriosos, Os
STEINBECK, John	"Brasil Builds"
STEINBECK, John	Entreato Literário
STEINBECK, John	**Fogueiras de Livros, As**
STEINBECK, John	**Mestre dos Correspondentes, O**
STEINBECK, John	**Michael Gold**
STEINBECK, John	**Noite Sem Lua**
	(*Noite sem Lua*)
	(*Tortilla Flat, Vinhas da Ira*)
STEINBECK, John	Povo na Praça, O
	(*Vinhas da Ira*)
STEINBECK, John	Romancistas e a Guerra, Os
	(*Homens e Ratos, Noite sem Lua, Vinhas da Ira*)
STEINBECK, John	Romancista e Um Romance – I O Autor, Um
STRASSER	Rendição Incondicional ou Paz de Compromisso?*
STRONG, Anne Louise	China Unida, A*
STRONG, Anne Luise	Livro de Strong, O*
	(*A Rússia na Guerra e na Paz*)
STRONG	Livro Diferente, Um
STRONG, Anne Luise	Pequena Objeção, A*
	(*A Rússia na Guerra e na Paz*)
SUN-YAT-SEM	China Unida, A
SUN-YAT-SEM	"China, Velha China...*"
SUN-YAT-SEM	Discursos, Mensagens, Entrevistas*
SUN-YAT-SEM	Sun-Yat-Sen*
SUN-YAT-SEM	Voz da China, A
SWIFT, Jonathan	Humorismo Sem Intenção

T

NOMES	COLUNAS
TABIN, Genevieve	Grito de Alerta, Um
TAGORE, Rabindranath	Mensagem a Eremburg
TAMANDARÉ (Alm)	**Vingança Contra os Assassinos!***
TARLÉ	São João Com Vodka*
TARZAN	Mascarados, Os
TÁVORA, Joaquim	Monumento, O*
TÁVORA	Siqueira Campos*
TÁVORA, Juarez	Monumento, O*
TÁVORA	Siqueira Campos*
TEIXEIRA, Anísio	**Fogueiras de Livros, As**
TELL, Guilherme	Estudante Alsaciano, O
TERRA	Emilio Frugoni*
THOMAS, Elbert D.	Grito de Alerta, Um
TIMOSHENKO, Semion K (gal.)	Cálida Voz Americana*
TIMOSHENKO, Semoin K.	Canção da Bessarábia (para Dona H. K.)
TIMOSHENKO, Semion K.	"Fado" do Valentão, O
TIMOSHENKO, Semion K.	Fracassada Aventura, A
TIMOSHENKO, Semion K.	Kharkov
TIMOSHENKO, Semion K.	Mac Artur Não Se Atrasa...
TIMOSHENKO, Semion K.	Mensagem a Um Artista e Herói
TIMOSHENKO, Semion Adolf.	**Monólogo de Adolf...***
TIMOSHENKO, Semion K.	Sangria, A
TIMOSHENKO, Semion K.	São João Com Vodka*
TIRADENTES	Estudante Alsaciano, O
TIRADENTES	Nazis Refundem a História..., Os
TIRADENTES	Tiradentes
TITO (Josip Broz)	Alexandra, a Que Não Será Rainha
TITO (Josip Broz)	Assuntos Espanhóis
TITO (Josip Broz)	**Batalha de Berlim, A***
TITO (Josip Broz)	Choro do Rei, O
TITO (Josip Broz)	Ciranda do Rei Dom Pedro
TITO (Josip Broz)	**Conciliação Impossível**
TITO (Josip Broz)	Contra os *Muniquistas**
TITO (Josip Broz)	De Fonte Insuspeita...
TITO (Josip Broz)	Divisão Perdida", "A
TITO (Josip Broz)	Exageros prejudiciais
TITO (Josip Broz)	"Glória Eterna!*"
TITO (Josip Broz)	Jorge Que Não é Ulisses
TITO (Josip Broz)	Livre Europa, A*
TITO (Josip Broz)	Mihailovich, Otto e outros Darlans...*
TITO (Josip Broz)	Nervosos, Os
TITO (Josip Broz)	No covil da fera*
TITO (Josip Broz)	**Olga, Vladimir e Militsa**
TITO (Josip Broz)	Outro Verão Russo
TITO (Josip Broz)	**Panorama**
TITO (Josip Broz)	**Povos Combaterão, Os***
TITO (Josip Broz)	**Razões da conferência verde**

TITO (Josip Broz)	**Revolta da Dinamarca***
TITO (Josip Broz)	Ronda do *Muniquismo**
TITO (Josip Broz)	Saudação a Josip Broz
TITO (Josip Broz)	Traidor Desmascarado, O
TITO (Josip Broz)	Vice-Versa, O*
TITO (Josip Broz)	Vitoriosos, Os
TOBIAS NETO	Comerciários, Os*
TOGLIATI	**Razões da Conferência Verde**
TOLEDANO, Lombardo	**Democracia Latino-Americana***
TOLEDANO, Lombardo	Fanático, O*
TOLEDANO, Lombardo	Saudação a Lombardo Toledano
TOLSTOI, Aléxis	Heroísmo
TOLSTOI, Aléxis	**Mestre dos Correspondentes, O**
TOLSTOI, Aléxis	Romancistas e a Guerra, Os *(Pedro, o Grande)*
TOLSTOI, Aléxis	São João Com Vodka*
TOLSTOI, Leon	Gorki
TOLSTOI, Leon	**Poesia Também é Uma Arma, A***
TOLSTOI, Leon	Romancista e Um Romance – 2 Uma Jornarnalista em Vichy, Um
TOLSTOI, Leon	**romancista Eremburg, O** *(Guerra e Paz)*
TOLSTOI	São João Com Vodka*
TOMLINSON, Edward	Vitória se Escreve com Sangue
TOMPSON, Dorothy	Perigos a Combater
TOMPSON, Dorothy	Que Hitler Me Disse", "O*
TORQUEMADA	**Golpe Branco na Argentina?**
TORQUEMADA	Mascarados, Os
TOSCANINI, Arturo	Mensagem a Um Artista e Herói
TRAVEN, Bruno	**Refugiados Políticos*** *(Barco de los Muertos)*
TROMPOVSKY, Gilberto	Alexandra, a Que Não Será Rainha
TROTSKI, Leon	**Monólogo de Adolf...***

U

NOMES	COLUNAS
ULISSES	Jorge Que Não é Ulisses
UMBERTO DE SAVÓIA	Fralda da Camisa..., A

V

NOMES	COLUNAS
VALENTE, Alfredo	"El Rio Oscuro"
VALTIN, Jan	Conversa Sobre Livros *(Do Fundo da Noite)*
VALTIN, Jan	Literatura da Gestapo
VALVERDE	**Comédia das Traições***
VARELA, Alfredo	"El Rio Oscuro" *(El Rio Oscuro)*
VARELA, Fagundes	Foi Lutando Que Se Conquistou a Abolição*
VARELA, Fagundes	Hitler Contra Zumbi dos Palmares
VARELA, Fagundes	**Hitler Contra Zumbi dos Palmares***

VARGAS, Getúlio	Aproxima-se a Segunda Frente*
VARGAS, Getúlio	"Atmosfera Vibrante e Implacável"
VARGAS, Getúlio	**Balanço de Aniversário**
VARGAS, Getúlio	Cálida Voz Americana*
VARGAS, Getúlio	Canção da Unidade*
VARGAS, Getúlio	Congresso Nacional de Estudantes, O
VARGAS, Getúlio	Corajosas e Leais Palavras*
VARGAS, Getúlio	Dar o Máximo Para a Vitória
VARGAS, Getúlio	Dever da Unidade, O*
VARGAS, Getúlio	Dia da Unidade Nacional*
VARGAS, Getúlio	Dia das Américas*
VARGAS, Getúlio	Discurso de Volta Redonda, O
VARGAS, Getúlio	Discurso no Comício de 28
VARGAS, Getúlio	Discursos, Mensagens, Entrevistas*
VARGAS, Getúlio	"Em Pantanais, Florestas ou Navios" Para "Eliminar a [...]"
VARGAS, Getúlio	Foi Lutando Que Se Conquistou a Abolição*
VARGAS, Getúlio	Gaúchos Heróicos, Os
VARGAS, Getúlio	General Manuel Rabelo
VARGAS, Getúlio	Grito de Alerta, Um
VARGAS, Getúlio	História de 4 Anos*
VARGAS, Getúlio	Interior se Levanta, O
VARGAS, Getúlio	**Maniacos do Assassinato***
VARGAS, Getúlio	"Nossa Missão é a Guerra*"
VARGAS, Getúlio	"Organismos Ilegais, Instrumentos da 5ª Coluna"
VARGAS, Getúlio	Palavras Esclarecedoras*
VARGAS, Getúlio	Povo Não Permitirá Outro 11 de Maio, O
VARGAS, Getúlio	Rendição Incondicional ou Paz de Compromisso?*
VARGAS, Getúlio	Rimance do 5 de Julho*
VARGAS, Getúlio	Sangue Pede Vingança!, O*
VARGAS, Getúlio	Sebastianismo
VARGAS, Getúlio	Três Discursos
VARGAS, Getúlio	Unidade, Palavra de Ordem dos Presidentes*
VARGAS, Getúlio	Unidade, Resposta à Traição
VARGAS, Getúlio	Voz da China, A
VATUTIN, Nikolai (gal.)	Balanço de um Natal de Guerra
VATUTIN, Nikolai	"Fado" do Valentão, O
VATUTIN, Nikolai	Fracassada Aventura, A
VATUTIN, Nikolai	**Luzes da Vitória**
VATUTIN, Nikolai	Mac Artur Não Se Atrasa...
VATUTIN, Nikolai	Marcha Fúnebre
VATUTIN, Nikolai	Pequena Objeção, A*
VATUTIN, Nikolai	Sangria, A
VERGARA, Telmo	Contos Infantis (*Cadeiras na Calçada*)
VERÍSSIMO, Érico	"Brasil Builds" (*EUA*)
VERÍSSIMO, Érico	**Cultura e Democracia***
VERÍSSIMO, Érico	Fascistas Contra Erico Veríssimo, Os

	(*Caminhos Cruzados, Clarissa, O Resto É Silêncio, Saga*)
veríssimo, Érico	**Poesia Também é Uma Arma, A***
veríssimo, Érico	**Voz da Cultura***
verne, Júlio	E Outras Bastilhas Cairão...
verrier, Madeleine Gex Le	"Ruge a Revolta na França"
	(*Ruge a Revolta na França*)
verrier, Madeleine Gex Le	"Ruge a "evolta na França" II
	(*Ruge a Revolta na França*)
viana filho, Luiz	**Fogueiras de Livros, As**
	(*Rui Barbosa*)
viana filho, Luiz	Retrato de Rui*
	(*Rui Barbosa*)
viana filho, Luiz	**Voz da Cultura***
viegas, Pinheiro	Velho Alfredo, O
vieira, Antônio (Padre)	Modesto Victorio..., O*
vieira	Voz do Padre Vieira, A*
	(*Pelo Bom Sucesso das Armas de Portugal contra as da Holanda*)
vieira, José Geraldo	"Fogo Morto"
vila, Juan Silva	Lição de Bondade
vilaroel	**Bolívia***
virgem maria	Voz do Padre Vieira, A*
vitória, Rainha de Inglaterra	Tenente Dickens, O
viúva Chu-Té	"China, Velha China...*"
vlavianos, Basil J.	Jorge Que Não é Ulisses
volpi	**artistas Modernos do Brasil e a Guerra, Os***
voltaire	Trágicas Lições, As
voroshilov, Kliment (gal.)	Brinde de Aniversário*
voroshilov	Desfile e um Poema, Um*
voroshilov	"Fado" do Valentão, O
voroshilov, Kliment	Mensagem a Um Artista e Herói
voroshilov, Kliment	Sangria, A
voroshilov	São João Com Vodka*

W

NOMES	COLUNAS
wagner, Richard	"Até a Rendição Incondicional"*
wainer, Samuel	"Organismos Ilegais, Instrumentos da 5ª Coluna"
wainer, Samuel	Vice-Quisling Arma um Bote..., O*
wallace, Henry	Democracia para Todos os Povos*
wallace, Henry	Discursos, Mensagens, Entrevistas*
wallace, Henry	Dois Assuntos
wallace, Henry	Franco e o *Muniquismo**
wallace, Henry	Grito de Alerta, Um
wallace, Henry	48 Estrelas da Liberdade, As
wallace, Henry	Suicidem-se Enquanto é Tempo!
warchik, Peter	**Ciência Mártir, A**
waschlevska, Wanda	**Razões da Conferência Verde**
washington, George	48 Estrelas da Liberdade, As
wast, Hugo (Martinez Suviria)	**Fogueiras de Livros, As**

WAST, Hugo	**Golpe Branco na Argentina?**
WAST, Hugo	**Lutamos Pela Cultura!**
WAST, Hugo	**Onda de Acontecimentos**
WEINERT, Eric	Poeta Erich Weinert, O
WELLES, Summer	Fruta Apodrecida, A
WELLES, Summer	Golpe Boliviano, O*
WELLS, Herbert George	Aquele que Vos Disser...*
WELLS, Herbert George	Festa de um Livro
WERNECK, Paulo	**artistas Modernos do Brasil e a Guerra, Os***
WEYGANDS	Apavorados, Os
WEYGANDS	Eduardo Benes
WEYGANDS	**França**
WEYGANDS	Palavra de Ordem da Quinta-Coluna*
WEYGANDS,	**Romancista Eremburg, O**
WEYGANDS	**Traidor Vira Herói, O**
WHEELER	**"Humanitários", Os**
WHITMAN	"Em Pantanais, Florestas ou Navios" para "Eliminar [...]"
WHITMAN	Sangria, A
WRIGHT, Richard	Romancista e Um Romance – I O Autor, Um
WILKIE, Wendel	"China, Velha China...*" (*Um Mundo Só*)
WILLIANS, Richard	Literatura da Gestapo

Y

NOMES	COLUNAS
YARNELL, H. E. (almt)	Grito de Alerta, Um
YEMANJÁ	Atabaques da Vitória*
YEMANJÁ	**Carta do Marinheiro à Yemanjá***
YEMANJÁ	**Roger Bastide na Bahia**

Z

NOMES	COLUNAS
ZACHARAT, Oscar	História que Pediste..., A
ZANINE	**artistas Modernos do Brasil e a Guerra, Os***
ZAPATA, Emiliano	Saudação ao México*
ZAPATA, Emiliano	Unidade, Palavra de Ordem dos Presidentes*
ZOLA, Emile	Rios Tintos de Sangue, Os
ZWEIG, Stefan	**Crime Contra a Cultura**
ZWEIG, Stefan	**Poesia Também é Uma Arma, A***
ZWEIG, Stefan	**Solidários Com a Vossa Dor?...***
ZHUKOV (Gueorgui Jukov) (gal)	Ainda a Célebre Legião Azul
ZHUKOV	"Fado" do Valentão, O
ZHUKOV	Mensagem a Um Artista e Herói

Agradecimentos

Esta tarefa seria impossível, não fossem a competência e a generosidade do Professor Doutor Antonio Dimas, que executou a Tutoria dos trabalhos, pela Universidade de São Paulo, com argúcia e bom-senso.

Devo ainda agradecer, por razões de coerência, à Doutora Ivia Alves, pelos esclarecimentos anteriormente fornecidos.

À Doutora Sandra Mendel, pelas conversas de estímulo e instigantes.

À Myriam Fraga, pelo reconhecimento da "Fundação Casa de Jorge Amado".

À colega Solange Fonseca, pelo modo atento e competente empregado com o texto.

A Paulo Malheiros, pela colaboração no uso da tecnologia atual.

Ao Museu Lasar Segall e ao Museu de Arte de São Paulo Assis Chateaubriand – MASP, pela cessão da obra *Guerra*, de Lasar Segall, para sua reprodução na capa do livro.

À Universidade Estadual de Feira de Santana, pelo apoio.

Esta obra foi empressa em São Paulo pela P3 Gráfica no outono de 2015. No texto foi utilizada a fonte Adobe Garamond Pro em corpo 10,5 e entrelinha de 14,5 pontos.